竹简本、帛书甲本
《老子》原文注释

杨吉德 著

南开大学出版社
NANKAI UNIVERSITY PRESS

天 津

图书在版编目(CIP)数据

竹简本、帛书甲本《老子》原文注释 / 杨吉德著.
天津：南开大学出版社，2025.1. —ISBN 978-7-310-
06636-0

Ⅰ.B223.12

中国国家版本馆 CIP 数据核字第 20241A1M12 号

竹简本、帛书甲本《老子》原文注释
ZHUJIAN BEN、BOSHU JIA BEN《LAOZI》YUANWEN ZHUSHI

南开大学出版社出版发行
出版人：刘文华

地址：天津市南开区卫津路 94 号　　邮政编码：300071
营销部电话：(022)23508339　营销部传真：(022)23508542
https://nkup.nankai.edu.cn

天津创先河普业印刷有限公司印刷　全国各地新华书店经销
2025 年 1 月第 1 版　2025 年 1 月第 1 次印刷
240×170 毫米　16 开本　28.25 印张　2 插页　432 千字
定价：128.00 元

如遇图书印装质量问题，请与本社营销部联系调换，电话：(022)23508339

目　录

1

绪　论

一、《道德经》原本章数和章节顺序的系统性论证

关于老子的身世，《史记·老子列传》曰："老子者，楚苦县厉乡曲仁里人也，姓李氏，名耳，字聃，周守藏室之史也。……老子修道德，其学以自隐无名为务。居周久之，见周之衰，乃遂去。至关，关令尹喜曰：'子将隐矣，强为我著书。'于是老子乃著书上下篇，言道德之意五千余言，而去，莫知其所终。或曰老莱子亦楚人也，著书十五篇，言道家之用，与孔子同时云。……自孔子死之后百二十九年，而史记周太史儋见秦献公曰：'始秦与周合，合五百岁而离，离七十岁而霸王者出焉。'或曰儋即老子，或曰非也，世莫知其然否。老子，隐君子也。"

《老子列传》所说三个老子的问题，学界多有论证，笔者倾向于"周太史儋"之说，即老子的真身是太史儋，因为太史儋的身份和经历完全符合《道德经》阐述的时代背景和思想主张。《史记》又说其著"道德之意五千余言"，按照通行本八十一章数，大致符合五千余言之数。由此看，通行本[①]《道德经》似乎应该是老子原本内容了，但笔者认为《史记》所载与史实有很大误差。据笔者结合竹简本（以下简称"简本"）和帛书甲本（以下简称"帛甲本"）校订的统计字数，共 4381 字，可视为原本文字，另有后加的十三个章节计 734 个字（通行本）不是《道德经》原文内容。《道德经》在流传过程中会被不断改动，据现有出土资料分析，结构性增改《道德经》有两次：一次是郭店楚墓墓主增改了四章；另一次是长沙汉墓帛书本（以下简称"帛本"）《老子》，增改了九章。这两次增改最终形成了八十一章、五千余言的《道德经》。现在我们看到的传世版本，是在其〔与帛书乙本（以下简称"帛乙本"）相近的版本〕基础上对文字进一步修改而形成的版本。

我们所知道的《老子》[②]（因简本只出土了摘抄本，故称《老子》），有三个标志性版本：一九九三年湖北荆门郭店村出土的战国楚墓简本《老子》，

---

① 本书中的"通行本"指流通的标准版本，"传世版本"指更多的版本。

② 本书系论证《道德经》原本的章节顺序和各章内容，且以战国竹简本和汉帛书本《老子》为底本，故涉及竹简本和帛书本时称为《老子》，其余则称《道德经》。

一九七三年湖南长沙马王堆汉墓出土的帛书甲、乙本，流通于今的魏晋王弼本《道德经》。这三个版本，不论是文字，还是章节编排，都有很大差异。在没有新的考古证据的情况下，要厘清他们之间的关系，是非常困难的。

很多学者倾向于简本是原本的摘抄本（其他观点不再详述）。那我们就可以进一步提出问题：《道德经》原本是否也是八十一个章节？原本是"道德经"还是"德道经"？简本、帛本、王弼本三者文字应当以何为准？

笔者有信心论证这些问题，并得出一个有说服性的结论，因为笔者有三大发现：一是原本的结构体系，即《道德经》创作时的原章节数和顺序；二是简本文字的准确性，即不可随意按后世版本通假；三是简本丙组对《道德经》演变的起始作用，即丙组不是对原文的摘抄，而是墓主使用的便签。

我们知道，简本甲、乙、丙三组是以竹简形状及编线契口位置的不同而区分的，墓主大概出于对某种主题的兴趣，在完整的原本中分别摘抄了甲、乙二组，由此可推断，原本只存在于墓主入葬之前，但真正流传于后世的并不是那个原本，而是墓主修改后的版本，这就归结于简本丙组的"功劳"了，因为简本丙组对原本《道德经》进行了大胆修改。简本丙组的发现为本书的理论体系提供了难得的链条证据，我们把《道德经》的创作体系和简本丙组结合在一起，《道德经》的原始章节数和排列顺序就清晰展现出来了。

两千多年来，人们看到的都是《道经》在前、《德经》在后的《道德经》；由于长沙汉墓出土了更早时代的帛本，帛本将《德经》排于前，《道经》排于后，这样便出现了"道德经"和"德道经"两种不同的观点。我们可以从两方面分析这个问题。第一个可能是帛甲本是篆体绢帛抄本，应该是抄自简本，而《道经》和《德经》各为一策竹简，原章节又没有序号，誊抄者把《道经》抄于前即为"道德经"，把《德经》抄于前便成为"德道经"，帛本将《德经》抄于前，就是我们产生分歧的"德道经"。第二个可能是帛甲本（或之前的抄本）在抄写时，抄写者私自在原《德经》后添加了九个章节，为了掩盖这种擅改行为，便把《德经》提到了前面。

对这些问题的评判，都离不开《道德经》成书的本源——《周易》。笔者的观点是，"德道经"将《德经》抄于前，是错抄的，原本就是《道德经》。这样说的依据是什么？依据在于《道经》和《德经》的由来。《道经》在前、

《德经》在后，并不是由作者老子来决定的，也不是后世的誊抄者所能决定的，而是由《道德经》所阐释的《周易》来决定的，所以这个顺序是固定的，也是不可更改的。《道德经》各章的主题思想并不是老子的原创，而是通过对《周易》卦思想的阐释形成的，这是读懂《道德经》的基本前提。

通行本《周易》分为上经和下经，《道经》阐释的是《周易》上经部分，《德经》阐释的是《周易》下经部分，《道德经》章节和《周易》卦按顺序依次对应。所以《道德经》章节排列上必须要和《周易》保持一致，即《道经》在前、《德经》在后，顺序是不能颠倒的。也许这个前无古人的观点很难让人接受，但一个章节对应一个卦，《道德经》各章和《周易》各卦之间主题的一致性却是毋庸置疑的。两者的对应关系又是如何体现的呢？下面把这种对应关系排列出来，以便读者能够整体把握。

朱熹注的《周易》记载的卦名次序歌："乾坤屯蒙需讼师，比小畜兮履泰否，同人大有谦豫随，蛊临观兮噬嗑贲，剥复无妄大畜颐，大过坎离三十备。咸恒遁兮及大壮，晋与明夷家人睽，蹇解损益夬姤萃，升困井革鼎震继，艮渐归妹丰旅巽，兑涣节兮中孚至，小过既济兼未济，是为下经三十四。"[①]这个顺序就是《道德经》章节的原本排列顺序。

关于表1-1和表1-2标注的序号问题：通行本按原顺序标注；帛本章节顺序调整为《道经》在前、《德经》在后的次序标注；全部章节的顺序按照通行本《周易》卦的顺序为准，这也应该是《道德经》的原本排列顺序。带☆号的是与简本丙组有关联的章节，相关内容在绪论第三部分探讨。

表 1-1　《道经》——《周易》上篇

序号	通行本	帛本	《周易》卦
01	第 1 章	第 1 章	《前言》：论筮卦和卦名
02	第 2 章	第 2 章	阐释《乾》卦
03	第 3 章	第 3 章	阐释《坤》卦（一）
04	第 4 章	第 4 章	阐释《坤》卦（二）
05	第 5 章	第 5 章	《乾》《坤》卦综述

---

① 《周易》，朱熹注，上海古籍出版社，1987，第5页。

序号	通行本	帛本	《周易》卦
06	第6章	第6章	阐释《屯》卦
07	第7章	第7章	阐释《蒙》卦
08	第8章	第8章	阐释《需》卦
09	第9章	第9章	阐释《讼》卦
10	第10章	第10章	阐释《师》卦
11	第11章	第11章	阐释《比》卦
12	第12章	第12章	阐释《小畜》卦
13	第13章	第13章	阐释《履》卦
14	第14章	第14章	阐释《泰》卦
15	第15章	第15章	阐释《否》卦
16	第16章	第16章	阐释《同人》卦
17	第17章	第17章	阐释《大有》卦
☆18	第18章	第18章	（简本丙组添加）
19	第19章	第19章	阐释《谦》卦
20	第20章	第20章	阐释《豫》卦
21	第21章	第21章	阐释《随》卦
22	第24章	第22章	阐释《蛊》卦
23	第22章	第23章	阐释《临》卦
24	第23章	第24章	阐释《观》卦
25	第25章	第25章	阐释《噬嗑》卦
26	第26章	第26章	阐释《贲》卦
27	第27章	第27章	阐释《剥》卦
28	第28章	第28章	阐释《复》卦
☆29	第64章（下）	第64章（下）	阐释《无妄》卦（简本丙组重抄）
30	第30章	第30章	阐释《大畜》卦
☆31	第31章	第31章	（简本丙组添加）
32	第32章	第32章	阐释《颐》卦
33	第33章	第33章	阐释《大过》卦
34	第34章	第34章	阐释《习坎》卦

序号	通行本	帛本	《周易》卦
☆ 35	第 35 章	第 35 章	（简本丙组添加）
36	第 36 章	第 36 章	阐释《离》卦
37	第 37 章	第 37 章	《道经》综论

表 1-2　《德经》——《周易》下篇

序号	通行本	帛本	《周易》卦
38	第 38 章	第 38 章	阐释《咸》卦
39	第 39 章	第 39 章	阐释《恒》卦
40	第 40 章	第 41 章	阐释《遁》卦
41	第 41 章	第 40 章	阐释《大壮》卦
42	第 42 章	第 42 章	阐释《晋》卦
43	第 43 章	第 43 章	阐释《明夷》卦
44	第 44 章	第 44 章	阐释《家人》卦
45	第 45 章	第 45 章	阐释《睽》卦
46	第 46 章	第 46 章	阐释《蹇》卦
47	第 47 章	第 47 章	阐释《解》卦
48	第 48 章	第 48 章	阐释《损》卦
49	第 49 章	第 49 章	阐释《益》卦
50	第 50 章	第 50 章	阐释《夬》卦
51	第 51 章	第 51 章	阐释《姤》卦
52	第 52 章	第 52 章	阐释《萃》卦
53	第 53 章	第 53 章	阐释《升》卦
54	第 54 章	第 54 章	阐释《困》卦
55	第 55 章	第 55 章	阐释《井》卦
56	第 56 章	第 56 章	阐释《革》卦
57	第 57 章	第 57 章	阐释《鼎》卦
58	第 58 章	第 58 章	阐释《震》卦
59	第 59 章	第 59 章	阐释《艮》卦
60	第 60 章	第 60 章	阐释《渐》卦

续表

序号	通行本	帛本	《周易》卦
61	第 61 章	第 61 章	阐释《归妹》卦
62	第 62 章	第 62 章	阐释《丰》卦
63	第 63 章	第 63 章	阐释《旅》卦
64	第 64 章（上）	第 64 章（上）	阐释《巽》卦
65	第 65 章	第 65 章	阐释《兑》卦
66	第 66 章	第 66 章	阐释《涣》卦
67	第 67 章	第 69 章	阐释《节》卦
68	第 68 章	第 70 章	阐释《中孚卦》
69	第 69 章	第 71 章	阐释《小过》卦
70	第 80 章	第 67 章	阐释《既济》卦
71	第 81 章	第 68 章	阐释《未济》卦
72	第 70 章	第 72 章	《后记》

按帛本顺序，第七十二章为《后记》，第七十一至第七十九这九个章节为后人所加，而非原本章节。因为《道德经》每个章节各有主题思想，而后九章没有主题思想，只是由前面章节的词语堆砌而成，故可断定是后学所加。况这些章节在《周易》六十四卦之外，没有理由再出现。这九章出现的时间大概在秦汉之际，理由是郭店楚墓简本没有这部分的章节，在《韩非·解老》中也没有涉及，故当在韩非之后添加。本著将帛本这九章称为"《老子》外篇"，并有简单评注。

除去后面九个章节，还有七十二个章节。这七十二章真正出自老子手笔的，是与《周易》六十四卦对应的六十四个章节，再加上《前言》（第一章）、《坤》卦拆分出来的第四章、《乾》《坤》卦论（第五章）、《道经》综论（第三十七章）、《后记》（第七十章）等五个章，计有六十九个章节，这六十九个章节是老子的原创。其中第十七章和第六十四章（下）与简本丙组有关。

七十二个章节中的第十八、第三十一、第三十五章是郭店楚墓墓主写在作为便签使用的简本丙组上的，亦不属于老子原创。

以上是笔者对《道德经》原本章节数和顺序的推断，这种章节顺序的排列不是随意的，必须要符合《周易》卦的顺序和内容才行。这种推论又反过来印证了通行本《周易》卦的排列顺序是正宗的。详细论证可参阅后面各章的注释。

二、《道德经》章节主题思想与《周易》卦的关系

学界由于对《周易》知之甚偏，往往抑"易"抬"老"，其实《周易》才是一部用于创建新世界的旷世大作，老子通过学习《周易》中深邃的思想，又根据社会现状，进而提出了创建一统大业的新思想，写成了《道德经》这部不朽的传世之作。之所以这样说，是因为《道德经》每个章节的主题思想都是源自所对应的《周易》各卦，各章所言之"道"是所对应《周易》各卦的卦象或卦名体现的思想，不同章的"道"内涵是不同的，不是传统注释所理解的"道"。

《道德经》在写作上有一个惯例，就是每个章节的首句必定源自所对应《周易》卦的卦象或卦名，体现对应卦思想的精髓，如改变了次序则不知言之何意。这一点不论是汉帛本抄写者，还是以王弼为代表的后世学者，恐怕都没有意识到，不然他们就不会去妄加修改了。其实老子在《后记》（第七十章）中已经点明了自己的创作情缘："吾言甚易知也、甚易行也。而人莫之能知也，而莫之能行。言有君，事有宗。夫唯无知也，是以不我知。"（帛甲本）意思是他的思想体系很容易理解，但没有人能明白。"言有君"，他所说的道理为"从"，而其依据的思想本原才为"君"。"事有宗"，每个章节所论述的题材为"事"，每个题材的论述都有其缘起。"夫唯无知也，是以不我知"，你们之所以不知道这个问题，是我不想让你们知道。所以老子在文字中尽量避开《周易》卦爻辞中的字，致使后学不知其所以然，而妄加篡改。王弼本为什么改为"言有宗，事有君"？就是因为他不知道《道德经》君于《周易》，而认为老子思想不可能有其他来源，"言有君"的说法是错误的，故而改之。

为了证明这一理论体系的完整性，下面对《道德经》六十四个章节首句的"言之君"做一下简单分析，限于篇幅，点到为止，不做详解。本书选择

的版本：简本有的依简本文字，简本没有的按帛甲本文字，帛甲本缺失的按照帛乙本文字。[①]章节序号，按通行本章节顺序标注。简本所有的章节，为原本文字，与《周易》卦的"道"和"名"能保持一致，当依之；帛本文字已经有所修改，与《周易》卦的"道"和"名"并非完全一致；通行本之字当弃之。对《周易》卦有疑问者可查阅拙作《周易说解》。

（一）《道经》——《周易》上篇

第一章（帛甲本）："道，可道也；非恒道也。名，可名也；非恒名也。"本章是《道德经·前言》，论述《周易》卦象（道）和卦名（名）在《道德经》中的纲领性作用。我们可以这样解读：八卦体现出了人们能够认知的自然现象，八卦组合的六爻卦进而显示出社会规则。但我们不能一成不变地去认知原有的理论，而应该站在新时代的角度重新定义筮卦理论。八卦赋予了自然现象名称，两个八卦交互而成六十四卦之名。但我们不能一成不变地去理解这些理论，而应该站在新时代新角度重新领悟和运用卦名中的思想。因为老子用了新的视角解释卦象，故有此说。

第二章（简本甲组）："天下皆知美之为美也，恶已；皆知善，此其不善已。"意思是天下都知道那种美的事物是美的，丑的便没有了；都知道美的就是好的，这里面所包含的不好的就没有了。本章对应天行《乾》卦 ☰。《周易》卦象中阳为善，阴为恶，《乾》卦卦象六爻皆阳，善盛而恶绝，故有此说。

第三章（帛乙本）："不上贤，使民不争。"意思是作为民众不要崇尚名望，这样才使民众不去争名夺利。本章对应地势《坤》卦 ☷，该卦象六爻皆阴。阳为君子，阴为民众，卦象全阴为民众之象，第三章主题围绕"民"而展开论述。

第四章（帛甲、帛乙本）："道冲，而用之有弗盈也。"本章应该是与第三章同为一章，阐释《坤》卦，后被拆分为两章。《乾》卦六爻全阳，为"圣人之道"；《坤》卦六爻全阴，像是全阳卦从中间冲断而变成的六阴卦，"道冲"，意思是"圣人之道"被冲散了。春秋战国时期，群雄争霸，周王室形同虚设，礼崩乐坏，周文王、周公的"圣人之道"由"有"变成"弗盈"了。

---

① 他本所补文字用"【 】"标示，个别文字因分析字义需要保留繁体字或原字形。

第五章（简本甲组、帛甲本）："天地不仁，以万物为刍狗。"意思是乾天坤地，极阳极阴。两种力量互相博弈，却把万事万物像小狗一样对待，成为自己利用的工具。本章是对《乾》《坤》两卦的综述。《乾》卦全阳，《坤》卦全阴，阴阳为对立的两方，又乾天坤地，故有"天地"之说。

第六章（帛甲本）："谷（浴）神不死，是谓玄牝。""谷（浴）神"就是使庄稼生长的水神。意思是田地有水滋润，才是深层次的生养之功。水雷《屯》卦䷂的八卦组合为上坎下震，坎为水，水动不止，故言"谷（浴）神不死"。

第七章（帛甲本）："天长，地久。"本章源自山水《蒙》卦䷃，"蒙"的本义应是攀爬植物①。天有足够的空间让藤蔓长远延伸，为"天长"；地有足够的厚度让植物之根生长，一岁一枯荣，为"地久"。

第八章（帛甲本）："上善治水。"本章对应水天《需》卦䷄。把"需"字拆分，应该指天上的雨水下到地面分流而淌。这句话的意思是城邑应建在高地，并预设排水沟渠，避免暴雨淹城。老子写"上善治水"正是紧扣这一主题。②

第九章（简本甲组）："之而浧之，不不若已。"前一个"之"简本写为"𣥺"，应该指《周易》筮法中由 A 卦变为 B 卦的专用词"之卦"，以"之"表示前后思想的变化。这句话的意思是思想的转变会呈现在行动上，别人（对君主）说不，他便跟随着说不，就是一种转变的结果。本章对应天水《讼》卦䷅。《周易》卦象规则为一、三、五爻位，阳爻居之为正位，阴爻居之则为反位；二、四、上爻位，阴爻居之为正位，阳爻居之则为位反。《讼》卦五个爻居反位，只有九五之君位正，表现为群臣反对国君而生"讼"。其实许多人只是跟着别人去反对国君，并不涉及自己的根本利益，老子谈的就是这个问题。

第十章（帛甲、帛乙本）："载营，柏抱一，能毋离乎？""载"，车载物资。"营"，营盘，借指军队。"柏"指大车。"一"，疑为"宜"字，

---

① 参阅杨吉德：《周易说解》，齐鲁书社，2018，第 250 页。
② 参阅同上，第 233 页。

指先人牌位。"离"，通"罹"。这句话的意思是两军打仗，凭的是物资供给和军力，而用大车拉载着先君的牌位来祈求神灵保佑，能没有灾祸发生吗！本章阐释的是地水《师》卦☷☵。《师》卦阐述战争的有关问题，六五爻辞写："田有禽，利执言，无咎。长子帅师，弟子舆尸，贞凶。""弟子舆尸"就是"弟"和"子"用大车拉着先君的尸灵干涉长子指挥军队，与本章所言一致。

第十一章（帛甲、帛乙本）："卅楅共一毂，当其无，有车之用也。"本章阐释水地《比》卦☵☷。《比》卦卦象五个阴爻前来比附九五之君，故卦名为"比"。本章首句写三十根辐条加固在同一个车毂上，与"比"的内涵一致。

第十二章（帛甲本）："五色令人目明，驰骋田猎，使人心发狂。"这句描写的是狩猎的场景。本章对应风天《小畜》卦☴☰，"小畜"为狩猎对象，和"田猎"意思一致。

第十三章（简本乙组）："人宠辱若缨。"意思是臣子是被宠还是受辱，都体现在系冠的丝带上。本章对应天泽《履》卦☰☱，"履"在帛书《易》中写为"礼"。不同等级官员系冠的丝带不同，是礼的一种规范，故本章和《履（礼）》卦一致。

第十四章（帛甲本）："视之而弗见，名之曰微。听之而弗闻，名之曰希。捪之而弗得，名之曰夷。"这三个句子形容的是看不见、听不到、摸不着的神灵之状。本章对应地天《泰》卦☷☰，卦象三阴爻在天卦之上，即为神灵之征。帛书《易》将"泰"写为"祭"，意为神旨。故本章与《泰（祭）》卦表达的主体是一致的。

第十五章（简本甲组）："古之善为士者。""士"乃贵族阶层。本章对应天地《否》卦☰☷，卦象三个阳爻居于上卦，是"善为士"的依据。

第十六章（简本甲组、帛甲本）："至虚，恒也。狩中，管也。"本章对应天火《同人》卦☰☲，卦象为上天下火，火为太阳，太阳在天之下，有黑夜之象。"至虚"，形容如同黑夜般寂静。"恒也"，这是一种永久的循环。"狩中"，太阳巡行于天中。"管也"，"管"与"莫"义相近，意思是太阳最终还要从天上回归于地下。首句之意与《同人》卦卦象完全一致。

第十七章（简本丙组）："太上，下知有之。"本章对应火天《大有》卦，卦象为上火下天，火为太阳，是太阳在天上照耀的意思。"太上"，由太阳高高在上引申至国君高高在上，与《大有》卦卦象一致。本章在下节有分析。

第十八章，本章由简本丙组添加，见绪论第三部分专论。

第十九章（简本甲组）："绝智弃辩，民利百倍；绝攻弃利，盗贼无有；绝伪弃诈，民复季子。"本章对应地山《谦》卦☷，卦象九三独阳正位，居中隔绝上下五阴的关联，故有绝断之象。上卦是尊位，《谦》卦上为阴，表明小人居于尊位。这段从《谦》卦卦象出发，意在抨击那些没有治国之能，却凭智、辩、伪、诈之术博取尊位之人，应当从体制上断绝他们的升迁之路。

第二十章（简本乙组）："绝学无忧。唯与可（阿），相去几可（何）？"本章对应雷地《豫》卦☷，卦象九四阳爻隔绝五阴，四爻主祭祀、学习，故有"绝学"之说。九四居上卦之末，属于阿谀于上、呵斥于下之类的官吏。"唯"应答于上，"阿"呵斥于下，本章首句之意从卦象而来。

第二十一章（帛甲本）："孔德之容，唯道是从。"本章对应泽雷《随》卦☱，"随"就是跟随。"唯道是从"即为跟随之意。

第二十四章（帛甲本）："炊者不立。"本章帛本位列第二十一章之后，第二十三章之前，是正确的排列顺序，通行本改为"企者不立"，列于第二十四章，是错误的调整。本章对应山风《蛊》卦☶，"蛊"在帛书《易》中写为"箇"，意为"一个"。野外炊食用三个或四个支点才可架锅煮饭，一个支点则"炊者不立"。不知道源于《蛊（箇）》卦，就无法解释"炊"字，故通行本只能改为"企"方可解通。

第二十二章（帛甲本）："曲则金，枉则定。"能够弯曲自己才称得上金贵；站在他人的角度想问题，改变自己的主观意识，天下就能安定。本章对应地泽《临》卦☱，卦象二阳爻被上方的四阴爻压迫，对二阳爻来说，你不能改变天下，就只能改变自己。被动的弯曲是生存之道；主动改变自己是安定天下之道，"临"的字义是主动以上临下。"曲则金，枉则定"也是对"临"字的完美阐释。

第二十三章（帛甲本）："希言，自然。"本章对应风地《观》卦☴，卦象两个阳爻高居于四阴之上。"观"有二义：一是庙观，卦象有庙观之状；

二是观瞻，四阴观瞻上二阳。《观·象》曰："风行地上，观。先王以省方观，民设教。"《观·象》曰："圣人以神道设教，而天下服矣！"俱以庙观言之。能够让民众安于生活现状，服从统治的，其实不是君王的诏命和各种条条框框，而是民众世代相传、顶礼膜拜的"神道"，"神道"才是他们甘心情愿"自然"遵循的动力之源。这就是"希言（君主少言），自然（遵循'神道'）"的内涵。

第二十五章（简本甲组）："有物（猎）蟲成，先天地生。"通行本"有物混成"是错改。"物"，简本写为"猎"，叩首之义。"蟲"，虫鸟。"有物（猎）蟲成"，指神职人员向神灵叩首后，被神灵附体，嘴里发出虫鸟般的声音。本章对应火雷《噬嗑》卦☲，卦象二阳爻在外，九四阳爻居于祭祀之位，卦名"噬嗑"，意为神职人员接神后嘴里发出的虫鸟之声。第二十五章谈的就是神灵对社会稳定的作用。①

第二十六章（帛甲本）："重为至根，清为趮君。"可释为具有丰厚的辎重，是实现经营天下理想的本钱；使天下太平是士子们奔走列国的主旨。本章对应山火《贲》卦☶，卦象二阳爻在外，九三阳爻居于武士之位，"贲"本义指夹车而行的虎贲。本章首句指胸怀大志而驾车奔走列国的士子，但没有丰厚的家资也是很难实现自己志向的。

第二十七章（帛甲本）："善行者，无彻迹；善言者，无瑕适；善数者，不以梼策；善闭者，无关键而不可启也；善结者，无绳约而不可解也。"本章对应山地《剥》卦☶，卦象上九一阳管制五阴之民，与管理有关。"剥"的本义指以斧劈木，把原木变为可用之材。帛书《易》爻辞三见"臧"字，"臧"为善。故本章首句"善行""善言""善数""善闭""善结"，皆照应"臧"而写，言树立最"善"者为榜样对管理民众的重要意义。

第二十八章（帛甲本）："知其雄，守其雌。为天下溪。"本章对应地雷《复》卦☷，卦象初九阳爻居内接纳外来的投奔者，"复"即以五阴爻代表的天下之人回归初九。初九为阳，主动，却守静，接纳天下归流者。本章首句描述的即为初九之象征意义。

---

① 参阅杨吉德：《周易说解》，齐鲁书社，2018，第328页。

第二十九章，对应《无妄》卦。原章文字应该是第六十四章（下）的内容，被郭店楚墓墓主移至第六十四章之中，而另写文字补充本章，请看绪论第三部分专论。

第三十章（简本甲组）："以道佐人宝者。""佐"字的简本文字上部分为兵器，下部分以手牵物，手的下面是一只眼（马眼），直译的话应该为"乘"（诸本为"佐"）。古时一乘战车共有三人，一名御者，驾驭战马；左右各有一名持兵戈弓箭之士，专职攻击敌人，正是这个字形表达的内容。本章对应山天《大畜》卦䷙，爻辞中分别表述了"马""牛""豕"三种大畜，"九三良马逐，利艰贞。曰闲，舆卫。利有攸往"。这段爻辞着重讲了要经常训练战马的问题，"良马逐"，要经常训练才能有好的战马；"曰闲"，是在马厩中饲养；"舆卫"，是驾驭车乘进攻敌人，护卫君主。本章"乘"（佐）的含义正是"舆卫"，武将用战车护卫国君。

第三十一章，此章由简本丙组添加，见绪论第三部分专论。

第三十二章（简本甲组）："道恒无名。仆、唯、妻，天地弗敢臣。"本章对应山雷《颐》卦䷚，卦象二阳在外，四阴在内。何谓"天地"？上九为天，初九为地。何谓"仆、唯、妻"？四个阴小之爻也。"道恒无名"，意思是卦符含义（道）经常会出现卦名（名）没有概括到的情况。老子欲用新的视角阐发卦象含义，故有此说。

第三十三章（帛甲本）："知人者，智也；自知者，明也。"本章对应泽风《大过》卦䷛，卦辞："大过栋桡，利有攸往，亨。"弯木无用，却恰好可以用作房栋。此言废物亦有其所长，关键在于能做到"知人"和"自知"。本章首句可以看作是老子对卦辞的解释。

第三十四章（帛甲、帛乙本）："道沨呵，其可左右也。"《玉篇》："沨，水声。"本章对应《习坎》卦䷜，八卦上卦为水，下卦亦为水，"沨"即指宏大的水势。大水分向左右，虽减损了自身的水量，却滋润了更多的田地，此即为水行之"道"。

第三十五章，此章由简本丙组添加，见绪论第三部分论述。

第三十六章（帛甲本）："将欲拾之，必古（是以）张之。"想要捡取禽鸟或鱼，必须先把网张开。本章对应《离》卦䷝，帛书《易》"离"写为

"罗"，罗网之义。第三十六章以罗网为"言之君"展开论述。

第三十七章（简本甲组）："道恒无为也。"本章位于阐释《离》卦的章节之后，乃道经综论，对前面各种"道"进行了概括。

（二）《德经》——《周易》下篇

第三十八章（帛乙本）："上德不德，是以有德；下德不失德，是以无德。"最高的德行，是帮助了别人却不显示自己对别人有恩惠，为有德；不好的德行，是处处显示自己对别人的恩惠，这就变成了无德。本章对应泽山《咸》卦☱☶，帛书《易》"咸"写为"钦"，《尔雅》："钦，敬也。""钦"指有德才使人钦敬，故本章内容围绕"德"字展开论述。

第三十九章（帛甲本）："昔之得一者：天得一以清；地得一以宁；神得一以灵；谷（浴）得一以盈；侯王得一以为天下正。"天、地、神、谷、侯王皆"得一"为佳，何为"一"呢？本章对应雷风《恒》卦☳☴，恒者，始终如一也。故"得一"就是要始终如一，完全取自"恒"义。

第四十章（简本甲组）："返也者，道僮也。"意思是打不赢就跑回来是小孩子寻常采用的方法。本章对应天山《遁》卦☰☶，卦象二阴爻被四阳爻压迫，二阴作为弱小者岌岌可危，只有逃回来才能保其性命，故卦辞写："遁亨。小利贞。""遁"就是逃遁、返回；"返也者"紧扣卦名"遁"作为第四十章主题。此"道"为生存之道。帛本错将此章顺序调整至第四十一章处，应以通行本为准。

第四十一章（简本乙组）："上士昏道，堇能行于其中。"通行本写为"上士闻道，勤而行之"，应以简本为准。"昏"，昏暗，比喻看不清。"堇"，《说文》释为"黏土也"，用作动词是耕耘荒地，指隐居于郊野。上等的士不明白治国之道，以隐居于郊野践行自己的理想。本章对应雷天《大壮》卦☳☰，卦象二阴在上，为思想昏暗之征；四阳在下，指壮于体而弱于思。战国时期的简本俱显示老子为入世思想，魏晋以后的通行本皆改为出世思想。本章的"上士""中士""下士"都以洁身自好为荣，不屑于匡扶社稷之功，这是老子不赞同的。

第四十二章（帛乙本）："道生一，一生二，二生三，三生万物。"本章对应火地《晋》卦☲☷，卦辞："晋，康侯用锡马蕃庶，昼日三接。"一是卦象太阳在大地之上，对万物有生长之功；二是卦辞讲康侯用王所赐之马与自己家的马一天三次交配，尽其生育繁衍之能。本章由"蕃庶"而写"生"，由"三接"而引出"三生万物"的抽象性概念。

第四十三章（帛甲本）："故强良者，不得死。我将以为学父。"本句通行本写于第四十二章末句，但据内容分析，应为第四十三章内容，故排于本章的首句解读。本章对应地火《明夷》卦☷☲，卦象地在太阳之上，处位不当。爻辞："六四入于左腹，获明夷之心于出门庭。"叙述的是商王臣属比干强谏商王，而被商纣王残忍地挖去了心脏的史实。"良"，诚实。首句的意思是过于诚实善良的人，即便做的是正确之事，如果行事超越其位，也会面临死的结局。

第四十四章（简组甲本）："名与身筭新（孰亲）？身与货筭（孰）多？得与亡筭（孰）病？""名"指权势，"身"指自身性命与家族性命。春秋战国时，许多显贵在政权更迭后往往受到灭族之祸。本章对应风火《家人》卦☴☲，重点阐释了如何保持家族长久的思想。

第四十五章（简本乙组）："大成若缺，其用不弊。"本章对应《睽》卦☲☱，"睽"在帛书《易》中写为"乖"，背离之义，即主观思想往往和客观现实相背离。本章首句正是对"乖"的阐释：真正完美的东西看上去会有很多缺点，但用起来却不会觉得不好。

第四十六章（简本甲组）："天下有道，却走马以粪。天下无道，戎马生于郊。"本句在帛本和通行本中都有，在简本甲组中缺省，但确系原本首句内容，因为"天下有道"的"言之君"是《蹇》卦卦象。本章对应水山《蹇》卦☵☶，卦象初六阴居阳位，是反爻；上面的五爻阳居阳位，阴居阴位，皆为正爻。外面五爻从初爻角度讲为天下，这五个正爻是"天下有道"的来由。各居其位即不会有战乱，没有战乱，战马才会用以耕种田地。"天下无道"是由"有道"延伸而来，从反面加以论述。

第四十七章（帛甲本）："不出于户，以知天下；不规（窥）于牖，以知天道。"本章对应雷水《解》卦☳☵，卦象上六为唯一正爻；下面五爻阳居阴位，阴居阳位，皆为反爻。上六为善于化解矛盾的智者，故卦名写为"解"，这是所谓"知天下""知天道"的人；下五爻是坚持错误观点的众人。《解》

卦卦辞："利西南。无所往，其来复吉。有攸往，夙（宿）吉。"帛书《易》"夙"写为"宿"。"无所往"，老子写为"不出于户"；"有攸往，夙（宿）吉"，老子阐释为在外住宿而"不规（窥）于牖"，即躺在床上不向外看。与社会上那些错误观点的人交往，就永远不会知天道。这是分析文字的来由，老子所讲的内涵也可能超越于此。

第四十八章（简本乙组）："学者日益，为道者日损。"本章对应山泽《损》卦☶，卦象三个阴爻占据三、四、五权力中心的位置，表明权力中心变成了充满私欲的名利场，卦名"损"就是要求减损私欲。《损·象辞》："山下有泽，损。君子以惩忿窒欲。"亦讲要减损忿欲。老子认为，向那些显贵学习的人，私欲只会逐渐增加（学者日益）；而那些真正有志于治理国家的人，私欲才会逐渐减损（为道者日损）。本章"损"字与《损》卦的"损"完全吻合，如果脱离《损》卦，就只能按照通行本"为学日益，为道日损"来理解了。

第四十九章（帛乙本）："圣人恒无心，以百姓之心为心。"本章对应风雷《益》卦☴，卦象阳爻居五、上之位，为圣明之象；三个阴爻安居下互卦，为民众安乐于下之象。这是歌颂"圣人"所坚守的政治基础。

第五十章（帛甲、帛乙本）："出生，入死。"本章对应泽天《夬》卦☱，卦象上六一阴在上，五个阳爻盛气凌人在下。"夬"即盛气凌人之貌。争强好胜必有自相残杀之事，故脱离开此凶地为生，进入此凶地难免一死。

第五十一章（帛甲本）："道生之，而德畜之。"本章对应天风《姤》卦☴，帛书《易》"姤"写为"狗"。卦象一阴独居于初爻，可以理解为家中妇女，"道生之"其实讲的是妇女的生殖之道。考虑卦名为"狗"，故不论是"生之"，还是"畜之"，其"之"指的都是狗，即本章是围绕着卦名"狗"为引子展开论述的。

第五十二章（帛甲本、简本乙组）："天下有始，以为天下母。"本章对应泽地《萃》卦☱，帛书《易》将"萃"写为"卒"，卦辞："卒，亨。王假有庙。"可以这样理解，"卒"是讲上一代王朝已经结束，"王假有庙"是讲新王登基，祭祀上帝。所以"天下有始"是讲建立新王朝之始。在继承制上，商朝实行的是兄终弟及制，周朝实行的是父死子继，嫡长子继承制，论嫡庶不论长幼，子以母贵。"天下母"，指由于母亲作为王后的地位，才使太子名正言顺地继承王位，这是从周初开始的。本章主要论述的是，周初制定的嫡长子继承制不应随意更改。

第五十三章（帛甲、帛乙本）："使我挈有知也。行于大道，唯他是畏。"本章对应地风《升》卦☷☴，帛书《易》"升"写为"登"，卦辞："升（登），元亨。用见大人，勿恤，南征吉。"朝臣登上大车，行进在官道上，前呼后拥，去朝见国君，百姓能不感到畏惧吗！

第五十四章（简本乙组）："善建者不拔。善休者不兑。"本章对应泽水《困》卦☱☵，卦象阳爻被阴爻分隔围困。卦辞："困，亨，贞大人吉，无咎。有言不信。"《说文》："困，故庐也。""困"指过去住的房子。当处在险境时，不妨回到自己的根据地以求安全，这个"困"就是原建之屋。[①]老子用原建之屋比喻为周初的国家建制，认为现在要建立新体制，没有必要完全废除旧体制，即"善建者不拔"。

第五十五章（简本甲组）："饮德之厚者，比于赤子。"本章对应水风《井》卦☵☴，卦辞为"井，改邑不改井，无丧无得，往来井井"，意思是城邑搬迁时，不要把井填上，要留给来往的人饮用。有水才为井，井中有水也会有蛤蟆，九二爻辞为"井谷射鲋"，讲在井口用弓箭射鲋，鲋就是蛤蟆。"饮德"指像井中的蛤蟆一样，以饮用井水为特征的动物。"厚"指深，指井中蛤蟆深居于土石之下，此为"饮德之厚者"。"赤子"指初生的婴儿，婴儿只会喝奶水，而蛤蟆只会喝井水，故言"比于赤子"。

第五十六章（简本甲组）："知之者不言，言之者不知。"本章对应泽火《革》卦☱☲。《革·象传》："汤武革命，顺乎天而应乎人。"《革》卦讲的是改朝换代之事，故"之"代指的是改朝换代、重建统一帝国之事。改朝换代有其历史必然性，又必有圣明之君方可为之，如没有圣明之君，虽知道历史的必然性，亦不愿进言之。而凡进言之人，其实不知道历史发展的趋势，故虽有大秦帝国，也只是十四年的寿命而已。

第五十七章（简本甲组）："以正之邦，以奇（载）用兵，以无事取天下。"本章对应火风《鼎》卦☲☴，"鼎"为国家重器，是权力的象征。《鼎·象

---

① 参阅杨吉德：《周易说解》，齐鲁书社，2018，第289页。

辞》："木上有火,鼎。君子以正位凝命。""正位"指端正自己的本位,"以正之邦"即取自《象辞》,就是要君正、臣忠、民安。"以奇(哉)用兵"指用兵要速战速决,不可长久在外驻扎,长久用兵则生乱。"以无事取天下",国家没有内乱才能走出去谋取更大的天下,所言都是由"鼎"而出。

第五十八章(帛甲、帛乙本):"其正闷闷,其民屯屯。"本章对应《震》卦☳,卦辞:"震亨。震来虩虩,笑言哑哑。震惊百里,不丧匕鬯。"意思是当一般的雷震到来时,人们能够保持笑言神态;当惊天霹雷闪耀天空时,人们认为这是上天在发怒,就会惊惧不安,而主祭者依然能保持镇定自若。《震》卦的主题讲的是如何保持深厚的定力,本章似是把定力作为主题。依照这个思路,帛本之"正"似乎是在"正"的上面减了一横,即本字应为"疋"。《集韵》:"定,古作疋。"故应以"定"释"疋",即读为"其疋闷闷"。对于个人来说是定力,对于统治者来说是坚持某种政策而不随意改变。"闷",帛本写为"阋",其字不见字典注释,按照字面解读,似乎是把门关起来做事。"其"指决策者。"正(疋)"指坚持决策而不改变。"其正(疋)闷(阋)闷(阋)",几个人关起门来决定国家大事。"民",指门客和家族之人,因为真正的平民百姓是无权参与国家大事的。"屯",聚集。"其民屯屯"形容国君下面的人各自聚集,家族间拉帮结派。"其正闷闷,其民屯屯"指统治者私下决定国家大事,导致下面的人拉帮结派。

第五十九章(简本乙组):"给人事天,莫若啬。"本章对应《艮》卦☶,"艮"在帛书《易》中写为"根",表示植物、农作物生长之根。"啬"指收获谷物,是用收获谷物来演绎"根"的内涵。"给"通"给",给养。本句的意思是能够给养百姓,隆重祭祀天地的,莫过于保证粮食收成了。

第六十章(帛甲、帛乙本):"治大国,若亨小鲜。"本章对应凤山《渐》卦☶,可以理解为循序渐进。"亨"多假"享",即"享小鲜"比较合乎情理。吃小鱼最容易被鱼刺扎伤,所以吃小鱼格外要仔细,慢慢来,循序渐进。

第六十一章(帛甲本):"大邦者下流也。"本章对应雷泽《归妹》卦☳,《归妹》卦主要是论述婚姻问题,六五爻辞写道:"帝乙归妹。其君之袂,不如其娣之袂良。月几望,吉。"讲的是商王帝乙下嫁公主与周文王联姻的故事,商王利用联姻来巩固自己的政权,春秋战国时,联姻也成为提升国家力量的常用手段。大邦之女下嫁小邦之君即为"下流"。

第六十二章（帛甲本）："道者，万物之注也。"本章对应雷火《丰》卦䷶，《丰·彖》："丰，大也。""大"即为本章"道"的内涵。"注"为集中、归结。"万物之注也"，万物皆以丰大为荣耀。

第六十三章（简本甲组）："为，无为；事，无事；未，无未。"本章对应火山《旅》卦䷷，《旅》卦讲的是羁旅在外之人的处境。本句的意思是想有一番作为，却没得到重用；想做点具体的事，却无事可做；希冀有一个美好的未来，却看不到前景。这不正是羁旅之人无奈的心境吗！

第六十四章（简本甲组）："其安也；易之也。其未兆也；易悔也。"本章对应《巽》卦䷸，"巽"在帛书《易》中写为"筭"，指计算蓍草之数以组合六爻筮卦。《巽》卦九二爻辞："巽在床下，用史巫纷若，吉，无咎。"这是《周易》卦爻辞中唯一写有"史巫"的爻辞，"巫"即负责占卜和占筮之官，当时国君逢大事都要用龟卜和占筮以决吉凶。本章正是围绕《巽（筭）》卦展开的论述。按照《左传》记载的习惯，都是先卜后筮，"其"在前，故"其"指龟卜；"易"在后，指占筮。"之"字为"𢍱"，疑为爻变之"之"即占筮术语"之卦"。"悔"指卦变。"其安也；易之也"，龟卜的兆象是固定的，《周易》的卦爻是变动的。"其未兆也；易悔也"，龟卜没有表现出事情发展的征兆，《周易》却通过变卦可以分析事情的变化和趋势。这句话认为《周易》要优于龟卜。"为之者败之"部分后面有专论。

第六十五章（帛甲本）："故曰为道者，非以明民也，将以愚（娱）之也。""故曰"应该是多抄之字。"为道者"，善于治理国家的人。"非以明民也"，不让民众对是非曲直分辨得太清楚。遂州本"愚"写为"娱"，依之。"将以娱之也"，要让民众在欢乐中感到满足。本章对应《兑》卦䷹，《序卦传》："兑者，悦也。"故"将以愚（娱）之也"完全符合《兑》卦主旨。民众经常辩论是非，容易引起政局动荡，应当引导他们多参与娱乐活动，以宣泄他们的心智。

第六十六章（简本甲组）："江海所以能为百浴（谷）王，以其能为百浴（谷）下，是以能为百浴（谷）王。"本章对应风水《涣》卦䷺，"涣"有涣散之义。《玉篇·水部》："涣，水盛貌。""涣"又有水势盛大之义。

"百浴王"指大川，正是从盛大的水势而来。

第六十七章（甲帛本）："我恒有三葆之：一曰慈，二曰检，三曰不敢为天下先。"原章文字首句为："天下皆谓我大，大而不宵。夫唯不宵，故能大。若肖久矣，其细也夫。"此句与后面文字无关，应为后加之字，当删去。本章对应水泽《节》卦☵，卦象阴阳间隔有序，有竹节之象，"节"的意思就是遇事要有节制、有次序、有规矩，"慈""检""不敢为天下先"皆属"节"的范畴。《节·象》曰："泽上有水，节。君子以制数度，议德行。""制数度"的意思是对自己的行为准则要有数量化的标准，就是要设定几项标准去严格遵守。"我恒有三葆"，我一直有三项行为准则。所以，"三葆"数字的出处就在《节》卦的《象辞》中。①

第六十八章（帛甲本）："善为士者不武；善战者不怒；善胜敌者不与；善用人者为之下。"本章对应风泽《中孚》卦☵，《中孚》主要讲战士的战斗精神，六三爻辞"得敌，或鼓，或罢；或泣，或歌"，就是描写战士在战斗中不屈不挠的斗争精神，所以本章是以武"士"为主题写的。

第六十九章（帛甲本）："用兵有言曰：'吾不敢为主而为客。'""用兵"之说是从上一章延续下来的。本章对应雷山《小过》卦☵。"过"为超越，"小过"讲小者超越的限度问题。卦辞"小过亨，利贞。可小事不可大事。飞鸟遗之音，不宜上宜下，大吉"，是说作为身份低微之人，只是为国君效力的客，在君面前只可"小事"而不可"大事"，只宜处下而不宜居上。爻辞："六二过其祖，遇其妣；不及其君，遇其臣。无咎。"意思是说欲见祖父，却只见到了祖母；没有见到主人，而只见到了家臣。"祖""君"都为主，欲见者为客，这是本章"主""客"的来由。故此，用兵之人最忌讳的是拥兵自重，反客为主。"九三弗过，防之。从或戕之，凶"，讲的是反叛者勾结外部势力逆杀自己的国君，就是小者超越失当行为。本章首句就是对"小过"主题的阐释。

第八十章（帛甲本）："小邦寡民。"本章对应水火《既济》卦☵，按照《周

---

① 《大象》应为周公所写。可参阅杨吉德：《周易卦象与本义统解》，齐鲁书社，2004，第10—27页。

易》卦的顺序，《既济》卦排在《小过》卦后面；第八十章对应《既济》卦，理应排在第六十九章后面。帛本把第八十章和第八十一章排在第六十六章之后，打乱了原来章节的固定顺序，是错误的，但起码没超出后记之外。通行本又进一步将这两卦调整至最后，这样就把后人添加的九个章节收录进《道德经》的正式编制，犯了更加严重的错误。《既济》卦卦象三阴三阳互相间隔，各居正位，没有统领；阳与阳、阴与阴互不交接，没有联盟与攻击，是一种稳定、和谐、独立的社会形态。老子据此说这是一种"小邦寡民"的社会形式，国家小，民众少。一般认为这是老子虚构的理想社会，其实是误解。

第八十一章（帛乙本）："信言不美，美言不信。"本章对应火水《未济》卦 ䷿，按顺序排于《既济》卦后面。卦象三阴三阳，阴爻居阳位，阳爻居阴位，表明事物常常以反面的形态展现出来。《未济·象》曰："火在水上，未济。君子以慎辨物，居方。""辨物"就是辨别事物的真伪，"居方"就是选择正确的方向。本章遵循这一思路，前面部分讲怎样去辨别真伪，最后讲正确的处世原则。

第七十章（帛甲本）："吾言甚易知也，甚易行也。而人莫之能知也，而莫之能行也。言有君，事有宗。夫唯无知也，是以不我知。知者希，则我贵矣。是以圣人被褐而怀玉。"本章为全书后记，说明全书到此完成。第七十一章至第七十九章是后学又妄自添加上的，各章节没有主题，是由其他章文字摘选堆砌而成。

学习后记应重点关注"言有君，事有宗"。"君"是《道德经》所依据的《周易》卦象和卦名，老子之"言"是臣，是学习所对应卦之"君"而产生的新思想。"宗"是各章节所言之事的主题思想，即各章所写之"道"，每章节所言之"事"都是围绕一个主题思想而展开的论述。"夫唯无知也，是以不我知"，你们都不知道"君"和"宗"的来由，是因为我不想让你们知道。从已有资料看，不知道《道德经》和《周易》之间关系的，不唯魏晋时期的王弼，即便汉初帛本的抄写者也是不知道的，因为这个版本凭空增添了九个章节；不光汉初帛本，即便是战国简本的抄写者也未必清楚，因为简本丙组的五个章节超出了《周易》卦的范围，是墓主为修改原文而准备的，应算是篡改《道德经》的肇始。

通过对《道德经》原章节首句的简略分析，可以看出，真正的老子思想和传世的老子思想之间差异是很大的，造成这种差异的原因主要有四个：一是起码从帛本始，后学不知何为"言之君"，即不知道《道德经》章节源自《周易》卦，由此曲解了各章主题；二是从思维角度讲，老子原文始终存在主体和客体之间的对比关系，通过对主、客体矛盾的解析，而产生深刻、系统的思想，如统治者和民众、国君和臣属、政令和自然之间的关系，而魏晋后抽离了客体项，成了自我修养的内容，体现了战国时代的大统一和西汉以后的大一统不同的时代性；三是附加了一些章节，使老子文笔和思想体系出现了混乱；四是帛本和简本出土后，学界错误地运用训诂法，把原本正确的字义假借为通行本文字而进行了错误的诠释，《郭店楚简〈老子〉校读》释文整理者彭浩所言就充分体现了这一点："在用字方面，简本多假借、异体字，经与帛书本、通行本对照，大多数可以正确释读。"①

《道德经》每章的首句，所阐释的完全是所对应《周易》卦的卦象或卦名，这是《道德经》的固定写作格式。老子解读《周易》并不囿于卦爻辞的含义，而是把卦象（道）和卦名（名）作为提纲来使用，进而提炼出新的思想精华，发表自己对时局的看法和对社会发展的系统性的深度思考。在社会大变革时代，未来的社会形态还是个谜，即便是一个高深的战略家，也只能前瞻到某些局部问题，那么在战国前中期的环境下，老子具体针对哪些问题提出了自己的看法呢？大致有以下内容：

关于对《周易》思想的继承与发展问题；关于"圣人"思想的示范效应；关于周王的地位问题；关于国家体制的守成与创新；关于列国的统一性问题；关于革旧立新的问题；关于弱国的生存法则；关于国家的形式和治理；关于为君之道；关于为臣之道；关于君主和民众的关系；关于人性的思考；关于民众的自治问题；关于学派思想的作用；关于士的参政和任用问题；关于社会和谐的重要性；关于社会变革发展的问题；关于信仰对社会稳定的作用；关于民生的问题；等等。老子用《周易》卦的骨架衍生出新的内容，来发表自己对这些问题的看法，才是各章节真正表达的思想。

---

① 《郭店楚简〈老子〉校读》，彭浩校编，湖北人民出版社，2000，前言第15页。

有三点需要在此说明：一是对《周易》卦爻辞的理解是站在老子写作的角度展开的，有的观点和笔者并不完全一致；二是老子对《周易》卦爻辞的阐释基本依据与帛书《易》文字一致的版本，但帛书《易》卦的排列顺序与通行本《周易》并不一致，这还需要通过史料进一步探讨；三是《道德经》有的经文源自《周易·大象》，《大象》虽编于《易传》，却是出自周公之手，而非儒家学者所著。对《大象》的具体分析可参阅拙著《周易说解》（齐鲁书社，2018）。

三、郭店楚墓简本丙组五章分析

从与《周易》卦的关系看，郭店楚墓墓主应该有两个版本没有被随其陪葬，一个是老子的原创本，包括阐释《周易》六十四卦的六十四个章节，加上《前言》，被拆分出来的第四章和第五章《乾》《坤》综论，第三十七章《道经》综论，第七十章《后记》，共有六十九个章节。从现有资料看，这个版本没有流传下来的信息。还有一个版本是在六十九个章节的基础上，加上简本丙组增加的与《周易》卦没有关系的第十八、第三十一、第三十五章，共有七十二个章节的修改本，这个版本是其他传世版本和帛本的宗本。另外，第二十九章被墓主并入了第六十四章中，又另增写了一些内容补充为第二十九章，不过在章节数上没有体现出来。

从竹简形制上看，简本甲、乙、丙组形制各不相同，但甲组和乙组都是连续抄写下来的，章与章之间用断章符表示间隔。而丙组写了四个独立章节，其中第十七、十八章合为一个独立章节，一个章节写完了，竹简剩余的地方就空着，说明这不是按照前本抄的，而是墓主自己写的，而且是墓主为了修改原文所使用的便签，并与甲、乙组打包被当作随葬品遗留了下来。墓主对原本《道德经》的修改混淆了与《周易》卦的对接，使章节失去了对主题思想源头的追溯，《道德经》便逐渐由初创时的入世思想演变为后来的出世思想。

（一）第十七、十八章

"（17）太上，下知有之。其即新誉之；其既畏之。其即侮之。信不足安，有不信。猷乎，其贵言也。成事遂功，而百姓曰：我自然也。（18）古（故）

大道废，安有仁义？六亲不和，安有孝慈？邦家昏乱，安有正臣？"

前文做了分析，第十五章"古之善为士者"对应《否》卦，第十六章"至虚，恒也"对应《同人》卦，第十七章"太上，下知有之"对应《大有》卦，第十九章"绝智弃辩"对应《谦》卦，第二十章"绝学无忧"对应《豫》卦。这些所对应的卦分别为《否》《同人》《大有》《谦》《豫》，完全符合《周易》卦的排列顺序，已没有第十八章"古（故）大道废"存在的位置，也就是说，"古（故）大道废"章有两种可能：一是"太上，下知有之"章原文的一部分；二是墓主故意写了这些句子加在了"太上"章的后面。

从句式看，第十八章"古（故）大道废"这种工整的排比句，不唯与第十七章完全不同，就是与其他章节也不同，不可能是老子文笔。从思想内容看，《道德经》的所有章节从来不直接评价各学派和著述的得失，而第十八章直接评价"仁义""孝慈"，显然不是老子文笔，应该是墓主添加的。

那为什么墓主要如此写呢？估计他想增加抨击儒家学说的内容，而要抨击儒家学说就必须选择一个更有说服力的概念作为武器，第十七章末尾"百姓曰：我自然也"，其思想深度远胜于任何一种学说，写在其后岂不是最鲜明的对比？墓主写在简丙作为便签以备抄写时加上，也是顺理成章的推论。但如此一来，便搅浑了老子纯净的文笔特色，也改变了老子的思想境界。

这样就可以推断，第十七章为原本所有，第十八章为墓主所写。之所以将这两章一起抄录在简本丙组，是墓主为了夹带自己的东西。

（二）第三十五章

本章之前的第三十四章对应的是《习坎》卦，之后的第三十六章对应的是《离》卦，按照《周易》卦序，属于《道德经》原本不可能存在的一个章节。

第三十五章："执大象，天下往。往而不害，安、坪、大。乐与饵，过客止。古（故）道之出言，淡呵其无味也。视之，不足见；听之，不足闻；而不可既也。"首句讲只要掌握了这种分析列国形势的原理，就可以出去闯天下了。明显是一篇学习心得。后面的句子不乏赞美之词，"乐与饵，过客止"，那些一心追求个人欲望的人，怎么能配得上学习《道德经》呢？只不过是一个名利场上的过客罢了！墓主把这篇心得写于便签上，以备抄写时加上。那为什么一定要把它编排在第三十四章之后呢？

我们看一下第三十四章的内容："道汎呵，其可左右也。成功遂事而弗名有也。万物归焉，而弗为主，则恒无欲也，可名于小。万物归焉，而弗为主，可名于大。是以圣人之能成大也，以其不为大也，故能成大。"这一章似乎意犹未尽，"道汎"远远超出了各章"道"的范畴，这里只有用"大象"才能充分体现出来。"万物归焉，而弗为主，可名于大"是第三十四章的论述，这里便讲得再具体一些，就是"往而不害，安、坪、大"。第三十四章"恒无欲也，可名于小"，无疑进入了"圣人"境界；第三十五章写"乐与饵，过客止"，是用常人的心态加以对比，那些心中充满物欲的过客，追求的是盛名，永远进入不了"道"的境界。这两章表述的主题大致相同，只是角色不同。

以此看，墓主把自己对第三十四章的学习心得排列其后，后来在转抄时又独立成章，是极有可能的。

（三）第三十一章

本章之前为第三十章，对应《大畜》卦，之后为第三十二章，对应《颐》卦，按照《周易》卦《无妄》《大畜》《颐》《大过》的顺序，第三十一章属于《道德经》原本不可能存在的章节。从文字上看，似乎是对第三十章的阐释。第三十章："以道佐人宝者，不欲以兵嘀于天下。善者果而已，不以取嘀。果而弗废；果而弗乔；果而弗矜。是谓果而不嘀，其事好长。""嘀"字简本文字像是一个人站在高处叫喊，帛本和其传世版本写为"强"。"嘀"是站在高处向天下人炫耀自己军力的强盛。而单凭强大的军力夺取天下，无非给世界增添更多的杀戮，所以墓主在此章后加了这段文字："君子居则贵左，用兵则贵右。古曰兵者【非君子之器，不】得已而用之，钴衣（恬淡）为上。弗衣（美）也，衣（美）之，是乐杀人。夫乐【杀，不可】以得志于天下。古吉事上左，丧事上右。是以偏将军居左，上将军居右，言以丧礼居之也。古杀【人众】则以哀悲位之；战胜，则以丧礼居之。"

这段文字讲了用兵的危害，作为对第三十章主题的进一步阐释。此文原写在便签（简本丙组）上，在完整抄录《道德经》时，便加到了第三十章的后面，两章之间有没有断章符就不得而知了。这样推理从逻辑上是合理的，从文字上也是合理的。

另外，有一个细节，简本甲组在抄写第三十章的最后一句“其事好长”时，将断章符点在了“长”的前面，这样前面的句子变成了“其事好”，后面的第十五章首句变成了“长古之善为士者”，这种明显的错误恐怕不是无意识的，有可能是暗示自己这一章的后面又增加了一些内容，在抄写原文时不要忘了添加。

（四）第六十四章（下）的归属问题

简本有一个很奇特的地方，就是第六十四章上半部分“其安也；易之也”和下半部分“为之者败之”在帛甲本被分为两个章节抄录，而且在简本丙组又将下段“为之者败之”段重抄了一次，这就给我们带来了难题。一是如果这两段原属一个章节，为什么在帛甲本中被分开抄写？二是简本丙组为什么又将“为之者败之”部分单独重抄一遍？三是假如这两部分原本不是一个章节，那它们到底各归属于哪一章？

1.笔者认为，既然帛甲本将这两段分开抄写，说明它们原本就是两个章节。第六十四章按顺序对应《周易·巽》卦，“巽”在帛书《易》中写为“筭”，指根据对蓍草的计算来确定筮得何卦。《巽》卦爻辞：“九二巽在床下，用史巫纷若，吉，无咎。”这是所有卦爻辞中唯一写有“史巫”的爻辞，巫即负责卜筮之官，说明《巽》卦主要讲卜筮之事。

老子在第六十四章（上）论述了龟卜和占蓍的区别：“其安也；易之也。其未兆也；易悔也。其丰也；易畔也。其几也；易践也。为之于其无有也。治之于其未乱。合【抱之木，生于毫】末。九城之台，甲【于蔂土】。【百千之高，始于】足下。”下面分开做一下译注。

“其安也；易之也”，占卜的征象是不变的，而《易》卦的征象是变化的。“其”，指龟卜。春秋时占卜习惯先卜后筮，“其”在“易”先，故“其”指龟卜。“之（柔）”，指《周易》爻变之象。

“其未兆也；易悔也”，占卜没有像《易》卦那样以数而生征象，因为《易》有贞卦和悔卦相推演。“悔”，卦变现象。

“其丰也；易畔也”，龟卜纹象过于繁杂，而《易》卦易于判断。

“其几也；易践也”，龟卜重在对隐含征兆的提示，筮卦重在对趋吉避凶行为的选择。

"为之于其无有也。治之于其未乱"，卜卦的作用，就在于事物还没有出现时，提示出行动的方向。更现实的作用，是在叛乱势力尚未形成时予以防范。

"合【抱之木，生于毫】末。九城之台，甲【于蘽土】"，需要合抱那么粗的树木，都是从细小的树苗长起的；即便最短城墙的平台，也是起始于第一筐土。

"【百千之高，始于】足下"，城墙由百而千逐级增长的高度，是从脚底下开始的。

从以上释文看，"其安也；易之也"段非第六十四章（对应《巽》卦）莫属。

2.（简本甲组）"为之者败之，执之者远之。是以圣人无为故无败，无执古（故）无失。临事之纪，訢冬如怡，此无败事矣。圣人欲不欲，不贵难得之货。井不井，复众之所，所化。是故圣人能专万物，之自然而弗能为。"

从文字内容看，这一段与"其安也；易之也"段没有关联，不应属于一个章节。既然不是一个章节，为什么要合在一起呢？是因为"为之者败之"作为首句看似是没缘由的，没有任何前置条件就否定主观努力，怎么也没法解释通，故勉强将其安排在了第六十四章的后半段。

可以这样推断，是从墓主开始将其合并在第六十四章并传之后世的。在帛甲本中这两部分是分开抄写的，它们在全文中的各自位置墓主也很清楚，之所以在便签（简本丙组）中抄写一遍，无非是为了单独摘出来，以提示此章的合并之用。当然，这种合并可能是墓主在众多章节中优选的结果。同样一段文字，简本甲组和丙组有些字不一样，甲组是照原本抄下来的，墓主可能没有完全明白文字含义，便按自己的理解稍做修改，写成了丙组的模样。

既然"为之者败之"部分是一个独立章节，在原文应该排在哪里呢？按照老子的书写惯例，每章的首句必定来自《周易》卦的卦象或卦名，"为之者败之"是否定主观行为的说辞，找到《周易》中否定性的卦名，就可以确定其位置了。《周易》卦中，《否》卦的"否"是否定词；《无妄》卦的"无妄"是否定词，我们选择《无妄》卦分析一下。

《无妄》卦☶卦象两个阴爻被四个阳爻围困在二、三爻位上，象征被征服的旧势力已无反抗能力，更无复兴之望，"无妄"是指要采取措施使旧势力不再心存复辟妄想。周武王置"三监"管束商朝遗民即是贯彻了周文王这一思路。《无妄》卦在第二十九章，"为之者败之"章理应是第二十九章原文。因源自"无妄"，故"为之"不能译为"作为"，而是"妄为"。"为之者败之"的意思是妄自作为的人会以失败而告终。由此看，"为之者败之"和"无妄"的意思完全一致，应当作为《无妄》卦的对应章节来理解。通行本第二十九章尚存有"为者败之，执者失之"之句，也说明这一段是从第二十九章移植到第六十四章的。

简本甲组"为之者败之"章释文：

"为之者败之，执之者远之"，妄自作为的人会以失败告终，抓住不放的人会离自己要追求的目标越来越远。

"是以圣人无为故无败，无执古（故）无失"，根据这个道理，"圣人"坚持不妄自作为，所以没有失败；不抓住财产不放，所以没有什么损失。

"临事之纪，訴冬如怡，此无败事矣"，做任何事情都要找到它的根源，保持一个欣喜乐观之心，即便在严酷的冬天，也会感觉到很愉快，这样就不存在把事情做坏了。

"圣人欲不欲，不贵难得之货"，"圣人"追求的不是为了满足自己的物质欲，不珍贵难以得到的贵重之物。

"井不井，复众之所，所化"，把农人耕种的田地不再像井田制那样管理，复归成农人自己所有，土地所有制就自然发生了转化。

"是故圣人能专万物，之自然而弗能为"，所以我们知道，"圣人"有权力将万物据为己有，但出于对自然规则的敬畏而没有这样去做。

本章围绕"无妄"的主题而延伸，主张不贪、不欲、不妄为。

既然"为之者败之"段是第二十九章旧文，那现在通行本第二十九章内容又是怎么回事呢？

"将欲取天下而为之，吾见其不得已。天下神器，不可为也。为者败之，执者失之。故物或行或随，或歔或吹，或强或羸，或培或隳。是以圣人去甚，去泰，去奢。"

"将欲取天下而为之，吾见其不得已"，本句似是从获取天下的角度对

"为之者败之"发表个人的看法，算不得立论，不应写在首句。紧接着写："天下神器，不可为也。"似乎可以看作是立论，但不在篇首，又不能作为立论。其实，我们看一下后面的章节，就会发现这两句话的来龙去脉。第三十章写有"善者果而已，不以取嗝"，与"将欲取天下而为之，吾见其不得已"是同一个意思。第三十一章写有"夫兵者，不祥之器"，与"天下神器，不可为也"两"器"呼应，模仿痕迹非常明显。显然，改写者认为第二十九、第三十、第三十一这三个章节应该连为一体，都是谈战争和夺取天下的主题，故撰写的意境非常相近。虽然笔者怀疑第二十九章为墓主所撰写，但在简本丙组中并没有这一段，故只能算是一种猜测。

由此看，墓主将甲组已有的"为之者败之"章重抄于便签中，是有意而为之。

把简本甲组、乙组存有的章节，与汉帛甲、帛乙本及以王弼本为代表的通行本相对比，文字上存在一个逐步修改的过程，同一个章节，这三个版本文字没有完全一致的，其中有异体字主要还是因为传抄者不了解章节主题的源头，加上不同历史时期不同政治文化氛围的需求，故有了这几次大的修改，最终脱离了老子原意。只有严格按照简本甲、乙组原字解读，才能体会出老子的真实思想。

郭店楚墓简本的出土，使我们看到了《道德经》有关章节的原本文字，那种滥用训诂法把原本文字推导成王弼本文字的做法是不明智的、错误的。《周易》各卦的思想是《道德经》各章思想的源泉。《道德经》六十九个章节，其主旨是为统一列国、开辟新时代提出详尽的建制思想；郭店楚墓墓主对原本做了几处修改，将之增加至七十二章，简本丙组作为墓主使用的便签，保存了这一珍贵的证据，也从反面证实了《周易》卦和《道德经》原本之间的源流性、系统性关系。从简本丙组成为后世版本的组成部分看，我们没见到的墓主完整版应当是流传后世的唯一渠道，而不是版本之一。可以说郭店战国墓主开启了对《道德经》的修改、扩充之旅，也说明墓主时代很接近《道德经》的成书时代；长沙汉墓出土的汉初帛本，最终扩充至八十一个章节、五千余字；经过数次修改，以王弼本为代表的通行本，形成了传承两千年的基本框架，但已经远离了老子原意。

道经

第一章　道可道也（帛甲）

本章是《道德经·前言》，阐述了老子的易学思想，总领全书。王弼本对一些文字做了改动，脱离了老子原意，主题已经趋向了虚无，应以帛甲本为准。

　　道，可道也；非恒道也。名，可名也；非恒名也。无名，万物之始也；有名，万物之母也。【故】垣无欲也，以观其眇；恒有欲也，以观其所噭。两者同出异名，同谓玄之有玄，众眇之【门】。（帛甲本）

【王弼本】道可道，非常道；名可名，非常名。无名天地之始，有名万物之母。故常无欲，以观其妙；常有欲，以观其徼。此两者同出而异名，同谓之玄，玄之又玄，众妙之门。

◎**道，可道也；非恒道也。**

帛本为"恒道"，王弼本因避汉孝文帝刘恒名讳，改为"常道"，并省略了两个"也"字，写为"道可道，非常道"。

整部书的第一个字就写"道"，但后面并没有紧接着为"道"定义，我们应当怎样理解这三个"道"呢？举一个具有代表性的例子，陈鼓应解说："第一个'道'字是人们习称之道，即今人所谓'道理'。第二个'道'字，是指言说的意思。第三个'道'字，是老子哲学上的专有名词，在本章它意指构成宇宙的实体与动力。"① 按照陈的说法，这段句子的三个"道"内涵是不同的，这种观点值得商榷。其他章节的"道"字没有当作"言说"使用的，

---

① 陈鼓应：《老子注译及评介（修订增补本）》，中华书局，2009，第53页。

同样的，"道"字更不可能在一个句子中有两个词性，这三个"道"的含义应该是一样的。我们要弄清楚"道"的具体含义，首先要知道"道"字是从哪里来的。还因为"道"字出现在首句之中，所以不光是本章的要弄明白，所有《道德经》章节的首句都需要弄清楚是从哪里来的，才能明白老子到底要讲什么。

纵观整部《道德经》，老子的思想庞大而不杂、深邃而有序，"序"在哪里？"序"在《周易》卦，《道德经》就是一部《周易》思想的再现，其章节是按照《周易》卦的顺序写出来的，每一章的首句是按照所对应卦的卦象或卦名来写的。所以我们必须对《周易》卦象和卦名有所了解，才能知道每章的主题思想是什么，木章作为《前言》就是谈卦象和卦名的问题。

关于《周易》卦象的问题，要追溯《周易》的起源，传说在夏朝之前三皇五帝时代的伏羲氏发明了八卦，但八卦只能反映原始的自然状态，无法满足人们对神祇的祈愿，便产生了六爻卦，进而发明了六十四卦。也就是说，八卦体现的是自然法则，六十四卦体现的是社会法则。如《周易·讼》卦 ☰，上八卦为天卦，下八卦为水卦，表示自然事物；两个八卦合在一起是《讼》卦，表述的是社会现象。周文王根据六十四个卦象，填写了六十四卦的卦爻辞，就产生了一部伟大著作——《周易》。《周易》在周国面临发展和危难的关头（周文王被囚羑里），解决了兴周灭商的一系列战略问题和体制建设问题，为周国的建立和长治久安打下了坚实的理论基础，意义是十分重大的。如果理解不了卦象，就不明白卦名含义；不明白卦名，就不知道卦爻辞的意义何在。到了春秋战国时期，社会发生了巨大变化，列国形势也已非往昔。周文王和老子思想最大的差别，是周文王联手其他邦国，旨在推翻商王朝，建立一个新的大周王朝；而老子在列国争相变法图强的形势下，希望强者整合列国的同时，保留周王的宗主地位，这样可以减少社会动荡和过多的杀戮。所以老子解读《周易》，自然不能停留在周文王时代来理解卦象和卦名，必须要做到与时俱进才能解决新问题。这就是《道德经》所体现出来的社会意义的深刻性和前瞻性。

那老子又是怎么解释卦象和卦名的呢？老子把卦象显示的意义称之为"道"，提出"道，可道也；非恒道也"。第一个"道"是八卦反映的自然法则，第二个"道"是由八卦发展到六十四卦所体现出的社会规则，第三个"道"是根据战国形势提出的对六十四卦的新见解，这三个"道"的内涵是呈递进式的。

为何对筮卦名之以"道"？从战国竹简字形分析，"道"为交通，是行进方向。因为筮卦是人和"天神"沟通的媒介，"天神"通过筮卦给人们传达的意旨、方向，就是天道，人类不能违背天道。其时国君皆信奉筮卦，礼制也是如此要求的，《周礼·春官宗伯》："凡国之大事，先筮而后卜。"从这个意义上说，筮卦所提示的意象即为"道"，一点也不为过。这三个"道"所指是一样的，而"可""非恒"则是三个"道"的区别，即八卦筮法所反映的天道（道一）；天道可以推演出六十四卦，成为解决社会问题的法则（道二）；而社会环境变化了，就得用新理论建立新规则，不能完全照搬过去的理论了（道三）。

有两个问题需要注意。一是"道，可道也；非恒道也"按照一个完整的句子理解，前一个"也"是不应该写的，但既然写了，就说明它具有语法作用，"也"前"也"后就不是一个句子了。前一个"道也"和后一个"道也"词义一样，而内涵不同。二是《道德经》中有许多"道"字，但这个"道"是个宗道，谈筮卦之理；而后面章节的"道"则是分道，不同章节对应不同的卦，不同的卦有不同的卦符，不同的卦符体现了不同的"道"。所以不能以第一章之"道"等同于其他章节之"道"。

◎名，可名也；非恒名也。

王弼注："可道之道，可名之名，指事造形，非其常也。故不可道，不可名也。"王弼认为第一个"名"是万物之名；第二个是命名之义，为动词；第三个是不可名状之义。此解应该说是错误的，我们不能用变换"名"的词性来讲通句子。

本句依然指筮卦。上句"道，可道"是从《周易》的筮卦卦象方面讲的，这个"名，可名"就是从《周易》的卦名讲的。八卦之名是天、地、风、雷、水、火、山、泽（名一）。由八卦之名可以推演出六十四卦之名，每个卦名是其卦的主题，旨在解决创建国家政权所遇到的各种问题（名二），此谓"名，可名也"。但在社会体制大变革的战国时期，不能继续用原来的卦名主旨解决当前的社会问题，应当活学活用，将卦名根据新问题赋予新内涵才行（名三），此谓"非恒名也"。"恒"是不变，"非恒"是不能一成不变。由此可以看到，殷周之际和战国时期的列国称雄都是天下大乱，但性质是不同的。春秋战国时学派林立，各有建树；群雄争霸，弱肉强食，列国都在争相变革图强。没有变革意味着消亡，变革的触角深入到了社会体制的各个领域，远非《周易》写作时代的形势可比。把《周易》读通了，再结合现实做深度思考，用新思维诠释原有卦名，而不是完全套用旧卦名解决新问题，就是"非恒名"的内涵。

◎**无名，万物之始也；有名，万物之母也。**

王弼本为"无名天地之始"，将"万物"改为"天地"，并注曰："言道以无形无名始成万物。"还有许多学者将句读分为"无，名天地之始；有，名万物之母"，认为"无"是天地的本始，"有"是万物的根源，"无""有"是指"道"。此说有失依据。

王弼在注解中写"万物"，在经文中写"天地"，显然是在王弼时将"万物"改成"天地"的，这样就使句子有了层次感。即便按"天地"解，将"无""有"理解为"道"也说不通。如果照这个思路，句子应该写成"无，天地之始；有，万物之母"才对。经文为什么还要加两个"名"呢？陈鼓应曰："'无''有'是中国哲学本体论或宇宙论中的一对重要的范畴。"[①]这种概念无疑是起始于王弼之后，而不是老子本意。老子解读《周易》，是为了寻找解决社会问题的途径，不会把存在的现象变成虚空的镜像，不会脱离开社会而去研究没有任何现实意义的宇宙，因为老子是处在弱肉强食的战国时代。

"无名"，指尚没有命名时的六十四卦卦符；"有名"指六十四卦卦名。六爻卦是两个八卦的组合，原是没有名的，周文王填写了卦辞，《易象》把卦辞的第一个字或前两个字作为卦名以示卦和卦之间的区别，这样便有了六十四个卦名。《道德经》章节的主题通常来自两个方面：一是卦符，二是卦名。

---

① 陈鼓应：《老子注译及评介（修订增补本）》，中华书局，2009，第55页。

取卦符之义的有以下章节。

第二章（简本甲组）："天下皆知美之为美也，恶已；皆知善，此其不善已。"意思是天下都知道美的事物是美的，丑的行为便停止了；都知道什么是好的，原本不好的行为也就不会去做了。本章对应天行《乾》卦☰。《周易》卦象阳为善，阴为恶，《乾》卦卦象六爻皆阳，有善而无恶。

第三章（帛乙组）："不上贤，使民不争。"意思是要让民众不去崇尚名望，才能使民众不去参与争名夺利，而安心做好自己的事情。本章对应地势《坤》卦☷，卦象六爻皆阴。阳为君子，阴为民众，卦象全阴为民众之象，第三章主题围绕"民"而展开论述。

第八十章（帛甲组）："小邦寡民。"本章对应水火《既济》卦䷾，卦象三阴三阳互相间隔，各居正位，没有统领；阳与阳、阴与阴互不交接，没有联盟与攻击，是一种稳定、和谐、独立的社会形态。老子据此认为这是一种"小邦寡民"的社会形式，国家小，民众少。

以上这种以卦符取义的为"无名"。

以卦名取义的，如第四十章："返也者，道僮也。"源自《遁》卦卦名，打不赢就跑回来，是小孩子寻常采用的方法。《遁》卦卦辞："遁亨。小利贞。""遁"就是逃遁、返回；"返也者"紧扣"遁"字，成为第四十章的主题。"道僮"紧扣"小利贞"，这种从卦名取义的为"有名"。所有章节的首句莫不来源"道"和"名"。

我们应当怎样理解"万物""始"和"母"呢？《道德经》中的"万物"，一般不是指山水草木等自然之物，而是各种社会现象，由于本章是全书的《前言》，"万物"实指每章所涉及的主题。为什么"无名"是"万物之始"？是因为《周易》卦爻辞中的社会规则是从卦符中归纳出来的，如六个爻位，一、三、五为动，二、四、六为静；下为低贱，中为大夫，上为高贵；二为家，五为君，三从武，四从文。众多的六爻卦在各自主题下又延伸出更多的社会万象。不同卦的区分，如《遁》卦☰，六个爻中四个阳爻在上，形成高压态势；二个阴爻在下，随时有覆灭之险。在这种形势下，弱者不跑更待何时？便有了"遁"的主题。各种社会现象主题（万物）的产生都始于卦符，即"无名，万物之始也"。这是讲每卦主题产生的缘由。

"始"，初始，指《周易》发展的初始阶段。每个卦代表一个社会现象类别，对众多社会现象的剖析起始于对卦象的分析，比如将不同卦符进行排序，便产生了《乾》《坤》《屯》《蒙》等各种社会状态的认定。

"母"为产生众多社会行为规则的总纲。在总纲之下，用卦名概括某一社会现象的发展趋势，进而用六爻引申出更多的社会行为细则，此为"有名，万物之母也"。如《屯》卦，卦辞："屯，元亨，利贞。利建侯。"用"屯"命名了水雷卦，确定了卦象所显示社会状态的行为准则，并用六段爻辞规范了六个不同爻位的行为准则。这是以"名"而生"万物"的含义。

本句意在告诉我们《道德经》众多章节不同主题的来源和作用。

◎ **故垣无欲也，以观其眇；恒有欲也，以观其所噭。**

帛甲本之"垣"，帛乙本为"恒"，其他传世版本皆为"故常无欲，以观其妙"。是否帛甲本之"垣"为"恒"字的误写呢？从全章看，共有三个"恒"字，这个"垣"字明显与"恒"不同，不可能是误写，应当按帛甲本解释为是。《说文》："垣，墙也。"《释名》："垣，援也。""垣"又有援引之义。"无欲"，没有所求。一般学习《周易》筮卦，多是为了运用预测功能，以断吉凶，却阻碍了对筮卦中深刻道理的探求。没有个人的所求掺杂其中，才能在研究中领悟到筮卦的微妙之处，提高自己的社会忧患意识，"善易者不占"即为此意。"故垣无欲也"，意思是要把学习筮卦援引到没有个人私欲的研究上来。

帛本"以观其眇"，"眇"为本字，王弼本之"妙"是改字。"眇"，细小、微小。没有私欲，方可观察到筮卦中的细微之处。"眇"还有另一层含义，本章谈筮卦的功能，为总论，《周易》有六十四卦，每一个卦各有主旨，卦和卦之间的区别之处也可理解为"眇"，"以观其眇"，区分不同卦之间的细微差别。王弼本改为"以观其妙"，"妙"的字义应该说优于"眇"，给人以更广阔的想象空间，但失去了"眇"字原有的特定内涵。

帛本"恒有欲也，以观其所噭"，王弼本为"常有欲，以观其徼"。"噭""徼"是不同的。"噭"指口中发出的声音。需要注意的是，这句比上句多了个"所"，说明此"其"与上句"以观其眇"之"其"主体有变化。上一句的含义为没有求测之心，自己可以占筮研究，观察筮卦之象，"其"为筮卦之象；这一句是有求测之心，必求专职卜人占筮，由他来讲解筮卦之意，故这个"其"是卜人。"以观其所噭"，意思是去看卜人怎么说。不是自己分析筮卦，而是看卜人怎么说，这样就使筮卦失去了对人的启迪作用。

◎两者同出异名，同谓玄之有玄，众眇之门。

"两者"，有的认为是"无欲""有欲"，有的认为是"始""母"，有的认为是"无""有"，有的认为是"妙""噭"，这些说法都解释不通。《说文》："同，合会也。""同"为重合，以上哪种对"两者"的解释都无法贴切到"同出"上。其实"两者"讲的是《周易》卦的来源，指两个八卦，两个不同的八卦重合（同出），就产生出六十四卦，是八卦的"同出"。六十四卦各有其名，谓之"同出异名"。

前句"两者"指两个八卦，"同"为重合，指重叠为六爻卦，后面紧接着写"同谓玄之有玄"，实际上在探讨一个重大的课题。学习过《周易》的都知道，《易传》是儒家学习《周易》的经典，对《周易》卦名都是从八卦角度来解释的，一直延续到今天，是学术界的共识。如《彖辞》："屯，刚柔始交而难生。动乎险中，大亨贞。"《屯》的八卦，下为雷，为动；上为水，为险。故言"动乎险中"为"屯"。《蒙》卦："山下有险，险而止，蒙。"其八卦，上为山，下为水，故言"山下有险"为"蒙"。《左传》中记载的占筮例子也多是从八卦角度来解释吉凶悔吝。虽然当时未必有《易传》成书，但这种思维方式是广泛流行的，老子不认可用八卦解释卦名，认为应该用六爻卦探求卦名中的玄奥，"玄之有玄"，前一个"玄"指六爻卦比八卦包含更深的道理，后一个"玄"指六爻卦体现出很多的社会规则，故此说"同谓玄之有玄"。从对《周易》的理解看，老子远远高于儒家的见解。

关于"众眇之门"。一般最后一句话既是本章节的总结和提升，又要呼应首句。首句"道，可道也；非恒道也"是《道德经》"总道"，"众眇之门"讲的是《道德经》各章的"分道"。"眇"指细微。"众"指六十四个卦以至每卦的六段爻辞。前面写"以观其眇"，说要观察区分卦和卦之间不同的主题特征。这里写"众眇"，是指六十四卦之间卦象乃至主题的细微差别，六十四卦的差别就是《道德经》各章主题的差别，谈《周易》就等于谈《道德经》。"众眇之门"，是走进了解六十四卦不同之处的门径。老子反对用八卦解《易》，提出用六爻卦解释六十四卦卦辞，才能真正走进看懂《周易》奥妙的门径，可惜两千多年来，几乎没有人这么去理解，当然王弼以后也几乎没人能看懂本章的真实思想，因为文字改变了，原意也就消失了。

【今译】

八卦体现出了人们能够认知的自然现象，八卦组合的六爻卦进而显示出社会规则。但我们不能一成不变地执着于原有的理论，而应该站在新时代的角度重新定义筮卦理论。

八卦赋予了自然名称，两个八卦交互而成六十四卦之名。但我们不能一成不变地去理解卦名之义，而应该站在新时代，从新角度重新领悟和运用卦名中的思想。

六爻卦的卦符原没有名称，是对社会万象进行推断的初始阶段。卦符有了卦名，纷杂的社会万象就有了主题归属。

所以没有个人私欲地研究筮卦，才能够观察和领悟到筮卦之间细微的差别。而总是带着个人需求使用筮卦，则只能按照卜人之言来理解筮卦之意。

两个八卦重叠而产生的六爻卦，被赋予不同的卦名。六爻卦比八卦包含更深刻的哲理，还能够映射出更多的社会现象，这是区别六十四卦之间细微差异的唯一途径。

第二章　天下皆知美之为美也（简甲）

老子在第一章写："道，可道也，非恒道也。名，可名也，非恒名也。"把《周易》卦象和卦名称为"道"和"名"，并提出了用六爻卦卦象才能读懂六十四卦的易学思想。第二章老子又从《周易》筮卦社会属性的角度探讨阴阳思想，认为万事万物有阳必有阴，阴阳既对立又互相依存，纯阴或纯阳都不利于社会的长久发展。《道德经》是对《周易》卦思想的解读和发展，我们解读本章应紧扣《乾》卦和阴阳观，才能正确理解老子思想。

天下皆知美之为美也，恶已；皆知善，此其不善已。有，无之相生也；难，易之相成也。长，短之相形也；高，下之相呈也。音，声之相和也；先，后之相堕也。是以圣人居无为之事，行不言之教。万物作而弗怠也；为而弗志也，成而弗居。天唯弗居也，是以弗去也。（简本甲组第九章）。

本章对应《周易·乾》卦。

【王弼本】天下皆知美之为美，斯恶已；皆知善之为善，斯不善已。故有无相生，难易相成，长短相较，高下相倾，音声相和，前后相随。是以圣人处无为之事，行不言之教，万物作焉而不辞，生而不有，为而不恃，功成而弗居。夫唯弗居，是以不去。

◎**天下皆知美之为美也，恶已；皆知善，此其不善已。**

王弼本此句为："天下皆知美之为美也，斯恶已；皆知善之为善，斯不善已。"按王弼本大致有两种解释，一种是"天下皆知美之为美"，就变成丑了；另一种是有了美的观念，丑的观念同时也就产生了。这两种说法看似都有道理，但这是建立在王弼对原本文字改动的基础上形成的，相比战国时的简本，王弼本增加了两个"斯"，而且"已"要通"矣"解，"斯恶已"就变成丑了，或解为就显现出恶来了。这样看上去很容易理解。如按简本，没有"斯"，只有"恶已"，这两种说法就不成立了。

我们首先要明白为什么写"美""恶"？其实这是老子在阐述《周易》筮卦中的阴阳关系，《周易》卦象阳为"美"，阴为"恶"。为何写"天下皆知美之为美"？这与《周易》第一卦《乾》卦有关，《乾》卦六爻皆阳，没有阴爻，故以"美"为正论，看到的全都是美而没有丑。

"恶"与"丑"同义。"已"，停止。"恶已"，丑不存在了。《乾》

43

卦六爻皆阳，只有"美""善"存在，"恶""不善"是不存在的。尤其是
简本的"此其不善已"，意思是这里面包含的"不善"也不存在了。说明从
理论上讲"不善"应该是存在的，由于人们只看到了"善"，就没有了"不善"。
看似老子提出了一个正论，其实这是一个反论。为什么是一个正论形式呢？
是因为前面写了"天下"，"天下"不是泛指天下之人，而是王治之天下，
表示这种理论是正统思想，是天下之人的共识。前一个"美"是统治者确定
的标准，后一个"美"是个体遵行之美；"善"是由于对美的理解形成了一
种公认为好的品行概念。说其是反论，是因为后面的句子都在论证这种观点
的不足，人们共同去遵循这种"美"的思想，其中隐藏的"恶"往往被忽略了。
老子不赞成单极思维，认为"美"与"恶"互相不能完全排斥。

◎有，无之相生也；难，易之相成也。

这句话是对正论的反驳。老子从三个角度提出了反驳：一是思想意识；
二是自然形象；三是意念理论。这句话是从思想意识方面讲的。"有，无之
相生也"，现有的事物是从没有而生成的，或者说你认为有，是因为别人没
有而生成的意识。"难，易之相成也"，事情难做，是因为许多事情容易完
成而形成的对比。"有无""难易"是通过思维活动意识到的。

◎长，短之相形也；高，下之相呈也。

本句是从形象理论来反驳单极思维。说其长，是因为有短的映衬出来；
说其高，是因为有低下而呈现出来。

王弼本写为"高下相倾"，帛本为"高下之相盈也"。"倾""盈"皆
不恰当。简本为："高，下之相呈（湼）也。""湼"假"呈"，呈现之意，
"高"出来为"呈"。

◎音，声之相和也；先，后之相堕也。

王弼本："音声相和，前后相随。""音""声"是可以相互应和的，
而"前""后"是不能相互跟随的，因为只有后随前，没有前随后之理，故"随"
字有误。

《康熙字典》："（堕）又与惰通……〈韩非子·五蠹篇〉：侈而堕者贫。""堕"为懈怠之义。"先，后之相堕也"，你走在了前面，是因为懈怠的人落在了后面的缘故。

"声"是自然发出的声响，"音"是美妙之声，"和"具有衬托之意。如《白虎通·礼乐》："八音，一说笙、祝、鼓、箫、琴、埙、钟、磬也。"《礼记·乐记》："凡音之起，由人心生也。""声成文，谓之音。"所以"音"和"声"是有区别的。"音，声之相和也"，音的美妙是由声衬托出来的。

这六组关系说明，因倡导"美"而消灭"丑"是不适宜的，没有了"丑"，又怎么知道"美"在哪里呢。

◎**是以圣人居无为之事，行不言之教。**

一般认为"圣人"指道家最高的理想人物。"无为"作为一个哲学概念，指不妄为，顺其自然。其实这种说法是需要商榷的。首先老子不会说自己是"圣人"，故这个"圣人"不是老子。如果"圣人"是理想人物，而他又不去作为，那"圣人"的名头是怎么得来的呢？所以这样说很矛盾。如果"圣人"是统治者，他不去努力经营自己的国家，国家不就灭亡了吗？亡国之君还能称为"圣人"吗？为什么列国要合纵连横，就是弱国想尽一切办法不被强敌吞并；而强秦则千方百计去削弱列国，以实现吞并的目的，积极有为才是正道。如果说"无为"是不妄为，那"妄为"又是指什么呢？只有在大一统的前提下才会讲顺其自然，所以这种"无为"只能是在西汉之后出现的思想，而不是老子时代的原本思想，我们不应将"无为"概念化。

《道德经》中的"圣人"都是指开万世基业或被后人广泛赞誉的统治者，如商汤、武丁、周文王、周公，这在各个写有"圣人"的章节中都有具体指向，需要我们仔细甄别。由于《道德经》是阐释《周易》思想的著作，而《周易》是周文王写的，故"圣人"多指周文王，本章的"圣人"应该指周文王，究竟言何事迹不清楚，总归还是围绕着"无为之事"而言的。

此"无为之事"指前面所讲的"有""难""长""高""音""先"，不做此六强之事。周文王在商纣王面前不显示自己力量，在大臣面前不高高在上，在民众面前不强推自己的主张，是真正的"圣人"风范。《周易·乾》："用九见群龙无首,吉。"即不居龙前,使群龙各展其能。《周易·中孚》:"九二鸣鹤在阴,其子和之。我有好爵,吾与尔靡之。"意思是与下属同声相和,同甘共苦。周文王在《周易》中的论述可以看作是老子本章"无为"的依据。

"行不言之教","圣人"不强推自己的思想,而是将这些思想融合进民风民俗之中,使民众自觉遵循。"教"指教化,使民众在群体生活中受到规则的教化。

◎ **万物作而弗怠也;为而弗志也,成而弗居。**

帛乙本为"万物作而弗始",王弼本为"万物作焉而不辞",简本为"万物作而弗怠"。廖明春对简本释为"怠"。① 一般认为应该以帛乙本的"始"作解,即万物兴起而不首倡。这种解释未免过于虚无,只能去凭空想象。究竟何为"万物"?"怠""始""辞"究竟以哪个为准?这些都需要弄清楚。

"万物"指的是什么?指的是《乾》卦的六个阳爻。六个爻就是六种社会阶层或六种社会行为,在文中以"万物"代之。阳升阴降,"作"为升,六阳皆作,即为"万物作"。请注意,整部《道德经》只有这一处写"万物作",因为只有《乾》卦六爻皆阳。

"怠"为懒散、松懈之义。"弗怠",不松懈。《乾·象》曰:"天行健。君子以自强不息。""自强不息"即为"作而弗怠"。"万物作而弗怠",万事万物兴起而不停歇。这样就与传统理解恰好相反,如果不紧扣阴阳和《乾》卦,任何解释都会偏离主题。

帛甲本"为而弗志也",与简本同;帛乙本为"为而弗侍也";王弼本为"为而不恃"。传统多以"恃"解,但"志"和"恃"是有很大区别的。如按"恃"字解,本句可译为:作育万物而不自恃己能。假如将"万物"理解为自然万物。谁又有这个能量去"作育万物"呢?是"圣人"吗?这样是解释不通的。"为"的主体是"万物","万物"即万事,指《乾》卦的六个阳爻。不同的爻位代表不同的地位和不同的事业,大家都在"作而弗怠",此为"为"。"志"为心愿。"为而弗志也",不要单纯为了实现自己的志向而去作为。战国时期,

---

① 廖名春:《郭店楚简老子校释》,清华大学出版社,2003,第174页。

许多学士为了自己飞黄腾达，鼓弄口舌，四处游说，像苏秦、张仪之流，以纵横之术，实现了身佩相印，却只获得一时平安，随后出现了更大的社会危机。虽然这是老子之后的事例，但之前的例子也层出不穷，此即是老子要告诫世人的："万物作而弗怠也；为而弗志也。"

"成而弗居"，成功了也不要居功自傲。《乾》卦："上九亢龙，有悔。""亢龙"为功成名就、居功自傲之臣，"亢龙"则"有悔"。"成而弗居"显然出自《乾》卦上九爻辞。

◎ **天唯弗居也，是以弗去也。**

其他版本皆为"夫唯弗居"，唯有简本写为"天唯弗居"。刘信芳对"天"字的看法："诸本作'夫'，字形之误也。'天'不欲占有、囤积万物，此万物之所以不违失于'天'，是圣人之'弗居'云云，乃效法于天也。或谓'天'乃'夫'之误字，非也。"[1] 刘坚持"天"为本字是对的，但他对于"天"的概念却含混不清。

为什么从帛甲本就开始将"天"错改为"夫"？是因为后人不知道"天"字乃为龙眼，不管是"圣人"还是"万物"，都要归结在"天"的概念之中。弄清楚"天"的主体，就能把整个章节都串联起来了。

《乾》卦是由两个天卦组成的。"乾"怎么讲？就是上升之意。是谁上升？《象辞》"天行健"以"天"指太阳，是太阳不断运行的意思。万物生长靠太阳，世间功绩没有大过太阳的，但太阳仍然每天运行不息。"弗居"有两义：一是不停；二是不居功。"天唯弗居也"，太阳唯一做的是不停息。"是以弗去也"，这样才不会离开它赖以生存的天空。

由此可见，读懂本章有三个基本原则：一是要依据简本；二是要参照《乾》卦卦爻辞；三是用正确的阴阳观审视《乾》卦的六爻卦象。老子以《乾》卦思想论述自己的社会观，显得尤为深刻。

---

① 刘信芳：《荆门郭店竹简老子解诂》，艺文印书馆，1999，第 20 页。

【今译】

把天下都认可的美看作是美的，丑便看不到了；把都认为的美看作是好的，这里面所包含的不好也就看不到了。

之所以有，是从没有而生成的；成功的艰难，是由一些容易完成的事映衬出来的。

说其长，是站在短的角度来看的；说其高，是由其下面的矮呈现出来的。

美妙的音乐，是由单调的声音烘托出来的；走在前面，是因为懒惰的人落在了后面。

所以"圣人"避免把自己显现出来，而且不向民众推行自己的思想（避免民众产生自卑感）就可以起到教化的作用。

万事万物兴起而不歇息，有所作为而不为达到个人目的，获得成就而不居功。

就像太阳唯一做的是不停息，这样才不会离开它赖以生存的天空。

第三章　不上贤使民不争（帛乙）

不上贤，使民不争。不贵难得之货，使民不为盗；不见可欲，使民不乱。是以圣人之治也，虚其心，实其腹；弱其志，强其骨。恒使民无知无欲也。使夫知不敢，弗为而已，则无不治矣。（帛乙本）

本章对应《周易·坤》卦。

【王弼本】不尚贤，使民不争；不贵难得之货，使民不为盗；不见可欲，使民心不乱。是以圣人之治，虚其心，实其腹；弱其志，强其骨。常使民无知无欲，使夫智者不敢为也。为无为，则无不治。

◎**不上贤，使民不争。**

"贤"为有才能、有名望之人。帛本之"上"和王弼本之"尚"同义，指崇尚。解读本章，首先需要弄明白"不上贤，使民不争"从何而来。

《周易》《乾》卦纯阳，《坤》卦纯阴。纯阳为善为贤，第二章的"天下皆知美之为美也"就是从《乾》卦纯阳的角度讲的；本章对应《坤》卦，六爻全阴，为民众之象。在奴隶制时代，社会阶层是相对稳定的，民做好民的事，贵族做好贵族的事，民众没有改变命运的想法，社会就不会大乱，故曰："不上贤，使民不争。"

《坤》卦卦辞："坤元亨。利牝马之贞。君子有攸往，先迷后得，主利。西南得朋，东北丧朋。安，贞吉。""牝马"即母马，群马放养，公马为首，母马随行，以母马喻民。"利牝马之贞"，有利于像母马一样。民众只要做好自己的本分就行了，社会保持安定才吉，这就是"不上贤"的依据。按照《道德经》体例，每章的首句为主题，后面都是围绕这一主题展开论述的。

◎不贵难得之货，使民不为盗；不见可欲，使民不乱。

这句话应该是对"使民不争"从物质和精神两个方面做的论述。"不贵难得之货"是从物质方面讲的，在奴隶制社会，贵族享受着分封制带来的利益，他们奢靡的生活容易引起前途无望的底层民众的怨恨，从而导致民众成为啸聚山林的盗寇。所以节制生活，减少贫富对立情绪，是保持社会稳定的一个因素。

"见"，出现。"不见可欲"，社会不再出现人欲横流的现象，这是从精神方面讲的。战国时期盛行养士之风，齐国孟尝君门客三千，凡有一技之长者，甚至鸡鸣狗盗之徒都被当作门客供养，一旦不劳而获蔚然成风，人的欲望就会被无限放大，造成民心不稳，社会根基就会动摇。春秋战国时期烽烟四起，社会变革加剧，也成就了思想大解放，老子并不是看不到积极的一面，但他更希望社会能稳定下来，老百姓能安居乐业。

◎是以圣人之治也，虚其心，实其腹；弱其志，强其骨。恒使民无知无欲也。

本章是从《坤》卦延伸到现实社会来谈的，《坤》卦的六个爻辞讲的都是民众要努力满足自己的衣食需求，不要心存高尚的志向，这是周文王在《坤》

卦提出的治国思想，此"圣人之治"自然是"文王之治"了。

"其"指民众。"虚其心"，使他们心中没有过高的愿望；"实其腹"，要让民众吃饱饭，这是民众最基本的需求，也是社会稳定的基础；"弱其志"，削弱他们的意志，便于管理；"强其骨"，使他们有一副强壮的体格，便于创造财富。

"恒使民无知无欲也"，要坚持让民众做到没有过多的知识，没有过高的欲望。

◎**使夫知不敢，弗为而已，则无不治矣。**

王弼本为："使夫智者不敢为也。为无为，则无不治。"相比帛乙本，王弼本将"知"改为"智者"，又单独提取了"为无为，则无不治"作为政治理论，并为后世学者广泛征引，其实王弼对文字的改动犯了一个原则性的错误。当然我们不能仅依据王弼本与帛本的不同就武断判定，故本章从三个方面做以下分析。

《坤》卦全篇言民众，本章延续了这一主体，通篇不离民众，指出应当让民众安于生活；而王弼本写"使夫智者不敢为也"，"智者"属于新兴阶层，不是民众范畴，此改动转移了文章的主体。

王弼本的"为无为"指统治者不妄为，更是一种错误的改动。前句"圣人之治"明显提出了要"治"，即对民众要积极地治理；王弼却改成了"无为"，即"圣人不治"。帛本"弗为而已"是民众不去为，王弼本改成"圣人"无为，"为无为，则无不治"还成了一句至理名言，岂不贻害后世！

王弼本的"为无为，则无不治"作为政治理论提出，并无不当，但放在《道德经》第三章来理解就错了，因为它改变了老子贯穿章节始终的主题思想，改变了原文字论述的主体。

"夫"指民众。"知"，知道。"使夫知不敢"，按照"圣人"之治的思想去治国，民众便不敢为盗。"弗为而已"，民众不做为盗之事而停止自己的想法。"则无不治矣"，就没有治理不好的。

从以上分析看，要正确理解本章，一是要清楚主题思想是什么；二是要知道主体是谁。这些只有从对应的《坤》卦才能寻找到答案，我们还要依据战国时期混乱的政局和奴隶制时代的阶级背景来分析。旧的时代尚未结束，新的时代尚未到来，老子希望列国中的某国应当有一个安定的环境，才能从容面对复杂的大环境。所谓的"无为而治"，是西汉以后才会出现的治国思想，与老子思想是背道而驰的。

【今译】

不鼓励崇尚名望，这样民众才不去争名夺利。

不去珍贵难得的物品，民众才不会成为盗寇；不出现可以满足欲望之事，民心就不会混乱。

这就要依照圣人提出的治国理论，要使民众的思想空虚，要让民众吃饱饭，要削弱民众的意志，要强健民众的筋骨。要永远让民众处于没有过多知识、没有过高欲望的状态。

要让民众知道不做乱、盗之事，不去做而且停止这种想法，（国家）就没有治理不了的。

第四章　道冲而用之有弗盈也（帛甲）

【道冲，而用之有弗】盈也。潚呵，始万物之宗。铧其锐，解其纷。和其光，同【其尘。湛呵，似】或存。吾不知【其谁之】子也，象帝之先。（帛甲、帛乙本）

本章对应《周易·坤》卦

【王弼本】道冲而用之或不盈，渊兮似万物之宗。挫其锐，解其纷，和其光，同其尘。湛兮似或存，吾不知谁之子，象帝之先。

51

◎道冲，而用之有弗盈也。

帛甲本写为"道沖"，帛乙本、王弼本写为"道冲"，傅奕本写为"道盅"。俞樾："说文皿部：'盅，器虚也。老子曰：道盅而用之。'作'冲'者，假字也。"[1] 俞樾认为原本应为"盅"，"冲"乃假借之字，今人多以虚解之。如陈鼓应言："道体为虚而作用无穷，此处言及道的体用问题。'冲'，古字为'盅'，训虚。"[2] "冲"和"盅"是不是异体字呢？此字帛甲本缺省，帛乙本是西汉初年之本，早于《说文解字》的年代，"冲"字还是可信的。笔者认为"冲"是"冲"，"盅"是"盅"，两者不能互通。之所以变成了"道盅"，是为了体现"道体"之虚，是后起的概念，而不是原本的概念；还有一个重要原因，是"道冲"难以解通。要明白为什么是"道冲"而不是"道盅"，首先需要知道"道冲"的来源。

《周易》《乾》卦六爻纯阳，《坤》卦六爻纯阴，阳统治阴，故阳为"道"。第三章从《坤》卦的卦象出发，以民为主体，谈了怎样去治理民众。本章应该是从第三章分拆出来的，从"道"的反面谈"圣人之道"的消亡。我们先看一下卦符，《乾》卦为 ☰ ，《坤》卦为 ☷ 。《乾》卦六爻全阳，为"圣人之道"；《坤》卦六爻全阴，像是全阳卦从中间冲断而变成的六阴卦，这就是"道冲"的来历。"道冲"从形体上说是断开了，表达的意思是"圣人之道"不存在了，从现实意义讲，周文王、周武王建立的盛德大业，到了战国时代随着周王室的衰废，又回归于周文王之前的原始状态，原有的治国之道在社会现实的冲击下已近消亡。

"而用之有弗盈也"，"之"代指"道"；"盈"，盈满；"弗盈"，欠缺。周文王、周公建立的治国之道完全可以满足国家安定的需求，谓"用之有"。王弼本把"有"改为"或"，实属不当。春秋战国时期，群雄争霸，周王室形同虚设，礼崩乐坏，"圣人之道"被冲断，由"有"变成"弗盈"了。由此看，在"道冲"的大环境下，孔子提出了"克己复礼"，只能是无法实现的政治理想而已。

---

[1] 《老子道德经注》，王弼注，楼宇烈校释，中华书局，2011，第13页。
[2] 陈鼓应：《老子注译及评介（修订增补本）》，中华书局，2009，第71页。

◎潚呵，始万物之宗。

帛乙本改此句为"渊呵，似万物之宗"。"渊"为深；"潚"，《说文》释为"清澈也"，比喻原始的民众思想单纯。当以帛甲本的"潚""始"为是。"万物"，不是自然万物，而是比喻社会活动的万事万物。"始万物"，开始了各种社会活动。"宗"，根源。"潚呵，始万物之宗"，纯朴的民众呵，是开始各种社会活动的根源。这句话意在追溯"圣人"之前的民风，意思是纯朴的民众是社会活动的源头，"圣人之道"是对各种社会活动的规范，现在"圣人之道"不存在了，而民众也不再那么纯朴了，"圣人之道"也就没法再恢复了。

◎锉其锐，解其纷。和其光，同其尘。

第五十六章有大致相同句子，简本为："和其广，迵其尘，挫（劀）其锐（嬐），解其纷。"很多学者认为本章此句为错简重出，但我们也不能否定不同章节中会有相同的句子，老子在第七十章说："言有君，事有宗。"关键是看这段句子与章节主题是不是一致。《坤》卦六爻全阴，为民众之象，而这段句子讲的就是治理民众之术。前句写"始万物之宗"，指有了社会的万事万物，而有了万事万物，就有了矛盾的出现，能够化解矛盾而使万事万物和睦共处就是"圣人"的功绩了，从这个角度讲这段句子是应该存在的。

"锉其锐"第五十六章的简本写为"挫（劀）其锐（嬐）"，"锉（劀）"，《郭店楚简老子校释》引池田知久释："劀，或为副。"即"锉"的原字应为"副"，从之。《说文》："副，判也。""判"指剖分。"尔"，《说文》释为"词之必然也"；"赗"，《说文》释为"颈饰也，从二贝"，"二贝"与"尔"组合，应该指各持财产。"劀其嬐"，剖分财产，平均分配财产的意思。

"解其纷"，梳理万事万物复杂的头绪。

"和其光"，第五十六章简本为"和其广"，要融合广大民众的共同利益。

"同其尘"，第五十六章简本为"迵其尘"。"迵"，通达；"尘"，微小，喻底层民众。这句的意思是要通达底层民众的心愿。

"锉其锐，解其纷。和其光，同其尘"，意思是"圣人"实现了改朝换代，重新对财产进行了分配，把各种社会问题分门别类制定规章，既融合了广大民众的利益，也考虑到最底层民众的心愿。

◎湛呵，似或存。吾不知谁之子也，象帝之先。

"湛"，沉淀，指古风留存。"似或存"，隐约看到。河上公本句注："道似在天帝之前，此言道乃先天地生。"将"帝"释为天帝，说"道"在天地生成之前就存在，这是一种很荒谬的设想。本章由《坤》卦而谈天下民众的管理，与天帝又有什么关系呢？此"帝"是传说中的"三皇五帝"比较合理。"三皇五帝"代表了文明的起始和天下的统一。《道德经》中的"圣人"一般指周文王，"帝"在"圣人"之前，只有"三皇五帝"是相匹配的。"象帝之先"，社会恢复了"三皇五帝"之前的状况。

《坤》卦六爻全阴，由十二个短横组成，每个短横就是一个卦之子。这个"子"可以代指某一个人，也可以代指某一个小的部族，众子合在一起就是一个天下，分散开就是独立的个体。"不知其谁之子"，如果针对的是统治者，可能说的是战国时代如"三家分晋"三国的统治者，不知他们是哪个部族遗传下来的后人，因为他们脱离了王或侯的辖制并取而代之。如果针对民众而言，隐含在他们身上的那种桀骜不驯的品行，不知是哪个原始部族遗传下来的。

最后这一句照应首句"道冲"，没有了"圣人之道"，天下将重现野蛮的暴行。《坤》卦上六爻辞："龙战于野，其血玄黄。"这是"五帝"之前的社会状态，战乱横行，血流成河，民生涂炭。所以"象帝之先"是老子的一个悲惨的预言，没有了周王这个共主，天下必将重回杀戮的时代。

【今译】

"圣人"的治国之道被时代洪流所冲断，应用的大道从有变成了不再充盈。

纯朴的人心啊，是形成社会万事万物的源头。

（"圣人"）重新对财产进行了分配，把各种社会问题分门别类制定规章，既融合了广大民众的利益，也考虑到最底层民众的心愿。

古风留存啊，从民众身上隐约看到上古时期的影子。

我不知道他们是哪个先辈遗传下来的子息，像是古帝之前的愚昧作风。

第五章　天地不仁（简甲）

本章简本有一个奇怪的现象，那就是只抄录了中间两句"天地之间，其犹囚蘥（籥）与？虚而不屈，动而愈出"，而省略了前面两句和最后一句。我们合理推断，缺少的部分原文应该是存在的，只是摘抄者对前两句百思不得其解。"天地不仁，以万物为刍狗。圣人不仁，以百姓为刍狗"，"仁"指仁爱。何以"天地不仁"？何以"圣人不仁"？既然做不出合理的解释，摘抄者干脆掐去这部分。所以，解释清楚"天地不仁"是理解本章的关键所在。

王弼对"天地不仁"的解释是："天地任自然，无为无造，万物自相治理，故不仁也。仁者，必造立施化，有恩有为。"意思就是一切因果顺其自然，把"仁"理解为"造立施化"。春秋战国时期的著述，有很多"仁"字的表述，"仁"还是儒家五常之一，如《论语》云，"巧言令色鲜矣仁""苟志于仁矣，无恶也"；《孟子》云，"施仁政于民""仁者无敌"。这些"仁"都是博爱之意，没有"造立施化"、偏爱之说，故传统注释基本偏离了原意。

　　天地不仁，以万物为刍狗。圣人不仁，以百姓为刍狗。天地之间，
其犹囚蘥（籥）与？虚而不屈，动而愈出。多闻数穷，不若守于中。
（简本甲组第十二章、帛甲本）

【王弼本】天地不仁，以万物为刍狗；圣人不仁，以百姓为刍狗。天地之间，其犹橐籥乎？虚而不屈，动而愈出。多言数穷，不如守中。

◎天地不仁，以万物为刍狗。

"仁"是人和人之间关爱的体现，为什么此处写"天地不仁"呢？天地是人类赖以生存的环境，我们是没有理由对天地随意进行主观评判的。我们首先要对本章"天地"的概念有一个清晰认识，才能知道"仁"表达的是什么意思。第二章对应的是《乾》卦，第三章、第四章对应的是《坤》卦，本章是综合《乾》《坤》两卦来写的。《乾》卦由两个天卦组成，六爻全阳，代表善美，也代表统治者，属阳性集团；《坤》卦由两个地卦组成，六爻全阴，也代表民众，属阴性集团。乾天坤地，把《乾》卦和《坤》卦放在一起，称之为"天地"，天地间产生的物和发生的事为"万物"。《乾》卦纯阳，《坤》卦纯阴，阴阳两种势力不相兼容，互相残害攻伐，即为"天地不仁"。实质上老子是用"天地"之名代指阴阳的，如果我们不知道《周易》与《道德经》的干枝关系，就无法理解此处对天地的描述。

由此看，"天地不仁"，天地为虚，阴阳为实，阴阳融合才能生发万物，阴阳对立就会残杀万物。大至世界格局的分化对立，小至"圈子文化"，拉帮结派，最容易排斥异己，都是阴阳不融的产物。故自古以来朝政关于"君子不党"的告诫还是很有道理的。

一般将"刍狗"解为祭祀用的草狗，实则过于勉强，国君祭祀神祇还用草扎的狗吗？其实"刍狗"的本义就是小狗，没必要再作他解。人们常说："狗不嫌家贫。"狗从小生长在谁家就忠实于谁，"刍狗"只是一种品性的参照。互相对立的双方都像养小狗一样要求手下之人忠实于自己，以培植自己的势力，势力大了才有取胜的把握。老子虽然批判这种没有"仁爱"的思想，但也肯定了这样做的合理性，因为即使天地"不仁"，也是天地，不符合道德却符合自然规律。

此"天地"指阴阳两种势力，虽然前面冠以"天地"，但"万物"不能以自然世界来理解，应该是社会万象，指人及各种社会现象。

◎圣人不仁，以百姓为刍狗。

此"圣人"乃开万世基业的统治者，像尧、舜、禹、汤、周文王、周武王。这些统治者受万世景仰，被后人传颂圣德，为什么还写"圣人不仁"呢？

一方面，盖因在创建国家时，都是通过战争夺取政权，实现了改朝换代，而百姓自然成了为他们效力的工具，成了他们建立功业的牺牲品。"一将功成万骨枯"，任何朝代都是建立在累累尸骨之上的。从另一方面说，养兵千日用兵一时，养兵即是像养小狗一样让他们忠心为主，帮助自己建立功业，并非出自"仁爱"之心，此为"圣人"的"不仁"之处。"圣人"所做的一切都被世人传颂，从正面看是创建伟业，从反面看可能就是"不仁"了。后世之人和当世之人的体验是不同的，为什么许多人崇拜秦始皇、成吉思汗，所看重的是他们已经造就的至功伟业，而当世之人看到的多是家破人亡，饿殍遍野。

◎天地之间，其犹囚蘿（篗）与？

简本为"囚蘿（篗）"；帛本、王弼本都写为"橐（tuó）龠（yuè）"，"橐龠"指风箱，可理解为天地之间就像一个风箱。两者以何为准呢？简本是对原版文字的摘抄，这一点是毋庸置疑的。"囚"字争议比较大，学界大致倾向于中间的"人"为"毛"，认为应该训为"橐"，指皮囊。崔仁义则隶定为"囚"[1]，笔者赞成崔的观点，应该释为"囚"，意为人被困在其中。天地之间就像一个大囚笼，人们被困于其中而挣脱不出自己的宿命。

"蘿（篗）"字可释为囚笼的笼，《康熙字典》释义为"集韵：竹杼也"，为织布机上的梭子。分析字的结构，竹字头，两个"口"；下面是"隹"，代表鸟。"蘿（篗）"大概是楚文字中鸟笼的"笼"字。

另外，《坤》卦："六四括囊。无咎，无誉。""括囊"指扎住的大口袋，与"囚蘿"义近，说明两者有源流关系；虽然"橐龠"为皮囊，但和"括囊"所表述的意义差异还是比较大的。

◎虚而不屈，动而愈出。

要理解这句话，首先要弄明白所言的主体是谁。按照传统注释，是指由橐龠运动所引发的风动。但笔者认为，既然《道德经》是对《周易》的阐发，

---

[1] 引自廖名春：《郭店楚简老子校释》，清华大学出版社，2003，第239页。

还是应该从《乾》《坤》两卦中找依据。上句"天地之间，其犹囚蘁（籥）与？"是对《坤》卦中间之爻"六四括囊。无咎，无誉"的阐发，作为民众永远脱离不开自己的囚笼；本句与《乾》卦中间之爻"九四或跃在渊，无咎"有关联，指困龙跃出深渊，欲大展宏图。作为统治阶层的一员，只要有愿望，终能脱困而出。

"虚"是静观其变，置身事外。"屈"是潜水之龙，"不屈"是不甘永远做潜龙。"动"是择机而动。"愈出"是产生出山的愿望。由此看，本句的主体是欲择主而仕的饱学之士。

◎**多闻数穷，不若守于中。**

王弼本："多言数穷，不如守中。""言"是自己说，多解为政令。"闻"是听别人说。"言"和"闻"主体不同，应以简本为准。"数"通"速"，也可以理解为多次。前面两句，都是指阴阳困局中的人，一个没有人生前途，消极处世；另一个欲展鸿鹄之志，思想励志。当你从相对封闭的环境中来到多彩的世界，容易被听闻的各种理论所迷惑，而过早地消耗掉自己的意志，故言"多闻数穷"。就像一个在校学生，仅仅用学习到的知识或他人的学说来评判复杂的社会现实，就容易走入别人给预设的道路，因为这样的学生还不知道社会的本质是什么。知识需要反刍，反刍才能有主见，有主见才能创新。

纯阴和纯阳是两种极端势力，"不若守于中"讲的是自己不要像"刍狗"一样盲目地忠实于某一种势力，而应当立足于阴阳之中，宁可错失机会，也不能在极端环境中草率做出判断。这是老子对那些认不清社会发展前景，却又急于图谋个人前途的学子的忠告。

【今译】

乾天坤地，极阳极阴。两种力量互相博弈，却把万事万物像小狗一样对待，作为自己的专属工具。

创建大业的国君，从不怜悯百姓的生命，就像养小狗一样要求（他们）忠实于自己。

在两种势力的斗争中，民众就像困在笼子中的鸟，挣脱不出自己的宿命。

有才能、有见识的人，虚静而不屈从现有命运，善于择机而准备出山。

依靠过多的听闻而缺乏实践的人，往往导致（其）处处碰壁。对前途迷茫，不如继续遵守不变的原则。

第六章　谷神不死（帛甲）

谷（浴）神【不】死，是谓玄牝。玄牝之门，是谓【天】地之根。绵绵呵若存，用之不堇。（帛甲本）

本章对应《周易·屯》卦。

【王弼本】谷神不死，是谓玄牝，玄牝之门，是谓天地根。绵绵若存，用之不勤。

◎**谷（浴）神不死，是谓玄牝。**

王弼注："谷神，谷中央无（谷）者也。"陈鼓应注释："谷，形容虚空。神，形容不测的变化。不死，喻变化的不停竭。"[1] 也有人认为"谷神"是生养天地万物的神灵。但"虚空"也有神吗？凡神灵都要依附于实体，所以"虚空"不会存在神灵。帛本写为"浴神不死"，王弼本为"谷神不死"。"谷"假"浴"，《说文》："泉出通川为谷，从水半见出于口。""谷"的本义为水谷，帛本之"浴"带水旁，那就必须是水口之谷，不可理解为空旷的山谷，故王弼之说有误。

看不见的、有益于人者为"神"。古时人们开挖水井前都要祭拜水神，希望水神在此显灵，即出于对水神的崇拜。"谷（浴）神"实际上是河口之神显灵于田地的称谓，希望地下水源能滋润庄稼茁壮成长。"谷（浴）神不死"，

---

① 陈鼓应：《老子注译及评介（修订增补本）》，中华书局，2009，第80页。

地下水源不枯竭。

　　写"谷（浴）神"的思路又是从何而来呢？本章按顺序对应《屯》卦 ☵☳，八卦组合为上坎下震，坎为水，震为动，水动不止，故曰："谷（浴）神不死。"这是从《屯》卦的卦象组合而引发的话题。

　　"玄牝"，上连"谷（浴）神"，下接"天地之根"，起着转换主题的作用。"玄"的意思是比原话题具有更深层次的道理。"牝"为雌，有生养之功。"谷（浴）神不死，是谓玄牝"，水神在田地下滋润不断，才叫作深层次的生养之功。这句话强调的是要加强对事物源头的研究。人们平时只看到庄稼的丰歉，农民的勤劳，而使庄稼生长的水源才是收成好坏的根本。同理，人们多关注眼下的社会矛盾，并想尽办法解决各种矛盾，却很少深层次地追溯这些社会矛盾产生的根源，如果深层次问题解决不了，所做的努力只能是扬汤止沸而已。

　　◎玄牝之门，是谓天地之根。

　　学界对本句的释文大致为："微妙的母性之门，就是天地的根源。"还有人据此认为"道"在天地生成之前就有了，这种解释很深奥，但是思路混乱。《道德经》的文字既有源头，又有功用，都是为创建国家大业而写的，语言简练，道理恢宏深广，绝不可用玄学之论去代替老子的原本思想，所以应当摒弃这种解"老"思路。

　　"玄牝"，生养源头。"门"，通达之径。"玄牝之门"，通往生养之源的路径。一棵大树，枝叶上通于天，根茎下植于地，水为滋养之神，根茎就是通达"谷（浴）神"的门径。一株麦秆，麦芒指天，根深入地，依靠水的滋润而丰产，麦根即为"玄牝之门"，也叫"天地之根"。此说又有何依据呢？本章是对《屯》卦的阐发，"屯"的篆书字形上出头通天，下弯曲根入地，原指农作物的青苗生长期，扎根于土以利后期生长，字的重点在于强调根部的作用。[①] 这句话是对卦名"屯"的阐释，又进一步强调了水的重要性，所以多写了个"玄"字。

―――――――――

　　① 见杨吉德：《周易说解》，齐鲁书社，2018，第243页。

◎绵绵呵若存，用之不堇。

"绵绵"，形容植物之根细且长。《诗·王风》："绵绵葛藟。"《注》："长不绝之貌。"又《大雅》："绵绵瓜瓞。"《疏》："微细之辞。""若存"，指看不到但应该存在。"绵绵呵若存"，很细很长的根呵，虽看不到却应该存在。这句话合理的参照物如参天大树，树木越是高大，根往土里扎得越深。还如冬麦，麦根绵绵细长，挖不到它的根端，农民称之为"麦扎黄泉"。在田地中只看到植物的枝叶及果实，根茎虽然看不到却真实存在，这就是"屯"字要表达的意境，也是本句的意境。

"用之不堇"，传世版本大都写为"用之不勤"，帛本释文皆以"堇"假"勤"，但二字并不相通。《说文》："勤，劳也。""不勤"的本义是不劳，"不劳"在句子中显然是讲不通的，有几种解释如"运行而不知倦怠""作用无穷无尽""用之不竭"。严格说，这样注解是不严谨的，与"勤"的本义没有关系，说明"勤"字为原文的错改，应当用帛本的"堇"为是。

"堇"，《说文》："黏土也。"没有经过耕耘的黏土，密质而不通水气，庄稼难以生长，只有经过耕耘，种植根深作物，土地才会得以改良。"用之不堇"的意思是土壤中有了细根的疏通，就不再是黏土了。由生土变成熟土，植物之根才能吸取地下水源，是指要克服障碍，创造条件促成发展。

本章只有三句话，但内涵却很丰富，有必要先从《屯》卦分析。《屯》卦卦辞："屯，元亨利贞。勿用有攸往。利建侯。"一个"屯"字，为什么写了这么具有重大意义的卦辞？是因为"屯"字向下延伸的根部。凡事必有根源，根源性的问题解决了，大的矛盾就不会出现了。老子秉承《屯》卦思想，先根据卦象提出滋润植物生长的水源问题，水源不止，植物才得以生长，这是天然理论。又根据卦名的"屯"，写到用植物之根去蓄畜荒地，使荒地成为有用农田，是人力所为。延伸到社会层面来说，我们不能只看到一些表面现象，更应该分析促成表面现象生成的深层次原因。如果出现了因果方面的障碍，就应当解决关键问题以促成事物的转化，这是本章体现出的重要意义。

【今译】

田土中水源不竭，是深层次的生养之功。

这种深层次养生途径所展现出来的，就叫作通天入地的植物之根。

细微绵长的根茎呵，看不见却存在，对土壤的作用就是使荒地变成了良田。

第七章　天长地久（帛甲）

天长，地久。天地之所以能【长】且久者，以其不自生也，故能长生。是以圣人芮其身而身先，外其身而身存。不以其无【私】舆（与）？故能成其【私】。（帛甲本）

本章对应《周易·蒙》卦。

【王弼本】天长地久。天地所以能长且久者，以其不自生，故能长生。是以圣人后其身而身先，外其身而身存。非以其无私邪？故能成其私。

◎天长，地久。

"天长，地久"通常解释为天地长久地存在，这样理解道理上是对的，但未免过于空泛，而且与上一章的"天地之根"不一致。"天地之根"是老子借植物生长规律，强调基础的重要作用。按照《周易》卦的顺序，本章是老子对《周易·蒙》卦的阐发，《蒙》卦与《屯》卦相对应，讲植物向上生长的原理，老子根据这个原理强调如何借力促生长的道理，所以"天地之根"和"天长地久"意义相近。

我们首先要了解一下《周易·蒙》卦的"蒙"字，"蒙"有两解。一是《说文》："蒙，昧也。""蒙"是懵懂无知的意思。二是拙著《周易说解》："蒙应该指草本攀爬植物生长在棚架之上。"① 攀爬植物的藤蔓会向前极长延伸，要做到超长度延伸，必须常年扎根于土壤。本章顺承《蒙》卦的主旨，以"天"代指生长的藤蔓，其有足够的空间加以延伸；以"地"代指其扎根于土壤，可以经历无数严寒而不死，为"天长，地久"。

从其他章节看，第五十九章："有域之母，可以长久。是谓深根固柢，长生久见之道。"此章讲粮食生产为国家之本，国家有粮才会长久，"长久"指人与粮食作物的生长有关联，故言"深根固柢"。本章的"天长，地久"同样不会空泛地指天地，而应该具体到与天地相关联的特定事物上。

为什么要写"天""地"呢？《道德经》凡写"天下"者都与王治有关，而不能完全从自然界的天地去理解。也就是说，本章内容既然写了"天""地"，就与周国的创建大业有关联，我们应当从战略思想的高度来理解这些文字。

◎ **天地之所以能长且久者，以其不自生也，故能长生。**

"不自生"一般理解为天地不是为自己而生的，但从"生"的字义讲，指的是物的生长，而天地是自然存在的空间，没有生长的概念。按照王弼本所写，第三十四章："万物恃之以生而不辞。"第三十九章："万物无以生将恐灭。"第四十章："天下万物生于有。"这些都是讲的万物生长，没有"天地生长"之句，所以"不自生"肯定不是"天地之生"。

按照攀爬植物的生长原理，要依附于石壁或其他植物之上，它们自身是无法独自在天空生长的。"其"应该指藤蔓，"其不自生"就是藤蔓不独自生长，而是依附于其他植物进行攀爬生长，如此藤蔓才能长长地伸展，这样理解与《蒙》卦的"蒙"是一致的。从这个意义上说，"长生"是长长地生长。

◎ **是以圣人芮其身而身先，外其身而身存。**

帛甲本："圣人芮其身而身先。"帛乙本："圣人退其身而身先。"王弼本："圣人后其身而身先。"帛乙本与王弼本的"退""后"都与"先"呼应，似乎帛甲本的"芮"字有误，而这恰恰给我们提供了《道德经》修改路径的

---

① 杨吉德：《周易说解》，齐鲁书社，2018，第 250 页。

范本。因为对"芮"不理解，帛乙本的抄写者便用同韵字"退"代替；因为"退"的意念不够完满，王弼便用"后"字代替。要让"圣人"光彩夺目，应该用"后其身"；但要解释老子原意，还是得用"芮其身"。

《说文》："芮芮，草生貌。"段注："柔细之状。"这个"柔细之状"就是不断伸展的藤蔓植尖，正因为藤蔓的前部柔细，遇到什么样的阻力都会绕过去，所以它总是处在藤蔓的前面。"圣人芮其身而身先"，"圣人"学习藤蔓的生长原理，游离于各种势力之间，所以始终处于领导地位。

"外其身而身存"，原意是藤蔓附着于其他植物之上，自己处于附着物之外，而得以生存。从延伸意义上看，借用他人的力量，首先要保证他人的利益，才能保证自己的利益。

◎ **不以其无私舆（与）？故能成其私。**

这句话看上去很好理解，但严格分析却又很难说清楚。如陈鼓应释为："不正是由于他不自私吗？反而能成就自己。"[①]前面的"私"字作自私讲，后面的"私"字作自己讲，这样理解总是有些不妥，因为这样就把"私"字的概念扩大了。"私心"和"自身"不能画等号。

一般意义上说，人皆有私念，而"圣人"是没有私心的，有私心还叫"圣人"吗！但"圣人"果真没有私心吗？这要看是什么时候的"圣人"。《孟子》："圣人，百世之师也。"自孟子后，"圣人"变成了一个概念，成了一个充满圣洁光环的群体，能进入这个群体的都是传说中没有私心的。但如果我们用孟子的标准解读《道德经》中的"圣人"，可能就犯了历史性错误。因为《道德经》中的"圣人"基本是指周文王，这是由其阐释《周易》所决定的。

"圣人""芮其身""外其身"的前提是无私，依附于别人来发展自己，必先显示自己无私才可实现。《史记·殷本纪》："纣乃赦西伯。西伯出而献洛西之地，以请除炮格之刑。纣乃许之。……西伯归，乃阴修德行善，诸侯多叛纣而往归西伯。"这些都是周文王无私的历史记载，他用无私赢得了尊敬和支持，广大诸侯纷纷归属于周文王麾下，想必当时还有更多的事迹流

---

① 陈鼓应：《老子注译及评介（修订增补本）》，中华书局，2009，第84页。

传而没有被记载下来。所以在周武王观兵孟津时"诸侯不期而会盟津者八百诸侯。"

"无私"是为别人谋福利，"成其私"是自己得利益。《荀子·儒效篇》说："（周公）兼制天下，立七十一国，姬姓独居五十三人。"《左传·昭公二十八年》也说："昔武王克商，光有天下，其兄弟之国者十有五人，姬姓之国者四十人，皆举亲也。"周武王联合众诸侯国灭掉了商王朝，而将大部分封国分给了自己亲缘之人，而且世袭罔替，这不就是最大的私心吗！从这一点说，本句的"其"字不能专指周文王，也不能专指周武王，应该是二王的合体。

《蒙·象》曰："山下出泉，蒙。君子以果行育德。"意思是君子以实现最终成果为目的，在日常行为中要多做受人称道的事。《象辞》的思想与本章所论述的思想是一致的。

老子的文笔特色是首尾呼应，"天长，地久"其实就是"圣人"所追求的私。但"天长，地久"不是空泛的概念，而是有具体形态的，这个形态就是本章所依据的《周易·蒙》卦的"蒙"——无限长度的藤蔓。藤蔓需要借助其他植物或物体才能实现自己的生长，故不论是个人还是一个国家，要想实现强大的目标，应学习藤蔓的生存技巧，一是借力，借别人的力强大自己；二是柔细穿越，柔细可得到不同力量的认可；三是让对方得利，对方先得利才能最终使自己获得更大的利益。

【译文】

天给予了无限长度的空间，地提供了长久生存的土壤。

藤蔓之所以在天地间生长得无限长并且能久存，是因为它不独自生长，所以能长长地伸展。

根据这个原理，"圣人"用柔细的生存之道而使自己处于众人之前，自己不处在利益的中心而使自己得以生存。

难道（圣人）不是因为没有表现出私心的缘故吗？所以能够最终成就自己的私心。

第八章　上善治水（帛甲）

　　本章的"上善若水"作为老子著名格言经常被引用，可以说是一种最完善的思想格局，不管我们从哪个角度去解释，都不能改变这是一种高境界的理论。这也是下面我要提出另一种看法的前提。阅读帛甲本，会发现原文写的是"上善治水"，说明老子的原意和王弼本告诉我们的有很大差别。"上善若水"和"上善治水"有两个区别："若水"指的是品格修养，"治水"指的是政府治理；"上善若水"重在"善"字，"上善治水"重在"治"字。

　　当然从训诂学的角度可以有另一种解释，高明训释："帛书甲本首句作'上善治水'，古文'台'与'以'同字，'治'与'似'同音，故借'治'字为'似'，为'上善似水'。"[①]训诂路径为：治—台—以—似—若。这种把正确的字训诂为错改之字的训诂方法，实在是不值得提倡。

　　　　上善治水。水善利万物而有静。居众之所，恶，故【几于道矣。居善地；】心善潚；予善信；正善治；事善能；蹱（动）善时。夫唯不静（争），故无尤。（帛甲本）

　　本章对应《周易·需》卦。

　　【王弼本】上善若水。水善利万物而不争，处众人之所恶，故几于道。居善地，心善渊，与善仁，言善信，正善治，事善能，动善时。夫唯不争，故无尤。

---

　　① 高明：《帛书老子校注》，中华书局，1996，第253页。

◎**上善治水。**

本章对应《需》卦，故"需"为本章主题，把《需》卦弄清楚了，"治""若"之争也就搞明白了。关于《需》卦，大致有三种解释。第一，《序卦传》："需者，饮食之道也。"第二，《正义》："云上于天，是天之欲雨，待时而落。"此两者皆根据《需》卦《象辞》而来，《象》曰："云上于天，需。君子以饮食宴乐"。第三，《周易说解》："把'需'字拆开解，'而'字的一横，看作地面，是雨水落在地面上。下面的笔画，是雨水在地下分流而淌，就是疏泄雨水之意。指事爻九二动居内中，是排泄民居积水。……'需'卦根据民居易被雨水积灌的普遍现象，提出了城镇建设中有关配套工程方面的要求。"[1] 此为卦名"需"字新解，"需"就是治水之义，以防止城邑水涝。以上三种，笔者所解与"上善治水"完全吻合，我们完全可据此确定老子的原文是"上善治水"。

"上善"是最好的。"治"指治国。"治水"原意是治理水患，延伸为治国的一种方法。"上善治水"写得简练，我们理解时应当把"治"字重复使用，即最好的治国方法应当像治水一样。古时的城邑要选择建在高地，有利于雨水的排泄，还要防止河水倒灌。治理国家道理也一样，要立足于高地，善于疏解民众的困难和怨愤，而不能用堵住嘴的方法去处理现实矛盾，民怨积累多了就会发生大的动乱。

◎**水善利万物而有静。**

帛乙本："水利万物而有争。"王弼本："水善利万物而不争。"人们熟读了两千多年的"不争"，一下子出土了更早的版本为"有争"，无疑给当前学者们出了个难题。有注释者如此解释：帛甲本"如"误作"治"，"不争"误作"有静"；帛乙本"不争"误作"有争"。这种说法过于简单粗暴，用王弼本作为标准否定帛本，过于荒诞。其实正相反，王弼不懂《道德经》，喜走捷径，不明白的地方就改，把老子的"真经"改成了"假经"。如以王弼之说来评价帛本，就永远读不懂"真经"。其实不唯王弼，帛乙本抄写者

---

[1] 杨吉德：《周易说解》，齐鲁书社，2018，第233页。

也有改文字的习惯；不唯帛乙本，帛甲本抄写者也有改文字的习惯。应该说，这几个版本文字的不同之处，不是后代本无意识错抄了前代本，而是大部分为有意识的错改。

"万物"，指的是社会万象，不是自然界的花草树木。古字"静"为"争"义，还有一个字后来简写为"争"，即"净"字，《说文》："净，鲁北城门池也。从水争声。"《春秋公羊传·闵公二年》："桓公使高子将南阳之甲，立僖公而城鲁，或曰自鹿门至于争门者是也。"此"争"是鲁国北护城河的代称，城门亦称为"争"。从简本和帛甲本看，有些字在后来抄写时做了修改，对"净"字进行修改也是很正常的，故把"静"解作护城河的"净"可作为一个方案。这样所有的问题都迎刃而解了，"上善治水。水善利万物而有静"，不使城邑中存有积水，那雨水又有什么好的用途呢？可以把雨水汇集到护城河中。此谓"水善利万物"，就是化不利因素为有利因素。

◎**居众之所，恶，故几于道矣。**

帛乙本为"居众人之所"，王弼本为"处众人之所"。"居"有聚集停留义，写雨水淹留用"居"而不宜用"处"。"众"是众人，也可以指人口稠密处或房屋密集之处；"众人"，重在"人"而不在物，不如单写一个"众"。所以帛甲本的"居众之所"用字甚为精准，帛乙本和王弼本有失精准。

"恶"，指雨水淹了民居，被人所恶。"几"，近。"道"，道路。"几于道"，指建房时将宅基地垫高，使其高于道路，下雨时，雨水都是顺着道路向护城河流淌；或是在道路两边挖沟渠，使雨水贴近道路而下行。《需》卦的"需"字讲在建设城邑时要预先考虑雨水的疏解问题，本句的"居众之所，恶，故几于道矣"正是谈的对雨水的治理，和《需》卦完全一致。

本句讲最好的治国方法是像治水一样，使雨水分流而下，就是把一个看似很复杂的矛盾分别梳理，小的问题解决了，大的矛盾也就不存在了。治理重在引导，重在效果，由此而形成一个良好的社会氛围。

◎**居善地；心善潚；予善信；正善治；事善能；蹱（动）善时。**

"居善地"，居住要选择有利的地势，防止灾害发生。"居善地"与前文主题一致，又起到扩展思路的作用。

"心善潚"，《说文》释"潚"为清澈也，本句意思是要让民众心地纯净，互相之间应以诚相待。

"予善信"，对别人要讲信用，让信用成为社会共同法则。

"正善治"，"正"指政，作为政府官员，应当以治理国家为己任，而不能热衷于权力和财富。

"事善能"，"事"为主事，要让有能力的人负责管理具体事务，而不任用庸庸碌碌、阿谀奉承之辈。

"蹱（动）善时"，王弼本"蹱"为"动"，义通，指做事情要选择好时机。

这些都是社会的不同层面，真要把这些事情做好，恐怕是一个巨大的系统工程，不是喊喊口号就能完成的。

◎夫唯不静（争），故无尤。

帛甲本此句写"不静"，应该是"不争"的意思，与前面的"有静"的"静"字有区别。"尤"为过失。"夫唯不静（争），故无尤"，意思是不去争执，就不会有过失。但这样就与"上善治水"的主旨相脱离，而与"上善若水"相一致了，这也是帛乙本和王弼本修改原文字"上善治水"的原因。其实这句话是有来由的，《需》卦上六爻辞："入于穴。有不速之客三人来，敬之，终吉。"大概老子认为《需》卦爻辞讲的三个不速之客是来争执的，而"我"不激化矛盾，从态度上敬着他们，"终吉"即"无尤"，敬着他们就不会发生过失。这是讲治理的效果，通过各个层面的治理和引导，人们都消除了身上的戾气而和睦相处。

从整个章节看，先根据《需》卦的主题提出治水的理念，又把这种理念推广到社会行为准则的规范上，最后形成良好的社交氛围，思想主线是一致的。帛甲本和王弼本在一些关键文字上有区别，我们怎么去确定对与错呢？标准就是《周易》卦。不唯第八章，所有的章节都存在这个问题，只有把《道德经》文字和《周易》卦的主题对应起来理解，才知道帛甲本代表了老子的真实思想。另外，从帛甲本看，老子主要论述的是国家治理，重在社会共性的培养，语言质朴，思想深远；从王弼本看，重在个人修养，对原本修改后文字显得简练，便于诵读，且思想玄奥，更为广大学者所乐于接受。

【译文】

最好的治国方法就像治理雨水一样使其分流而不淹没民宅。

为了让雨水变得有益，就有了护城河之水。

雨水淹留于民众集居的地方，会被人所厌恶，所以（雨水）都是沿着道路流淌。

居住之所要选择有利的地势，要让百姓的心地纯净，做事情要对别人讲信用，政府官员要以管理好国家为己任，负责具体事务的要能胜任自己的工作，做事情要符合时机。

只要做到不互相争执，就不会有大的过失。

第九章　之而涅之（简甲）

之而涅之，不不若已。湍而群之，不可长保也。金玉涅室，莫能守也。贵福乔，自遗咎也。功遂身退，天之道也。（简本甲组第十九章）

本章对应《周易·讼》卦。

【王弼本】持而盈之，不如其已。揣而棁之，不可长保。金玉满堂，莫之能守。富贵而骄，自遗其咎。功遂身退，天之道。

◎之而涅之，不不若已。

帛乙本："植（埴）而盈之，不若其已。"王弼本："持而盈之，不如其已。"其中"植（埴）""持"在简本中写为"之（㞢）"；"不如"

简本写为“不不”。

如果从王弼本的角度看简本，会让人觉得怪怪的，很多人认为战国时文字少，用异体字互相替代，像简本“之（𥿮）”，汉初抄本把它改写成“植（揁）”，魏晋王弼又改写成“持”，很多学者便将“之”训诂为“植”，“植”又同“持”，“之”即为“持”；还有“不不”，或者解释为“丕丕”，或者认为是“不如”的误写，或者认为多写了一个“不”字。其实简本才是正确的。

关于“之（𥿮）”字，两现于简本，除本章的“之而浧之”，还有第六十四章的“其安也；易之（𥿮）也”，帛甲本写为“其安也，易持也”，将“之”抄写为“持”。这就出现了问题，简本这两个相同的“之（𥿮）”字，在帛甲本中一个写为“植（揁）”，一个写为“持”，也可能是在帛甲本之前的流传过程中就出现了这个情况，但不能简单地把“之（𥿮）”“植（揁）”“持”训诂为互通。也有他解，《说文》解释为：“《玉篇》古困字。”刘信芳据此认为是“困”的古字。[①] 总之，前人有可能出于对原字不解，在流传过程中进行了修改，这样就导致了对整个章节的错解。

“之”字还有一义，指《周易》筮卦中由A卦变为B卦，称为“之”。如《左传·昭公十二年》：“南蒯枚筮之，遇《坤》之《比》，曰：‘黄裳元吉。’以为大吉也。”《坤》卦六五阴爻变阳爻，由《坤》之为《比》卦，“之”就是变的意思。这个“之”的原字应该是本章简本的“之（𥿮）”。第六十四章的“易之（𥿮）也”即为《周易》变卦之意，这两个“之（𥿮）”应该同义，指转变。

“之而浧之”的“浧”，帛本和王弼本都写为“盈”；但第二章简本“高，下之相呈（浧）也”之“呈（浧）”，帛本也写为“盈”，王弼本却写为“倾”。“浧”在某种意义上可以通“盈”，但本句还是以“呈”解为是。《广韵·清韵》：“呈，示也；见也。”“之而浧之”，转变了思想以后所呈现出来的状态。

关于“不不若已”，《郭店楚墓竹简》注释：“简文衍一‘不’字。”从句式上看，前后都是四个字，符合句式规范，不会出现衍文，之所以有疑问，是因为理解不到位。“不”是反对；“不不”，别人说不我也说不，附

① 刘信芳：《荆门郭店竹简老子解诂》，艺文印书馆，1999，第44页。

和众人表示反对的样子。"已"是结局。"不不若已",跟随众人附和说不,站在了反对国君的一边,表明不能坚持自己的一贯立场。要理解这句话,首先要明白《周易·讼》卦。

《讼》卦的卦符☰,六个爻中,只有九五爻阳居正位,其余五爻都居反位,五爻为君为正,其他爻联合起来反对君王,即产生"讼"。"讼"是本章各句的"言之君"。

《讼》卦的初六爻辞:"不永所事,小有言。终吉。""不永所事",可以理解为不能坚持自己的一贯立场,站在了国君的对立面,对国君说不。"之而涅之,不不若已",反对国君的缘由就是立场发生了转变,变得与其他说不的人一样,对国君说不。这段文字紧扣"讼"字,是从《讼》卦初六爻辞演变而来。

◎**湍而群之,不可长保也。**

王弼本为"揣而梲之",两个实词与简本都不同。目前可能还没有人认可用简本的"湍""群"两个原字,而是用以通假"揣""锐"来释辞。其实简本才是准确的。

《说文》:"湍,疾濑也。""湍"指水势急速,这里代指形势发生了急剧变化。《讼》卦九二爻辞:"不克讼,归而逋其邑人三百户,无眚。"爻辞的意思是,作为一个领主,在与君王发生矛盾后,以失败而告终,只好跑回去,藏在具有三百户的领地中。本章的"湍而群之"意思是,在急剧变化的形势下,作为君王的臣属,却站在了那些反对君王的群臣一边。"不可长保也",这种没有主见的行为,没法长期保持自己的福禄。本句是紧扣《讼》卦九二爻辞写的。

◎**金玉涅室,莫能守也。**

本句与上句主题是一样的。上句是从权贵的角度讲的,这句是从财富角度讲的。"金玉"指财富。"涅室"指摆满了屋子。这段句子"守"是关键字,说明财富不是现在所得。《讼》卦六三爻辞:"食旧德,贞厉,终吉。或从王事,无成。"意思是守着过去的功业或是前辈建立的功业,现在却与君王不一心,是很危险的。这里紧扣爻辞"食旧德"之句，指出过去的功业会因对君王的背叛而一笔勾销。本句是根据《讼》卦九三爻辞写的。

◎ **贵福乔，自遗咎也。**

按照句式，似乎简本脱一"而"字，如果仔细分析简本，"而"字是不能添加的，因为"贵福"和"乔"没有因果或递进关系。《郭店楚墓竹简》释文将"乔"读为"骄"。帛乙本为"贵富而骄"。但简本之"乔（乔）"，结构应该是上"又"下"高"，拔高的意思，意味不满足，希望走得更高一些。"贵福乔（乔）"，对自己的权势和福禄不满足，希望得到更多一些。"自遗咎也"，自己找的灾祸，怨不得别人。为什么这样理解呢？因为本章是围绕着"讼"这个主题展开的，"讼"是和国君争辩，九四爻辞："不克讼，复即命。渝安，贞吉。"九四为臣位，属于贵福之人，却希望获得更多的权势。"不克讼"，与国君争讼失败，没有达到自己提高权欲的目的。"复即命。渝安"，迷途知返，恢复原来的命运，变得安于现状了。这就是本句写的"贵福乔，自遗咎也"，有了权贵和福禄却不满足，是自己造成的灾祸。本句是根据《讼》卦九四爻辞写的。

◎ **功遂身退，天之道也。**

前四句分别照应《讼》卦的初爻、二爻、三爻、四爻，按说这一句应该根据五爻爻辞来写了，但根据《周易》卦象规则五爻为君，其余五个爻都是臣属，而本章始终站在臣属的角度，谈臣属如何避免误入歧途，勿使陷入万劫不复之地，所以必然会避开五爻而直接诠释上爻，这就是本章只有五段话的原因。《讼》卦上九爻辞："或锡之鞶带，终朝三褫之。"上九在五爻的上面，是指年老的功臣；上九位不正，作为臣属却屡次触犯君主，当国家需要时，便赐给他官职鞶带；当违逆君主时，就剥夺他的官职。

老子就此提出："功遂身退，天之道也。""功遂"是建立了功勋，"身退"是退居封赏的领地。"天之道"，《讼》卦的八卦组合是天卦和水卦，九五之君处在天卦的中心，健旺而不可撼动；上九功高震主，但居位不正，难保富贵终生，故"天之道"实际上指的是筮卦之天，筮卦之道。

本章与其他章节一样，诠释《周易》卦义，却不著卦爻辞一字。章首写"之（杀）"，是立场发生了转变，点明了《讼》卦的根本问题。九五为君，《讼》卦君正臣反，故本章并没有责备君主之言。除去九五之爻，用五段话分别对应五个爻辞，从正面讲述反对君主的形式和结局，起着一种警示作用。

【译文】

思想的转变会反映在行动上，跟随别人对君主说不，就是转变的结果。

在急剧变化的时局中，伙同他人作乱图谋利益，权势不会得到长期保证。

过去建立了功业而得到满屋的财富，在与君主作对后，没有谁能守得住这些财富。

拥有了权贵和福禄，却还想获得更大的权力，这是自找的灾祸。

建立了功业，得到了一定的酬劳，就应该退避朝政了，这是《筮》卦告诉我们的道理。

第十章　载营柏抱一（帛甲）

历来注释者认为本章重在讲修身的功夫，但本章的文句特色却不支持这一说法。"乎"是个疑问语气词，通常章节中会有一两个带"乎"字的句子，而本章六句话，连用六个"乎"字，说明要表达的是否定性大主题，如果讲修身的话，绝不会用这种句式。老子在文章中并没有把这一否定性主题明确写出来，但我们作为注释者，却不能对此视而不见，主题立不起来，文字就容易解偏。

载营，柏抱一，能毋离乎？搏（专）气至柔，能婴儿乎？修（涤）除玄蓝，能毋疵乎？爱民栝（活）国，能毋以知（智）乎？天门开阖，

能为雌乎？明白四达，能毋以知（智）乎？（生之畜之，生而不有，为而不恃，长而不宰，是谓玄德。）（帛甲、帛乙本）

本章对应《周易·师》卦。

【王弼本】载营魄抱一，能无离乎？专气致柔，能婴儿乎？涤除玄览，能无疵乎？爱民治国，能无知乎？天门开阖，能无雌乎？ 明白四达，能无为乎？ 生之、畜之，生而不有，为而不恃，长而不宰，是谓玄德。

◎载营，柏抱一，能毋离乎？

王弼本写为"载营魄抱一"。"载"，很多人解为发语词。河上公注"营魄"为魂魄，"抱一"为坚持大道。此说有误。

本章按顺序对应《师》卦，是围绕着《师》卦的内容来写的，所以要明白本章思想，必须先了解《师》卦的思想内容。《师》卦主要谈战争中出现的问题，卦象五爻之君为阴爻，阴爻代表女人或柔弱之君，而九二之臣为阳爻，六五爻辞写："田有禽，利执言，无咎。长子帅师，弟子舆尸，贞凶。"何为"舆尸"？就是打仗时用车载着先君的牌位，由尸灵充任受祭者，需要采取军事行动时，先向尸灵享祀，希望得到"鬼神"的指示与助佑。这句话的意思是长子作为国君的代表，理应掌控军队的指挥权，而那些叔伯和兄弟却借尸灵来干涉指挥，这样做会有很大的凶险。本章围绕着这一主题展开了论述。

"载"不能解为语气词，应指马车承载着军需物资。"营"，军队驻扎的营盘。"载营"的意思是战争的胜负取决于物资供给和军队的战斗力。

"柏"，各本皆作"魄"，帛乙本作"柏"。《释名·释车》："柏车。柏，伯也。伯，大也。丁夫服任之大车也。"《周礼·考工记·车人》："柏车毂长一柯。""柏"指大车，不可训为"魄"。

"一"，疑原字为"宜"。《尔雅·释天》："起大事，动大众，必先有事乎社而后出，谓之宜。""宜"即为社祭。"柏抱一（宜）"，在大车里由专人抱着先君的牌位，防止牌位摔坏。"离"，通"罹"，灾难。

"载营，柏抱一，能毋离乎？"意思是两军打仗，凭的是物资供给和军力，却用大车拉载着先君的牌位，来祈求神灵保佑，能没有灾祸发生吗！

这句话表达了老子对《师》卦的理解，决定战争胜负的是人，用"鬼神"来决策战争是一种愚蠢行为。这是"乎"字表达的第一个否定性主题。

◎ 槫（专）气至柔，能婴儿乎？

帛乙本为"槫气至柔"。王弼本为"专气致柔"，并注曰："专，任也。致，极也。言任自然之气，致至柔之和，能若婴儿之无所欲乎？则物全而性得矣。"王弼之注与帛乙本有三个不同之处。一是"槫"有"专"义，"专"可以训为"任"，是任用之"任"，而不能释为放任。二是"至柔"为自身具备柔性，"致柔"为外力导致"柔"。三是按照王弼之解，没有体现出"乎"的否定性功能。故应以帛乙本为是。

"专"，指专权者，即《师》卦六五之君，实指军队的统帅。"槫（专）气"，统帅的权威气势。"至柔"，六五阴爻为柔。又《师》卦的上卦为地卦，地卦三个爻全阴，六五处三阴之中，为"至柔"。

"能婴儿乎？"婴儿是没有生活自理能力之人，这是用婴儿否定统帅的无能，意思是作为统帅应该杀伐自断、威风八面，实际却处处受制于人，以柔弱展示于人，论柔弱，还能比得上婴儿吗！

作为统帅不可以柔弱示人，这是"乎"字表达的第二个否定性主题。

◎ 修（涤）除玄蓝，能毋疵乎？

帛甲本"修除玄蓝"，帛乙本"修除玄监"，王弼本"涤除玄览"。高亨认为："'览'读为'鉴'，'览''鉴'古通用。……玄鉴者，内心之光明，为形而上之镜，能照察事物，故谓之玄鉴。"[1] 帛乙本之"监"与王弼本之"览"或"鉴"似乎相通，但帛甲本之"蓝"肯定与"览"或"鉴"不相通。

"蓝"，指深青色。"玄"，赤黑色。"玄蓝"指这两种颜色。"修"，清朱骏声《说文通训定声·孚部》："修，假借为涤。""修"与王弼本之"涤"

---

① 引自陈鼓应：《老子注译及评介（修订增补本）》，中华书局，2009，第95页。

是相通的。"修除玄蓝，能毋疵乎？"意为要洗涤掉布匹上的赤黑色或深青色，怎么会不留下瑕疵呢？

这句话应该是对上两句主题的进一步论述，指出作为军队的统帅，难免会有这样或那样的不足，但不能就此去听从神灵的指挥，而削弱统帅的权威。这是"乎"字表达的第三个否定性主题。

◎爱民栝（活）国，能毋以知（智）乎？

本句帛甲本缺省，帛乙本为"爱民栝国"，王弼本为"爱民治国"。首先可以确定，如果帛甲本有本句的话，"国"字肯定写为"邦"，因为这是讲述邦国之间的战争。王弼本的"治国"是修改之字，因为本章讲述战争问题，战争求的是如何取得胜利，使国家生存下去，而不是如何去治理国家。

"栝"，帛书研究组将"栝"字读作"活"，是有道理的。国君柔弱，在战争中处于十分不利的局面，让国家在战争后能够生存下来，是最紧迫的任务，所以"爱民栝（活）国"符合主题要求，不能用"治国"通释。

"爱民"，爱护民众的生命，指临时征集到军队中参与战斗的民众。"知"通"智"，强调用人的智慧来指挥战争，而不是用"鬼神"左右战争。

"爱民栝（活）国，能毋以知（智）乎？"要爱护人民，使国家在战争中生存下来，能不知道用智慧才能实现吗？本句依然是从第一、二句的主题展开论述的。这是"乎"字表达的第四个否定性主题。

◎天门开阖，能为雌乎？

学界似乎更倾向于将"天门"释为人体器官，指修炼的境界。但这种理论属于道家修炼范畴，原则上与《道德经》原意无关。王弼注："天门，谓天下之所由从也。开阖，治乱之际也。或开或阖，经通于天下，故曰'天门开阖'也。"王弼之说还没有脱离老子原本思想，尚有可取之处。《师》卦上六爻辞："大君有命，开国承家。小人勿用。"意思是大人和君子各有使命，大人开国，君子承家，没有身份的民众则没有赏赐。上爻处于天位，在此爻讲开国，谓之"天门开阖"。这个"天"字还暗含着男性政权，是为男人开阖的朝门。

爻辞中有一个问题，既然讲"开国"，应该是写在五爻，为什么体现在上爻呢？因为五爻为阴爻，为君主，阴爻居五为反位，为柔弱、雌性，没有专权之象。"天门开阖，能为雌乎？"老子根据爻辞爻象，明确提出了自己的观点，即反对太后执掌政权，应当由具备"爱民栝（活）国"能力的人来继承大位。

本句从《师》卦的六五卦象和上六爻辞展开论述，这第五个"乎"字否定的是婴幼儿继承君位，导致女性执掌国家政权。

◎明白四达，能毋以知（智）乎？

《师》卦上六爻辞为"大君有命"，亦可理解为国君有命令。"明白"，国君的命令要不折不扣地执行，不能阳奉阴违。"明白四达"，将国君命令准确地传达到所统辖的每一个地方。这句话是从上六爻辞而来。"知"通"智"。"能毋以知（智）乎？"能不凭借着智慧去治理国家吗？意思是国君必须要具备相应的智慧和能力，才能避免臣属阳奉阴违，才能统治好国家的每一个角落。

本句同样是依据《师》卦的六五卦象和上六爻辞做的论述，六五代表女性和柔弱之相，上一句从女性的角度谈国政，这一句从柔弱的角度谈国政，君弱则臣欺。第六个"乎"字否定的是柔弱之君执掌国政。

◎生之畜之，生而不有，为而不恃，长而不宰，是谓玄德。

饶尚宽："以上五句疑为《五十一章》错简重出，与前文不合，当删。"[①]依之，故本文不再注释。

《周易·师》卦六五之君阴柔懦弱；爻辞有"师或舆尸"，用神灵代替君权。这样形成了本章的两个否定性主题。这两种现象对国家安危都有巨大的危害，所以老子用六个"乎"字从不同角度表达自己的否定倾向。

---

① 《老子》，饶尚宽译注，中华书局，2015，第23页。

【今译】

两军打仗，凭的是物资供给和军力，有人却用大车拉载着先君的牌位，来祈求神灵保佑，能没有灾祸发生吗！

作为军队的首领，要有专断杀伐的气魄，却表现得优柔寡断，如果阴柔之人能战胜敌人，还有像无知的婴儿更柔弱的吗？

作为统帅总有不足的地方，就像用水清洗掉布匹上的赤黑色和深青色，能不留下一些瑕疵吗？

如果有珍惜民众生命之心，有拯救国家危难之志，能不用智慧去实现吗？

国家政权的运行，要由国君来决策，能让女人以辅助幼君的名义来参与决策吗？

国君的命令应该稳妥而清晰，才能被下面接受执行，能不依靠智慧来实现吗？

第十一章　卅楅共一毂（帛甲）

卅【楅共一毂，当】其无，【有车】之用【也】。然埴为器，当其无，有埴器【之用也。凿户牖，】当其无，有【室】之用。故有之以为利，无之以为用。（帛甲、帛乙本）

本章对应《周易·比》卦。

【王弼本】三十辐共一毂，当其无，有车之用。埏埴以为器，当其无，有器之用。凿户牖以为室，当其无，有室之用。故有之以为利，无之以为用。

◎卅楅共一毂，当其无，有车之用也。

帛乙本为“三十楅”，“楅”当为“辐”的借字，“三十楅共一毂”指三十根辐条嵌在同一个车毂中，这句话是有来由的。本章按顺序对应《周易·比》卦☰☷，卦象五个阴爻前来比附九五之君，周文王在卦辞中写"比"，意在要吸引其他部族跟随周国，共同参与以周国为中心的推翻商王朝的战争中，具有强烈的创业意识。老子认为，有了辐条的支撑，车轱辘才能承重和转动，而辐条必须插在同一个毂中才能形成支撑力。同理，作为国君，应当召集更多的贤人来辅佐自己，而且让他们各尽其职，才能使自己的国家变得强大起来。这是"辐"和"毂"表达出的深刻道理。

一般解释"当"为"有了"，"其"代指"毂"，这样就把车毂的"空"突出了，使"无"和"有"上升到了哲学的高度。其实这是误解。其一，训诂不能无原则，"当"训诂不出"有了"的词义；其二，"无"不是指车毂之空；其三，"有"是有无之有，不是什么哲学概念的名词。

先分析一下"毂"，可能有些学者认为"毂"是为"无"而写的，事实并非如此，其实是为"三十辐"而写的。《比》卦众阴爻如星捧月般来比附九五之君，听从九五之君的驱使，就如同众多辐条聚集在车毂四周，车毂是辐条的中心，所以说"毂"字意在表示中心位置，而不在于表示其"无"。

车轮没有安装辐条时是空的圆框，安装上辐条才能称之为车轮，故"其无"指的是安装辐条的部位。

《玉篇·田部》："当，任也。""当"，担任、充当，此义是从"当"字的本义延伸出来的，表示用合适数量和长度的辐条来对等担当车轮的空间，也就是说，"当"的主体是辐条。那写"当其无"的意义何在呢？这才涉及了老子思想的重点。

战国时代的列国都希望通过吸引人才使国家强大起来，但真正实行起来却困难重重，原有的贵族阶层不愿意失去自己的特权，国君的臣属关系也错综复杂，即便重用人才也难以形成有效的管理机制，旧的官吏退不出去，新的人才就进不来。像秦国，属于吏制改革相当坚决的，但商鞅最终还是被旧贵族势力谋杀并五马分尸；而像楚国，基本上属于门阀执政，官僚体制难以撼动。所以要想改革时弊，必须先要腾笼换鸟，驱离旧的，形成"无"的空间，才能让新的"当其无"，让国家新政的车轮转起来。这是"当其无"的第一个概念。

◎然埴为器，当其无，有埴器之用也。

"然"，帛甲本写为"燃"，烧土之义。"埴"，《说文》释为"黏土也。从土，直声"。"然埴为器"指烧制黏土制作成陶器。《比》卦初六爻辞："有孚比之，无咎。有孚盈缶，终来有它，吉。""缶"即为"埴器"，指盛食物的陶具。"有孚盈缶，终来有它"，可以理解为只要把食物装满了缶，让人们看到利益，才会吸引他人来归附。《比》卦爻辞和本句意思一致。"无"指缶器之空；"当"指可以装满缶器之物，暗指"终来有它"之人才。"有埴器之用也"，埴器本身就是中空的，所以"用"不是指可以有缶器的用途，而是指埴器装满了东西，发挥了作用。

传统解读重在"无"，认为此句意在强调哲学意义上的无中生有。其实老子并不是那种坐而论道之人，他更关心政治问题，更关心如何才能从机制上为富国强兵创造先决条件，而不仅仅是一种概念性的纸上谈兵。器皿是空的，不装上物品它永远是空的，永远是无用之物，只有装满了物品它才是有用的。如果朝政想改革时弊，却又容不下新思想、新人才，那这种改革只是国君的一种愿望，就像陶具永远得不到实用。这是"当其无"的第二个概念。

◎凿户牖，当其无，有室之用。

王弼本为"凿户牖以为室"；帛本为"凿户牖"，没有"以为室"。"户牖"为门窗，既然写"凿"，大概指类似黄土高原的窑洞。"当其无，有室之用"，简单地说，是有人居住在这个空间中，才具备了房屋的用途。这句话从《比》卦的六二爻辞中来，"比之自内，贞吉"。"比之自内"指家族中的人跟随自己共创大业，形成最可靠的中坚力量。本句选择六二爻辞的内容来写，自然另有深意。上一句的"埴器之用"是容纳外来力量，本句的"有室之用"是依赖自家力量，君主的家人主动参与到变革中来，才能使变革真正获得成功，君主之家也会在变革中长期获益。

需要注意的是，不论是"然埴为器"还是"凿户牖"，都是创造一个新的物体，是原来不存在的，从政治上说，就是一种新的政治设想，一种符合现实需要的政治变革，以此来实现富国强兵。此句的"当其无"是指国君的宗亲应当参与到变革中，承担新的使命。这是"当其无"的第三个概念。

◎故有之以为利，无之以为用。

前面都是"无"写在前，"有"写在后，为什么这一句"有"在前，"无"在后呢？本章都是用比拟的方法来表达政治思想，第一句写"辐""毂"，是从《比》卦引申出主题，指出要让众人来拱辅国君，必须让大家各安其位，国家机器才能正常运转；第二句和第三句是制造了有空间的器具或房屋，比拟变革国家机制，建立新的权力机构，要让人才真正担当重任，这种变革才具有实质价值。其顺序是：（1）制造有空间的器物；（2）要让相当的物来占用空间；（3）这个器物才真正具有实用价值。反观本句，先"有"后"无"，显然思路发生了改变。

"有之以为利"，是原先就有的，不是新生的，与变革没有直接关系，意思是要让原来存在的继续存在，保持对自己有利的形势。"无之以为用"，"无"指新机构，尚没有人当其位，本句的意思是要让新机构为己所用。这句话把管理朝政的分为两部分，一是原来有职位的人，把他们高高挂起来，有职无权，这样就不会对自己形成危害；二是对新晋之人委以重任，授以权柄。老子通过对国家机制变革的设想，表现了高瞻远瞩的政治思想。

对《道德经》的注释都应坚持主题先行的原则，即每个章节的文字都要从《周易》卦的主题加以延伸，如本章的"有"和"无"，必须要紧扣《比》卦的"比"来阐释。传统对本章的注解只看到物而没看到人，是由于不知道"言之君"在《比》卦的缘故。如陈氏译："所以'有'给人便利，'无'发挥了它的作用。"[1]这和老子表述的思想境界有着天壤之别。

【今译】

三十根辐条镶嵌在同一个车毂中，只有承当起车轮的空间，车辆才能够运动起来。

烧制黏土制造出的陶器，只有把物品充斥其中，陶器才有了实用价值。

在土面上凿出门窗作为房屋，只有人住了进来，房屋才有了实际用途。

---

[1] 陈鼓应：《老子注译及评介（修订增补本）》，中华局局，2009，第102页。

所以本来就有的继续保持对自己有利（的状态），新建立的空间要让它发挥更大的用途。

第十二章　五色令人目明（帛甲）

帛甲本和王弼本除"目盲"（帛乙本亦为"盲"）和"目明"语义相反外，主要差别是王弼本"五色令人目盲，五音令人耳聋，五味令人口爽"连在了一起，而帛甲本是分开写的。从词句排列看，将"五色""五音""五味"连在一起符合一般写作规律，似乎王弼本胜于帛甲本，故解读者都是以王弼本为准。

本书始终坚持这一原则：帛甲本接近原文，王弼本为修改本。王弼本将"五色""五音""五味"三句连在一起，改变了帛本的结构，同时也改变了老子的原本思想，应该以帛甲本为准。

五色令人目明，驰骋田猎，使人【心发狂】。难得之货，使人之行方。五味使人之口爽，五音使人之耳聋。是以圣人之治也，为腹不【为目】。故去罢取此。（帛甲本）

本章对应《周易·小畜》卦。

【王弼本】五色令人目盲，五音令人耳聋，五味令人口爽，驰骋畋猎令人心发狂，难得之货令人行妨。是以圣人为腹不为目，故去彼取此。

◎五色令人目明。

帛甲本"目明"，帛乙本和王弼本皆为"目盲"，帛乙本将"目明"改为"目盲"，大概是为了和"口爽""耳聋"一致。其实这些句子未必需要一致，关键是我们要明白"五色"指的是什么。

古代的"五色"指青、赤、白、黑、黄，分别对应五行木、火、金、水、土，以及东、南、西、北、中五方位。哪"五色"并不重要，重要的是"五色"意在表示什么。本章按顺序对应《周易·小畜》卦，是从"小畜"中延伸出来的主题。按照章节内容看，老子把"小畜"看作是狩猎的对象，所以我们解读文章时要从狩猎的角度来理解。"五色"泛指狩猎时感受到的自然界中的各种色彩，相对于当时比较单调的宫廷建筑和朝服颜色，大自然中的色彩显得清新靓丽、生动活泼，各种动物窜行于草丛树木间，射猎之人眼睛需要远望、灵动，动作需要敏捷，相较于朝政中的呆板、做作，会让人眼睛有神采、明亮，故"五色令人目明"。

◎驰骋田猎，使人心发狂。

"驰骋田猎"，车马跑得飞快，指打猎的场景。

"狂"，兴奋而没有羁绊。通过狩猎，能展现个人的勇武精神和英雄气概。打猎不像战争，不存在胜负不确定的忐忑不安，只有追逐与猎获的爽快淋漓的感觉，所以"使人心发狂"。

◎难得之货，使人之行方。

帛乙本为"使人行仿"，王弼本为"令人行妨"。一般认为，"方""仿""妨"相通，但"方"是常用字，与"妨"不可能相通。"方"在商朝末期常指方国部族，在春秋战国时有区域、界限的意思。《仪礼·大射仪》："大射正立于公后，以矢行告于公，下曰留，上曰扬，左右曰方。"郑玄注："留，不至也；扬，过去也；方，旁出也。"偏出了箭靶区域为"方"。又《尉缭子·分塞令》："中军，左右、前后军，皆有地分，方之以行垣，而无通其交往。""方"指两军间的界限。"行方"就是走到了领地边上。狩猎一般不会到边境附近，一是出于安全考虑，二是避免引发邻国的猜疑。这句话说的是狩猎者为了猎获珍禽异兽，甚至行进到领地边境或越境去围猎。《史记·魏公子列传》就记载了赵国国君带领军队在赵、魏边境上围猎的故事，说明这样的围猎是比较罕见的。

从《小畜》卦卦象☰☴看，五阳围猎一阴，阴爻在四爻位，四爻处在内外卦的边界之处，故有"行方"之说。

◎**五味使人之口爽，五音使人之耳聋。**

"五味"指酸、甜、苦、辣、咸，"五音"指宫、商、角、徵、羽。此"五味""五音"理应与首句的"五色"连在一起，但为什么帛甲本是分开写的呢？本章产生于《小畜》卦，"五色"句及后面的两个句子是叙述狩猎场景，并没有议论是非，后面的"五味""五音"句才转入议论，它们不存在并列关系，因此它们分开写才属正常。帛乙本抄写者不知道文章源于何处，误以为它们意思相同，便把"明"改为"盲"。到了王弼，又进一步把"使"改为"令"，把"五味""五音"句前置于首句，看似改动以后的语句编排更加合理顺畅，实则把起承关系搞乱了。"五色"是狩猎场景中的自然景色，重在体现文章的缘起；"五味""五音"是士大夫生活的描述，两者是一种递进、转换关系。

"爽"帛甲本写为"喊"，二字义通。西周有严格的礼乐制度，春秋战国礼崩乐坏，有实权的卿大夫也享受起了王侯之乐。此处言"五音"，尚不及礼乐的程度，仅仅指五阶音响，所以此处描述的不是统治者，而是普通士大大享有的生活内容。"耳聋"是受到众多乐器共鸣所产生的震撼，是士大夫特意追求这种震撼效果，不应理解为失去听觉。

"五味"是狩猎后享受成果，说明过去没有享用五味的特权；"五音"是丰富生活内容，都是新生代士大夫追求的时尚生活，不具批判性质。

◎**是以圣人之治也，为腹不为目。**

"圣人"指周文王、周公。周公遵从周文王教诲，为西周制定了严格的狩猎、礼乐制度，只有王侯才能享受高规格特权，不同的阶层只能遵从不同规格的礼制，这样社会才能保持长期稳定，此为"圣人之治也"。"为腹不为目"显然指下层贵族的生活，他们应当为追求温饱或提高生活质量而作为，不应追求过高的生活享受。

这句话是针对上句而言的，春秋战国之后，特权阶层的极致享受进入了普通士大夫的生活，他们尽情享受这种理想生活带来的快感，却违背了"圣人"之训，整个社会处于一种新时代特征的癫狂状态。其实老子也难以评判这种状况的是与非，只是对社会现状做了如实描述，表达对社会发展方向的担忧。

◎故去罢取此。

帛乙本和王弼本都写为："故去彼取此。"如此写境界高，想象空间大；帛甲本的"去罢取此"指向具体，两者不同。"罢""彼"不能相通互训。

"去"，离开。《字汇·网部》："罢，废也；黜也。""去罢"，指远离那些对国家发展没有益处的行为。封建奴隶制的解体，权力得到下放，释放了更多促进社会发展的能量，同时也刺激了人们对娱乐、消费的更高追求，这两种社会现象是同时出现的。但娱乐规模的攀比享受之风给社会带来了很多负面作用，人们容易图安逸而忘危亡。所以要"取此"，即"为腹不为目"，意为多些生存意识，少些安乐思想。

【译文】

自然界的青、赤、白、黑、黄五色斑驳绚烂，使人眼睛为之明亮。

马车奔驰在狩猎场上，使人的心情荡漾癫狂。

为了猎获珍禽异兽，甚至远离国都，行进到疆域交界。

酸、甜、苦、辣、咸，各种味道使人得到饕餮的满足。

宫、商、角、徵、羽，各种音阶的共鸣使人得到感官的震撼。

物质的享受使人难以自控，所以"圣人"制定了一系列的规章制度，让人们多些生存意识，避免为享受而迷失自我。

所以要主张远离那些妨碍社会发展的娱乐，多些生存危机感。

第十三章　人宠辱若缨（简乙）

　　人宠辱若缨；贵大患若身。何谓宠辱？宠为下也。得之若缨，遊之若缨，是谓宠辱若缨。何谓贵大患若身？虎所以有大患者，为虎有身。及虎无身，或何【患】？【故贵为身】为天下，若可以托天下矣。爱以身为天下，若可以去天下矣。（简本乙组第四章）

本章对应《周易·履》卦。

【王弼本】宠辱若惊，贵大患若身。何谓宠辱若惊？宠，为下得之若惊，失之若惊，是谓宠辱若惊。何谓贵大患若身？吾所以有大患者，为吾有身，及吾无身，吾有何患！故贵以身为天下，若可寄天下；爱以身为天下，若可托天下。

◎**人宠辱若缨；贵大患若身。**

　　帛本和王弼本写为"宠辱若惊"，简本为"人宠辱若缨"，学界对"人"字的有无争议较大，这里谈点个人的看法。《道德经》的第二十章，上部分有一句，王弼本是"人之所畏，不可不畏"，帛乙本为"人之所畏，亦不可以不畏人"。帛乙本"畏"后多了一个"人"字。而简本乙组写为"人之所，之所畏。亦不可以不畏"，第二个"畏"的下面有断句符，紧接着是第十三章的"人宠辱若缨"。"人"字到底应该在第二十章末尾还是在第十三章的起头？从文句上分析，帛本"人"字写在第二十章是有道理的，简本"人"字写在第十三章也是有道理的，但把帛本和简本放在一起对比，却各自少了一个"人"字，许多学者认为是简本在抄写过程中，把断句符误写在了"人"字的前面，这样就把"宠辱若缨"误写成了"人宠辱若缨"。怎么才能断这个文字案呢？

　　窃以为，应当以简本为准，断章符既然点在了"人"字的前面，这个"人"字就应属于第十三章。至于为什么帛本第二十章最后出现了个"人"字，与简本的排列这么巧合，却又很难做出解释。

　　为什么说简本的"人宠辱若缨"才更合理呢？从句子格式看，本章第一段的"人"对应"贵"，"宠辱"对应"大患"，"若缨"对应"若身"，工整对仗，应该有"人"字才对。从"言之君"看，本章是对《周易·履》卦的阐发，是从《履》卦思想中延伸出来的。《履》卦卦辞："履虎尾，不咥人亨。"这个"人"指普通人或官吏，也是本章之"人"的来历。六三爻辞："武人为于大君。"这个"大君"指国君，就是本章"贵"字所指。"人""贵"互相照应，故"人宠辱若缨"之"人"是必须要有的。

　　诸本之"惊"字，看简本才知道，本字应该是"缨"而非"惊"。《说文》："缨，冠系也。"《礼记·玉藻》："玄冠朱组缨，天子之冠也……玄冠丹组缨，诸侯之齐冠也；玄冠綦组缨，士之齐冠也。"《孟子·离娄章句上》："沧浪之水清兮，可以濯我缨；沧浪之水浊兮，可以濯我足。""缨"指古代系冠的丝带，其色因地位而异，是官贵的象征。

　　为什么写"缨"呢？可以从两个方面分析。一是帛书《易》中"履"写为"礼"，"礼"有尊敬之义，《论语·为政》："道之以德，齐之以礼。""礼"即为尊敬义。用"缨"表示官职，含有受人尊敬之义。二是帛书《易》卦辞"礼虎尾，不咥人亨"，虎尾不是老虎的主体，却是老虎的标志，用"缨"暗合虎尾极为恰当。虎为尊为贵，喻国君；虎尾为下为人臣，是句子中写"人"的缘由。从"贵"和"人"的呼应角度看，"人"即为臣。

　　"宠"，被重用。"辱"，受到贬斥。《小尔雅·广言》："若，乃也。""人宠辱若缨"，大臣不论是被重用还是被贬斥，都体现了其对官贵的崇尚。

　　"贵大患若身"，一般解释为重视自己的身体如同重视大患，把"贵"释为珍贵，如果从与"人"的对应角度看，应该指国君才对。"身"指卦辞"履（礼）虎尾"之"虎"。人臣为虎尾，君主为虎身。"履（礼）虎尾"显示的是虎尾的威仪，从根本上讲还是老虎的本身作用，所以要用"身"来表示老虎的威力。

　　为什么有"大患"呢？《履（礼）》卦六三爻辞："眇能视，跛能履（礼）。

履（礼）虎尾，咥人凶。武人为于大君。”“武人”以杀戮为能，这种残暴之人做了“大君”，就如同吃人的老虎一样，人见人怕，一个令人恐惧的国君不就是治理国家的“大患”吗！“贵大患若身”的意思是国君最大的祸患则是展现他暴虐的形象。

◎**何谓宠辱？宠为下也。**

《履·象》对《履》卦有一个理解，“上天下泽，履。君子以辩上下，定民志”，可以解释为要分辨上下阶级秩序，“宠为下”就是从这方面讲的。本句是从“人”的角度写的，作为权臣，即便是重权在握，也是被国君授权，在国君之下，不可有僭越之心，故“下”是国君之下。“宠为下”指的是作为臣属应该明白君臣的道理，这句话只涉及“宠”而不涉及“辱”。

◎**得之若缨，遊之若缨，是谓宠辱若缨。**

“遊”各本皆作“失”。学界对这个字的注释很有意思，廖明春运用训诂法串通了很多字来证明这两个字的关系，以“遊”通“达”，“达”通“迭”，“迭”通“失”，以此来证明“遊”“失”互通。① 其实“得”的反义词未必一定是“失”。“遊”字亦见于简本其他章节，“为之者败之”章分别见于甲组和丙组，其中“执之者遊之”句的“遊”字在丙组写为“遊”，甲组写为“远”，通过分析证明丙组并非原本文字，甲组才是，故“遊”的本字实际为“远”。同理，按照丙组之例，本文之“遊”也应以“远”解之，也就是说，“遊”与“远”是相通的，应该理解为远离或被疏远。

“得之”是得到重用；“遊（远）之”是远离了国君的重用之列，是被国君疏远的“远”。“若缨”，都是由于崇尚官贵所带来的结果。“得之若缨，遊之若缨”，得到高贵的地位，是实现了崇尚官贵的理想；被排斥在官贵之外，则是官贵理想的破灭。

“是谓宠辱若缨”，原文“辱”字下有一断句符或为重文符，没有“若”字，从行文看，这里不应该断开或重写“辱”字，应该按重述“宠辱若缨”

① 见廖名春：《郭店楚简老子校释》，清华大学出版社，2003，第414页。

理解较合理。这句话从"得之"和"遊（远）之"的角度再次强调"宠辱若缨"的结论。

◎ **何谓贵大患若身？虎所以有大患者，为虎有身。**

关于"虎"字，诸本皆写为"吾"，《郭店楚墓竹简》释文为"虔"，读作"吾"。一般认为"虎（虔）"乃"吾"的借字。在简本中还有三个"吾"字：第二十五章（简本甲组第十一章）："吾强为之，名曰大。"第五十四章（简本乙组第八章）："吾何以智天下然哉？"第五十七章（简本甲组第十五章）："吾何以知其然也？"一方面，仔细分辨这三个"吾"，笔画与本章之"虎"并不完全相同，故本章"虎"当为"虎"的本字。从另一个方面讲，释为"吾"则指向不明，无法解释与"为天下"有何关系。

窃以为，此字结构"虍"的下面应该是"王"，而不是"壬"，指威严、暴虐之君。不管"虍"下是"王"还是"壬"，都不见于《说文》，只能根据字的结构来分析字义。

为什么写"虎"呢？还是出自卦辞"履（礼）虎尾，不咥人亨"。虎为君，虎尾为臣，这一句写君，老虎的身子就展现了出来。虎性之君，威猛、好战、残暴，所以为天下之"大患"。从老子的角度来理解，《履（礼）》卦的卦爻辞之所以写虎尾，是希望人们有一种畏惧感，"不咥人亨"，看到虎尾不笑的人才亨通，知道畏惧就安然无恙。而一旦"武人为于大君"，具有好武品性的国君就不是让人看到虎尾产生畏惧的问题了，而是老虎的身子出现了，民众会遭殃的，所以写道："虎所以有大患者，为虎有身。"

◎ **及虎无身，或何患？**

"及"，可以理解为实现了。"无身"，让人只看到虎尾而看不到虎身，是作为国君的高境界。"及虎无身"意思是让人只看到国家机器在运转，而看不到令人恐惧的国君。因为本章按照《履（礼）》卦理解，国君的第一特性是暴虐，而非仁君，"及虎无身"是希望君王改变暴虐的特性。

简本"何（可）"只残留一横，下残损五字，"患"是根据帛本添加。"或"，又。"或何患"，又怎么会产生祸患呢？本句的意思是如果国君不像老虎一样令人恐惧，又怎么会产生灾难呢？

前面讲的祸患在于国家，王弼本"吾有何患"，添加了一个"吾"，吾就变成了祸患的主体。

◎故贵为身为天下，若可以托天下矣。

"贵为身"通常解释为珍惜自己的身体，此解有误。"贵"应该与第一句一样，指国君。前面所言之"身"为虎身，代表残暴之君；这里的"身"没有了"虎"字，应该发生了转换，是国君之身，是没有虎狼气息的国君形象。"为"，经营、治理。"为身"是经营自己的形象，使自己成为一个受百姓爱戴的、有威严而不暴戾的君主。

"为天下"，管理天下。"贵为身为天下"，国君以经营自己形象的思想来管理天下诸侯。

"托"，帛甲本写为"迈"，帛乙本为"橐"，按简本字形理解，应该是"托"的意思，托举、支撑的意思。"托天下"，托举住即将倒塌的天下。凡《道德经》中的"天下"，都是指周王朝的大国家，非指一邦一城之国。如果按太史儋见秦献公的时代算，此时周王朝虽未灭亡，但已经没有了天下共主之实。本句的意思是希望周王能从言行上维持王的尊严，使诸侯重新维护周朝秩序，撑起即将倒塌的周朝大厦。

◎爱以身为天下，若可以去天下矣。

儒家讲"修身齐家治国平天下"，是对士阶层道德修养的要求；本章讲国君的"为天下"，道理一样，修身也是治国的基础。前面讲"虎有身"，指国君残暴，是治理国家的大患；继而讲"为身"，没有了暴虐形象，指国君修正自身，管理自我，以端正威严治理天下，可以"托天下"；这里又讲"爱以身"，是第三种表现形式。

"爱"，凭个人喜好决定言行，而不是站在国家安危的角度处理问题。"以身"，区别于"为身"，是以个人喜好作为处世原则。偏听偏信、荒淫无度往往是无德之君的普遍喜好，用"爱以身"的思想去治理天下，周王朝没有不灭亡之理。

简本"去"写为"迲"，帛本写成"寄"，将"去天下"改成"寄天下"，即寄托天下。"去"和"寄"截然不同，说明帛本抄写者是按照一种固有思维方式来理解的，认为都是讲如何管理好天下，其实我们应该多角度思考。"去（迲）"是失去之义。"去天下"，失去天下。周王朝此时已是名存实亡，诸侯自己敕封自己，没有把周王当作共主看待，周王依靠个别诸侯的施舍才能维持朝政开销，灭亡是迟早的事。所以说周王如果能扮演好自己作为天下共主的形象，这个虚空的大厦尚可多托举些年月，如果以昏庸懦弱的形象展示于世人，就会很快失去周武王建立的天下。

本章按照《履（礼）》卦"履（礼）虎尾"思想，从虎尾入手，写了世人崇尚官贵思想；又从虎身写起，指出暴虐是国君的大忌。结合现实状况，用四个"天下"，描写了作为天下共主的周王已经没有了虎威，如果修养好自己的形象，尚可使朝政多存留些时日。我们可以发现，如果不是从《履（礼）》卦的"履（礼）虎尾"角度出发，"虎（虘）"字就无从解释，只能以"吾"作为文章主体，但"吾"却无法落实到实处，只能变成一种空洞的说教。

【译文】

官员无论是受到重用还是被贬斥，都体现了其对官贵的崇尚；国君最大的祸患则是展现他的暴虐形象。

什么是重用和贬斥？其实得到重用也是受国君的驱使。

得到高贵的地位，是实现了崇尚官贵的理想；被排斥在官贵之外，则是官贵理想的破灭。

这就是所说的无论是得到重用还是受到贬斥，都是出于对官贵的崇尚。

为什么说国君最大的祸患在于暴虐形象，像烈虎一样的国君之所以有大的祸患，是因为烈虎有令人恐惧的形象。

如果国君能做到不让百姓感到恐惧，又哪来的祸患呢？

所以君王以自律的思想来治理天下，尚可以继续维持天下。

如果君王以个人喜好来治理天下，可能因此而失去天下。

第十四章　视之而弗见（帛甲）

　　视之而弗见，名之曰微。听之而弗闻，名之曰希。捪之而弗得，名之曰夷。三者不可至计，故束（圉）【而为一】。一者，其上不攸，其下不忽。寻寻呵，不可名也。复归于无物。是谓无状之状。无物之【象。是谓沕望。随而不见其后，迎】而不见其首。执今之道，以御今之有。以知古始，是谓【道纪】。（帛甲本）

本章对应《周易·泰》卦。

【王弼本】视之不见名曰夷，听之不闻名曰希，搏之不得名曰微。此三者不可致诘，故混而为一。其上不曒，其下不昧，绳绳不可名，复归于无物，是谓无状之状、无物之象。是谓惚恍。迎之不见其首，随之不见其后。执古之道，以御今之有，能知古始，是谓道纪。

◎视之而弗见，名之曰微。听之而弗闻，名之曰希。捪之而弗得，名之曰夷。

　　"视之""听之""捪之"一般理解为描述"道体"，但这种说法是有问题的，凡解"老"者都认为"道"是贯穿《道德经》全书的，而本章就是描写"道"的形状，难道真有放之万物而皆准的"道"吗？这是不可能的。《道德经》是从《周易》引申出来的思想，每章都是按顺序对应各自的卦，每卦的主题就是《道德经》每章的"道"，《周易》有六十四个卦，《道德经》就有六十四个主题，也就是有六十四个"道"，每个"道"表达的主题和范畴是不同的，怎么能用一"道"以蔽之呢？我们要弄清楚这句话到底讲的是什么，必须从本章的"言之君"找根源。

　　本章按顺序与《周易·泰》卦相对应，"泰"在帛书《易》中写为"柰"，上"文"下"示"。"柰"下为"示"，从祭祀；上为"文"，从书写记录。

合起来就是祭祀"鬼神"后得到的神旨。"斋"的意思为神灵，神灵就是本章所言的主体。

这里对《泰》卦做一下解释，为什么帛书《易》称《泰》卦为"斋"，为什么本章要从神灵的角度写起？《泰》卦，卦象☷☰三阴在三阳之上，从八卦的角度讲是地在天上。《彖辞》解释卦象："天地交而万物通也。"《彖辞》认为卦的组合地在天上为大吉之象，其实相反，地在天上为大凶，是社会混乱的征象。社会万象的稳定格局都是天在上，地在下；阳在上，阴在下；君在上，民在下。所以"天地交而万物通也"是一种误解。只有跨界的神灵在天之上，才是一种合理的解释。故老子以神灵释卦，谈神灵在社会中的作用。

王弼本"视之不见名曰夷，听之不闻名曰希，搏之不得名曰微"，把帛本之"微"写为"夷"，"夷"写为"微"。河上公注："无色曰夷，无声曰希，无形曰微。"到底是河上公解错了呢，还是帛本写错了？河上公本托名的可能性最大，恐怕不会早于王弼本。所谓"无色曰夷"的说法难以得到文字考据上的支持，这也说明古代有些学者缺乏严谨性。但为什么要把"夷"解释为"无色"呢？这是因为"视之"和"搏之"之物都指实体，从表达上难以区分，只好把视觉上的物体用"色"来表述，"夷"便变成了无色。其实王弼本的改动是错误的，应该以帛本文字为是。

"之"指神灵。"视之而弗见"，凝视神灵却看不到（神灵）。《说文》："微，隐行也。""微"指隐而不现，说明有其物而难见其形，比"无形"之说更具体。"视之而弗见，名之曰微"，凝视神灵却看不见，称它为"微"。

"希"，无声。第四十一章："大音希声。"说的是音乐美妙到了极致就没有了声音，"希"即为无声。"听之而弗闻，名之曰希"，想倾听神灵的声音却什么也听不到，称之为"希"。

《说文》："揗，抚也。从手，昏声。一曰，摹也。""揗"为抚摸之义，与"搏"相近又有区别，搏之者双方相当，揗之者以上抚下。"夷"，原是对东方化外异族的统称，在这里当异物讲，即是说神灵属于灵界，不是人间之物。"揗之而弗得，名之曰夷"，用手去抚摸神灵却摸不到实体，称之为"夷"。

帛甲本之"名"，帛乙本写为"命"，两者有什么不同呢？帛乙本晚于帛甲本，两者不是两个来源不同的版本，而是帛乙本抄写帛甲本后形成的版本，通过这个例子就很明显地体现了出来。原文"名之曰微""名之曰希""名之曰夷"，帛乙本认为应该是命名才对，将之改写为"命"，即"命之曰微""命之曰希""命之曰夷"。把不好理解的字改成容易明白的字，或者用注释之字取代原字，是帛乙本和帛甲本的显著区别，有的学者认为帛乙本优于帛甲本，它更接近于我们的认知，原因就在于此。后面还有几处不同之字同样说明这一点。

◎三者不可至计，故束（囷）而为一。

王弼本为"三者不可致诘"。"至"，尽善尽美之义，就是完美地描述神灵。《说文》："计，会算也。""计"，将整体分开进行计算之义。"三者不可至计"，这三个方面原是一个整体，不能单独把某一项看作是神灵的完美形式。

帛甲本的"束（囷）"，帛乙本为"绲"，王弼本为"混"。从字的结构看，"囷"外"口"内"束"，"束"为捆绑义，"口"为围绕义，意为将不同的形式囊括在同一个抽象概念之中。"绲"，"糸"为丝线，"君"为主，将许多丝线缠绕为一根粗线。"囷""绲"从结构上分析字义相近。"故束（囷）而为一"，所以要将三者融合为一个抽象概念来理解。这样看，王弼本之"混"字就不尽如人意了。"绲"字更易理解，应该属于对"囷"的解释，但不完全准确。

◎一者，其上不攸，其下不忽。

帛本有"一者"二字，王弼本没有。"一者"是不是可有可无呢？其实王弼本删去"一者"是错误的。"一"延续上句，将三者融合为一的意思，但"一者"和"三者"在语法上是不同的。"三者不可至计"表示三个句子不能单独理解；"一者"后面要加句读，这样意思就变成了：融合为一的原因。如果表达更明确些，可以写成"一者何？"。

王弼本此句写为"其上不曒，其下不昧"，改动是很明显的。帛甲本之"攸"，帛乙本写为"谬"，王本则为"曒"。高明在《帛书老子校注》中注释道："'谬'、

'攸'皆幽部字，'皦'属宵部，'宵'、'幽'旁转。'谬'声在明纽，'皦'在见纽，'明'、'见'二纽相通。……通过以上分析，帛书甲本'其上不攸，其下不忽'，乙本'其上不谬，其下不忽'，今本'其上不皦，其下不昧'，三者用字虽异，而古读音相同。'攸'、'谬'、'皦'通假，'忽'与'昧'通假。今本用本字，帛书用借字，当从今本。"①高先生此说把假的训诂成了真的，真的训诂成了假的，学者当分辨之。窃以为，帛甲本、帛乙本、王弼本形成不同字的来源有三种：一是假借，为同义异体；二是注释，用以解释原字之义；三是修改，根据新的思想体系对原字加以修改。帛甲本之字接近于原本，与简本亦有很大区别；帛乙本既不理解原本之意，又没有形成新的思想体系，所改之字多为对帛甲本的注释；王弼本与佛教合流，形成了新的思想体系，基本属于对帛乙本相同版本的修改。今人盛行训诂法，不考虑后两种因素，只以假借解字，而且还是以古本假借于今本之字，以致《道德经》假本逐真本的结果。

《说文》："行水也，从攴，从人，水省。"段注："水之安行为攸。""攸"，可解为施行。"其上不攸"的"上"，指"三者"的上句"视之而弗见，名之曰微"，意为神灵之体看不到，不能作为现实的范例来模仿施行。不可施行的即为"谬"，"不攸"与"谬"义近，帛乙本如果写"其上谬"，对帛甲本的解释是对的，但又保留了"不"字，"其上不谬"实则成了"其上不攸"的反义词。

"其下不忽"的"下"，指"三者"的下句"捪之而弗得，名之曰夷。"《说文》："忽，忘也。""忽"可以理解为轻慢。"不忽"，崇尚，不轻慢。神灵是跨界异物，被人们普遍崇尚，不敢违背。

"一者，其上不攸，其下不忽"的意思是之所以将神灵融合在一起，是因为神灵三个特性中，看不见的没法去实行，抚摸不到的容易被轻慢。

至于王弼本的"皦""昧"，则改变了原文主旨，是按照一以贯之的"道"做的修改，与通假字毫无关系。

---

① 高明：《帛书老子校注》，中华书局，1996，第285页。

◎寻寻呵，不可名也。

王弼本为"绳绳"，表示无边无际。"寻"，《小尔雅》释为"用也"。"寻寻呵"，具有实用价值的思想才可应用到实践中。"不可名也"，不是简单的字能来概括的。本句由神灵转向治国思想，讲具有实践性方可为我所用，而不可拘泥于概念。因为神灵只有单一的概念，而没有完整的思想体系。这句话可以联系到《周易》，《周易》卦外现卜筮之形，内含实践思想，我们学习《周易》应多体会其中的治国方略，而忽略其筮卦之名。

◎复归于无物。是谓无状之状。无物之象。是谓沕望。

本章对应《泰（祭）》卦，意在探讨神灵的作用，这一句极有可能是讲《周易》卦的发展和应用问题。《周易》原属占著之用，为"无物"之体；周文王填写卦爻辞后，就变成了周国兴周灭商的指导思想，为有物。现如今人们因为不明白周文王的创作思想，只好用象数解卦，即为"复归于无物"。

"状"为状态、现状。"无状"，与现实相脱离。"是谓无状之状"，这就叫与社会现实相脱离的状态。

"物"指说辞，即卦爻辞。"象"指卦体。人们弃卦爻辞而用八卦之象推断世间万物，就是"尤物之象"，指失去了《周易》的真正价值。

《玉篇·水部》："沕，没也。""望"，望月，满月为望月，指月亮的光芒。"是谓沕望"，这就叫遮掩了月亮的光芒。这句话的意思是人们在学习《周易》时，过于崇尚神灵的作用，而使《周易》失去了的真正价值。王弼本将"沕望"写为"惚恍"，实为错改。

本句开始进入理论与现实的话题，由于人们不理解周文王写《周易》的卦象规则，妄自用八卦卦象推断卦爻辞，得出来的结论既脱离了周文王时代的历史状况，又难以符合当下的社会现状，从而遮掩没了圣人的思想光芒。

◎随而不见其后，迎而不见其首。

王弼本为"迎之不见其首，随之不见其后"，与帛本不同之处：一是以"之"代替"而"字，并以"之"代指"道"，这样就砸实了"道体"之说；二是把"迎之"改在前面，"随之"改在后面，说明"道"的意念是先存在的，我们才能迎着他，再跟随他。这说明王弼是不懂《道德经》的。以王弼的意思，"道"是永恒的，不存在历史概念，也不存在正确与否的问题，所以王弼本"迎"在先，"随"在后。而帛本的"随"在先，"迎"在后，说明是有历史概念的，意在追随先代，迎接后代，与王弼所认知的"道"没有关系。

"随"谁呢？通过学习《周易》，追随"圣人"（周文王）思想。为什么见不到其后呢？由于人们对《周易》的误解，现在已经见不到周文王思想的真实面貌了，更看不到周文王思想对现实社会的指导作用。"迎"谁呢？在新时代，用《周易》思想开创新的社会理念，迎接新时代的理论。为何"不见其首"？从现有资料看，《易传》作为儒家思想组成部分，是唯一流传下来的解《易》著述，说明在战国（太史儋）时期儒家属于"易学"的学术权威，但儒家对《周易》的诠释却是不准确的。《周易》原是周文王在商末用于开创新时代的宏大思想体系，却被儒家解说后趋向于虚无，失去了其建立新社会秩序的功用，没有进一步产生新思想，甚至连新思想的萌芽都没见到，故此"迎而不见其首"。

◎执今之道，以御今之有。

王弼本及各传本皆为："执古之道，以御今之有。""今""古"概念相反。王弼崇尚虚无，认为老子始终在推崇一个放之古今而皆准的"天道"，所以觉得把"今之道"改为"古之道"才符合老子思想，其实从来就没有人解释清楚这个"天道"究竟是什么。老子之所以伟大，在于他那与时俱进的思想，这种与时俱进的思想贯穿《道德经》始终，只是被后人从思想到文字都随着时代的延续逐渐进行了改变。"道"，治国理念和方略。"今之道"，与当前社会发展相吻合的治国理念。

为什么要写"执今之道"？以孔子为代表的儒家学派提出"克己复礼"，要让自己的言行符合周礼的要求，即为"执古之道"。老子的思想远远超出了"仁""义""礼"的范畴，他认为周文王以《周易》指导周国开创了大业，但今人已无法正确理解周文王的思想精华，只是机械地照搬卦爻辞和早期的治国方略来解决当前问题，形成了一系列空洞的说教。应当坚持创新思想，用今天的觉悟解决今天的社会问题，即"以御今之有"。"御"，驾驭。"御今之有"，驾驭新时代的马车。有了新的思想体系，就可以决定时代发展的方向。故这个"御"字分量很重，表示一种开创未来的领导责任。

◎**以知古始，是谓道纪。**

现代学者一般将这句解释为能够了解宇宙的初始，叫作"道"的纲纪。这样把"古始"解释成了宇宙的初始。"古"的年代到底应该如何确定呢？老子《道德经》是通过对《周易》的诠释来创造新时代理论，而周文王是《周易》的创作者，老子在回溯《周易》理论的起始，卦爻辞产生的年代即可断定为"古"的年代。《道德经》中有七个"古"字，都可以周文王时代加以确定，这样《道德经》思想才不会成为无源之水。

"纪"，可以解为纲纪，也可解为端绪，此处应该解为端绪。"道"，治国方略。"道纪"，治国方略的产生。

"以知古始，是谓道纪"，要知道从周文王时代就开始实行了，这就是一直被遵循的治国方略的开端。周文王用《周易》提出全面而深远的开创新时代的治国方略，最终推翻了商王朝，开创了大周时代，在老子看来这是治国方略的开端，而历史发展到战国时代，新的社会形势已非商周之际，原有的理论难以解决现在新的社会矛盾，必须用新的理论体系才能适应时代的发展。文章从开始的筮卦神灵转向治国方略，又由治国方略延伸到理论创新，思想发展的脉络清晰可见。古为今用，与时代发展相向而行，这就是老子的伟大之处。

【今译】

想看它，却观瞻不到它的容貌，称之为微；想听它，却听不到它的声音，称之为希；想抚摸它，却触摸不到它的形体，称之为夷。

这三个方面原是一个整体，不能分开用单独某一项作为神灵的完美形式。

所以要将三者融合为一个抽象概念来理解。

之所以将神灵融合在一起，是因为如果按照神灵三个特性中不存在的"微"去做，在现实中是没法实行的；按说不同于人们正常思维的"夷"应该被排除在外，却普遍被人们接受和崇尚。

具有实用价值的思想才可应用到实践中，不是简单的字能概括的。

现如今人们因为不明白周文王的创作思想，只好回归用象数解卦之路。这就叫与现实相脱离的状态。人们过于崇尚神灵的作用，从而失去了《周易》的真正价值。

由于人们对《周易》的误解，现在已经见不到周文王思想的真实面貌了。

走进了新时代，却又见不到新思想的产生。

要用新思想形成新的治国方略，才能驾驭今天的时代马车走向未来。

要知道这是从周文王开始的，只能叫作开创新时代治国方略的开端。

第十五章 古之善为士者（简甲）

　　古之善为士者，必非溺，玄达，深不可志。是以为之颂："夜嗥，奴冬涉川；犹嗥，其奴畏四邻；敢嗥，其奴客；瞍嗥，其奴怿；屯嗥，其奴朴；坉嗥，其奴浊。"竺能浊以俫者，将舍清；竺能庀以迮者，将舍生。保此道者，不欲尚呈。（简本甲组第五章）

本章对应《周易·否》卦。

【帛甲本】【古之善为道者，微眇玄达】，深不可志。夫唯不可志，故强为之容：曰：与呵，其若冬涉水；犹呵，其若畏四邻；严呵，其若客；涣呵，其若凌泽；沌呵，其若榿；澕呵，其若浊；旷呵，其若浴。浊而情之余清，女以重之余生。葆此道不欲盈，夫唯不欲盈，是以能敝而不成。

【王弼本】古之善为士者，微妙玄通，深不可识。夫唯不可识，故强为之容。豫焉若冬涉川，犹兮若畏四邻，俨兮其若容，涣兮若冰之将释，敦兮其若朴，旷兮其若谷，混兮其若浊。孰能浊以静之徐清？孰能安以久动之徐生？保此道者不欲盈，夫唯不盈，故能蔽不新成。

◎古之善为士者，必非溺，玄达，深不可志。是以为之颂。

帛甲本为"古之善为道者"。诸本无论是写"士"，还是写"道"，都是按"得道之士"来理解的。但这样的概念是比较模糊的，何为"士之道"？后面写的都属于"道"的范畴吗？其实"得道"之说与简本的主旨和内容不相符合。

为什么不能把"士"理解为"得道之人"呢？这要从本章所对应的《周易·否》卦谈起。《否》卦卦符为☰☰☰，八卦组合是上天下地。上天下地乃自然之象，如果从社会意义方面讲，三个阳爻聚在一起属于一个群体，处在卦的上位，属于有身份的阶层，可以"士"论之，由此说，"士"的主题是从卦象而来。本章描写的是"士"的性情举止，与"道"无关。之所以写"古"字，是因为此"士"由《否》卦卦象而来，而《周易》是周文王所写，用"古"来代表周文王时代。

"善"，好的。"善为士者"，真正能够称为士的人。"古之善为士者"，古代真正能够被称为士的人。

简本"必非溺"，帛本为"微眇"，通行本为"微妙"。《郭店楚墓竹简》释文"非"读为"微"，注释"溺"："简文从'弓'从'勿'从'水'，此处似借为'妙'。"还如崔仁义："溺，同尿，通妙。尿、妙古韵同在宵部。"[①]此训有误。

"非"，不。"溺"，本义为没入水中，这里指沉溺于普通人之中。"必非溺"，必然不会沉溺于普通人之中。为什么这么说呢？《否》卦三阳爻代表士的阶层，高居于三阴爻之上，表现为超脱于民众之上，这是"士"所具有的本性，也只有这样才值得颂扬。

"玄"，深，厚；"达"，通达事理；"玄达"，指思想深沉又通达事理。"志"，《说文》释为"意也"，本义为意愿。《广雅·释诂二》："志，识也。"王念孙疏证："郑注云：志，古文识，识，记也。""志"字合理地解释为标志，站在旁观者的角度就是表述这种标志。"深不可志"，深刻得难以准确表述。

---

① 引自廖名春：《郭店楚简老子校释》，清华大学出版社，2003，第80页。

"是以为之颂",帛本和大多传世版本写为"夫唯不可志,故强为之容"。对"颂"和"容"的分析:第一,帛本对原文做了改动,这种改动犯了大错。从简本和帛本的对比看,帛本抄写者根本不知道原文要表达的意思是什么,才会模仿第二十五章"吾未知其名,字之曰道,吾强为之名曰大"而改动了句子。第二,《说文》:"颂,貌也。"说明"颂"有容貌之义。解"老"者皆以"颂""容"相通,两者确实有相近相通之处,但要这样去理解本章就完全错了,《诗经》中有"周颂""鲁颂""商颂",未见写为"周容""鲁容""商容"者,训诂必须在一定的原则下才能完成,帛书抄本就属于不讲原则的错通。

那么"颂"在此作何讲呢?其实就是与"周颂""鲁颂"一样,表示歌颂,是用唱词进行赞美。"颂"字的后面是抄写的舞女唱词,意在歌颂士的奇伟,也就是说,颂词的作者不是老子,而是舞女,是抄录的舞女歌唱的词句。

◎"夜唬,奴冬涉川;犹唬,其奴畏四邻;敢唬,其奴客;瞪唬,其奴怿;屯唬,其奴朴;坉唬,其奴浊。"

简本"夜唬",帛本为"與(与)呵",王弼本为"豫焉"。学界基本以"夜"通"豫","唬"释为"乎"为谁,如廖明春的训诂:"'與'、'豫'通用文献习见,'夜'能与'與'通,自然也与'豫'通。"[①]训诂路线是"夜"通"與","與"通"與","與"通"豫",所以"夜"通"豫"。其实不论是帛本的"與(与)呵",还是王弼本的"豫焉",都属于改字,不在训诂范畴。

同样,"唬"和"呵""兮"也没关系。《说文》:"唬,虎声也。从口虎。"简本之"唬",学界都释为"乎",当语气词解。"唬"从口,是"士"发出犹如虎啸的叱咤之声。"夜唬",黑夜中发出雄浑的喊声,形容士的勇武和胆量。由于是从舞女口中唱出"士"的勇武,格外突出"士"那勇武的咤喝之声,以"唬"字形容恰如其分,故"唬"字不可更改,不可解作语气词。

"颂"的后面直接是唱词,帛本"夜唬"前有一"曰"字,为多加之字。

―――――

① 廖名春:《郭店楚简老子校释》,清华大学出版社,2003,第86页。

"奴冬涉川"，帛本写为"其若冬涉水"。《郭店楚墓竹简》注释："依下文文例，本句'奴'字前脱'其'字。"裘锡圭："'奴'应读为'如'。"[1]这两种说法都为误解。所谓的脱漏之"其"，在原文中是不能出现的，因为这句的主语是"奴"，"奴"的前面不能再写名词或代词。为什么第一个句子不写"其"，而后面的句子都有"其"？第一个句子不写"其"，起到了范句的作用，这就为后面的"其"字做了语法上的铺垫。后面的句子都写有"其"，就变成了语气词，而不能当代词解释。

"奴"是舞女的自称，其前面的词是对"士"的颂扬，后面的词是自我贬抑，可起到鲜明的衬托作用，所以"奴"是一个关键字，在句中是不能修改或通假成别的字的。帛本先是把原文之"颂"改为"容"，把颂词的性质改变了，又把"奴"改为"若"，这样就把对两种人的描写变成了对一种人的描写。帛书版本文字的改变，导致后世所有的版本都保持了这种错误的认知，以至今天原版文字出现在我们面前时，还要用训诂法去否定它。

"奴"是舞女在唱颂词时的自称。这样判断的依据是什么？依据在于本章所对应的《否》卦，帛书《易》卦辞："妇之非人，不利君子贞，大往小来。"可以理解为如果像妇女一样做事就不是一个真正的士，不利于君子这样做，会导致大者出去小者进来。帛书《易》的《否》卦写为"妇"卦，老子当时看到的《周易》应该是帛书《易》版本，"奴"即是紧扣"妇"字写的，舞女在唱词中以妇人的角度去衬托士的品行。再者，《否》卦上三爻为阳，为男"士"；下三爻为阴，为妇女，卦象本身就具有鲜明的对比。

"冬涉川"，冬天寒冷，在水中游泳过河会有很大危险，故人们畏惧冬天时涉过江水，此处用以形容在险情面前的畏惧心理。

"夜唬，奴冬涉川"，他们在黑夜中高声呼喝，我却像冬天游过江水一样不自觉地颤抖。

"犹唬，其奴畏四邻。"王弼注："四邻合攻中央之主，犹然不知所趋向者也。"王弼是把"犹"当作副词来使用的。"犹"，又名犹猢，轻灵而警觉，比喻武士的体能。"犹唬"，非常警觉地发出呼啸之声。"其"，语

---

① 引自廖名春：《郭店楚简老子校释》，清华大学出版社，2003，第87页。

气词，后面的"其"都当语气词用。"奴"，舞女自称。"四邻"，前后左右四面；"畏四邻"，对周围之人有畏惧感。同样是左顾右盼，武士体现的是战斗状态的警觉，"奴"却表现了对周围的畏惧。

"敢唬，其奴客"，"敢"，帛本为"严"，王弼本为"俨"；"客"，王弼本写为"容"。丁原植认为："'敢'字为'严'字之省。"此说没有道理，这两个字的字义是不同的。帛本抄写者大概认为"敢唬"解释不通，应该写为"严呵"才对，王弼本认为"俨兮"更为恰当，就这么逐渐做了修改。之所以这么改，是因为他们把"士"的品行误解为"行道者"的品行，从"行道者"的角度讲，"俨"比"敢"要精准；但从"士"的角度讲，用"敢"才体现了敢作敢当的勇武精神。

"客"，指门客，不能写为"容"。战国盛行养客之风，权贵收罗有各种技能的人为门客，据传齐相孟尝君有门客三千。门客在主人面前唯唯诺诺，没有独立的风骨。"敢唬，其奴客"，真正的勇士叱咤人世间，而奴却像唯唯诺诺的门客。

"瞪唬，其奴怿"，帛本为"涣呵，其若凌泽"，王弼本为"涣兮若冰之将释"。很明显，王弼本"冰之将释"是对帛本"凌泽"的注释，但简本则完全不同，简本"瞪"字的组合一般解析为"袁、正、见"三个偏旁，《郭店楚墓竹简》注释："从'远'声，读作'涣'。"不论怎么解释，如果"见"的意义变没了，那就不是原来的字义。笔者认为此字应该是"瞪"，指眼目生光。

关于"瞪"，有一个例证，四川三星堆出土文物是震惊世界的考古发现，首批出土的三千年前的青铜面具中包含了二十二件人像面具，眼睛大而没有瞳孔。还有三件长耳纵目面具，有人说这是外星人的杰作，有人说他是古蜀王蚕丛，《华阳国志》中记载："蜀侯蚕丛，其目纵，始称王。"故断定纵目面具为蚕丛，有人据此认为蚕丛可能患有甲亢病。有人认为"纵目"应该是突目。其实不论是患有甲亢病还是天生纵目，眼睛都不会前突这么长的。为什么大部分面具没有瞳孔，只有少部分是纵目，说明没有瞳孔的属于大多数人，意在没有精神，代表一般人；纵目者比喻神光溢出逼人，是勇士的象征，是古人崇尚勇士的证明，而且把勇士神圣化。"瞪"字与三星堆纵目面具的概念是相同的，故应该理解为两眼神光纵出。"瞪唬"，充满神光的勇士发出的威严之声。

刘信芳："怿同释，解也，分别也。"①此训有误。"怿"，悦服。"其奴怿"，面对勇士眼中放射的神光，我只能表示真心的悦服。"睡唬"指勇士，"其奴怿"指舞女自谦，不可混为一谈。

"屯唬，其奴朴"，帛本为"沌呵，其若樸"，王弼本为"敦兮其若朴"。《说文》："屯，难也。象草木之初生，屯然而难。"《广韵》："厚也。""屯"为深厚之义较切合本句，与王弼本之"敦"也相通，与帛本之"沌"也相近。"屯唬"，指勇士发出深沉浑厚的吼声。"朴"，按积极的字义讲是纯朴，如果从自谦角度讲，是没有开化，不解世事风情。"其奴朴"，在气势深沉浑厚的勇士面前，我只是个不解世事风情的妇人。

"坉"字帛本为"湆"，王弼本为"混"，另有多本为"浑"。现在学者一般将"坉"通"混"解。这些字中只有简本正确，别解不可从。《玉篇》："水不通不可别流。""坉"，用以形容武士，指不通人情、刻板、固守原则。古时相人，上相听声，中相观神，下相辨形，根据人所发出的声音，可断定此人的命运前程。根据此武士的唬声，高明的相士即可断定其人比较固执而忠实。"浊"，混浊，喻不辨是非。"坉唬，其奴浊"，如果说勇士常常表现得不近人情，那我等就是不辨是非的混浊之人。

以上六个排比句为舞女的伴唱颂词，其中有六个"唬"字，吼声伴随着武士的不同举止神态，再映衬着舞女的柔姿软语，愈加显示了武士的勇武之状。老子只是把它抄录于此，后面的文字才是老子对"士"的进一步阐述。

◎竺能浊以俫者，将舍清；竺能庀以迬者，将舍生。

帛本没有"竺能"二字，帛甲本为"浊而情之余清"；其他传世版本大都写为"孰能""熟能"，以为"竺""熟"为"孰"之借字。"俫"字，《郭店楚墓竹简》释文将"束"读为"静"。

简本之"竺"实为原字，"孰""熟"皆为改字，帛本应属于误删。《广雅》："竺，竹也。"写"竺"取其长短的长，挺拔俊秀。

---

① 刘信芳：《荆门郭店竹简老子解诂》，艺文印书馆，1999，第11页。

简本之"倲"，皆释为"束"，笔者认为此字当读为"倲（sù）"。《类篇》："偶倲，动也。一曰短也。"竺长倲短。"竺能浊以倲者"，以竺分辨倲之短。"浊"是优劣不分，选其长者为标杆，则短者自现矣。这句话回答了前面颂词为什么要写"奴"字，如"敢唬，其奴客"，以"奴客"之柔弱来衬托勇士之"敢唬"，彰显勇士形象的高大。

简本"竺能浊以倲者，将舍清"，王弼本写为"孰能浊以静之徐清？"。"舍"，帛甲本又写为"余"。学界大都以"舍"通"余"、通"徐"。无论是帛本还是王弼本，其实都是错写，原因是他们不知道这句话表达的意思。本章是从《否（妇）》卦而来的主题，帛书《易》卦辞写："妇之，匪人。不利君子贞，大往小来。"可以理解为作为君子，不要像妇女一样去思想行事，否则会导致大人出去小人进来。爻辞："初六拔茅茹，以其汇。贞吉，亨。六二包承小人吉，大人否亨。"意思是拔茅草要从根拔起，连其同类都要拔除，处理人事关系同样如此，如果什么人都能容纳，小人会得到吉祥，大人则会出现危机。卦爻辞告诉我们，欲行大事，必须众人抱定一个共同的目标，团结一致才能胜利，而对那些害群之马则坚决予以清除，决不能婆婆妈妈、优柔寡断。简本用"竺""倲"明确两者的区别，"竺"挺拔修长，指大人君子。"倲"，短丑，指危及家族的小人。要做到竺者留之，倲者驱之，保持家族团体的清正，才能实现"将舍清"。"舍"指房舍，家族。"清"指清正。

"竺"所喻者为真勇士，"倲"所喻者为假勇士，如何区分两者？就是颂词写的"唬"者为勇士，"奴"为妇人，分清两者的界线，避免鱼龙混杂。

简本："竺能厐以迬者，将舍生。"帛本："女以重之余生。"王弼本为："孰能安以久动之徐生？"王弼注曰："安以动，物则得生，此自然之理也。孰能者，言其难也。徐者，详慎也。"如果将简本之"竺"训为"孰"，"厐"训为王弼本之"安"，"迬"训为"动"，"舍"训为"徐"，比较容易理解。反观简本原文，似乎很难解释明白，其实帛本和王弼本都误解了原意，属于错改。

"厐"，庇护、保护。"竺能厐"，真正的勇士会在危难时保护自己的主人。"迬"，《康熙字典》引"《字汇》古文往字"，"主"加"走"，是随同主人出亡之义。"竺能厐以迖者"，真正的勇士会保护自己的主人，并在危难时跟随主人出亡。"将舍生"，这样才会使自己的家族兴旺。此句源自《否》卦爻辞："九五休否，大人吉。其亡其亡，系于苞桑。"意思是大人出亡，手下之人也跟着出亡，大人就会吉祥。

老子写这句话也是有典故的，春秋时晋国公子重耳为避难，在外流亡十九年，晋国的知名之士数十人始终追随左右，重耳六十二岁时方在这些贤臣的辅助下回晋继位，是为晋文公，其在位八年，功业显赫，成为春秋五霸之一。昔日追随者除介子推被遗忘外，皆被封赏，成为权重之臣。

◎保此道者，不欲尚呈。

"此道"即为"士之道"。"保此道者"指前文所言"将舍清""将舍生"，保持士的家族兴旺之道。

"呈"，呈现。"不欲尚呈"是说不要老是炫耀自己。这句话紧扣《否·象》而谈："天地不交，否。君子以俭德辟难，不可荣以禄。"意思是君子应当养成一个约束自己的习惯，躲避可能发生的灾难，不要过于炫耀自己的福禄。《象辞》和"保此道者，不欲尚呈"之意完全一致。

帛本在"不欲盈"后又写有"大唯不欲盈，是以能敝而不成"，其他传世版本亦有此句。"保此道者，不欲尚呈"是对《否》卦《象辞》的转述，帛本多出来的这句话与《象辞》没有关系，可以断定是后添加的。

注释完本章的简本文字，就会发现主题是那么清晰，文字是那么精准，这才是老子的真正原文。再看看汉帛本和其他传世版本，文字做了那么多改动，却不知要表达什么思想。现在有了出土的战国简本，学者如果再用训诂法摒弃"真经"，而去迎合那些修改后的字，无疑是错上加错。

【今译】

古代真正能够被称为士的人，一定不会沉溺于普通人之中，他们思想深沉又通达事理，深刻得难以准确表述。这一点有舞女的颂词为证：

"勇士在漆黑的夜晚发出虎啸般的吼声；我却像冬天游过江水一样瑟瑟

发抖。

"勇士机警而灵活地防备四周，伴随着虎啸之声；我却对周围充满了恐惧。

"勇士作战勇敢，并以虎啸般的吼声震慑敌人；我却像门客对主人一样的唯唯诺诺。

"勇士眼睛放射出逼人的神光，并发出具有冲击性的吼声；我却只会取悦于人。

"勇士是那么深沉，并发出浑厚的吼声；在他面前我显得那么不解世事风情。

"勇士有时又以耿直而不近人情的声调展示给世人；我却只会表现得混混僵僵、是非不分。"

用挺拔修长的竹子代表勇士，就可以把混在其中的短丑者显现出来，并加以清除，这样才能保证家族的清正。

真正的勇士能够保护主人，并在危难时毅然跟随主人出亡，这样才会保证家族的兴旺。

要保持作为士的家族的兴旺，就不要处处显示自己的功德。

第十六章　至虚恒也（帛甲）

至虚，恒也。狩中，笃也。万物方作，居，以须复也。天道员员，各复其堇。（简本甲组第十二章）归堇【曰静】。静，是谓复命。复命，常也。知常，明也；不知常，妄。妄作，凶。知常，容。容乃公；公乃王；王乃天；天乃道，【道乃久，】汲身不怠。（帛甲本）

本章对应《周易·同人》卦。

【王弼本】致虚极，守静笃，万物并作，吾以观复。夫物芸芸，各复归其根。

归根曰静，是谓复命。复命曰常，知常曰明。不知常，妄作，凶。知常容，容乃公，公乃王，王乃天，天乃道，道乃久。没身不殆。

◎**至虚，恒也。狩中，笃也。**

本句帛甲本为："至虚，极也；守情，表也。"王弼本为："致虚极，守静笃。"三个版本看似接近，实则差异是很大的，差异主要体现在对本章主题的误解上。帛本的抄写者大概认为本句讲的是内与表的关系，并据此加以改写；而王弼本则认为讲的是性情修炼，修改得更加简练顺达。其实帛本和王弼本修改后所表述的内容与简本根本就不相干。

首先需要弄清楚"至虚"的主体是谁。本章对应《周易·同人》卦，卦符为 ☰，八卦组合上为天卦，下为火（离）卦。离为日，日在天之下是太阳尚未上升，天空暗淡无光之时，深沉之夜大地一片寂静，此为"至虚"。"至虚"的主体是寂静状态的天地，王弼本写为"致虚"，变成了动态，显然是改错了。

"恒"，余本皆写为"极"。"至"亦有"极"义，再写"极"则字义重叠，故王弼本便将"至"改为"致"，岂不知"致""极"皆错矣。许多学者认为战国时期"恒""极（極）"字形相近，简本抄写多有讹误，其实这种"正确"的字才是真正的讹误。简本与后世版本文字多半不同，凡不同者，都是简本正确，后世错改。"恒"，指时间或空间延续不断。太阳西落至东升形成了夜晚，是亘古不变的，故简本写为"至虚，恒也"。

"狩中，笃（dǔ）也"，帛甲本为"守情，表也"，王弼本为"守静笃"。关于简本与王弼本的关系，有一个很突出的论证例子，廖明春解道："'中'为'冲'字之借，而'冲'之本字为'盅'，故可训为空，与上文'虚'义同。而'静'与'冲'义近，故可换用。"[1] 这样的训诂是不成立的。其实，"狩中，笃也"。一个字也没写错，错的是"守静笃"。

"狩"，本义为狩猎、巡狩。太阳每天东升西落是它每天的行程，也是本职，故用"狩"来形容。"中"，中午时分太阳巡狩到天空的中间，此为"中"。

"笃"，本书这里是借字，因为字库中没有简本字形，简本原字上为"竹"，

---

① 廖名春：《郭店楚简老子校释》，清华大学出版社，2003，第247页。

中间似"宀"形，下为"日"。太阳在"竹""宀"之下，字义应该与"莫"相近，即太阳降落于地下之义。"狩中，簹也"，太阳即便是巡行到了天空之上，最终也要沉落下来。这句话紧扣《同人》卦卦象，以太阳沉没于地下形成"至虚"为常态。由此看，"簹"不能通"笃"。在第四十四章中亦有此"簹"字："名与身簹新？（孰亲）""簹新"应该是"孰亲"的借字。"簹也"与"簹新"的组词结构不同，故应以字的本义解。

高明解释王弼本曰："'虚'者无欲，'静'者无为，此乃道家最基本的修养。'极'与'笃'是指心灵修炼之最高状态，即所谓极度和顶点。"① 此亦为历代学界共识。随着《道德经》逐渐成为道家的修行经典，汉以后对其做了几次修改，以尽量适应道家思想。

◎**万物方作，居，以须复也。**

帛本："万物旁作，吾以观其复也。"王弼本："万物并作，吾以观复。"简本的"方""居，以须"皆与后本不同。

"万物"，通常指社会状态，本章是从大自然景物谈起，故此"万物"应指与人们生活有关的自然植物和农业作物。"作"为生长之义。"方"，《说文》释为"并船也"，按照此义，王弼本写为"并"亦不为错。《仪礼·大射礼》："'左右曰方。'注：方，旁出也。"帛本改写为"旁"也是有依据的。但细究简本"万物方作"，"方"字由规、矩两个形体组成，与《说文》之"方"似乎不是一个字，应该释为开始画方的"始"义，是动态字。《广雅·释诂》："方，始也。""并"和"始"两个字义不相关联，说明最初的这两个"方"字形不相同，这里应按"始"理解。

"居"，一般释为安居，《说文》："居，蹲也。""居"亦有"蹲"义。但从"万物"的角度讲，应该释为积储，如《国语·晋语》："假货居贿。""居"即为积储之义。万物生长是为了收成，使人们积储以解决生活所需。

"须"，等待。"复"，回归。"万物方作，居，以须复也"，万物从开始生长到收获入仓，是完成了一个过程，然后等待回归下一个"生长—收获"

---

① 高明：《帛书老子校注》，中华书局，1996，第299页。

的循环。

"至虚，恒也。狩中，筥也"是指太阳在天空每天的轮回，"万物方作，居，以须复也"是指万物每年的轮回，都是从《同人》卦卦象而来。

◎ 天道员员，各复其堇。

帛本："天物云云，各复归于其根。"王弼本："夫物芸芸，各复归其根。"对比这三个版本可以发现，由于对原本主题的无知，帛本处于一种犹豫状态，在修改中尚保留了一个"天"字，但"天物"还有"根"吗？这是矛盾的。到了王弼本干脆另立了一个主体"万物"，把"天"改成了"夫"，"夫物芸芸"，这样读起来就不矛盾了。许多学者把《庄子》中的"万物云云，各复其根"作为训诂根据，其实庄子未必引用的是老子原文，引此为据不见得正确。

"天"，实指天空和太阳。"天道"，太阳在天空巡行的规律。

"员"，各本写为"雲""云"或"芸"，郭沂、刘信芳认为是"圆"。按照"圆"讲，太阳在天空行进的路线目视为圆，也可以释为"天道圆圆"。但"员"字本义并非如此，《说文》："员，物数也。"太阳巡天一日一次，一个循环为一员，"员员"，每天都是如此。

"云"为"天物"，不见有根；"芸"为"夫物"，方为有根。由帛本到王弼本，文字越改越严谨，只是违背了原文主题。那么"堇"是不是与"根"互通呢？《郭店楚墓竹简》释文按照各本通字将"堇"读为"根"，学界好像没有异议。前面做了分析，"地道"可以有根，"天道"是没有根的，故"根"之说其实是不严谨的。《说文》："堇，黏土也。从土，从黄省。""堇"为黄土之义，可以理解为大地。"天道员员"，太阳从东升起于大地，巡天一周，最终还是要回归大地。"各复其堇"，每次都是如此回归于大地。由此看，"根"虽与"堇"有相近之处，但不如"堇"严谨。

作为老子原文摘抄的简本，是第十六章的前半部分，与第二十五章、第五章相连，都是讲"天道"的内容。有的学者认为帛本和其他传世版本中第十六章的后半部分是后来添加的，也有的认为前半部分是经文，后半部分是解说。笔者认为简本虽然没摘抄后半部分，但这两部分应该都是经文内容，以下从两方面加以分析。

　　本章是对《同人》卦的阐释，简本部分诠释了卦象中太阳巡天终要入于地的天象，而后半部分在结尾写有"沕身不怠"，正是呼应了这一主题，符合老子一贯的文笔特色，这不是解读者能够领会到的。

　　《周易》卦都有卦象和卦名，《道德经》在第一章中称之为"道"和"名"，而且每一章都是从"道"和"名"两方面诠释《周易》卦的主旨。本章简本是从卦象角度论述的，属于"道"的范畴，尚缺乏卦名部分的论述，故帛本和其他传世版本多出来的部分应该是对卦名的论述，是老子原文的组成部分。本章是对《同人》卦的阐释，我们不妨从"同人"角度对后半部分予以分析。

　　根据简本部分和帛本对比，帛本对原文的改动很大；同理，后半部分肯定也会做许多修改，所以注解的准确度是没法保证的，只能在"同人"主题范围内对文字进行诠释。

◎归堇曰静。静，是谓复命。复命，常也。

　　帛乙本为："曰静，静，是胃复命。"王弼本为："归根曰静，是谓复命。"按照简本应该写为"归堇曰静"，指太阳的回归使大地一片寂静，"复命"就是恢复到命运的起始状态。"归堇曰静"原是自然界的规律，"复命"就把这种天象规律结合到人类行为的规律去阐释。我们应该顺从而不是违背这一规律。这个"命"字起着从《同人》卦卦象向卦名"同人"过渡的作用，我们要用宇宙规律诠释社会运行规律。"常也"，这是规律，指宇宙法则可以作为社会运行规律来遵循。

◎知常，明也；不知常，妄。

　　知道宇宙法则，就会明白社会运行规律；不知道宇宙法则，往往在实际行为上会做出不适当的举动。

◎妄作，凶。知常，容。

　　一般释文将"妄作，凶"归于上句，将"知常，容"归于下句，其实这两句话应当放在一起分析。"作"为"起"，"妄作"指不适时宜的"起"，怎么理解呢？《同人》卦："九三伏戎于莽。升其高陵，三岁不兴。""伏戎于莽"即为"静"，当处于弱势时应当耐得住寂寞，而在不适当的时机"升其高陵"即为"妄作"。"三岁不兴"即为"凶"。"妄作，凶"是从《同人》卦九三爻辞中得出的结论。

"容"字何指？《同人》卦卦辞："同人于野亨。""野"为郊野，代指不归化之人或隐居的高士，指包容所有的人。"知常，容"，能够领悟到天体运行规律，就会有容人之量。如此理解似乎与前面对卦象的分析不是一种思路，与前面的文字也没有关联，天体运行与容人有什么关系？这就涉及对《同人》卦卦象的多角度思考，前面所言是从天体运行和"我"的角度理解卦象，即太阳有照耀天空的时候，也会有运行到地下的时候，根据这种自然规律，我们应当耐心地对待自己面临的困境；而这句所言的，是从卦名"同人"和其他人的角度来理解卦象的，太阳比喻能拯救危难时局的人，太阳沉于地下，代表隐居于郊野的贤能之士，也或许是敌人阵营中的高人，我们要容纳这些人，使他们为我所用。

◎容乃公；公乃王；王乃天；天乃道；道乃久，沕身不怠。

"容乃公"的"公"指公正无私，有包容精神才能做到公正无私。"容乃公"是紧扣"同人"讲的，用相同的心态对待所有人，才能做到公正无私。

"公乃王"的"王"指王天下，即获得天下，这是针对诸侯讲的。"公乃王"，有一颗平等待人的心，才能成为天下之主。

"王乃天"的"天"不是空泛之天，是太阳巡行于天空中之状，即前面写的"狩中"。"王乃天"指获得天下才有居高临下统治臣民的资格。

"天乃道"，具备了统治臣民的资格，仍然要遵循天道轮回的规律。

"道乃久"，遵循天道轮回的规律，统治才能够长久。

"沕身不怠"，帛乙本及其他传世版本皆为"没身不殆"。"沕（wù）"，《广韵》："沕，潜藏也。""沕"和"没"同义。"怠"，学界皆以"怠"通"殆"，但两者字义是不同的。《说文》："殆，危也。"《说文》："怠，慢也。"《尔雅》："懈，怠也。""怠"为松懈之义。"沕身不怠"，在自己沉寂时要坚持不懈地努力，这是走出黑暗迎接光明之"道"。

本章前面部分是从《同人》卦卦象火（太阳）在天下讲的，后面部分是从卦名"同人"方面讲的，两部分看似各讲各的，最后一句"汤身不怠"巧妙地把两者联系在了一起，可谓是本章的文眼。

【译文】

夜晚的大地一片寂静，这是永远存在的景象。太阳缓慢升起，巡行于天空之中，而最终还是要沉落下来。

世上万物都是从开始生长，到收获积储，然后等待新一轮的周期。

太阳要在天上巡行一周，每天都是如此，他们都要从天上回归到大地。

回归大地就形成了一种寂静状态。大自然的寂静，就如同（世人）所说的回归命运。回归命运，与自然法则一样是一种社会规律。

知道自然法则，就会明白社会运行的规律；不知道自然法则，就会做出违背规律的事。

在不当的时机起事，会伴随着凶险。知道社会法则，就能容纳各种不同的人。

有容人之量，才能做到公正无私；做到公正无私，才能够得到天下；获得天下，才有居高临下统治臣民的资格；具备了统治臣民的资格，仍然要遵循天道轮回的规律；遵循天道轮回的规律，统治才能够长久。

在自己沉寂时要坚持不懈地努力，这是走出黑暗迎接光明之"道"。

第十七章　太上下知有之（简丙）

太上，下知有之。其即新誉之；其既畏之；其即侮之。信不足安，有不信。 猷乎，其贵言也。成事遂功，而百姓曰：我自然也。（简本丙组第一章）

本章对应《周易·大有》卦。

【王弼本】太上，下知有之。其次，亲而誉之。其次，畏之。其次，侮之。信不足，焉有不信焉。悠兮其贵言。功成事遂，百姓皆谓我自然。

◎ **太上，下知有之。**

关于"太上"，现今学界都释为"最好"，如陈鼓应："太上，最好，至上；指最好的世代。"① 在春秋战国时期的文献中，"太上……其次……其次"这样的句式很多，帛甲本亦写为这种句式，"太上"即为"最好"之意。王弼的解释却不同："太上，谓大人也。大人在上，故曰'太上'。"这是一种正确的解释，但现在学界不认可这种观点，陈鼓应引蒋锡昌言："自此二注（王弼、河上公）出，后世解老者，即皆以'太上'为主，延误至今。"②"延误"之说不妥，其实今人才是错解，由于这种错解进而导致了对简本的错解。

首句之意皆出自对应《周易》之卦，本章按顺序对应《周易·大有》卦 ☲，八卦组合上为火，火为太阳在上，下为天卦。太阳在天上，犹如君王高高在上。卦辞为："大有元亨。"卦象和"大有"的关系是什么？老子解释此为"太上，下知有之"，"太""大"同义，君王贵居于上，万民皆知君王之尊贵。

◎ **其即新誉之；其既畏之；其即侮之。**

帛甲本："太上，下知有之。其次，亲而誉之。其次，畏之。其下，侮之。"余本皆同此。《郭店楚墓竹简》释文将"即""既"皆释为"次"，以"新"借为"亲"，明显是以帛甲本为准，其实简本的文字更符合原意。

可以说从西汉至今，大家都在误解本句的意思。第一，因为起头写了"太上"，按照常用文句惯例，后面应该依次写"其次……其次……"，如此文章更符合阅读习惯。第二，"太上"原本描述君王，后面改成"其次"，"太上"就成了"最好"的意思，如此便把句子的主体改没了。

---

① 陈鼓应：《老子注译及评介（修订增补本）》，中华书局，2009，第128页。
② 引同上，第129页。

"其"，代词，代指"下知有之"的"下"。"即"，接近，能够接近君王的人。"新"，初次，指初次见到君王。"誉"，称颂。"之"，代指君王。"其即新誉之"，能接近君王的人初次拜见会极力称颂君王的功业。

"既"，不久。"畏"，简本写为"愄"，同"畏"。"其既畏之"，他随后就会畏惧君王。"其即新誉之；其既畏之"是一个人思想变化的轨迹，称颂君王是为了赢得君王的好感，其后便只有畏惧君王的权势。

"侮"，简本写为上"矛"下"人"，此字具有攻击性，有伤害之义，与"侮"义近。"其即侮之"，君王身边的人却怀有谋害君王之心。

◎信不足安，有不信。

王弼本："信不足，焉有不信焉。"简本之"安"不能解为"焉"。《尔雅》："安，定也。"《左传·襄公十一年》："居安思危。""安"即为安定之义。"信不足安"，国君的信用不足以安定臣属。"有不信"，就会引发臣属对国君不讲信用。这句话是从上句"其即侮之"引申来的，之所以有大臣对国君不敬重或背叛国君，往往由于没有安全感或没有实现期许所致。从《大有》卦卦象看，阴爻居君位，有失信之象，故有此说。

◎猷乎，其贵言也。

《尔雅·释诂》："猷，言也。""猷乎"的意思是说话要注意分寸啊。"猷乎，其贵言也"，说话要注意分寸啊，要珍视自己的语言。国君许诺的事情不去兑现，就容易造成大臣的背叛，所以国君不可随意许愿表态。这句话是针对君王而言的，与后一句话形成因果关系，即君王做了好的表率，百姓就会保持善良的本性。

◎成事遂功，而百姓曰：我自然也。

从《大有》卦卦象看，阴爻代表恶，阳爻代表善。阴爻居于五爻之尊，代表国君有误；其余五个爻皆为阳爻，说明百姓本身是善良的。君王只要珍惜自己的语言，以公心对待群臣和百姓，百姓就会自觉地维护君王的权威。"成事"，完成自己的分内之事。"遂功"，跟着君王建立了功业。这是从百姓的角度写的。

百姓，简本写为"百眚"，"眚"应该是同音误写，这在简本丙组中是正常现象。"我自然"，下卦是百姓之位，《大有》卦下卦全阳，表示百姓心地善良，有建功立业之心，这是"我自然"的基础。如果下卦全阴，就不会有"我自然"之说，而是需要治理百姓。

如第十一章对应水地《比》卦"故有之以为利，无之以为用"（帛甲本），要善于治理百姓，使之为我所用。第二十章对应雷地《豫》卦"人之所，之所畏。亦不可以不畏"（简本乙组），指人性恶的一面。第二十三章对应风地《观》卦"德者，同于德。者者，同于失"（帛甲本），指出民众需要教化。第二十七章对应山地《剥》卦"是以圣人恒善求人，而无弃人，物无弃财。是谓袭明"（帛甲本），也是谈教化之功。第五十二章对应泽地《萃》卦"毋道身殃，是为袭常"（帛甲本），不遵循做人之道就会有灾殃。这些都是地卦在下的六爻卦。可以看到，老子对《周易》的理解是：地卦三爻全阴，居于下卦，民众教化则为善，不教化则为恶；天卦三爻全阳，居于下卦，为根红苗正，凭本性去做的，肯定符合"成事遂功"之道。由此说，先学《周易》，后读《道德经》，方为研习正道。

本章根据《大有》卦太阳在天上的卦象所示，谈了国君应当秉持的原则，国君言而有信，百姓自然信奉有加。本章是通行本的第十七章，在简本丙组中第十七章和第十八章抄写为同一章，这里面有什么玄机呢？请看下一章的分析。

【今译】

君王高高在上，身处下位的百姓都知道君王的尊贵。

而那些能够接近君王的臣属，初次谒见会极力赞美君王，继而他们又变得畏惧君王，还有的会谋害君王。

君王的信用不足以安定臣属，便会有不信任的事发生。

君王说的话要兑现啊，必须珍视自己许下的诺言。

（百姓）做好自己的事情，为君王建立了功业，百姓还会说："这是我应该做的。"

第十八章　古大道废（简丙）

　　古（故）大道废，安有仁义？六亲不和，安有孝慈？邦家昏乱，安有正臣？（简本丙组第一章）。

　　在绪论中已有分析，简本丙组应该是墓主修改原文所使用的便签。简本丙组的第一章在通行本中被分为第十七章和第十八章，在帛甲本和帛乙本中也是按这个前后顺序抄写的，这样就有三种可能：第一，原本是两个章节，简本丙组把它们抄写在了一起；第二，原本是一个章节，后来分成了两个章节，学界持此观点者较多；第三，原本只有一个章节，墓主又添加了一部分，后来这部分被合进了一个章节中。到底哪一种可能是真实的呢？

　　简本丙组第一章全文：

　　（17）太上，下知有之。其即新誉之；其既畏之。其即侮之。信不足安，有不信。猷乎，其贵言也。成事遂功，而百姓曰：我自然也。（18）古（故）大道废，安有仁义？六亲不和，安有孝慈？邦家昏乱，安有正臣？

　　上一章注释了第十七章内容，第十七章对应《周易·大有》卦，后面的第十九章对应《周易·谦》卦。《周易》卦的排列顺序为《同人》《大有》《谦》《豫》，按照这个顺序，第十七章（《大有》）和第十九章（《谦》）是相连的，"古（故）大道废"的第十八章原本是不存在的，故通行本分章是有误的。

　　如果说第十八章不存在，是不是这两个章节原本是一个章节的内容，都算为第十七章？从句式看，第十八章"古（故）大道废"这种整齐的疑问三句，与第十七章句式完全不同，不可能是同一个章节的内容。而且这种句式与其他章节也完全不同，不可能是老子的文笔。从思想内容看，《道德经》的所有章节从来不直接评价各学派和著述，而第十八章直接评价"仁义""孝慈"，显然也不是老子文笔，故合为一个章节的可能性也不大。

那只有一种可能，就是第十七章是原本有的，第十八章是墓主后加的。之所以将这两章一起抄录在简本丙组，是墓主为了夹带自己的东西，还在添加部分的开头写了个"故"字，以增加文句的连贯性，这恰恰也说明加者很心虚。为什么墓主要如此写呢？估计儒家学说此时影响力很大了，他想增加抨击儒家学说的内容，而要抨击儒家学说就必须选择一个更有说服力的概念作为武器，第十七章末尾的"百姓曰：我自然也"，其思想深度远胜于任何一种学说，写在其后可以体现出思想性的巨大差异，这样岂不是最好的选择？墓主写在简本丙组作为便签以备抄写时加上，也是顺理成章的推论。但如此一来，便搅浑了老子纯净的文笔特色，也改变了老子的思想境界。所以应该将第十八章移出《道德经》，才能保持老子文章的原貌。

第十九章　绝智弃辩（简甲）

绝智弃辩，民利百怀；绝攷弃利，盗贼无有；绝伪弃诈，民复季子。三言以为史不足。或命之，或呼豆。视索保仆，少私须欲。（简本甲组第一章）

本章对应《周易·谦》卦。

【王弼本】绝圣弃智，民利百倍；绝仁弃义，民复孝慈；绝巧弃利，盗贼无有。此三者，以为文不足，故令有所属，见素抱朴，少私寡欲。

◎**绝智弃辩，民利百怀；绝攷弃利，盗贼无有；绝伪弃诈，民复季子。**

简本"绝智弃辩"，帛本和王弼本皆写为"绝圣弃智"。首先我们要弄清楚"圣人"的内涵。如陈鼓应言："通观《老子》全书，'圣人'一词共三十二见，《老子》以'圣'喻最高人格修养境界。"①此说失之偏颇。孔子、老子笔下基本以周文王、周公为"圣人"，不是泛指。《论语》："子曰：'圣人，吾不得而见之矣；得见君子者，斯可矣。'""孔子曰：'君子有三畏：畏天命，畏大人，畏圣人之言。小人不知天命而不畏也，狎大人，侮圣人之言。'"此"圣人"都只能以周文王、周公论之。至战国后期，各学派的徒子徒孙为了光大学派门楣，将创始人亦称为"圣人"，这才出现了以人格修养为评判标准。后世往往以战国后期的说法前推，从而混淆了孔子和老子的"圣人"的概念。尤其《道德经》中，"圣人"基本指周文王，为何？盖因《道德经》各章节都是以《周易》卦为主题，其思想皆来源《周易》，故周文王才是老子崇尚的"圣人"。

至于"绝圣"之词，有学者认为，应是庄子以后才出现的思想，而简本要早于庄子，故"绝智弃辩"应为原本之字，这种观点是有道理的。而为什么要写"绝智"之词，就需要从老子的写作体系上进行分析，才能明白里面的真实含义。

本章首段由三个排比句组成，都是"绝……弃……"，为什么"绝""弃"写在本章而不是其他章节？这是问题的关键所在。第十九章按顺序对应《周易·谦》卦䷎，卦象九三独阳位正，居中隔绝卜下五阴的关联，故有绝断之象。如果不是此卦象，不会在首句写"绝"字的。下卦之阴为民，属被统治范围，不是绝弃的对象；上卦以阴处尊贵之位，才是绝弃的对象。阳爻代表美善和权柄，上卦为阳方有"圣人"气象，为阴则不具"圣人"气象，故不应写"圣"字，可证帛本和王弼本的"绝圣"为错改。上卦为阴表明小人居于尊位，时下许多居上位者不是以功勋有所建树，而是以口舌之利甚至鸡鸣狗盗之术博得国君信任，此即为"智"的内涵，"绝智"就是断绝以智上位。丁四新："乃巧言善说之义。"②"辩"，指善于辞令，拨弄口舌。"弃辩"是弃用那些善于辞令而不干实事的人。

"怀（pī）"，简本写"怀"，帛甲本为"负"，帛乙本和王弼本为"倍"。

---

① 陈鼓应：《老子注译及评介（修订增补本）》，中华书局，2009，第 134 页。
② 丁四新：《郭店楚竹书〈老子〉校注》，武汉大学出版社，2010，第 5 页。

"伓"有背负之义，帛甲本取其中的"负"义；帛乙本取其中的"背"之音，以通"倍"解。从帛甲本分析，"负"有对不起人的意思，也有负重、承担的意思，故"伓"可以帛甲本"背负"的字义解为承担，但不可再转训为"倍"，因为"倍"脱离了"伓"的字义范畴。"百伓"，有更多的担当。"利百伓"，有利于更多地担当重负。这样"利"字就不能当作利益来理解了。

"绝智弃辩，民利百伓"，断绝以智博取官位，抛弃华而不实的辞令之风，才有利于民众去担当更多的责任。本句主张去虚务实，使那些有实干精神的人得到重用。

"绝攷弃利"，简本之"攷"，帛本、王弼本为"巧"，刘信芳解："'攷'谓称量之'权'，财富之'重'。盖分配不公，财富不均，是产生盗贼的社会原因。此所以说'绝重弃利，盗贼无有'。'攷'字诸本作'巧'，字形之误也。"[1]此说十分准确，"攷"当以重财之义。为何如此断言？《谦·象》曰："地中有山，谦。君子以裒多益寡，称物平施。"《象辞》认为，《谦》卦所言的最终目的就是要平均分配财产，将前朝极少数人占据的丰厚财产重新进行分配。刘说与《谦》卦《象辞》之义暗合。"绝攷弃利"，断绝霸占财富的现象，抛弃那种追逐财产的思想。

"贼"，简本写为"恻"，现在有些地方的方言仍将"贼"读为"zé"，与"恻"音近，属异体同字。"盗贼无有"，如果没有了炫富、享乐的思想和行为，盗贼就不会产生了。

简本"绝伪弃诈"，帛本和王弼本为"绝仁弃义"。"伪"，简本"为""心"结构，意为停留在心意阶段，口惠而实不至，与"伪"义相近。"诈"的简本字形裘锡圭释为"虘、心"。虘（cuó），《说文》："虎不柔不信也。"段注："刚暴矫诈。""虘"与"诈"义近。

简本"民复季子"，刘信芳认为"季子"即为稚子，此说较妥。"季子"指单纯的、不受社会思潮影响的人。"绝伪弃诈"针对的是《谦》卦卦象上卦三个阴爻而言的，小人处在社会上层，借以晋身的就是伪、诈手段；"民复季子"针对的是下卦中初六、六二两个阴爻而言的，"民"处在下位，其

① 刘信芳：《荆门郭店竹简老子解诂》，艺文印书馆，1999，第2页。

思想和行为往往受上层人士作风的引导和影响，没有了上层伪诈的示例，民众才能慢慢恢复单纯状态。帛乙本和王弼本皆写作"民复孝慈"，实为错改。

需要注意的是，《道德经》中凡言"子"者皆指所对应《周易》卦象中集中且居位偏下的阴爻而言的，如帛甲、帛乙本第四章："吾不知其谁之子也，象帝之先。"第四章对应《坤》卦，六爻皆为阴爻，只有古帝时代才会全民思想单纯；帛甲本第二十八章："恒德不雞，复归婴儿。"第二十八章对应《复》卦，卦象自二至上五爻皆阴，"婴儿"指向的是这五个阴爻；帛甲、帛乙本第四十九章对应《益》卦，第四十九章："百姓皆属耳目焉，圣人皆孩之。"卦象三个阴爻处于下互卦之位，是百姓所处的位置，圣人居高临下，视他们为"孩之"。故"子"的写作是以卦象为依据的。

本段的三个排比句，都是对《谦》卦卦象的阐释，前句由上三阴所含之义而发，后句由下二阴所含之义而发，九三独阳为隔绝。帛本之文应是汉初做的改动，盖因不明白文字的出处所致。

◎三言以为史不足。

"史"，学界有的定为"史"，有的认为是"使""吏"，帛本和王弼本写为"文"。从句子看，释为"史"较为贴切，与"史官"之"史"相近。再进一步讲，应当从"文"的字义加以拓展，即描述之义。我们可以把"史"理解为"文"义，但不可把"史"改为"文"，因为一旦改为"文"，学者就会以"文"为本字继续转训新义，如陈鼓应将"文"释为"文饰"[1]，与"史"就没有关系了。通过对"史""文"的剖析，我们基本可以确定一个原则，简本作为原版文字，有的在后世难以理解，帛本或王弼本予以了阐释，但切不可再以帛本或王弼本继续转训下去，那样就失去了作者的思想原意。

要理解"史"的确切字义，先要明白"三言""不足"所指的主体。"三言"自然指这三个排比句，问题是这"三言"是对什么描述的"不足"？陈的译文："这三者全是巧饰的，不足以治理天下。"[2]把"不足"理解为"不足以治理

---

① 陈鼓应：《老子注译及评介（修订增补本）》，中华书局，2009，第135页。
② 同上，第136页。

天下"，其他注释著作也大致如此，但不知依据何在。其实，"不足"指的是"三言"描述得不全面，描述得什么不全面呢？指的是对《谦》卦卦象三个阴爻所包含的思想言犹未尽。这三个处于上卦的阴爻寓意太广泛了，从某个主题上可以这样理解，换一个主题又可以引申出更多的思想，三句话怎么能囊括呢？故谓之"不足"。

◎**或命之，或呼豆。**

帛甲本为"故令之有所属"，意思是所以要使人有所归属。许多学者倾向将简本"或"释为"故"，其实这样理解是错误的。凡词头写"故"字，必与上句产生因果关联，而本句与上句"三言以为史不足"并没有因果关系，所以用"故"字过于勉强。帛甲本将"呼"改为"所"，"豆"改为"属"，同样不可取，我们不应盲从。

"呼"，呼喝之义。"豆"，盛食物的容器。"呼豆"，呼唤仆人端上食物来。"或命之，或呼豆"，管家对下人下达指示，呼来喝去。

为什么这一句与前句没有关联呢？盖因所指主体不同。《谦》卦卦象九三阳爻阻断五个阴爻，上卦三个阴爻是处在上流社会的"智、辩、伪、诈"之士，前面的句子做了评述；九三处在下卦之最上，是下面二阴所代表的仆人的首领，即是本句论述的主体。初六、六二从位置上说是社会的最底层，身份卑微，是被呼来喝去的奴仆，是下面句子所要表达的主体。这是简本原句写作的出处和文字原意。

◎**视索保仆，少私须欲。**

本句帛乙本和王弼本写为"见素抱朴，少私而寡欲"，其中"见""素""抱""朴""寡"与简本不同。这些不同的字是不可互相通假的，以"见"为例，简本之"视"其实就是"见"字，但必须解为看见，而不可解为显现，因为这两个意思在简本中字的笔画是不同的，故释文为"视"是比较精准的，如果释文为"见"，解读者必会误解为显现，而改变了原字原意，这种现象在注释中是普遍存在的。

"索"字学界基本认为是"素"字形讹，应以"素"为是，此为错解，

"索"才为本字。"索",绳索,有间隔、羁绊之意,也可以理解为礼制。"索"字所指者为《谦》卦的九三阳爻。阴爻同类相应,下二阴欲攀附、效仿上三阴,九三如同绳索一样阻断了下二阴的上行之路,具体讲就是礼制,是礼制将下等人和上等人间隔开的,此为"索"的表达义。

"保",保持之保,帛本和王弼本之"抱"为错改。

"仆",仆从,地位低贱之人,帛乙本和王弼本写为"朴",亦为错改。

九三处于下卦,尚未进入贵族行列,就如贵族家的大管家,管理着下面众多的奴仆。奴仆现下尚且被管家呼来喝去,就不要寄希望于逞口舌之辩而晋身于上层社会了,应保持自己现有的身份才对,这是"视索保仆"的含义。由此可以推断此句表述了两种思想,一是老子希望社会阶层相对稳定,阶层稳定国家才安宁;二是许多底层民众在新思维浪潮的冲击下,不再安心于原有身份和地位,造成了社会动荡的加剧,而且这种现象还比较严重。

"少私须欲","须"字帛乙本、王弼本写为"寡",实为揣摩词义而改之。"须"有停留之义。"须欲",把自己的欲望停留于现有的阶层,不要超越界限。

"或命之,或呼豆。视索保仆",从所描述的范围看,局限于贵族家中的仆役,他们没有合法的私人财产,有了私人财产则类同盗窃贵族家的公产,这是礼制和家法所规定的,故"少私"是指不要将公产私藏为个人财产,"须欲"指不要有非分之念。

《周易》卦由阴阳爻组合而成,阳为善,阴为恶。《谦》卦三个阴爻在上卦,两个阴爻在下卦,都有恶的因素存在。本章共有四段句子,前两段论述了上卦三阴爻,后两段论述的是下卦的一阳二阴爻,上下各有应遵循的处世原则,当然这些原则有着明显的封建阶级性。其实《谦·彖》中亦有类似的论述:"谦亨,天道下济而光明,地道卑而上行。天道亏盈而益谦,地道变盈而流谦,鬼神害盈而福谦,人道恶盈而好谦,谦尊而光。卑而不可逾,君子之终也。"《彖辞》也是分为两部分,前面是用卦名"谦"来阐释上卦三阴含义,与老子对本章前两段的描述不同;后面是对下卦的阐释,"卑而不可逾,君子之终也",则与老子所言"视索保仆,少私须欲"相一致。

对比之下发现一个问题,为什么《彖辞》用"谦"的字义阐释上卦,而老子却不用"谦"义?大概老子对"谦"的释义有不同看法。"谦"通释为谦虚，但从"六书"法的角度是解释不通的，不符合造字法的释义就可能是误解，老子不盲从误解，说明老子的治学态度是严谨而慎重的。

学界依训诂之法，基本认为如"索—素""保—抱""仆—朴"异字通假，其实这个观点是错误的，用简本原字表达的是文章原意，用帛本和王弼本的字义就错解了文章之意。如果说它们互假，究竟谁假谁呢？如果说简本通假于帛本，是不是老子的文字水平不如汉初的学者？如果后世用假字取代原字，也是说不过去的，为什么不按原字抄写，而非要用假字抄写呢？这里面的缘由值得探究。其实在孔子时代、老子（太史儋）时代、战国后期、汉初、王弼时代，他们所处的历史形态和形成的思想体系是各不相同的，如果我们认识到后世是错改，就可以再深入探究这些不同文本体现出来的思想体系差别在哪里；如果训诂为通假，就掩盖了这些思想性的差别，而用王弼的虚无思想取代了老子完整深刻的思想体系，所造成的损失是巨大的。

【今译】

断绝以智博取官位，抛弃华而不实的辞令之风，民众才会去担当更多的责任。

断绝霸占财富的现象，抛弃那种追逐财产的思想，盗贼就不会产生了。

断绝上层社会口惠而实不至的虚伪，抛弃对民众的欺诈之风，民众才能慢慢恢复到纯朴状态。

以上三句是个人对卦象的理解，只能作为意象的一部分。

对待下人，或者下达命令，或者像呼喝他们奉上食物一样使唤，这样的思想和行为，无疑是羁绊自己走向社会的绳索，以提醒自己放低姿态做人。

不要将公产占为私有，停止过多的欲望，做好自己的本职工作。

第二十章　绝学无忧（简乙）

　　《道德经》第十九章首句："绝智弃辩，民利百倍；绝攻弃利，盗贼无有；绝伪弃诈，民复季子。"（简本甲组）有三个"绝……弃……"句，第二十章首句"绝学无忧"又见一"绝"字，学界对此句多有争议，许多学者倾向于"绝学无忧"句应排在第十九章章末。马叙伦云："'绝学无忧'一句，当在上章。"高亨辨析道："'绝学无忧'与'见素抱朴，少私寡欲'句法相同，若置在下章，为一孤立无依之句，其说一也。'足'、'属'、'朴'、'欲'、'忧'为韵，若置下章，于韵不谐，其说二也。'见素抱朴，少私寡欲，绝学无忧'文意一贯，若置在下章，则与文意远不相关，其说三也。"① 若按此分析，王弼本的断章有可能出现了错误。帛本由于没有分章符，无法断定此句的章节归属，高明在《帛书老子校注》中亦将此句排于前章之末。但简本是将"绝学无忧"作为第二十章首句抄写的，证明王弼本的编排是正确的。

　　即便简本分章明确，高亨的"三说"依然无法辩驳，如饶尚宽即把"绝学无忧"句排列于第十九章章末。② 其实，想要断定"绝学无忧"的章节归属，诸贤之论皆不足为凭，关键是能不能证明必须要放在第二十章才是合理的。

　　　　绝学无忧。唯与可（阿），相去几可（何）？美与恶，相去可（何）若？人之所，之所畏。亦不可以不畏。（简本乙组第三章）

本章对应《周易·豫》卦。

【王弼本】绝学无忧。唯之与阿，相去几何？善之与恶，相去若何？人

---

① 以上见高明：《帛书老子校注》，中华书局，1996，第315页。
② 《老子》，饶尚宽译注，中华书局，2015，第47页。

之所畏，不可不畏。荒兮其未央哉！众人熙熙，如享太牢，如春登台。我独泊兮其未兆，如婴儿之未孩。儽儽兮若无所归。众人皆有余，而我独若遗。我愚人之心也哉！沌沌兮！俗人昭昭，我独昏昏；俗人察察，我独闷闷。淡兮其若海，飂兮若无止。众人皆有以，而我独顽似鄙。我独异于人，而贵食母。

◎绝学无忧。

按照《周易》卦的顺序，第十九章对应《谦》卦䷎。为什么第十九章写"绝智弃辩"？是因为卦象的九三阳爻居中隔绝五个阴爻，故有"绝"字。阳为美，阴为恶；三阴居上卦，表现为以口舌之利博取上位，此为治国之恶，所以有"绝智弃辩"之说。第二十章按顺序对应《豫》卦䷏，卦象九四阳爻居中隔绝五阴相连，故仍在章首写一"绝"字。"绝"字写在第十九章和第二十章，完全是为了阐释卦象中这一阳爻的作用，其他章节所对应卦没有这种卦象，故没有"绝"字。反过来说，由于《谦》卦和《豫》卦都有一阳阻断五阴爻联系的特征，第十九章写有"绝"字，第二十章不写"绝"字反而不正常了，这是"绝学无忧"应该出现在第二十章的合理性。

"学"多解为学问，此处还应以本义解，《论语》："学而时习之。"学习为"学"的本义。《周易》卦象规则为三主武、四主文，九四独阳居四位，有学习之义。例如山水《蒙》卦䷃，六个爻中，五个爻皆位反，只有六四爻以阴正居四位，与学习有关，卦名"蒙"即指教与学应该坚持的原则。

为什么要"绝学"？九四居上卦，进入了上层社会，必以六五、上六两个阴爻象征的恶为效仿对象，此学习实为学恶，故有"绝学"之说。此"绝学"不是主张不要去学习知识，而是不要学习不良的为官之道，不要学习那些苟苟且且的经营方式。

为什么"绝学"就"无忧"？《豫》卦卦名写"豫"，《豫·彖》："刚应而志行，顺以动，豫。"朱熹注《周易》："豫，和乐也。""和乐"即无忧。老子把卦象解释为"绝学"，把卦名解释为"无忧"，是把卦象和卦名之义合解，形成了"绝学无忧"之句，意思是断绝学习那种不良的为官意识，才会有和顺的心态。

是谁"无忧"？从广义讲是社会无忧。任凭社会恶习发展，将会带来重大社会隐患，只有断绝其蔓延路径，民心才会稳定。

由以上分析可以看出，第十九章和第二十章所依据的《周易》卦有相同之处，各写有"绝"字并不矛盾，"绝智"和"绝学"是根据不同卦象做出的不同解释，"绝学无忧"只能写在第二十章的首句，而不能归于第十九章的末句。

◎唯与可（阿），相去几可（何）？

"唯"，下面人对下达命令之人的应答。"阿"，简本写为"可"，是个多义字，帛本为"呵"，王弼本为"阿"。刘师培认为："'阿'当作'诃'。《说文》：'诃，大言而怒也。'"① 此说有道理。需要注意的是，此句的主体为九四阳爻，九四居上卦的最下爻，听命于上面的两个阴爻，毕恭毕敬，为"唯"；对下卦的三个阴爻大声呵斥，威风十足，为"阿（诃）"。"唯与阿（诃）"描写了君主身边的工作人员对上面和对下面的两种不同心态。

简本"相去几可"之"可"，帛本为"何"。"几"，细微。"去"，《说文》释为"人相违也"，这里指"唯与可（阿）"转换的时间长短。"相去几可（何）"，对上之"唯"与对下之"阿（诃）"的转换只是瞬间的事。

阳爻本喻善美，但进入上层后，学习了一些不良官气，就失去了原本品质，阿谀于上，呵斥于下，是人心缺乏定性的结果。

◎美与恶，相去可（何）若？

九四作为阳爻，原本是善美，在一定的环境下，由善转变为恶是很自然的事。"何"，简本为"可"，帛本、王弼本为"何"。"若"，如此。"相去可（何）若"，由美到恶为什么转变得如此快呢？"唯与可（阿）"是人表象的转换，"美与恶"是人内心世界的转换。

---

① 引自高明：《帛书老子校注》，中华书局，1996，第316页。

◎人之所，之所畏。亦不可以不畏。

这句话有这三个问题。第一，简本"之所"是合文，下面有一重字符，应该是两个"之所"才对，而帛本和王本弼写为"人之所畏"，两者文字不同，"之所"下面的两横究竟是合字符还是重字符？第二，"所"究竟是虚词还是实词？"畏"的主体是谁？第三，帛乙本写为"亦不可以不畏人"，有学者认为简本断句符应写在"人"字之下，即本句应该如帛乙本"畏"字下有"人"字。

这句话确实疑惑很多，这里试做如下分析。

简本"之所"下面应该是重字符，句子的正确读法为："人之所，之所畏。"帛本和王弼本皆省略了重字符，变成了"人之所畏"。

按帛本和王弼本看，"之所"为虚词；按简本说，"之"为到达，"所"为处所，皆为实词。

"畏"，简本笔画为上"由（fú）"下"示"，指祭祀"鬼灵"，《说文》未收入此字。《说文》："由，鬼头也。""畏，鬼头而虎爪，可畏也。""畏惧"之"畏"与简本之"畏"字形不同，故简本之"畏"不应解为畏惧。简本之"畏"源于《豫》卦爻辞："九四由豫，大有得。勿疑，朋盍簪。""由豫"之"由"疑为"由"的误写，"由豫"，祭祀"鬼灵"的舞蹈仪式，仪式上，跳舞者化装成"鬼灵"的模样跳集体舞蹈，表示对"鬼灵"的敬畏。《象辞》表述为："雷出地奋，豫。先王以作乐崇德，殷荐之上帝，以配祖考。"《象辞》亦认为《豫》卦与祭祀有关。这种祭祀仪式，舞蹈是最基本的要求，如果是王侯祭祀祖先，还要配上大型器乐伴奏。这可能就是简本"畏"的含义，即要敬畏"鬼灵"。

"人之所"指哪些人？还是与九四爻辞有关，"九四由豫，大有得。勿疑，朋盍簪"。"朋盍簪"，人们聚拢在宗庙前参加祭祀。"人"就是指来到祭祀场所者。"人之所"，人们来到了祭祀场所。

"之所畏"，来到祭祀场所表示对"鬼灵"有敬畏感。

关于帛乙本"亦不可以不畏人"之"人"的问题，可以从以下两个方面考虑。第一，简本"畏"的下面是分章符，分章符下面的"人"字应该归入下面的"人宠辱若缨"章，但也不排除分章符点错的可能。从帛乙本看，"人"字确实无法归入下句，如果说帛本误加了"人"字，简本却又恰巧在"畏"下面有个"人"字，难道帛本与作为摘抄本的简本之间有某种直接关联？第二，简本之"畏"是指敬畏"鬼灵",在后面加上"人"字就改变了"畏"的本义。由此看,本书认为还是将"人"归入下句为是。

"人之所,之所畏。亦不可以不畏",这句话可以说重述了《豫》卦爻辞,与前面的句子又有什么关系呢?本章提出了一个重大的社会问题:功利性会使人心逐渐变恶,遵守信仰才能使人长期保持本性。"绝学无忧"指出进入了朝政阶层的人不要学习贵族的不良习气;"唯与可(阿),相去几可(何)"指出对上阿谀、对下苛刻是这些人的显著特色;"美与恶,相去可(何)若"他们由表面行为转变至内心品性的恶;"人之所,之所畏。亦不可以不畏","亦"是强调作用,社会体制的大变革使人们趋向于功利性,从而释放出太多的心魔,如何才能防止社会风气发生趋势性转变?需要在全社会建立信仰意识。有了阶级,社会才能有序;有了信仰,社会才能规范。让人们参与到祭祀活动中来,通过祭祀活动的影响,使人们对神灵产生敬畏感,让无处不在的神灵作为评判自我行为的主裁,让那些作恶的人不敢违背共同的社会规范。这就是本句所表达的重大意义。

◎恍呵,其未央哉!众人熙熙,若飨于大牢,而春登台。我泊焉未兆,若婴儿未咳。累呵,如无所归。众人皆有余,我独遗。我愚人之心也,沌沌呵。俗人昭昭。我独若昏呵。俗人察察,我独闷闷呵。忽呵,其若海,恍呵,其若无所止。众人皆有以,我独顽以俚。吾欲独异于人,而贵食母。

【注】这部分文字简本中没有抄录,帛本及其他传世版本皆有抄录。仔细分析,这段文字类似抒情散文,与《道德经》所有章节文字均不相同,似乎是对前面文字发表的感慨,应该不是本章原文,在此不予注释。

【今译】

断绝学习不良的为官意识,才不会出现社会性的忧虑。

对上阿谀,对下苛刻,对上与对下两种截然不同的转换是多么的短暂!

由美善到邪恶,为什么转变得如此之快呢?

这就是要人们都到宗庙的原因，人们应当到宗庙共同参与祭祀"鬼灵"活动。

也是为了让人们明白，不能不敬畏"鬼灵"的重要意义。

第二十一章　孔德之容（帛甲）

孔德之容，唯道是从。道之物，唯望唯忽。【忽呵望】呵，中有象呵。望呵忽呵，中有物呵。幽呵鸣呵，中有请吔。其请甚真，其中【有信】。自今及古，其名不去，以顺众父。吾何以知众父之然，以此。（帛甲本）

本章对应《周易·随》卦。

【王弼本】孔德之容，惟道是从。道之为物，惟恍惟惚。惚兮恍兮，其中有象；恍兮惚兮，其中有物。窈兮冥兮，其中有精；其精甚真，其中有信。自古及今，其名不去，以阅众甫。吾何以知众甫之状哉？以此。

◎**孔德之容，唯道是从。**

王弼本"唯"写为"惟"，解曰："孔，空也。惟以空为德，然后乃能动作从道。"更多的解读者将"孔"释为"大"。如陈鼓应译为："大德的样态，随着道为转移。"[①]此说有违老子本意。

"孔"，《说文》释为"嘉美之也"。这是春秋战国时的常用字义。"孔德"，嘉美的德行，如此解释，才能和章末句子的"众父"呼应起来。

我们要注意"容"字的真假，帛本及王弼本皆写为"孔德之容"，但可以断定这个"容"不是原本之字，因为这个字在语境中没有道理，和后面的

---

① 陈鼓应：《老子注译及评介（修订增补本）》，中华书局，2009，第149页。

句子产生不了关联。从帛本与简本的对照看，所有章节对原本都有修改之字，或是以注释之义代替原字。如第十五章帛本："故强为之容。"简本原文为："是以为之颂。"帛本将"颂"改为"容"，造成了严重错解。本章之"容"也有可能是"颂"的改字，故应该按"孔德之颂"理解，即嘉美的德行受到人们颂扬。"之"，应理解为达、得到。

帛本"唯道是从"，王弼本写为"惟道是从"，"唯"和"惟"字义不同，不能互通。凡"夫唯"句，王弼本都没有改字，只有这个句子，因王弼错解了"道"义，才把"唯"字改为"惟"，结果把整个句子都理解错了。

"道"，解"老"者都释为无所不在的大道，其实每章的主题各有不同，所言之"道"亦各有具体内容，不可同一言之。而且本句之"道"在句式上与大部分的"道"也不相同，所同者如第四十一章（简本乙组）："明道如孛；迟道如溃；进道若退。""明道"，人人都知道的处世之道；"进道"，促进社会进步的治世理论；"迟道"，缓慢显现的道理。"道"前面的字都是定语，以区分不同的理论。本句的"唯"是应答、应从之义，亦应看作是定语。"唯道"，跟从的理论。"唯道是从"，能人才俊之所以被人称颂，是因为遵从了要追随有宏大志愿的君王的理论。所谓"识时务者为俊杰"，即为这个道理。

这种写作思路又是从何而来呢？本章按顺序表达的是《随》卦的主题。"随"就是跟随，弃暗投明，追随有志于改变世界的君王方可创建大业。《随》卦☲，卦象三个阳爻代表具有光明前景的新生力量，分别居于君（五爻）、臣（四爻）、民（初爻）的爻位，有君、有臣、有民，显示出主宰天下的趋势；而代表旧势力的上六、六二正趋向衰亡。《随》卦卦辞写"随，元亨利贞。无咎"，提出在新生力量由守势转向攻势时，要发动更多的人来追随，以加速新旧时代的更替。老子根据这个主题，写下了"孔德之容，唯道是从"。如果不从创作源头分析，只有改字才能通顺词义。

◎**道之物，唯望唯忽。**

王弼本为："道之为物，惟恍惟惚。"王弼注曰："恍惚，无形不系之叹。"王弼认为这是形容"道"的无影无形之状。王弼将"之"后加一"为"

字，这样就把"之"的词性改变了，把"道"的内涵也改变了。"道之物"，指本章之"道"要表达的内涵，而不是"道"的形体。本章的"道"是什么呢？是《随》卦的"随"，我们应当从"随"的字义上多加理解。

"唯"，应答之义，特指追随之人。前面写了"唯道"，这里又写了两个"唯"，都是从追随君主之人的角度来论述的。

"望"，希望。《孟子•梁惠王上》："王如知此，则无望民之多于邻国也。""无望"是没有希望之意。"唯望"，追随希望。《说文》："忽，忘也。"《广雅•释诂三》："忽，轻也。""忽"，不重视、忽略。"唯忽"，追随者要有所忽略。

"唯望唯忽"，追随者要追求希望，还要有所舍弃。此话怎么讲？《随》卦爻辞："六三系丈夫，失小子，随有求得。利居贞。"六三阴爻接近九四阳爻，把自己的命运维系在居于上卦的九四"丈夫"身上，失去与没有前途的初九"小子"的关系。"六二系小子，失丈夫"，六二阴爻接近初九"小子"，从而失去了接近上层的机会。这就是老子讲的要舍弃眼前小利益，追求更高的希望，才是顺应时代的正确抉择。

请注意这两个阴爻与"唯"字的关系，阴爻为小人，阳爻为大人；阴爻是追随者，阳爻即便是处在初爻低级之位，也被阴爻所追随。而"唯"特指地位低下之人，所以"唯望唯忽"是从六二、六三阴爻变现出来的。至于王弼本所改的"惟恍惟惚"，与老子所言基本不沾边。

◎忽呵望呵，中有象呵。

"中有象"说得很清楚了，要有所舍弃呵，要追求希望呵，这都是从卦象中显示出来的。此"象"指《随》卦的卦象。王弼本此句"惚兮恍兮，其中有象"添加了一个"其"，认为"惚兮恍兮"表达了一个影像，说明王弼不知道"象"字何来。

◎望呵忽呵，中有物呵。

上一句是"忽呵望呵"，这一句把"望呵"写在了前面，重在表达追随上层的重要性。《随》卦爻辞"九四，随有获"，有获即有物，追随九四阳

爻才会得到实际利益。这句话的意思是社会的变革应该给人们带来利益上的
收获，而不是只让统治者得到利益。

◎ **幽呵鸣呵，中有请吔。**

王弼本为："窈兮冥兮，其中有精。"还有学者认为"有请"为"有情"，
应以帛本原字解读为是。"幽"，暗，心里想而不说出来。"鸣"，公开，
表达出来。"请"，请求。《随》卦爻辞："六三系丈夫，失小子，随有求得。
利居贞。""随有求得"即为请求权益。不管是心里想的，还是嘴上说的，
追随者都有富贵险中求的心态，这是合理的请求，如果不正视这一点，统治
者就很难得到追随者的真心拥戴。

◎ **其请甚真，其中有信。**

前面句子"中有象""中有物""中有请"都源自《随》卦爻辞，这些
行为具有必然性。本句写"其"，以"其"代指前句，是对前面行为从理论
上加以肯定。

"其请甚真"，这些利益诉求是真实存在的，应当用诉求作为杠杆凝聚
追随者的心。

"其中有信"，通过兑现承诺体现出君王的信用。《随》卦爻辞："九五
孚于嘉，吉。"《杂卦传》："中孚，信也。"释"孚"为"信"。本句的"有
信"即从爻辞中来。爻辞可译为：君主取信于效力自己的人才。"其中有信"
是针对君王说的，君王要对自己的许诺言而有信。

◎ **自今及古，其名不去，以顺众父。**

"名"，指《随》卦的卦名"随"。"及"，相比。"古"，指周文王
写《周易》的时代。我们不能用时间的延续性来理解今与古，王弼本的"自
古及今"就是从古至今时间的延续性来理解的，故将"古""今"做了置换，
看似语序变得合理了，其实是误解了今古概念。"自今及古"，现今与周文
王时的商周之际形势相同。"去"，离开。"其名不去"，卦名不能离开卦象。
老子在很多章节的写作中仅依据卦象而不释卦名，本章则卦名与卦象同释，

认为追随与被追随都面临着理论上的缺失，在社会体制更替的大时代，需要用特定思维才能顺应社会的发展，这个特定思维就是周文王在商周之际所表达的关于"随"的思想。

"以顺众父"，王弼本写为"以阅众甫"，注曰："众甫，物之始也。"学界皆以"父""甫"互通，其实王弼本属错改，既然是错改，就不存在互通之说，应以帛本为准。

"父"，本义为父亲，又多称有才德的男子。"父"与首句的"孔"字义相近且首尾呼应，都是指有才德之人。"众父"，追随君王的能人才俊的统称。"顺"，这是个画龙点睛之字，都是有才能的人来追随君王，这里却提出了君王要"以顺众父"，是因为在社会大变革时代，君王是传统体制的象征，大都遵守祖制，墨守成规，重用世袭贵族，致使国力日趋衰微。让新人执掌朝政，革弊立新，总是要受到旧臣的反对，像商鞅、吴起等革新派很难得到持久的重用。所以君王要顺应时代发展趋势，顺应变革思想，满足英才权益的诉求，老子能持有这样的观点本身就是一种理论上的突破。

◎**吾何以知众父之然，以此。**

"以此"指的是《随》卦的卦象和卦爻辞。"知众父之然"是肯定那些时代英才的思想和行为。为什么知道他们的做法有道理呢？是因为《随》卦爻辞早就为这些行为建立了理论根据。老子在这里站在理论的高度，肯定英才们思想上和物质上的追求。战国时燕昭王听从了郭槐的建议，建造了一座黄金台，隆重拜郭槐为师，引发了"士争凑燕"的盛况，乐毅、邹衍、剧辛等诸国名士闻讯后纷纷前来投奔，一概受到重用，使燕国经此一变而成为强国。此即为本章理论的典型实例。

【今译】

能人才俊之所以被人称颂，是因为遵守了择明君而从的理论。

追随的道理所包含的是既要追求崇高的希望，还要有所舍弃。

有所舍弃呵才能实现更高的希望，《随》卦中有这种卦象的显示。

追求高的希望就要舍弃小的成就，只有这样才会得到物质上的回报。

不论是心中所想还是公开的言论，合理的请求应该得到满足。

这种对权益的请求是现实合理的，君王应当用兑现承诺来增强自己的信用。

今天的形势堪比文王的商周之际，追随的意义同样重要，这就要求君王顺应时代发展趋势，满足英才对权益的诉求。

我是怎样知道英才对追随的要求和意义的？都是从《随》卦中得到的启示。

第二十四章　炊者不立（帛甲）

通行本将本章排于第二十四章，帛本将本章排于第二十一章之后，在《绪论》中已经做了分析，本章帛本的排列顺序是对的，因为本章与《周易·蛊》卦相对应，按照《周易》卦的排列顺序，本章应该列为第二十二章。至于通行本依据什么对章节进行了调整，就不得而知了。

　　炊者不立；自视不章。【自】见者不明；自伐者无功；自矜者不长。其在道曰："余食、赘行、物或，恶之。"故有欲者【弗】居。（帛甲本）

本章对应《周易·蛊》卦。

【王弼本】企者不立，跨者不行，自见者不明，自是者不彰，自伐者无功，自矜者不长。其在道也，曰余食赘行。物或恶之，故有道者不处。

◎**炊者不立；自视不章。**

帛本的"炊"字多有他论，如高明注解："帛书研究组云：'炊疑读为吹，古引导术之一动作。'又谓：'通行本此句下有跨者不行一句，按文例当有，甲、乙本似误脱。'……愚以为帛书'炊者不立'，当从今本读作'企者不立'。'炊'

字古为昌纽歌部，'企'字属溪纽支部，声纽相通，'支'、'歌'为旁对转，故'炊'、'企'二字古音同通假。"① 这显然错诂了"炊"字。我们姑且将王弼作为传世版本的初传者，他大概认为"炊"字写得无从解释，便把"炊"改为"企"，而且还用"自是者不彰"修改了"自视不章"，又添加了"跨者不行"，句子变成了"企者不立，跨者不行，自见者不明，自是者不彰"，这样修改毫无疑问是错的。

按照帛本章序，本章与《周易·蛊》卦对应，通行本"蛊"字汉帛书《易》写为"箇"，卦辞为："箇（蛊）。元亨。利涉大川，先甲三日，后甲三日。""箇"就是一个的意思，本章是从"一个"的角度来论述的。

"炊"的本义是烧火做饭，在野外做饭要用三个或三个以上的点支锅才能保持稳定，一个足是立不住锅的，"炊者不立"从文字上省略了"箇（蛊）"，从对句子的领会角度，这个前提是不能省略的。

"自"，自己，紧扣"箇（蛊）"的字义。"自视"，自己去观察事物。"章"，本义是完整的乐曲，这里指完整、全面。"自视不章"，自己去观察事物很难得出全面客观的结论。

"炊者不立"是对卦名"箇（蛊）"的形容，指孤立的事物难以成器；"自视不章"是进一步引申，指出一个人孤立地看事物往往缺乏全面性和公正性。

◎自见者不明；自伐者无功；自矜者不长。

"见"，显现。"自见者不明"，自己显现自己，别人不会相信，因而说不明白。

"伐"，夸耀。"自伐者无功"，自己夸耀自己，反而丧失掉已有的功业。

"自矜"，居功自傲，轻视他人。"自矜者不长"，居功自傲的人富贵不会长久。

本段有三个"自"，体现了三种境界，除此之外，本章还围绕帛书《易》"箇"字从三个方面展开阐述。

一是卦名"箇（蛊）"的含义，"自"为自己，即取自"箇（蛊）"，

---

① 高明：《帛书老子校注》，中华书局，1996，第335页。

是论述范围。

二是卦辞中"先甲三日，后甲三日"，老子对这句话怎么理解不得而知，但"自见者不明；自伐者无功；自矜者不长"似乎从"先甲三日"引申而出，显示自己在他人之前；下句"其在道曰：'余食、赘行、物或，恶之。'"似乎从"后甲三日"引申而出，显示出落于人后的品行。"前"和"后"都描述了三种行为，这是论述的内容。

三是《象辞》："山下有风，箇（蛊）。君子以振民育德。"从品德加以阐述，是论述的方向。

本章共四段话，第一段是引题，第二、第三段是论述，第四段是收尾，字数虽少，却是一篇完整的议论文体。

◎其在道曰："余食、赘行、物或，恶之。"

传统注释对这段话的语义争议比较大，本书从文字的出处上提出笔者自己的看法。《箇（蛊）》卦卦辞之"甲"可以看作是中庸品行的分界线，上一段讲超前于中庸者的三种行为"自见、自伐、自矜"，虽有功绩却预后不好，属于"先甲三日"范畴；这一段讲落后于中庸者的三种行为，即"余食、赘行、物或"，属于"后甲三日"范畴。这样解释是比较合理的，只是如此理解的话，"其在道曰"就成了多余的一句话了。

《广雅·释诂四》："余，盈也。""余食"，吃饭时要比别人多一些。"赘"，附着。"赘行"，行军打仗时，不是冲锋在前，而是跟在别人后边走。《说文》："惑，乱也。"段注："古多假或为惑。""或"亦可解为"惑"。"物或"，迷恋于物质享受。"余食、赘行、物或"这三种不端行为皆为人所"恶之"。

◎故有欲者弗居。

王弼本为"故有道者不处"，"道"的外延含混不清，容易产生歧义。本章是对《箇（蛊）》卦的阐释，论述个人主观意识问题。一种是对功名的追求，过则把自己居于别人之上；另一种是对物质的追求，过则骄奢淫逸，都属于个人欲望的追求范畴，与"道"没有关系，故"道"字改得没有道理。

"欲"，这里不应作贬义理解，帛书《易·箇（蛊）》卦爻辞："上九不事王侯，高尚其德，凶。"[①]"不事王侯"为无欲，无欲则凶。"有欲"就是事王侯，有建功立业的欲望。这是"欲"字的缘由。"居"，居于；"弗居"，不要居于这种境地。"有欲者弗居"有建功立业欲望的人，就不要像前面所讲的这样去做。

【今译】

炊饭时用一个支点难以支撑饭锅；同理，用孤立的视角观察事物很难做到全面。

自己彰显自己的人，很难把事情表述得令人信服；自己夸耀自己的人，反而容易丧失掉原有的功业；居功自傲的人，富贵不会长久。

吃饭时总比别人多盛些，行军时总是跟在别人后面，对财富贪得无厌，人人都会厌恶这些不齿的行为。

所以有志于建功立业的人不要这样去做。

第二十二章　曲则金枉则定（帛甲）

　　曲则金，枉则定。洼则盈，敝则新，少则得，多则惑。是以声（圣）人执一，以为天下牧。不【自】视，故明；不自见，故章；不自伐，故有功；弗矜，故能长；夫唯不争，故莫能与之争。古【之所谓"曲全"者，几】语，才诚金归之。（帛甲本）

本章对应《周易·临》卦。

【王弼本】曲则全，枉则直，洼则盈，敝则新，少则得，多则惑。是以

---

① 引自刘大钧：《今、帛、竹书〈周易〉综考》，上海古籍出版社，2005，第214页。

圣人抱一，为天下式。不自见故明，不自是故彰，不自伐故有功，不自矜故长。夫唯不争，故天下莫能与之争。古之所谓曲则全者，岂虚言哉！诚全而归之。

◎**曲则金，枉则定。洼则盈，敝则新，少则得，多则惑。**

本句帛乙本为"曲则全，汪则正"，王弼本为"曲则全，枉则直"。按照古籍解，《庄子·天下篇》："人皆求福，己独曲全。"《论语》："举直错诸枉。"这样看似乎帛甲本抄写有误，王弼本之"全""直"才是对的。我们应从两个方面探讨这个问题。

一是帛甲本早于帛乙本和王弼本，可信度较高，帛乙本和王弼本多有修改，可信度较低。

二是从字的指向看，"洼则盈，敝则新，少则得，多则惑"，"洼"和"盈"所指不是同一个主体，"敝"和"新"，"少"和"得"，"多"和"惑"所指也不是同一个主体，"洼"是容器之状，"盈"是水之形态，"敝"指旧物，"新"指新物。而"曲则全"指的是同一个主体，弯曲才得以保全；"枉则直"，也是同一个主体，委屈才能伸直。以此看，帛乙本和王弼本在文字组合上与帛甲本不同，应以帛甲本为准。

本章按顺序对应《周易·临》卦䷒，卦象两个阳爻屈居于四个阴爻之下，展现给我们两个视角：一是阳爻被阴爻压制，此为大凶之卦；二是阳爻主动下沉于阴爻之下，为上吉之卦。阳爻为君，阴爻为民，国君亲临于百姓之中，变成了政治上亲民，周文王把卦辞写为："临，元亨利贞。至于八月有凶。"君王亲临于百姓之中，关心民众疾苦。"元亨利贞"是最好的断词，《临》卦就成了大吉之卦。而且进一步指出，如果国君或官员们到了民众之中，却让民众像八月寒气来袭一样感到心寒，就会有凶险了。本章第一个字"曲"就是紧扣"临"字，弯曲自己那高贵的身躯。这样就明白了"金"的含义，能够做到弯曲自己才是最金贵的思想或行为。既然"金"表示贵重，为什么不写"贵"字呢？因为"贵"是身份贵重，和思想珍贵容易混淆，故用"金"字更为恰当。

再从"曲则金"的指向看，"曲"指的是身份，"金"指的是思想品行，主体有别，相同于"洼则盈"的主体指向，故"曲则金"应为原文。从思想性上看，"曲则金"远胜于"曲则全"。

"枉"，弯曲。需要注意的是，"曲"和"枉"都是主动性的弯曲，"曲"是让自己的身份屈就，"枉"是让自己的主观思想曲于众人之下。"枉则定"，站在他人的角度想问题，改变自己的主观意识，天下就能安定。故"定"字优于"正""直"。

明白了前面两句话的思想，"洼则盈，敝则新，少则得，多则惑"的意思也就明白了：洼下去才能使水满盈；打坏了旧的物件，新的物件才会出现；现有的少了，才能获得更多；现存的太多了，就可能引发祸乱。

◎**是以声（圣）人执一，以为天下牧。**

王弼本："是以圣人抱一，为天下式。"将"执"改为"抱"，"牧"改为"式"。首先要弄清楚"一"的内涵。王弼注："一，少之极也。式，犹则也。"文中没有其他数字对比，"一"不应按数字解，故王弼的解释不确切。陈鼓应："执一，即执道。"[1]"道"字之说不明确，既然是"执道"，为什么不直接写"道"呢？"一"的概念弄不清，对其他字的讨论就难言准确。

《道德经》中有两个"一"与本章近似，第十四章帛甲本："视之而弗见，名之曰微。听之而弗闻，名之曰希。搏之而弗得，名之曰夷。三者不可至计，故束（囷）而为一。"第十四章对应《周易·泰》卦，"泰"字帛书《易》中写为"柰"，上"文"下"示"，神灵之义。此"一"指卦名"柰"，意思是神灵的这三种状态只能用"柰"加以概括。故此"一"指所对应的卦名"柰"。第三十九章帛甲本："昔之得一者：天得一以清；地得一以宁；神得一以灵；谷（浴）得一以盈；侯王得一而以为天下正。"第三十九章对应《周易·恒》卦，"恒"是恒久不变之义。此六个"一"，都是指坚持恒久不变的精神，即"一"的内涵为卦名"恒"。

再看本章之"一"，本章对应《周易·临》卦，卦名"临"是《临》卦的主题思想，也是本章的主题思想，故"一"应该指坚持亲临百姓的思想。

---

[1] 陈鼓应：《老子注译及评介（修订增补本）》，中华书局，2009，第150页。

如果"一"指坚持亲临百姓的思想，那王弼本的"抱一"就没道理了，应以帛甲本"执一"为是。"是以圣人执一"，根据这些道理，"圣人"坚持亲临百姓的思想。

"以为天下牧"的"牧"字写得很有讲究。"牧"是放养牲畜，又有治理义，如古有"牧令""牧守""牧宰"等地方官名，可见"牧"字专指治理百姓，不是国君治理朝臣。所以"牧"有"治"义，但不等同于"治"，这与"临"的思想是一致的。"以为天下牧"，以亲临百姓作为治理民众的基本原则。

需要注意的是，《道德经》中的"圣人"主要指周文王，因为周文王写《周易》，《道德经》是阐释《周易》的著作，"圣人"当然指周文王。《国语》："《周书》曰：'文王至于日中昃，不皇暇食。惠于小民，唯政之恭 。'"《晏子春秋》："昔者殷人诛杀不当，僇民无时，文王慈惠殷众，收恤无主，是故天下归之。"为王者，也只有周文王以亲民惠民著称，故"圣人执一"，就是周文王始终坚持亲临百姓的思想。《临》卦爻辞："六五知临，大君之宜，吉。""大君"即国君，和"圣人"身份相匹配，说明"圣人执一"在《临》卦中是有交代的。

◎**不自视，故明；不自见，故章；不自伐，故有功；弗矜，故能长。**

本段与前一章（帛甲本第二十四章）之"炊者不立；自视不章。自见者不明；自伐者无功；自矜者不长"义同，前一章对应《箇（蛊）》卦，主题是如何避免过于自傲；本章对应《临》卦，主题是如何亲临百姓，获取民心。两章主题不相同。既然两章主题不同，就不可能有这么多句子相重，应该是在抄写时做了添加。本章合理的句子应该为："不自伐，故有功；弗矜，故能长。"

"不自伐，故有功"，不在百姓面前自己夸耀自己，才能够建立功业。因为夸耀自己，意味着贬低别人，百姓就会疏远你。

"弗矜，故能长"，不居功自傲，富贵才会长久。因为自傲就会蔑视别人，蔑视别人就会引发怨恨，危险则时刻伴随左右。

这两句话都体现了领导与百姓之间的关系，符合"曲则金"的主题。

◎夫唯不争，故莫能与之争。

一般将"夫"解为语气词，其实只有在描述普通人时才用这个字，描写君王时是不会用"夫"作为语气词的。第二章简本："天唯弗居也，是以弗去也。"帛本改"天"为"夫"，"夫唯弗居也"，就是一个错改的例子。本章讲国君亲临于下，又有"圣人"之语，以君喻天，写为"天唯不争"才对，帛本的"夫唯不争"大概同第二章一样，将"天"改成了"夫"。

"天"具有天然的本色，天不去争，别人也代替不了。如果是一般人，凡事不争取，永远不会实现超出自己身份的功业。所以帛本"夫唯不争，故莫能与之争"是不符合现实的。至于王弼本的"故天下莫能与之争"，多加了"天下"二字，更是多此一举。

◎古之所谓"曲全"者，几语，才诚金归之。

王弼本此句为："古之所谓曲则全者，岂虚言哉！诚全而归之。"帛甲本从"之"到"几"文字缺失，根据帛乙本填补。曲全，帛乙本和王弼本皆为"曲全"，照应首句的"曲则金"，应当是"曲金"才对。"几语"，简单的几个字。"才"，人才，有才能的人。"诚"，《说文》释为"信也"。"归之"，归附于他。这句话的意思是：古代人所说的屈尊才是最金贵行为的话，虽然寥寥几个字，那些有才能的人却正是真心相信了这种金贵之处，而前来归附。

《临》卦《象辞》："泽上有地，临。君子以教思，无穷，容保民无疆。"可以理解为通过施教而产生新的思想，让更多的民众来投奔自己，才能拓展更为广阔的国土。《象辞》与本句相合，是对"临"字意义的深层次阐释。

【今译】

能够做到弯曲自己，才是最金贵的思想和行为。

站在他人的角度想问题，能够改变自己偏颇的主观意识，天下就可安定。

器皿洼下去，才能使水满盈；打坏了旧的物件，新的物件才会出现；现有的少了，才能获得更多；现存的太多了，就可能引发祸乱。

根据这些道理，"圣人"坚持亲临百姓的思想，并以此作为治理民众的基本原则。

不在百姓面前自己夸耀自己，才能够建立功业。

不居功自傲、蔑视他人，富贵才会长久。

天从来不争，所以也没有谁能与之相争。

古代人所说的亲临才是最金贵行为的话，只是寥寥几个字，那些有才能的人却正是真心相信了这种金贵之处，而前来归附。

第二十三章　希言自然（帛甲）

希言，自然。飘风不终朝，暴雨不终日。孰为此？天地【而弗能久有，又况】于人乎？故从事而道者，同于道；德者，同于德；者者，同于失。同于德【者】，道亦德之。同于【失】者，道亦失之。（帛甲本）

本章对应《周易·观》卦。

【王弼本】希言自然。故飘风不终朝，骤雨不终日。孰为此者？天地。天地尚不能久，而况于人乎？故从事于道者，道者同于道，德者同于德，失者同于失。同于道者，道亦乐得之；同于德者，德亦乐得之；同于失者，失亦乐得之。信不足，焉有不信焉。

◎希言，自然。

传统注释对本章多有误解，尤其是"希言，自然"句，河上公："'希言'者是爱言也，爱言者自然之道。"意思是珍惜语言符合自然规律。蒋锡昌："按老子'言'字多指声教法令而言。……'多言'者，多声教法令之治；'希言'者，少声教法令之治。故一即有为，一即无为也。'自然'即自成之宜。'希言自然'，谓圣人应行无为之治，而任百姓自成也。"①此解把"希言"和"自然"分为两个主体。以上所说实则大谬。把"希言"释为无为，"自然"释为任百姓自成，不只是错在本句，对整部《道德经》凡有"自然"者都是一种错解，在烽烟四起、强者为王的战国时期，难道真有这种自残的弱智思想存在吗？再者，行大事依国法，做小事凭规矩，而"圣人无为，百姓自成"的社会岂不是一盘散沙，任强者凌辱？故我们诠释老子（思想），应当是战国时期的老子（太史儋），而不是魏晋消极避世的士人思想中的"老子"。

开篇写得十分简略，而"自然"又被称为《道德经》中哲学思想的精华，如何才能真正理解老子思想的本意呢？首先要把"希言，自然"落到实处，要找到这句话的出处，才能知道这句话的去处。

本章按顺序对应《周易·观》卦☲，卦象二阳爻居上位，为统治者；四阴爻居下，为民众。卦辞写："观盥而不荐，有孚颙若。"《彖》曰："大观在上，顺而巽，中正以观天下。观盥而不荐，有孚颙若，下观而化也。观天之'神道'，而四时不忒；圣人以神道设教，而天下服矣！"意思是"观"指的是下民观瞻"圣人"，"圣人"通过"神道"教化民众，使天下归服于自己的统治。《观·象》曰："风行地上，观。先王以省方观，民设教。"亦言周文王巡视各地的教化情况，主张以"神道"教化民众。这是《观》卦的主题思想，也是本章"自然"的动力所在。

"希言"，统治者少发布政令。"自然"，用"神道"的力量使百姓自然而然地遵守统治。这句话指出了统治者真正能够让民众安于生活现状、服从统治的，不是君王的诏命和各种条条框框，而是百姓世代相传、顶礼膜拜的"神道"，"神道"才是他们心甘情愿"自然"遵循的动力之源。

抛开大的方面，以往任何一个成熟的社会单元都会有一个"神道"偶像，如木匠信奉鲁班，商人信奉关公，几乎每个村头都有土地庙，家族大都建有宗祠，此乃规矩民众的"自然"之道，世代遵循而不易。故"希言，自然"句一定要从《观》卦看才能得以理解。

---

① 引自高明：《帛书老子校注》，中华书局，1996，第344页。

◎飘风不终朝，暴雨不终日。孰为此？

《观》卦的八卦组合为"风地观"，故本句从"风"的角度来谈比较适合《观》卦主题。"飘风不终朝，暴雨不终日"为自然常识，既从八卦写起，又与"自然"起到了长时间和短时间的对比效果。

◎天地而弗能久有，又况于人乎？

"天地"和"人"的异同究竟在哪里呢？很多学者把"飘风""暴雨"比喻为统治者的暴政，"言"为发布暴政的政令，其实这种理解过于偏颇。所谓暴政并没有一个明确尺度，即施暴政，在当时也必然会有合理的借口。而且"暴政"多属文人的后评价系统，没有什么现实意义，我们应当分清"暴政"这个词的时间概念，不可妄加使用。老子的智慧远远高于我们这些研"老"者，我们总是把对世界的感性认识如"暴政"，强加于老子的思想意识中，通过对文字的分析我们会发现，老子并无意于评价感性事物，而是对理性认识进行了深度挖掘。我们可以这样理解：老子认为"飘风""暴雨"是天地所施为，人的行动是君王所施为。天地不能使"飘风""暴雨"长时间为之，君王也难以让百姓长期按照自己的命令去施行，所以君王之言的时效是有限的，即"弗能久有"。由此看，本句之"人"指的是百姓，是百姓不能长久执行政令，而不是发布政令的君王，我们应当把"人"的概念弄清楚。

◎故从事而道者，同于道；德者，同于德；者者，同于失。

王弼本："故从事于道者，道者同于道。"常见的译文如陈鼓应："所以从事于道的人，就合于道。"[①] 其实王弼所改之词有很大问题，哪些人是从事于"道"的人？是有这个职业还是有这个标准？抑或有明确的道德高地？还是具有话语权的人来决定"道"或"不道"所属？可见王弼的篡改有为文人争夺话语权的嫌疑，学者宜明辨。

"从事"，跟随君王做事。因为"希言"者是君王，故只能是跟君王从事。

---

① 陈鼓应：《老子注译及评介（修订增补本）》，中华书局，2009，第155页。

"而"，连词，不可改为"于"。"道"，《观·彖》所言的"神道"即为本章之"道"。"从事而道者"，意思是一方面奉王命行事，一方面又尊奉神的意旨。奉王命是行政上的事情，尊神旨是精神上的事情，两者并行不悖。"同于道"，把王命融合进"神道"之中，让人们相信"神道"即为"王道"，国王称为"天子"，就是基于"同于道"的原理。

"德者"，应与前句同："（从事而）德者。""德"指为君王做事追求功业。"德者，同于德"，为君王做事追求功名之人，只局限于功名。这种人只知王命而不知神意，不具备教化之能，非千年之功业。

帛甲本为"者者，同于失"，帛乙本写为"失者同于失"，王弼本同帛乙本。"者"或"失"恐均非原字。"道者""德者""失者"都是并列用语，我们不能把"失"解释为失道、失德。但如果不解释为失道、失德，"失"字就没道理了。考虑这种并列关系，写为"簭（shì）"或其他有关占蓍之类的字比较合理，掌管筮卦的人称为"簭人"，他们从事与神鬼打交道的工作。古人认为"鬼神"预示和主宰人事的最终结果，故对"鬼神"有一种莫名的敬畏。《观》卦强调通过举行敬畏"鬼神"的仪式来教化民众，使民众"自然"接受统治，而对"鬼神"意旨的解释权最终还是归属于君王，这是君王控制民众的精神法术；同时，百姓之间均衡人和人及各种社会关系的重要因素也是出于对"鬼神"的敬畏。能认识到"神道"作用的是大智慧，而非一般人所能领悟。一般从事祭祀或占蓍的专职人员更多的是注重占蓍的结果，或通过卦爻辞劝诫君王从善避恶，却不知推行让民众"自然"处世的大道，故本句写为"簭者，同于失"较符合原意。

◎同于德者，道亦德之。同于失者，道亦失之。

王弼本此句写为："同于道者，道亦乐得之；同于德者，德亦乐得之；同于失者，失亦乐得之。"王弼本出于错解进行了错改，无须另行分析。陈鼓应帛本的译文："同于德的行为，道会得到他；行为失德的，道也会抛弃他。"[①]请注意，这里"德"的主体是"行为"；"德之"释为"得之"，"道"

[①] 陈鼓应：《老子注译及评介（修订增补本）》，中华书局，2009，第155页。

是"得之"的主语。那么"道"和"德"的关系是什么？"道"的真谛是什么？什么样的行为才能"同于德"？"德"的范畴是什么？"道"如何能得到它？都无法解释清楚。

参照上句，本句的主体应该是"从事"的人，即为君王做事的人。"德"是功德，建立功德。"道"指"自然"，是融合进"神道"的思想和行为，就是受到了教化后的思想，相信自己做的符合"鬼神"意旨。"同于德者"，一心要建立功业的人。"道亦德之"，把对"神道"的信仰融会进了建立功德的思想中。比如同样是杀人，敌人杀害了我们的人，我们会感到愤怒；而我们杀害了敌人，就会感到自豪，因为我们保护了自己的宗庙不受侵害，同时杀掉敌人建立了功业。自然而然地这样去想，就是被教化到了"自然"的程度。这就是"道"与"德"同存的意境。

"同于失者"，在帛甲本中"失"字缺失。上一句写的是"者者"，这一句又缺失，想必不是偶然现象。还是那句话："者"或"失"恐均非原字，应该写"籤"才符合原意。"同于籤者"，一心验证神鬼预测结果的人。"道亦失之"，教化民众的大道理就不存在了。

老子根据《观》卦，在本章提出了一个巩固江山的千年大计，就是"道亦德之"，通过教化，使民众"自然"约束自己，社会才会安定；再进一步把"自然"之道融汇于"德"中，使他们以为国家建立功业为荣，国家就会强大。

【今译】

对民众不必表达过多言论，应该通过"神道"的教化使民众做到"自然"而思，"自然"而行。

大风不会超过一个早晨，暴雨不会下一整天。为什么这样说呢？

天地都不能使大风暴雨持久，何况君王之言对民众的影响呢！

所以为君王做事又遵从神意的人，说明融汇了教化的自然之道；一心建立功业的人，则只看重了名利；看重祭祀、占著功用的人，又失去了教化民众的大功用。

一心建立功业的人，能够把对"神道"的信仰融汇进建立功德的思想中。一心验证神鬼预测的人，教化民众的大功用就不存在了。

第二十五章　有物蟲成（简甲）

老子在第十四章、第二十三章和第六十四章都涉及了神学思想问题，本章也是谈神学问题。可能很多读者不同意这种观点，认为本章明明讲的是"道"，为什么变成神学了？其实我们仔细分析传统"老"学会发现，凡是含混不清的、解释不通的都归结到"道"的概念上，那"道"的实体究竟是什么呢？我们所理解的"道"和老子说的"兹之曰道"是同一个"道"吗？《道德经》中，每章的"道"都是概括每章的主题，本章的主题是神学，故神学就是本章"道"的实体。

有物（牂）蟲成，先天地生。敓缪，独立不亥，可以为天下母。未知其名，字之曰道。吾强为之，名曰大。大曰筮，筮曰远，远曰反。天大、地大、道大、王亦大。国中有四大安，王居一安。人法地，地法天，天法道，道法自然。（简本甲组第十一章）

本章对应《周易·噬嗑》卦。

【王弼本】有物混成，先天地生。寂兮寥兮，独立不改，周行而不殆，可以为天下母。吾不知其名，字之曰道，强为之名曰大。大曰逝，逝曰远，远曰反。故道大，天大，地大，王亦大。域中有四大，而王居其一焉。人法地，地法天，天法道，道法自然。

◎**有物（牂）蟲成，先天地生。**

"物"在简本中写为"牂"，学界对这个字的争议较大。裘锡圭认为："依文义当读为'状'。"[1]崔仁义和刘信芳认为是"将"。黄锡全释为"状"或

---

① 引自廖名春：《郭店楚简老子校释》，清华大学出版社，2003，第204页。

"象"。① 这些说法各有道理，但都不准确。"睂"作为战国古字，也不能说现在没有等义的现成字，这就需要从两方面训释：一是字形；二是句意。

从字形上说，"睂"字的部首"爿"常与床有关，此时的床实际就是室内坐卧的区域；"首"是头。"睂"表示将头贴在床上，是一种磕头的状态，对应的字是"叩"，叩首。要论句意，就要看是否与"蟲成"形成因果关系。

"蟲"，帛本为"昆"，王弼本为"混"。一般认为简本之"蟲"通"混"，混沌之义。廖明春认为："'蟲'为'蚰'字之讹，而'蚰'为'昆'字音近相借……此处义当为混同、混合、混融。"② 笔者认为，"蟲"应该以原字解，没有必要做他解。"蟲"不同于"虫""蚰"，而是多种昆虫的综合称名。

"有物（睂）蟲成"是什么意思呢？是求神者向神灵磕头后，嘴里发出像虫鸟鸣叫一样的声音，然后用人们能听懂的语言解释神的意旨。在这种语境下，"蟲"字可以理解成虫鸟叫的声音。笔者这样理解，不是单凭对字的推理，也不是对古籍的引用，而是亲眼见过"神婆"对神像行过礼后，嘴里发出非人类的语言，而似虫鸟般的嘎嘎之声。那么这样说在本章的依据又从哪里来呢？在所对应的《周易》卦中。

本章按顺序对应《周易·噬嗑》卦☲，卦象初爻、上爻为阳，像"口"形，中间一阳爻在四爻位，四爻又主祭祀、神灵，本卦与祭祀、求神有关。"噬嗑"二字从"口"，表示说话。"噬"从"筮"，求神之义。"嗑"为发声，东北人把闲聊叫作唠嗑，即取此意。"噬嗑"的意思是"鬼神"通过筮人用声音来显灵。③ "有物（睂）蟲成"正是对"噬嗑"的解释，意思是求神者在行跪拜仪式后，嘴里发出鸟虫似的声音，来传达神灵意旨。

每个章节都是对所对应《周易》卦卦象或卦名的阐释，而且都不加以说明，这是《道德经》的奥秘之处。简本"有物（睂）蟲成"原字原解，既符合《道德经》首句规律，也符合《噬嗑》卦卦名之义。帛书的"有物昆成"和王弼本"有物混成"由于不明白这一奥秘，只好改字才能通释，而这样的通释实际上改变了老子原意，读者不可不鉴。

---

① 引自廖名春：《郭店楚简老子校释》，清华大学出版社，2003，第 205 页。
② 引自同上，第 208 页。
③ 见杨吉德：《周易说解》，齐鲁书社，2018，第 328 页。

"先天地生"，"生"指出现。我们不能用天文学意义理解"天地"，认为神灵能先于天地而存在，而是神灵与人类生活有密切关联的自然世界的关系。日月风雨都为"天"的范畴，山川草木都为"地"的范畴。君王凡重大活动，都要由簪人对气象进行预测，这在甲骨卜辞中有大量记载，比如测得风和日丽便可举行仪式，测得大风大雨便延后举行，预测在前，风雨时至在后，神灵不是先天地而生吗！这也是古人崇尚神灵的原因之一。

◎ 敚缪，独立不亥，可以为天下母。

"敚缪"二字写法各有不同，帛甲本为"繡呵缪呵"；帛乙本为"萧呵漻呵"；王弼本为"寂兮廖兮"，学界大致将简本二字释以"寂寥"。

简本写为："敚缪（系）。"敚（duó），《说文》释为"强取也"。此说不完全符合本章"敚"的字义。"兑"，《说文》释为"说也。从儿、合声"。"敚"字"攵"在"兑"下，像是用手抓着鹰、鸟之类发出的叫声。以此看，"敚"应该是形容神巫嘴里发出的噬嗑之声。神灵通过没有人能听懂的虫鸟之音传达意旨。

"系"，《郭店楚墓竹简》释文为"缪"，取"穆"义；大都倾向于假为"廖"。仔细分析简本字形，上面是"曲"形加"禾"，下面是"糸"，意思是禾的根像糸一样弯曲而又绵绵不绝，如果用现存字对应的话，"绵"字比较恰当。《说文》："绵，联微也。""绵"为连绵不断之义。"敚缪"的意思是神灵的意旨通过神巫之口传达给人类，由远古世代相传，绵延不绝。

简本"独立不亥"之"亥"，帛本写为"垓（姟）"，王弼本为"改"，应该以"亥"为是。十二地支起于子，终于亥，"亥"就是终结之义，"不亥"是永无终结。"独立不亥"，神灵不依朝代的更迭而改变，也不依时光的消逝而湮灭，而是独立于人神之间，由专职人员传袭不绝。

"可以为天下母"，与上句的"先天地生"分别写了"天地"和"天下"，"天地"是我们所认知的自然世界，"天下"是君王所治理的人类社会，两者是不同领域的两个概念。帛本误把"生"和"母"的含义等同看待，所以把"天下"错改为"天地"，使"先天地生"和"可以为天下母"保持同一个概念。在简本出土之前，学界倾向于帛本的"为天地母"为善，简本出土后才更正了这种说法。

由"天地"的自然现象演进到"天下"的社会现象，是老子常用的递进式文笔，但"为天下母"又如何解释呢？从字面看，"母"应该是先于"天下"而存在的，那"母"何指？"天下"又何指？需要有一个清晰概念才行。

实际上，此"天下"有明确指向，本章的主题由《噬嗑》卦而来，卦辞："噬嗑亨，利用狱。"意思是听从神灵的意旨行事一定会亨通，但在判断具体事情的对错时还是要多听对方的申辩。《噬嗑·象》曰："雷电，噬嗑。先王以明罚敕法。"说周文王制定了详细的刑法条文，以便人们自觉地依法行事。这样就明白了，"天下"实际指治理天下之人的方式，即王法。

在王法产生之前是如何评判是非曲直的呢？小事依常理，大事凭神断。神灵说甲对乙错，就褒甲惩乙；神灵说乙对甲错，则褒乙惩甲。由神断发展至法断，神灵即可以称为"天下母"。王弼本在句子中加了句"周行而不殆"，一是说明王弼没有看懂本章所指主体，二是其妄加文字，篡改了老子文章，改变了老子的思想主题，学者当明之。

◎未知其名，字之曰道。

首先要明白"其名"指谁的名。按照前句所言，应当指神灵，筮（shì）人发出来的音符没有人能听懂，自然不知道是哪路神仙在显灵，故"未知其名"。

"字"，至今学界对简本字形的分析还没有一个满意的答案。笔者的看法是，其字形"肇"像是将不同的糸用纺车织成一根线，应该是"综"字比较恰当，意思为总合、归纳。帛本写为"字"，从释义上说也无不可。"字之曰道"，综合这些因素可以称之为"道"。"道"，实则为"噬嗑"之"道"，是神灵之道，与他章不同，应区别看待。

◎吾强为之，名曰大。

此"大"为大小之大，指神灵的能量超出了自己的认知范围。"为"是做；"强为"，努力去做。"吾强为之"，我做不到与神灵交通，却可以努力领悟神灵意旨。"名曰大"，能够领会到神灵意旨就可以称之为"大"。

◎大曰筮，筮曰远，远曰反。

帛本："大曰筮，筮曰远，远曰反。"王弼本："大曰逝，逝曰远，远曰反。"简本之"筮"字写得太过复杂，《郭店楚墓竹简》注释为"待考"；裘锡圭、李家浩、刘信芳认为应读为"衍"①；亦有作"折"解之；大部分还是依王弼本按"逝"解，但没有按"筮"解的。

其实帛本之"筮"才真正接近简本之字。简本字形左边像是龟兆，右边为"易"字，下面如同盛蓍草的容器，表示筮法，故以"筮"表之最为恰当。

"大曰筮"，体现这种巨大能量的称之为"筮"。

"筮曰远"，筮法传承于遥远的古代，可称之为远古的法术。

"远曰反"，将远古的法术运用于今天，可称之为"反（返）"。

◎天大、地大、道大、王亦大。

帛本及王弼本为"道大、天大、地大、王亦大"。帛本和王弼本认为"先天地生""为天下母"是讲"道"生天地，且章尾"人法地，地法天，天法道，道法自然"写的"天法道"，故本句将"道大"改写于前。简本将"道"写于"天"，"地"之后，说明帛本和王弼本理解有误。前句的"先天地生"是局限于筮卦预测范围的自然现象，而本句之"天""地"是泛指人类生存的天和地，不因"道"而生，亦不因"道"而亡，故"天大""地大"。

"道大"，神灵大。古时帝王祭祀无非是三大类：祭天，祈求风调雨顺；祭地，祈求没有水患，五谷丰登；祭神灵，祈求神灵保佑王位永固。所以"天""地""神"为三大。

"王亦大"，多一个"亦"字，说明"王"与"天""地""道"不是一类，忝居"大"位。如果反过来想，天地都是为人而存在的，神也是为人而显灵的，没有了人，一切都显得没有意义。人类的管理者是王，王是人之大，最为尊贵，故写"王亦大"也是必需的。

---

① 引自廖名春：《郭店楚简老子校释》，清华大学出版社，2003，第221页。

◎**国中有四大安，王居一安。**

帛本"国中有四大"，王弼本"域中有四大"，简本"国"的字形不是很明晰。就帛本的"国"和王弼本的"域"讲，学界普遍倾向于"域"。其实，用"域"字就过于超脱了，还是"国"字较为精准。

"国"是周王之国，而不能称为"域"，凡分封之国都写为"邦"。"天"与"地"是相对应的，有多大的地方有多大的天，周国疆域之外的天与周国没有什么关系，故"天大""地大"与"国"没有冲突。"道"指占卜或筮卦，用来传达神灵的意旨，有一套严格的演算方式，是商周一直传承下来的，"国"外的异族并不掌握此"道"，故"道"与"国"也相一致。"王"是周国之王，周国之外属于化外民族，不在王的统辖之下，故"国"与"王"相一致。由此看，老子原文用"国"合理，用"域"则超脱了"四大"范围。

"安"，语气词，通"焉"。"王居一安"可以从三个方面加以分析。一是强调"王"的天地神授的正统地位，是天下稳定的基石，诸侯不要妄自废除王室，这是与"天大"的关系。二是分封之国如果各自称王，最终分裂之地还是会走向一统，而一统之王不唯通过武力实现之，还须有天、地、神授，才能在理论上被天下之人接受，这是与"地大"的关系。三是强调对"道"法的转换，王如何才能将"道"法转换为人法，使人们像尊崇"神道"一样去尊崇"王道"，这是与"道大"的关系。由此说，诸侯崇信天、地、神，必须也要崇信王，这是"王居一安"的道理所在。

◎**人法地，地法天，天法道，道法自然。**

王弼注："法，谓法则也。""法"是个动态词，一般释为效法，但严格来说，"效法"之说不太严谨，因为人、地、天、自然属性不同，是无法相互效法的。比较合理地讲，应该是顺应法则。"人法地"，人生活在大地中，要顺应地的法则才能够生存。"地法天"，地被天罩着，要顺应天气的变化，才能够生产作物。"天法道"，古人认为，天象不论怎样变化，都有神在控制，占卜气象，先机于天气，不就是天在顺应神的意旨吗！

写"法"字的思路怎么来的呢？《噬嗑·象辞》："雷电，噬嗑。先王以明罚敕法。"说周文王制定了详细的惩罚细则，告诉人们怎样来顺应社会法则。《象辞》之"法"是本章之"法"的纲，而且是"道法自然"的核心所在。

"道法自然"是本章的终极思想，要明白这句话，首先要弄清楚何为"自然"。河上公注："道性自然，无所法也。"王弼注："法自然者，在方而法方，在圆而法圆。于自然无所违也。自然者，无称之言，穷极之辞也。"河上公和王弼都错解了老子本意，那些解"自然"为"无为"者，更是无稽之谈。

其实，老子所说的"自然"，是一个使社会长治久安的大概念。老子在第二十三章提出"希言，自然"，是说真正的治理良策不是统治者下达多少法令去约束人们，而是人们在日常的行为中自然而然地中规中矩，形成良好的民俗民风，如此才能国泰民安。这是一个系统工程，非一时一事之功。本章所说的"道法自然"，与"希言，自然"同出一辙，都是强调人们自然而然这种潜意识的巨大作用。

这个"道"与"字之曰道"之"道"有相同和不相同处，相同之处是都讲的是神灵意旨；不同之处，"字之曰道"是名词，"道法自然"之"道"是动词，即推行"道"。上至国君，下至国民，对神灵都顶礼膜拜，如何使对神灵的膜拜成为自觉遵守社会秩序的精神依托，即让神灵意旨成为社会公共秩序的依据，这才是一门大学问。

关于这一思路，在《噬嗑》卦中早有论述，其包含三个层次，卦辞："噬嗑亨。利用狱。""噬嗑亨"意思是按照神灵的意旨去做才名正言顺，容易成功，这是第一层意思。"利用狱"，在具体事物中不光要遵从神的意旨，还要尊重人们申辩的权利，这就从神走向了人，是第二层意思。周公在《象辞》中指出："先王以明罚敕法。"说周文王建立刑罚制度的目的，是让人们如何在日常行为中自觉地遵从法治。这样又把法治提高到了自然的境界，这是第三层意思。而本章由神灵到王治，再由王治到"自然"，也是在遵循这三个层次予以论述。由此看，老子是把《周易》思想转变为自己的思想进行了重新论述，而且更具有现实意义。

本章有个问题需要分辨，简本中尾句"人法地，地法天，天法道，道法自然"，而前句写的是"天大、地大、道大、王亦大"，"道"字的顺序发生了变化，是不是自相矛盾？其实并不矛盾，前句之"道"对应的是"王"，后句之"道"对应的是"人"，王的"道"是保佑王室的神灵，人的"道"是顶礼膜拜的神灵，两个"道"包含着两种不同概念，次序不同是正常的。

【今译】

神灵的意旨由鸟虫之声而生成，她产生于天地事物出现之前。

这种神灵之音通过神巫之口世代相传，绵延不绝，可视为治理天下的渊源。

不知道她的原始之名是什么，综合这些因素可以称之为"道"。

我努力领悟神灵意旨，方明白她的能量之大。

体现这种巨大能量的称之为"筮"；筮法传承于遥远的古代，可称之为远古的法术；远古的法术运用于今天，可称之为"反"。

天的能量大，地的能量大，筮法的能量大，王也可以并列为大。

国家有这四个大啊，王也是其中的一大啊！

人要顺从地的法则，地要顺从天的法则，天象在遵从神灵的法则，对神灵的解释要遵从人们自然而然的社会法则。

第二十六章　重为茎根（帛甲）

按照王弼本和其他传世版本理解，本章谈的是重静和轻躁之间的关系；如果按照帛甲本的原字理解，则讲的是战国时期特有的列国之间人才流动的问题。对人才的引进和任用始终是一个大问题，都知道人才是国家变革富强的驱动力，但除了秦国能够做到用人不疑，其他国家都顾虑重重，难以从体制上有所突破，老子针对这个问题也发表了自己的看法。

【重】为茎根，清为趮君。是以君子众，日行不离其甾重。唯有环官，燕处【则昭】若。若何万乘之王而以身茎于天下（此句应移于最后）。茎则失本，趮则失君。（帛甲本）

本章对应《周易·贲》卦。

【王弼本】重为轻根，静为躁君。是以圣人终日行不离辎重。虽有荣观，燕处超然，奈何万乘之主，而以身轻天下？轻则失本，躁则失君。

◎**重为至根，清为趆君。**

帛乙本："重为轻根，静为趆君。"王弼本："重为轻根，静为躁君。"从字面看，帛甲本、帛乙本、王弼本，越改意思越清晰，王弼本形成了两个反义词的对比句式，意蕴深远。但依帛甲本看，并不是工整的反义词句式，而是有针对性的描述。

本章按顺序对应《周易·贲》卦☲，卦象初九和上九两个阳爻围在六爻卦的最外，意味着论述的问题局限在内部；九三阳爻从武，表示军队；这个军队不是对外征战之军，而是守卫王室的戍卫之军，类似于周王朝的虎贲军，卦名之"贲"即与虎贲有关。《贲》卦卦辞："贲亨。小利有攸往。"爻辞："初九贲其趾，舍车而徒。"这些都是针对卫兵而言，指脚力好的士兵夹舍车奔行。本章围绕乘舍车而行，结合当时的一些社会热点，进行了深层次的论述。

帛甲本"重"字残损，按帛乙本补之。《左传·宣公十二年》："楚重至于邲。""重"即为辎重之义。本句之"重"指长途奔走于列国的士子随行携带的衣物和食物等辎重。

林义光《文源》："至，即经之古文。"帛甲本之"至"为"经（經）"义。帛乙本作为帛甲本的抄本，写为"轻"，似乎"轻（輕）"与"至"同，但既然字义相同，为什么还要修改字形呢？只能说帛乙本不只是修改了字形，主要是修改了字义，还应该以帛甲本之"至"为是。"经"为经营、治理天下之义。"重为至根"，具备相当的辎重，是实现治理天下理想的本钱。如果没有这些辎重，就难以奔走列国，担当治理天下的重任只能成为空谈。这里提出辎重，实际就是家庭经济问题，家境贫寒之士，难以承担出行及攀援权贵的费用，既实现不了自己的宏愿，还使家庭愈加贫困。

"清"，清平、太平。《孟子·万章下》："（伯夷）当纣之时，居北海之滨，以待天下之清也。"此"清"即指太平。"趡"，《说文》释为"疾也。从走臬声"，则到切。臣铉等曰："今俗别作躁，非是。""趡"和"躁"不同，"趡"是快走的意思，虽然与"躁"都有快走之义，但"躁"的含义比较广泛，故应以帛甲本之"趡"为是。"趡"由初九爻辞"舍车而徒"而来，指时下有识之士乘舍车奔走于列国。"君"，指主旨、根由。第七十章"言有君，事有宗"之"君"亦为主旨之义。"清为趡君"，使天下太平是士子们奔走列国的主旨。

本句围绕《贲》卦所写的舍车和奔走，结合春秋战国时期盛行的求贤养门客的现象，指出作为学子，要充分考虑求仕的成本，有了雄厚的资金才能实现求仕愿望，而致力于天下太平应该作为自己奔走天下的动力。

◎**是以君子众，日行不离其甾重。**

帛乙本："是以君子终日行不远其甾重。"王弼本："是以圣人终日行不离辎重。""日行"和"终日行"没有区别，都是指白天行走，完全可以省略"终"字，故帛甲本之"众"应为原字。帛本和其他传世版本皆为"君子"，王弼本的"圣人"明显是修改的。"君子"泛指有学识之人。"众"表示众多的有学之士。战国时，社会阶层开始出现了松动，越来越多的平民为改变身份而求学，为改变社会而求仕，形成了一种时代特色。这是"君子众"的含义。

"是"，这。"是以"，这样做，指奔走列国的行为。

"离"，帛甲本为"蓠"，通"离"。《说文》："甾，东楚名缶曰甾。""甾"指做饭的家什。"重"指生活必需品。"不离其甾重"，即以车为家，长距离或长时间地奔波在路途中。"日行"，白天行进在路途，晚上休息。

这句话的意思是，现在越来越多的有学之士，为了实现自己从官为政、治理天下的愿望，不畏路途遥远，奔波于追求理想的道路上。

◎**唯有环官，燕处则昭若。**

帛甲本之"唯"，帛乙本写为"雖（虽）"，王弼本句子为："虽有荣观，燕处超然。"应以帛甲本为准。

"唯"，有应答之义，《道德经》中凡"唯"字，虽然有语气词功用，但都是用于以下应上之人。《康熙字典》："《左传·文元年》：'且掌环列之尹。'【注】：'宫卫之官。'"这一释义符合《贲》卦的虎贲之义，"环官"，指宫廷的卫戍之官。"唯有环官"，被任用为宫廷的下属官员，指未被重用。

燕子为候鸟，在北方人看来，燕子属于夏候鸟，因为冬天飞走夏天回来；在热带地区的人看来，它是冬候鸟，夏天飞走冬天回来。"燕处"，用燕子的特性来形容那些趋利的学士，他们对权力的渴望过于强烈，达不到自己的理想就投奔他方，并非真心效忠君王。一般把"燕"解为"安"，窃以为不妥，还是以原意为是。"则昭"，帛甲本缺失，据帛乙本补之。"昭"，表明。"燕处则昭若"，像燕子一样来回投奔，就表明了他们的不可靠性。

"环官""荣观""燕处"，学界的争议较多，笔者认为还是应该用帛甲本原字原意进行注释更为合理。

这句话的意思是，许多学子心境浮躁，眼高手低，趋利而忘义，并不是真心来帮助君王治理国家，而是为了自己的荣华富贵前来投奔。

◎至则失本，趡则失君。

诸本都是将本句排在章末，但笔者怀疑这句话在帛甲本时就被改抄在了最后。说其改抄，是因为它是针对"燕处"之人讲的，而不是对王讲的，应该排在"燕处则昭若"之后才对；如果把这句放在章末，就成了对"万乘之王"行为的总结。

"至"，同"经"，经营天下，指前来投奔之人执掌朝政。"本"，自己原来的国家。"至则失本"，治理新的国家就会失去效力自己祖国的机会。此强彼弱，自己服务的国家强大了，必然会削弱祖国的力量，这是学子出外求仕面临的一个矛盾。

"趡"，奔走他乡。"君"，与前句"清为趡君"同义，指主宰自己行为的思想。"失君"，失去自己的立身之本。"趡则失君"，重新奔走于路途就失去了自己的立身之本。

这句话描述了奔走列国的学士的复杂心态，在祖国不受待见，效力于新主有叛国之嫌，离开这里再投新主又有违自己的最初志愿。故此句写于"唯有环官，燕处则昭若"之后才符合原意。

◎若何万乘之王而以身奎于天下。

王弼本："奈何万乘之主。"王弼本把肯定句变成了疑问句，所以将"若"改为"奈"；又因为把前句之"君"解成了君王，只好将"王"改为"主"，以使"君""主"一致。

"若"，这样。"若何"，这就是这样做的原因。

"万乘"，乃虚指。"万乘之王"，周代制度规定，天子地方千里，能出兵车万乘，因以"万乘"指天子、帝王。凡《道德经》之"王"皆指周王，并与"天下"相呼应；诸侯王则以"侯王"称之。

"以身"，亲自去做。"以身奎于天下"，亲自去治理天下。

"若何万乘之王以身奎于天下"，这就是为什么作为万乘之王要亲身去治理天下的原因。前面讲的那些求仕学子虽然有经天纬地之才，但他们是否能全身心为投奔之国君效力，还是一个未知数，所以举周王亲身治国的例子，说明一个道理：作为竞强并弱时代的列国之君，又有什么理由将国运寄托于他国之人来掌控呢！由此看，人才的趋利性流动，使社会充满了活力，这对原有思想体系表现出了强烈的冲击力，也促进了战国时期各种思想体系的形成；而在得人才即得天下的战国时期，老子的顾虑虽有道理，但还是相对保守了一些。

【今译】

具备相当的辎重，是实现治理天下理想的本钱。致力于世界太平，应成为学子奔走列国的根本愿望。

这样做的学子越来越多，他们白天行进在道路上，最离不开的是做饭的家什和生活用具。

如果被任命为无足轻重的下级官员，会毫不犹豫地寻找下一个接纳之处，这就表明了他们不可信赖。

他们如果治理这个国家，就会失去对原本国家效力的机会；继续再奔走于他国，就会失去作为自己立身之本的信誉。

这就是周王要亲身治理天下的原因。

第二十七章　善行者无彻迹（帛甲）

　　本章是对《周易·剥》卦的阐释。对照《剥》卦，会发现一个有趣的现象，《剥》卦卦象有五个阴爻，五个爻辞带"剥"字；本章有五个"善"字，与《剥》卦卦象五个阴爻相合，这是本章与《剥》卦的相近之处。《剥》卦爻辞因阴爻聚集，多言不利之事，故有三个"凶"字；阴爻又为民，本章多言小民擅长之事，故有五个"善"句，这是本章与《剥》卦的相反之处。老子之文源自《周易》而区别于《周易》，体现了对《周易》思想的再创造。

　　　善行者，无彻迹；【善】言者，无瑕适；善数者，不以梼策；善闭者，无关键而不可启也；善结者，【无绳】约而不可解也。是以圣人恒善救人，而无弃人，物无弃财。是谓袭明。故善【人，善人】之师；不善人，善人之赍也。不贵其师，不爱其赍，唯智乎？大迷（眯），是谓眇要。（帛甲本）

　　本章对应《周易·剥》卦。

　　【王弼本】善行无辙迹，善言无瑕谪，善数不用筹策，善闭无关楗而不可开，善结无绳约而不可解。是以圣人常善救人，故无弃人；常善救物，故无弃物，是谓袭明。故善人者，不善人之师；不善人者，善人之资。不贵其师，不爱其资，虽智大迷，是谓要妙。

　　◎善行者，无彻迹；善言者，无瑕适；善数者，不以梼策；善闭者，无关键而不可启也；善结者，无绳约而不可解也。

　　要了解本章和《剥》卦的关系，首先要明白《剥》卦的卦爻辞讲了什么。

阴爻有邪恶之性，《剥》卦☶，卦象上九一阳制衡下面五阴，表达的含义就是如何把恶变为善，把无用变为有用。"剥"的本义指以斧劈木，表示要把原木变为可用之材。

帛书本《易·剥》卦爻辞：

剥，不利有攸往。

初六剥臧，以足蔑，贞凶。

六二剥臧，以辩蔑，贞凶。

六三剥无咎。

六四剥臧，以肤凶。

六五贯鱼食，宫人笼，无不利。

上九石果不食，君子得舆，小人剥庐。

象曰：山附于地，剥。上以厚下安宅。

爻辞有三个"臧"，《说文》："臧，善也。"故本章的"善"字实出于爻辞之"臧"。"善行"与初六之"足"相合；"善言"与六二之"辩"相合；其他句子与爻辞也是逐句相合，五个"善"对应《剥》卦五个阴爻之句，表述是很严密的。

这五个"善"除了与爻辞相合，还有什么理由一定要写"善"呢？从地位上讲，阴爻为民众；从性质上讲，阴爻为邪恶。使下面人做到避恶趋善的方法，就是让民众的聪明者成为某种技能的佼佼者，使民众争相效仿，并以此为荣，故老子连写五个"善"，意在强调如何引导民众竞强好胜的心态趋于善且与统治者没有相害的方向。

"善行者，无彻迹。"帛书《易·剥》卦初六爻辞："剥臧，以足蔑，贞凶。""行"与"足"相合。"足"有行走义，"善行者"指善于奔走的人。"夐"，甲本字形没有"车"旁；帛乙本为"达"，亦没有车行之义。《康熙字典》："本作撤，去也。通作彻。""夐"有走过去的意思。《说文》："徹（彻），通也。""徹（彻）"加"力"，似有行走加力之义。王弼本写为"辙"，与帛本有异。《说文新附·车部》："辙，车迹也。从车，徹省声。本通用徹，后人所加。"蒋锡昌云："'徹'为'辙'之借字，《说文》'辙，迹也。'

盖'徹'为车迹，'迹'为马迹。"①但帛甲本之"彻"与"徹"不完全相同，假"辙"之说恐难成立，故"无彻迹"理解为行走时因脚法较重而留下的痕迹。"善行者，无彻迹"意在形容行走得快捷而轻飘，没有那种笨拙吃力的感觉。

"善言者，无瑕适。"帛书《易·剥》卦六二爻辞："剥臧，以辩蔑，贞凶。""善言者"与"辩"相合。《说文》："瑕，玉小赤也。""瑕"为带红色的玉。《广韵》："瑕，玉病也。""瑕"是瑕疵之义。《广雅》："瑕，裂也。"《管子·制分》："故凡用兵者，攻坚则轫，乘瑕则神。""瑕"为裂、空隙之义。从句子的语义看，"瑕"可理解为空隙，即有说话技巧的人思维严密，使人找不出纰漏。"适"，有向、对之义。"无瑕适"，使人没有纰漏可以应对。王弼本写为"善言无瑕谪"，与帛本稍有不同。

"善数者，不以梼策（箣）。"王弼本写为："善数不用筹策。"如果与帛书《易·剥》卦六三爻辞"剥无咎"对应理解，以帛本方能相通。帛本之"策（箣）"，指计数用的竹签或蓍草，与"策"义近，是古人用以计数的工具。"梼"，一般以通"筹"释义，指计数。但"善数"已经有了计数之意，"梼"就成了多余之字了。《说文》："梼，断木也。""梼"本义为木头的横截面，应以"断木"释"梼"为是。这样说的依据是什么？爻辞"剥无咎"之"剥"指把原木顺其丝理剥削成有用之材，作为策用的木棍都是等长的制品，与"剥"义相同。如果以横截面制作成木棍，木棍很容易折断，导致统计失误，故还是以"梼"字为准。"善数者，不以梼策"的意思是，专职于计数的人不会以木头的横截面制作策。

"善闭者，无关键而不可启也。""关键"帛本写为"关籥"，指关门用的门闩。精于关门的人，即便不用"关键"，外面的人也打不开。本句对应六四爻辞，四爻在卦象中代表门户，故有"善闭者"之辞。

"善结者，无绳约而不可解也"，会打结的人，不用很多的绳子捆绑也难以解开。这句话是从帛书《易·剥》卦六五爻辞而来："贯鱼食，宫人笼，无不利。"晾鱼干时，用长绳子将鱼穿在一起，打一个结穿一条鱼，使鱼和鱼之间产生空隙。老子由此引申到"善结"的境界来谈。帛甲本"无绳"二

---

① 引自高明：《帛书老子校注》，中华书局，1996，第362页。

字缺损，帛乙本为"无繩"，王弼本"无绳"。"繩""绳"同义。"约"，《说文》释为"缠束也"；"绳约"，用很长的绳子缠束。"无绳约"，不用很长的绳子一圈圈捆绑。

从以上分析看，这五个"善"句并非随手拈来的，而是与《剥》卦五个阴爻爻辞逐句对应写出来的，如果我们对文字有异议，可以爻辞为依据加以确认。我们不知道老子怎样解读这些爻辞内容，但他用自己的语言描述了日常生活的至高境界，来表达自己的思想。老子究竟在就事论事呢，还是另有寓意？后面的文字揭示了真实意图。

◎是以圣人恒善救人，而无弃人，物无弃财。是谓袭明。

帛甲本写为"声人"，可见抄写者认为"圣人"就是有声望之人，因而以"声"代"圣"。其实《道德经》是依据《周易》而写，"圣人"指的是《周易》作者周文王，与后来的有声望之人没关系。

"恒"，始终坚持。"善"，指前面讲的"善行者""善言者""善数者""善闭者""善结者"。

"救"，帛甲本写为"（㤹）"，《字汇》："（㤹），音救，义同。"《说文》："救，止也。"《周礼·司救》："救，犹禁也。以礼防禁人之过者也。""救"的本义为"止"，此处亦应以"止"解之。"救人"即"止人"。"止人"又为何意？《剥·彖》曰："剥，剥也，柔变刚也。不利有攸往，小人长也。顺而止之，观象也。"《剥》卦卦象阴爻从一长升至五，小人逐渐势大，被上九圣人所止。"人"指民众。"圣人"用社会等级制约民众的愿望，为"止人"，即"救人"。

等级制保证了封建奴隶制的稳定，但这是一种消极的方法，既制约民众，还要满足他们潜在的创造力，以"五善"为例，让身处底层的民众依照此例行事，使那些有超常能力者获得荣誉感，从而带动民众更多地为社会创造效益，这是安定社会的治理大法。

"而无弃人，物无弃财。"这句话又是从何谈起的呢？《剥·象》曰："山附于地，剥。上以厚下安宅。"意思是统治者要善待民众，让他们居有定所，没有被舍弃的感觉。"无弃人""无弃财"，就是让民众有归属感，避免流离失所，避免财产受到损失，与《象辞》所言一致。王弼本："是以圣人常善救人，故无弃人；常善救物，故无弃物，是谓袭明。""常善救物"添加的甚没道理。

王弼本之"袭"，帛甲本写为"愧"，《说文·心部》："愧，习也。""袭"有重复之义，"愧"亦有重复之义，故可用"袭"替代"愧"。"袭"针对的是五个"善"句，指这些"善"所包含的更为深层次的含义。"是谓袭明"，这才称得上明白了这些行为中包含的多重深意。

本句和前面句子是一体的，指出这五个"善"行其实是"圣人"要推行的，我们应当明白其对治理国家的深远意义。

◎**故善人，善人之师；不善人，善人之赍也。**

王弼本："故善人者，不善人之师。"是否帛本遗漏了"不"字呢？要辨别帛本和王弼本孰是孰非，首先要弄明白"善人"的含义。如陈鼓应译文："所以善人可以作为不善人的老师，不善人可以作为善人的借镜。"①把"善人"解作好人，"不善人"解作坏人，这样就与前面写的"善行""善言""善数""善闭""善结"不同了，显然王弼本添加的"不"字改变了文章原意，应当以帛本为准。

"故善人"，有了"故"字，说明这个"善人"是引申下来的，与前面的"善行者""善言者"是一致的，专指精于此道者。后面的"善人"，则泛指精通事务的聪明人。前"善人"和后"善人"都是聪明人，但有所不同，前"善人"是聪明人中的拔尖者，具有榜样作用。"故善人，善人之师"，行业的标杆要成为聪明人学习的榜样，让这些聪明人把精力投入到为名誉而努力的过程中，而名誉的赋予权在统治者手中，这样天下不就太平了吗！由此看，"师"应该理解为榜样之义。

"不善人"，不是很聪明的人，指普通大众。"赍"，《说文》释为"持遗也"，送来钱财之义。"不善人，善人之赍也"，不聪明的人，是聪明人获得钱财的来源。这句话有两层含义：一是现实中，精通技艺者通过传授技

---

① 陈鼓应：《老子注译及评介（修订增补本）》，中华书局，2009，第171页。

艺可以获得钱财等物质报酬；二是治理国家时，应当建立这样的机制，让努力钻研技艺者获得高于普通人的财富。这是上下垂直管理体系之外的一种横向管理体系，需引起重视。

◎**不贵其师，不爱其赏，唯智乎？**

我们首先需要弄清楚这句话的主体。前面讲的是"圣人"之所为，周文王、周公之所以制定这方面的奖赏机制，是为了国家的千年大计，是站在统治者的角度讲的。这句话仍然是以统治者为主体，讲现今领导者不再珍惜这种榜样的作用，不爱惜用经济手段治理国家，能说这是聪明的做法吗？

这个句子很值得深入探究。《剥》卦讲的是管理的学问，周文王早在《周易》写作时，通过卦爻辞为国家政权的长久设计了框架，周公在建周之初又建立了十分完善的运行机制。而时至战国，为了让国家迅速强大，诸侯国都实行强力行政手段，但常常功亏一篑，这是因为由上而下的行政手段见效快、时效短；而具有长期效果的，是精神上的榜样力量和经济上的激励手段，这是社会长久稳定运行的神经元。如果抛弃了这两方面，就称不上真正的智慧。

◎**大迷（眯），是谓眇要。**

王弼本此句为："虽智大迷，是谓要妙。"把上句帛甲本之"唯智乎"写为"虽智"并入本句，"眇要"写为"要妙"。学界对这种差别几乎没有争议，认为"眇"即假"妙"，皆以王弼本为准。其实王弼本的"要妙"是错误的。本章是围绕《剥》卦而写的，《剥》卦的卦爻辞不是"凶"就是"不利"，盖因坚持错误思想所致。所以本章前面论述了如何采取正确的方法治理国家，最后还是要归结到对"凶"的追溯上。"唯智乎？"这能算是智慧吗？为什么会采用不智慧的行为？是因为"大迷"。为什么在大的问题上迷失了方向？是因为思想观念出现了错误。"迷"帛甲本为"眯"，两字同义。"眯"，失去了一只眼睛，就是看不清方向，看不清问题的本质。"要"，要点。"是谓眇要"，这就是错误观念的要点所在。

【今译】

善于行走的人，不会留下明显的足迹；善于表达的人，使对方没有纰漏可以应对；专职于计数的，不会以木头的横截面制作策；精于关门的，即便不使用门闩别人也打不开；会打结的，不用很多的绳子捆绑别人也难以解开。

这就是周文王始终坚持用鼓励精业者来制止人们欲望的方式，而且让他们居有定所，避免出现流离失所和遗弃财产的状况。知道了这一点，才称得上明白了这里面的多重深意。

所以精于业技的人，要成为那些聪明人的榜样；不聪明的人，自然要为聪明人付出钱财。

不去表彰那些榜样，精业者不爱惜别人付给的钱财，这能算是有智慧的思想吗？

在大的问题上迷失了方向，这才是错误观念的要点所在。

第二十八章　知其雄守其雌（帛甲）

知其雄，守其雌。为天下溪。为天下溪，恒德不鸡。恒德不鸡，复归婴儿。知其日，守其辱，为天下谷。为天下谷，恒德乃【足】（往）。恒德乃【足，复归于朴】。知其白（日），守其黑（纆），为天下式。为天下式，恒德不貣。恒德不貣，复归于无极。椹（朴）散【则为器，圣】人用则为官长。夫大制无割。（帛甲本）

本章对应《周易·复》卦。

【王弼本】知其雄，守其雌，为天下谿。为天下谿，常德不离，复归于婴儿。知其白，守其黑，为天下式。为天下式，常德不忒，复归于无极。知其荣，守其辱，为天下谷。为天下谷，常德乃足，复归于朴。朴散则为器，圣人用之则为官长。故大制不割。

◎知其雄，守其雌。为天下溪。

如何理解"雄""雌"的内涵？单纯从字义上看，可以理解为雄强、雌柔。还有如王弼注："雄，先之属；雌，后之属也。"但这不能代表老子的本意，因为本章的"言之君"另有所指。本章按顺序对应《周易·复》卦☷☳，卦象阴阳是两个对应的主体，卦象五个阴爻在外，一个阳爻在内，按照《周易》卦象规则，五阴动而复归于内，初九静而接纳五阴，故卦辞写"复"，为众阴回归之义。"知其雄"，"雄"指初九阳爻，其本性为阳，为动。"守其雌"，"雌"性属阴主静，亦指初九阳爻。阳爻明明为动，为什么要改变属性取静呢？是因为内阳要接纳在外回归或前来投奔的诸子，所以他动我就要在内守静。以此看，"雄""雌"都是以初九阳爻为主体，"雄"是初九爻的自然属性，"雌"是初九爻的社会属性。

"为天下溪"，有的译为作为天下的溪涧，有的译为作为天下所遵循的蹊径。窃以为，"为天下"不能译为"作为天下的"。"为"是获取、治理之义，是动词。"坐天下"者取治理义，"打天下"者取获取义。"为天下"应理解为获取天下，指将来能统一天下的人。《尔雅·释水》："水注川曰谿。""溪"同"谿"，是归流于川的水溪，此处指前来投奔的人才。"为天下溪"，想要获取天下就要接纳各种外来人才。需要辨别的是，如王弼注："谿不求物，而物自归之。"把"谿"看作是纳水的主体，应该是解错了字义。

◎为天下溪，恒德不雞。恒德不雞，复归婴儿。

帛乙本写为"为天下雞，恒德不离"，王弼本写为"常德不离"。按照抄写的常理讲，不会把"離（离）"写成"雞"。笔者的观点，"雞"的本字应该是"奚"，疑问之义。《论语·宪问》："子路宿于石门。晨门曰：'奚自？'""奚"即表示疑问。"恒"，常、坚持。"德"，指"为天下溪"的思想。"为天下溪，恒德不雞（奚）"，想要获取天下，就要接纳各种人才，应当坚持这一思想而不要过多怀疑。为什么这样写呢？《复》卦卦辞："复亨。出入无疾，朋来无咎。反复其道，七日来复，利有攸往。""疾"，病，通常指不正确的思想。本句对应的卦辞是"出入无疾，朋来无咎"，原意为那些出去又回来的人没有什么不对，前来投靠我们的人也没有错。这句话的意思是对那些当初走出去，现在又要求回来的人，不要去追究过去的行为，也不要怀疑他们来投奔自己的意图。"恒德不雞（奚）"紧扣这一思想，讲要坚持广纳天下英才而不要过多地怀疑。

"恒德不雞，复归婴儿。""婴儿"是自己生养的孩子，长大了不会有二心，在这里是一种比喻，对前来投奔的人不怀疑，以德感化，要使他们脱胎换骨，与过去划清界限，真心实意为新主人做事。

◎知其日，守其辱，为天下谷。

乙本为"知其白，守其辱，为天下谷"，王弼本为"知其白，守其黑，为天下式"。对照之下，帛甲本之"日"似乎是"白"字的误写，但我们仔细阅读《复》卦，就会明白"日"才是原字。卦辞："反复其道，七日来复，利有攸往。"我们可以从两个角度理解卦辞。一是那些出去后要返回来的人正走在道上，七日才能来到，意思是他们正在徘徊之中，在观察形势和思考将来的结局，以做出最终抉择，而我们可以耐心地等待。"知其日"，即知道他们归来之日。二是按照《象辞》的理解："反复其道，七日来复，天行也。利有攸往。"意思是现在阳爻受到压制，但卦象的趋势是阳升阴消，以"日"来形容，逐日强盛。"知其日"，即知道现在是受辱之日，也知道将来的强盛之日。

"守其辱"，《复》卦五个阴爻在上，初九一阳在下，有被压制之象。但天道轮回，受得住今日之辱，才能迎来他日之盛。

"谷"，溪水通川之口，喻宏大的吞纳之量。"为天下"，获取天下。"为天下谷"，要想获取天下就需要有宽阔的胸襟。

本章阐释《复》卦有两个卦象视角，一是内外视角，五阴爻回归于初九，是上两句的意境；二是上下视角，五阴爻在上压制下面的初九爻，是本句表达的意境。

◎为天下谷，恒德乃足（往）。恒德乃足，复归于朴。

"恒德乃足"一般释为具有永恒的德才能使人感到充足。笔者认为以战国初期太史儋的笔法，多以实字为主，每字俱有所指，言简而意丰。如"为"应为动词，取治理、获取义。"谷"，名词动用，像谷口一样容纳百溪。"为天下谷"，要获取天下就要具有容纳百溪的胸襟。同理，"恒"不应解为永恒，而是永恒地做，即坚持做。"德"，非泛指品德，而是指具有"为天下谷"的胸襟。

关于"足"字，帛甲本缺失，据帛乙本补之，但这个字原本不会是"足"，应该是近似于走出去的"往"字。《复》卦卦辞："复亨。出入无疾，朋来无咎。反复其道，七日来复，利有攸往。"

"知其雄，守其雌，为天下溪"对应的是"复亨"，"为天下溪，恒德不雞。恒德不雞，复归婴儿"对应的是"出入无疾，朋来无咎"，"知其日，守其辱，为天下谷"对应的是"反复其道，七日来复"，"为天下谷，恒德乃足（往）"对应的是"利有攸往"。如果你能耐得住寂寞，能接纳各路英才，能把投奔者感化得如同己出，能忍受住今日之辱，能具有获取天下的广阔胸怀，就可以走出去实现宏图大志了，即"利有攸往"。由此看，按照帛乙本和王弼本确定"足"字是缺乏写作依据的。

那么"恒德乃足（往）"与"复归于朴"的逻辑关联又在哪里呢？"朴"是初始思想。"恒德乃足（往）"是实施获取天下的行动，"复归于朴"是事业成功了仍然要保持初始思想不变。与此有关联的《复》卦有两段爻辞："六四中行独复。六五敦复，无悔。""中行独复"是坚持自己的思想，不为他人所左右。"敦复"是回归纯朴的思想。一般创业者，打天下时可与其共患难，而坐天下时却不能与其同富贵，原因在于环境改变人，初始思想难以保持始终。如越王勾践，战败时能忍受卧薪尝胆之辱，注重礼贤下士，称霸后却"飞鸟尽良弓藏，狡兔死走狗烹"，不仅不兑现昔日承诺，还枉杀功臣，即为典型的反面实例。

◎知其白（日），守其黑（纆），为天下式。

根据《庄子·天下篇》所引述的段落，学界有一种观点，认为本章文字"守其黑（纆），为天下式。为天下式，恒德不貣。恒德不貣，复归于无极"是后人添加的。如果仅仅依据《庄子》就断定这段文字为后加，未免有些武断。

这段文字是不是原本所有,最大的依据应该是看《复》卦中有没有论述。《复·象辞》:"雷在地中,复。先王以至日闭关,商旅不行。后不省方。"根据《象辞》我们可以鉴别一下"知其白,守其黑(纆),为天下式。为天下式,恒德不贷。恒德不贷,复归于无极"到底应该怎么理解。

帛乙本上一句写"知其白",本句亦为"知其白",两个句子一样。帛甲本上一句写"知其日",本句只写了"知其",脱漏了一个字。如果两个句子一样,本句也应该是"知其日"。说其为"日"的依据在哪里呢?上一个"日"是从卦辞"七日"引申来的,有其依据;这个"日"是从《象辞》"至日"引申而来,表示冬至这一天,也有依据。所以这两个"日"在《复》卦中各有所指,都有依据,帛乙本写为"白",显然做了修改。

"守其黑(纆)"帛甲、帛乙本俱写为"黑",如果前句为"知其日",这一句的"黑"字就没有道理了。愚以为,"黑"应该是某个字的偏旁,有可能是"纆"字的省写。"纆徽",木工所用的绳墨,以"纆"简称。纆徽起取直的作用,也是弃与用的分界线,或者引申为善与恶的界线。冬至日是阴阳分割日,阴气终结,阳气始升,可以用"纆"代指,故"黑"的本字为"纆"还是有依据的。

"式",《说文》释为"法也",指法度、规矩。"为天下式",治理天下,就要用许多规矩约束人们的行为。

《复·象辞》写"先王以至日闭关",说周文王制定了法规,在冬至日关闭边界城门,以隔绝余阴侵阳。"知其日,守其黑(纆),为天下式",我们知道"至日"的意义,就要严守善与恶的界线。治理天下就需要设立一些规矩约束人们的具体行为,养成一个遵守制度的习惯。由此看,两者的意境基本一致。

需要注意的是,前面两个"为天下"是围绕卦辞谈的,指获取天下;这里的"为天下"是围绕《象辞》谈的,指周文王如何治理天下,两者概念不同。

◎ 为天下式,恒德不贷。恒德不贷,复归于无极。

帛甲本"恒德不贷",帛乙本为"恒德不贷",王弼本为"常德不忒",应以帛甲本之"贷"为准。

"貣（dài）"，《说文》："从人求物也。从贝弋声。"按照《象辞》"先王以至日闭关，商旅不行"，"貣"应该指经商，"不貣"即同《象辞》"商旅不行"。"为天下式，恒德不貣"，意思是治理天下重在树立遵守规矩的意识，为了长久培养这种意识，而实行至日不通商旅的制度。老子认为周文王建立至日闭关制度，其意义并不在于制度本身，而在于对人们日常生活遵守制度的警示作用。

"无极"，没有极限，或指社会处于没有律法约束的原始状态。为什么要写"复归于无极"呢？象辞："先王以至日闭关，商旅不行。后不省方。""后"夏朝之王称为"后"，"后不省方"，王在至日这天不再巡视地方。"至日"是个标志，王去巡视地方也不是短时间内就能完成的，实指王在一定时间内不再下达政令，民间也可不去执行王命，而是依据习俗自由行事，实际上是让民众在自治状态下生活。故"复归于无极"指的是"后不省方"时的社会状态。

"闭关"是人不流通，"商旅不行"是财不流通，"后不省方"是政令不行，是在某个时段让社会回归于原始状态。老子依据《象辞》含义，认为在一定时间内脱离政令的约束，使人抛开了虚假的伪装，可以看到社会真实的一面，检验出政策和民心的不融合之处。由此说，"无极"是对《象辞》深度思想的总结。

◎楃（朴）散则为器，圣人用则为官长。

帛甲本为"楃散"，残损"则为器，圣"四字，据帛乙本补之。"楃"在帛乙本、王弼本写为"朴"。在第十五章和第三十七章简本亦各有一"朴"字，帛甲本都写为"楃"，以此看，本章之"楃"应以"朴"解之。

"朴"，原木。"朴散"，分解原木。"则"，规则、规制，指把原木分解成不同的器件。"为"，作为。"楃（朴）散则为器"，把原木分解开，做成各种部件，才能组合成器物。

"官长"，各级部门的负责人。"用则为官长"，用规制来管理官员。"圣人用则为官长"，"圣人"用"楃（朴）散则为器"的规律来治理官员，让他们各负其责。

◎夫大制无割。

"割"，割断、分割。"无割"，不割断。"夫"，语气词，凡"夫"字又与百姓有关。"大制"，指国家政治制度。"夫大制无割"，政治制度应当是上层与民众连接的纽带，而不是割裂上层与民众关系的障碍，尤其是社会体制发生转变时，国家意志和民众思想应同时前行，不可出现割裂的状况，否则社会就会混乱。一个大的物件是由无数个小的部件组合而成，这些不同的部件各负其责，缺一不可。国家大政要通过各级官员传导到百姓身上，这就要求体制的严密性和合理性。

王弼本将"夫"改为"故"，写为"故大制不割"，不光单单改变了一个语气词，还把民众的意愿改没了，使"割"失去了分割的主体，所以众多译者对本句虽各有己见，但都无法明确这个句子与前面句子有何关联。

本章有三个"复归"，都是紧扣《复》卦的"复"字展开的，有三层含义：第一，招揽天下英才需诚心以待，使他们如同己出，没有二心，为"复归婴儿"；第二，能忍一时之辱，方有征服天下的胸怀，成功后贵在保持初始之心，此为"复归于朴"；第三，治理天下重在立规矩、守界限，使百姓在没有王命的情况下依然可以安定、自律、和谐地生活，此为"复归于太极"。"夫大制无割"针对的是这三个"复归"：英才和君王无割，创业和成功无割，王命和百姓无割。"夫大制无割"是设计政治框架、保证社会平稳运行的大课题，学者有必要对此展开更深入广泛的探讨。

【今译】

知道自己为阳性，雄健喜动，却坚守阴性的容纳胸怀，获取天下就需要有此接纳各种英才的胸怀。

获取天下需要各种英才，应当始终坚持这种思想，即纳之则不疑之。

坚持这一思想而不疑之，才能使归附者像婴儿一样，把这里看作是自己成长的家。

知道将来的强盛之日，耐得住现在的困境，获取天下就需要有这样宽阔的胸怀。

获取天下需要宽阔的胸怀，坚持这种品德才能够驰骋于天下。

用宽阔的胸怀去驰骋天下，最终还要回归创业时真诚的思想。

知道至日的道理，严守阴阳界线，治理天下就需要用至日闭关的形式为天下立范式。

治理天下要立范式，坚持这种思想故至日商旅不行。

坚持商旅不行的思想，目的是让社会回归于自行运转的状态。

把原木分解开，做成各种部件，才能组合成器物。"圣人"用这种规律来治理官员，让他们各负其责。

百姓和国家制度应当无缝连接，不能相互隔离而造成社会混乱。

第二十九章 为之者败之（简甲）

通行本将"将欲取天下而为之"章作为第二十九章，帛本亦如此。本书将"为之者败之"章作为第二十九章，在《绪论》中笔者已经做了分析，这里再进一步探讨。

郭店楚墓简本有个特殊现象，通行本第六十四章的"其安易持"部分和"为者败之"部分在简本甲组分别抄于第十三章和第六章，而"为之者败之"章又重新出现在简本丙组，这就带来了三个问题。第一，这两部分既然同属一章，为什么简本甲组要分开抄写？第二，既然简本甲组抄写了"为之者败之"章，为什么简本丙组又重抄一遍？两者是抄写时间有先后之别，还是抄录于两个不同版本？第三，通行本第二十九章写有"为者败之，执者失之"，与简本的"为之者败之"章有何关系？

对于简本"为之者败之"章，学界讨论颇多，众说纷纭，从某些细节上孤立地论证很难形成定论，你有正论，我可以提出更有说服力的反论。本章从以下三个方面探讨这一章节的归属问题。

第一个问题，关于简本甲组和丙组的区别。有学者认为"为之者败之"甲组和丙组属于不同的版本，如刘信芳："这说明竹简抄录者当时所据已不只一种《老子》传本。"① 有的学者认为简本有经、传之分，如高华平："楚简《老子》有经、传之分，其中乙、丙二组为对《老子》经文的解说文字。"② 还有的认为简本丙组文字意象清晰，远胜简本甲组，简本丙组才为本章正文。也有的认为简本甲组、简本丙组、帛本存在局部文字逐渐修改和完善的关系。笔者认为不是这么简单，其实最关键的问题大家并没有认识到，那就是立论的问题。下面是简本甲组本章的文字：

"为之者败之，执之者【远】之。是以圣人无为古无败，无执故无遊。【临事之纪】，訢【冬】女怡，此无败事矣。圣人谷不谷，不贵难得之货；【井】（芓）不【井】（芓），复众之所，所化（化止）。是古【圣人】能【专】万勿之自然，而弗【能】为。"

括号【】中的字与简本丙组书写不同：

甲组"远"，在丙组中写为"失"；

甲组"临事之纪"，丙组没有；

甲组"冬"，丙组写为"终"；

丙组多出"人之败也，互（恒）于其且成也败之"；

甲组"井（芓）"组合之字，丙组写为"学"；

甲组"圣人"，丙组没有；

甲组"专"，丙组写为"辅"；

甲组"能"，丙组写为"敢"。

【简本丙组】为之者败之，执之者失之。圣人无为，古无败也；无执，古【无远】。誓终若始，则无败事喜（矣）。人之败也，互（恒）于其且成也败之。是以【圣】人欲不欲，不贵难得之货，学不学众之所过。是以能辅万物之自然，而弗敢为。

如果仔细分析这些不同的字，也许会想，按照简本丙组的文字比较好理

---

① 刘信芳：《荆门郭店竹简老子解诂》，艺文印书馆，1999，第72页。

② 高华平：《对郭店楚简〈老子〉的再认识》，江汉论坛，2006，第4期：95。

解，能够顺理成章，而按照简本甲组的文字本义，很多句子是解释不通的，所以有人认为简本丙组或是《道德经》原文，抑或简本甲组的字通假于简本丙组。可能有人还会提出：如果简本甲组是《道德经》原文摘抄，为什么不能写得像简本丙组一样让后人能解通？

确实，简本甲组的其他章节都有很多文字难以解通，远不如帛本和王弼本那么好理解。所谓解得通，是人们立足于王弼版本的意思往前推的，王弼的版本已经形成了完整的"后老子"思想体系，而真正《道德经》的原文出现了，我们反而不认识了，此谓之"假的真之，真的假之"。像本章的"远""冬""井""圣人""专"，简本甲组原字不好理解，修改后的简本丙组就好理解，又经过帛本修改，至王弼本更是能贯穿一气，这就是用后世思维和行文习惯推导原创文字的结果。

第二个问题，帛本将简本的"其安也易持也"章和"为之者败之"章合为一章，在通行本中序为第六十四章，其实这两部分的思想内容是没有关联的，早就有学者提出过错简之说。自从郭店楚墓简本出世以后，有更多的学者倾向于此说，即"为之者败之"章似乎与第二十九章有关联，应当将其从第六十四章中删除。饶尚宽在《老子》译注中，直接就舍弃了这部分。[①]既然这两部分没有意义上的关联，我们理应把它们分开注释，但这绝不意味着将简本甲组"为之者败之"章空挂起来，而它的归属又成了一个难以决断的问题。

既然"为之者败之"句与第二十九章有重叠，那么不妨先分析一下第二十九章写得是否合理。

帛本第二十九章："将欲取天下而为之，吾见其不得已。天下，神器也，非可为者也。为者败之，执者失之。故物或行或随，或炅或吹。或强或挫，或坏或隳。是以圣人去甚，去大，去奢。"

从老子写作笔法看，每个章节的开篇都是开门见山，直接为本章立论，而且都是正论，不写缘由，不做解释。如：

第五十九章（简本乙组）：给人事天，莫若啬。

第六十章（帛甲、帛乙本）：治大国，若享小鲜。

---

① 《老子》，饶尚宽译注，中华书局，2015，第155页。

第六十一章（帛甲本）：大邦者，下流也。

第六十二章（帛甲本）：道者，万物之注也。

第六十三章（简本甲组）：为，无为；事，无事；未，无未。

第六十四章（简本甲组）：其安也；易之也。

上例章节都是各章的首句，表达的是各章的主题，后面的文字不管多少，都围绕着第一句话所确立的主题展开论述，其他章节同样如此。再看帛本第二十九章开篇："将欲取天下而为之，吾见其不得已。"似是发表个人的看法，算不得立论。紧接着写："天下，神器也，非可为者也。"似乎可以看作是立论，但不在篇首，又不能作为立论。这样看这篇文字不可能是老子所写。

这些文字如果是后人所写，写作的思路在哪里呢？我们看一下后面帛本第三十章的内容，有句"善者果而已矣，勿以取强焉"，其与"将欲取天下而为之，吾见其不得已"是同一个意思。帛本第三十一章中写有"夫兵者，不祥之器也"，与"天下，神器也，非可为者也"之"器"呼应，模仿痕迹非常明显。显然，改写者认为第二十九、第三十、第三十一这三个章节应该连为一气，都是谈战争和夺取天下的主题，故围绕着"为者败之，执者失之"（帛本）又添加了战争题材的文字，与后面章节的意境非常接近。从这一点也可断定第二十九章非老子手笔。

为什么改写者会产生这种思路？原因出在本章简本原文的首句"为之者败之，执之者远之"。改写者认为这句话缺少行为的主体，肯定遗漏了什么，便在前面添加了行为的主体，即"为之"的主体用了"取天下"，"执之"的主体用了"神器"，这样句子的结构变得完整了，与后面的章节也形成了同一思想。其实，正是这种完美的文笔，暴露出改写者对老子思路的无知。笔者猜想，改写者既然把篇首做了彻底改动，干脆将本章原文嫁接到第六十四章罢了。

第二十九章最初的改写者应该是郭店楚墓的墓主，简本丙组专门重抄了"为之者败之"章就说明了这一点。后人又增加了哪些文字就不好说了。如果这种设想成立的话，又有一个问题出现了，将"为之者败之，执之者失之"作为老子原文第二十九章的篇首，又怎么能算作是一种立论呢？

　　为之者败之，执之者远之。是以圣人无为故无败，无执古（故）无失。临事之纪，誓冬如怡，此无败事矣。圣人欲不欲，不贵难得之货。井不井，复众之所，所化。是故圣人能专万物，之自然而弗能为。（此文字见于简本甲组第六章，亦见于简本丙组第四章，在通行本排于第六十四章下半段）

本对应《周易·无妄》卦。
【王弼本】将欲取天下而为之，吾见其不得已。天下神器，不可为也。为者败之，执者失之。故物或行或随，或歔或吹，或强或羸，或挫或隳。是以圣人去甚，去奢，去泰。

◎**为之者败之，执之者远之。**
　　作为一章的首句，是要为本章立论，故立论是不能空的。"为之者"是主动作为的人，"败之"是结局。"为之者败之"的意思是主动作为的人会以失败而告终，这是不是倡导当权者懒政无为呢？如果这样理解就错了。"为之"是动词，按照老子的一贯文笔，每章首句的动词都是对"言之君"的推衍，进而为本章立论。本章按顺序对应《周易·无妄》卦，也就是说，"无妄"是本章的"言之君"。
　　《无妄》卦的卦辞："无妄，元亨利贞。其匪正，有眚，不利有攸往。""无妄，元亨利贞"的意思是对非人力所能实现的事不要去做，才会"元亨利贞"。"为之"是无妄的反面，是有妄，难以实现而强力去做，那就不"元亨利贞"了，必败无疑，故"为之者败之"。
　　"执之者"，抓住而不放手的人。"远之"，简本甲组写"远之"，简本丙组之字释为"失之"，李零："'失'两见，前者作'远'，应属误写。"[1]李零认为"远"是"失"的误写。彭浩："'远'有疏离、去等义。"[2]据此，

　　① 引自廖名春：《郭店楚简老子校释》，清华大学出版社，2003，第113页。
　　② 见《郭店楚简〈老子〉校读》，彭浩校编，湖北人民出版社，2000，第22页。

应以"远"为是。按照《无妄》卦卦辞看："其匪正，有眚，不利有攸往。"是说你不能坚持正确思想，就会走错方向，不利于出去做事。"执之者远之"可以理解为坚持妄为思想而不改变的人，就会离正确的方向越来越远。这与卦辞的意思是一致的。老子大概认为，《无妄》卦说的是两种人，能做到"无妄"的是"圣人"，才"元亨利贞"；没有此境界的君主或普通人为"其匪正"，他们做不到"无妄"，而且执着地坚持错误方向，所以开篇便写"为之者败之，执之者远之。"

从后面照应的句子看，连续写了三个"圣人"，代表正确思想，所以这个"为之者""执之者"应当指现时的君主。"不败"的为实现盛德大业的"圣人"，"败之"的为国家趋于衰败的君主。

既然"为之者败之"句是本章的立论，为什么不直接按照"无妄"的思想写"无为"，而是写"无为"的反面"为之"呢？老子的文章不在于理论的高深，而在于实践中得以运用。从后面的句子看，"无为"都是"圣人"所为，并不是本章要表述的重点，本章重点在于对现实社会问题的剖析，提出建议。当时列国很多君主思想上固执不化，不知顺应时代潮流去改变国策，导致国力羸弱而趋于失败，失败的原因是值得深度思考的。所以"圣人"所为只是立论的一个参照，"为之者"才是本章的主角，而具体指向的内容在后面句子中才逐步揭示出来。

◎**是以圣人无为故无败，无执古（故）无失。**

历来道学家认为，自然"无为"是老子哲学最重要的一个观念，其实这个说法是片面的，如果人人都不作为，社会岂不愈加落后？只有保持社会的不断进步和强大，才不会任由他国欺凌，尤其是在弱肉强食的春秋战国时代，这是最简单的道理，难道老子不知道吗？老子不管说"有为"还是"无为"，都是有前提的，脱离开前提谈概念，就会陷入迷茫的境地。老子在有的章节谈"无为"，在有的章节也大谈"有为"，"无为"和"有为"的依据是什么？是依据"言之君"——所对应《周易》卦的主题而来的。

比如在第二十一章（帛甲本）首句："孔德之容，唯道是从。"讲要积极地追随有胸襟的君主才是人生之道，为什么此处摒弃"无为"而讲"有为"？

盖因第二十一章阐释的是《周易·随》卦，"随"意在动而不在静，意在追随而不在"无为"。

再如第四十一章（简本乙组）首句："上士昏道，董能行于其中。"指出思想高远的士子，会把优秀的思想积极体现在行动中，此处又是讲积极的"有为"。为什么如此讲？盖因第四十一章阐释的是《周易·大壮》卦，"大壮"的意思是要强大我们的领导力量，只有行动起来才能使国家强大。

又如第四十二章（帛乙本）首句："道生一，一生二，二生三，三生万物。""生"的字义在于积极主动地生化，与清静无为是完全相反的。为什么要这么讲呢？盖因第四十二章对应《周易·晋》卦，"晋"有升、长之义，故此章之"道"重在生。请注意，这三个例子的"言之君"都在所阐释的对应卦中。所以我们不能割裂老子思想的根源，而热衷于建立哲学思想的空中楼阁。

下面再谈一下"无为"的来历。"无为"来自"无妄"思想，在《周易》卦中，"无妄"又是如何产生的呢？我们看一下《无妄》卦卦符☰，两个阴爻代表微弱势力，被阳爻围困在下卦之中，既无政治力量，又无军事力量，尚且无暇自顾，又怎么能采取激进的冒险行为呢？所以卦辞讲要坚持"无妄"的理念才能保存自我。老子没有对卦象发表见解，而是对"无妄"卦名进行了提炼，先是根据社会现实提出了"为之者败之"的立论，后面又从"圣人"的角度，用"无为"作为映衬，说明"为之"的错误所在。

"是以"的意思是后面所讲的是真实事例。"圣人"指的是周文王。我们可以从两个角度理解"圣人无为故无败"：

从"无妄"的角度分析，周文王用"无为"而致胜。《庄子·外篇》："文王顺纣而不敢逆。"周文王在国力尚未强大时，对商纣王恭敬有加，始终没有推翻商王朝的举动，而周国的版图却不断扩大，国力不断增强，为周武王剪商奠定了牢固的基础。也可以说，"圣人"是选择对商纣王的"无为"，而非完全"无为"。

周文王提出了封建体制，采用井田制作为周王朝的土地所有制，而井田制是从商朝就存在并延续下来的，是合理的时代产物，周文王只是延续而没有改变，此谓"圣人无为"。后面的句子与此关联更大一些。

"无执古（故）无失"，讲不坚持主动作为就没有损失，这个"失"和前面的"远"区别在哪里呢？简本甲组写为"遊"，《郭店楚墓竹简》注释："遊……此字楚文字中屡见，皆读为'失'，字形结构待考。"①该字可释为"失"。"执"是抓着不放。"无执古（故）无失"，只要不是抓着不放就不会失去什么。这句话从字面上是很好理解的，深层次的含义要读到后面的句子才能领悟出来。

◎ **临事之纪，訢冬如怡，此无败事矣。**

"临事之纪"在简本丙组中没有出现，是因为简本丙组的抄写者不知道原文为何要写"临事之纪"，故而删去。没有这一句，上下就能贯穿一气，删去似乎是有道理的。丁原植理解："'临事之纪'意指面对事务处理时的准则或要领。"②如果"纪"字在当时表示准则或要领，简本丙组就没有删除的必要了，说明"纪"字是不能这样理解的。

《说文》段注："纪者，丝缕之数有纪也。此纪之本义也。引申之为凡经理之称。""纪"，就是将纷乱之事综理出头绪。"之"，用为动词。"临事之纪"，处理事务时，要先找出事物发生的根源。

"临事之纪"可以有多种解释，但准确与否首先要看符不符合文章的布局。上一句言"圣人"，是引述"无妄"的思想，意思是"圣人"说了，坚持"无妄"（老子写为"无为"）的思想就不会失败。本句"临事之纪，訢冬如怡"已经不是"圣人"之言了，而是作者从这两个方面对"无为故无败"的理解和引申。"临事之纪"，按照前句理解，讲"无为"是有缘由的，只有知道事物的根源才能确定哪些事情可以"无为"，而不是盲目地什么都不去做；按照后面的句子理解，就是指土地所有制的变革是由民众自身需求所推动的，有着深刻的社会根源，统治者不能局限于眼前利益的得失来判断对错。由此看，"临事之纪"讲的是要重视事物的根由，是画龙点睛之笔，删不得。

简本甲组为"訢冬如怡"，简本丙组为"訢终若始"，一般认为"终"和"冬"

---

① 引自廖名春：《郭店楚简老子校释》，清华大学出版社，2003，第116页。
② 引自同上，第120页。

是异体字，而丙组写的是"夂"，"夂"古同"终"。简本"终日呼而不忧"和"终身不勤"之"终"都写为"夂"，没有日旁。简本甲组"訢冬女（如）怡"之"冬"带"日"旁，为"冬"的古字，所以此字应该解为"冬天"的"冬"，而不是"终"。此句意在用冬天的严寒来形容人生或事业的艰难困苦。简本丙组和其后的版本都写为"终"，应该是错改。

"訢"，《郭店楚墓竹简》隶定为"誓"，通行本皆为"慎"，释为"訢"较为合理。《说文》："訢，喜也。"简本之"女"通"如"。"怡"，喜悦，通行本改为"始"。"訢冬如怡"，如果有一颗欣喜乐观之心，即便在严酷的冬天，也会感到很愉快。《无妄》卦："九五无妄之疾，勿药有喜。"意思是说没有妄动之人得了疾病，不需要吃药治疗，只需要抱着一种喜悦的心情就可完愈。这句话暗喻行大事的人，在遇到挫折时要保持乐观的思想。"訢冬如怡"所表达的正是这种思想。

"圣人无为"是讲述"无妄"的思想，"临事之纪，訢冬如怡"是老子对"无为"思想的推衍，并为后面的句子做铺垫，读者应该有所区别。

简本丙组在"此无败事喜（矣）"的后面写有"人之败也，亙（恒）于其且成也败之"，而简本甲组没有这句。赵建伟分析道："丙组简的'人之败也，恒于其且成也败之'盖为正文'此无败事矣'的推衍，乃是注文。"[1]此说很有道理。简本丙组不光修改了原文，还写了注文，延续到帛本和王弼本，又在这个注文的基础上做了更大的改动，完全改变了原有的主题和结构。

◎圣人欲不欲，不贵难得之货。

"欲不欲"，讲"圣人"追求的并不是满足自己的欲望，出自《无妄》卦："六二不耕获；不菑畬。则利有攸往。""不耕获"，不是为自己多获得粮食而耕种，即不是为了实现自己的欲望而去作为，但求耕耘，不问收获。

"不贵"是不珍贵，就是不贪。"圣人"保持"欲不欲"的"无妄"理念，在现实生活中，表现为不贪图珍稀之物。如此上行下效，"圣人"为百官做出廉政的表率作用。前句写"圣人""无为""无执"，与前朝有关，指出

---

[1] 引自廖名春：《郭店楚简老子校释》，清华大学出版社，2003，第124页。

周朝体制的建立者对前朝某些体制没有随意改变；这里写"圣人""欲不欲"，是立足于"圣人"自身的出发点而言的。此句所言的"圣人"理念，是为下一句老子提出的新思想做理论根据。

◎**井不井，复众之所，所化。**

简本丙组将简本甲组的"井不井"写为"学不学"，后世诸版本皆写为"学"。"学"字与本章主题不相关，也找不到写此字的缘由，故简本丙组应当是错改的字。此字简本甲组形体看似为"孝"结构，上"爻"下"子"，有的释为"学（學）"，有的释为"教"，按照《说文》亦可解为"仿效"。笔者认为此字的结构并非"孝"，而是"莘"，即上面笔画为"井"，下面笔画为"子"。"井"表示井田，是商周时期所推行的土地所有制；"子"为世代耕种之人。本字字典没有解释，但可以从《无妄》六二爻辞"不菑畬"中找到根源。"菑"是开垦荒地，是化外之地；"畬"是可耕种的熟地，即井田之地。"不菑畬"，不是为了扩大自己的井田面积而去开垦新的荒地。因为井田是一种公有土地制度，故不可开垦荒地变为己有。这样就明白了，"井（莘）不井（莘）"的意思，应当指允许农人世代耕种的农田不再按井田公有制来耕作。

关于井田制，实质是一种土地公有制，夏朝曾实行过，商朝、周朝因袭井田制。西周时已经发展得很充分，由周王分封给诸侯，再由诸侯赏赐给士大夫。到春秋时期，铁制农具的使用和牛耕的普及为开垦荒地提供了条件，许多农户开垦荒地为私有，井田制逐渐瓦解。《孟子·滕文公》记载："方里而井，井九百亩。"《周礼·小司徒》："九夫为井。"一家耕种一百亩，九家农户分别耕种分割为"井"字形的九块农田，按收成的比例上交赋税；更早的是中间部分为公田，由八家轮流耕种。战国时期，商鞅在秦国推行变法，废除了井田制，确立了土地私有制。这是关于井田制问题的时代背景。

《道德经》中，写人的词有"民""人""百姓"，泛指不同身份的自由人阶层，也包括贵族；而本句写"众"字，是耕作井田的群体，是寄托于土地而生存的农人，他们大部分是奴隶身份，没有自由可言，所以不同于"民""人""百姓"。从这个角度说，帛本及通行本将"众"改写为"众人"，则混淆了"众"的身份，是一种错误的修改。

"复"，回归。"所"，所有。"复众之所"，将原耕种的公有农田回归为农人的家庭所有。这句话应该讲的是关于将土地公有制转变成私有制的问题。

帛本和通行本此句都写为"复众人之所过"，而简本"所"字下有个重文号，等于有两个"所"字，句子为"复众之所，所化"。《郭店楚墓竹简》注释："简文'所'下衍一重文号。"认为简本多写了个重文号。学界基于帛本和通行本的文句前推，基本上认可这一说法，认为"所"字下面的重文号是多余的，不存在两个"所"字。这种用后世的文字否定战国竹简文字的做法是不恰当的。

关于"化"字，简本甲组写为"偬"，丙组写为"逃"，显然这个字不该释为"过"。"止"义为至、到，即实现。"化"指变化。"化（偬）"，发生了变化。"所化（偬）"，指所有制发生了变化。"井不井，复众之所，所化（偬）"的意思是应当允许将农人原耕种的井田不再作为公有制的田地来耕种，让这些土地回归到农人家庭所有，这样土地所有制就发生了转化。解读到这里，我们终于明白，前面所谓的"为之""执之"，都是围绕着土地所有制而言的，主体是统治者，即统治者不要去争，不要抓着不放，因为土地革命是时代的发展趋势，是下层民众自发的行为促使所有制发生了变化，这是土地革命的根源所在。

按照通行本："圣人欲不欲，不贵难得之货；学不学，复众人之所过。""圣人"之后，两句话文句对仗，方有文采。而简本甲组后句写成"井不井，复众之所，所化"就失去了应有的文采，文句似乎不太合理。但从句子的主语看，"圣人欲不欲，不贵难得之货"指的是"圣人"所言所为；"井不井，复众之所，所化"的前面没有写"圣人"，应该指时下将土地公有制改为私有制的做法符合"圣人"思想，故"井不井"句不应看作是"圣人"所为，主语并不是"圣人"，两个句子就不能写成对仗格式了。从内容看，后句在"圣人"思想的基础上又推进了一步，提出土地所有制转变的问题，自然不能用相同的句式来表达。

从句型看，两个句子不相对仗，本身就意在提示各自的主体不同，是"圣人"思想和发展"圣人"思想的关系。所以，这个重文号是不能删除的。

◎**是故圣人能专万物，之自然而弗能为。**

简本丙组此句写为："是以能辅万物之自然，而弗敢为。""是以"为连词，因此。简本丙组写"是以"，是承接前句"圣人欲不欲"这个主题而改的，因为改写者无从解释原本为何要在此句再写"圣人"，认为是多余的，故又删去了"圣人"二字，删减的意图是非常明显的。可以说，简本丙组的改动是大错特错的。"是故"虽然也为连词，却表示后面写的内容是有出处的，与前句不是同一思想。"圣人"，说明后面是"圣人"所言，并非老子自己的发挥。本章有三个"圣人"，是"圣人"三个不同角度思想的体现，不可混为一谈，更不可把"圣人"随意删减。

简本甲组写"专万物"，简本丙组写"辅万物"。人类太渺小了，只能"辅万物"，怎么能"专万物"呢？似乎简本丙组写得对，说明修改者不知道简本甲组的"专万物，之自然"是什么意思，故用"辅"而弃"专"。"是故圣人能专万物，之自然而弗能为"是从《无妄》卦《象辞》而来的："天下雷行，物与无妄。先王以茂对时，育万物"。简本甲组之"圣人"指的是《象辞》中的"先王"周文王；"万物"对应的是《象辞》之"万物"；"自然"指的是"茂对时"，要符合万物生长的时节规律；"专"为掌管，是指"育万物"，掌管万物的生长。"圣人"也代表权威，有掌管天下万物之权。

这句话前面写"能"，后面写"弗能"，两个词的转折点在"之自然"。这句话的句读应该是："是故圣人能专万物，之自然而弗能为。""圣人"是王者，"普天之下，莫非王土"。"圣人"掌管天下万物，当然"圣人能专万物"了。"之"，介词，相当于"于"。"之自然而弗能为"，由于顺应自然规律而不去妄自为之。"圣人"能专万物而不专，就因其顺应自然而舍弃自我。这句言"圣人"之事的思路是从《无妄》卦《象辞》引发的，而言说的内容却是借古言今，提出了关于君王放弃土地专权的理论依据。这个"自然"是民众的自我需求，是社会的时代洪流。

纵观全文，本章的主题是从《无妄》卦而来，提出领导者不可妄自为之，立论是"为之者败之"。其实，我们无论从字面上怎样解释，"为之"和"无为"都说不清楚,因为这个论点最终是为"井不井"做理论依据的。本章的结构层次是很明显的,凡有"圣人"的句子,表述的都是《无妄》卦中的思想,其后的句子则是老子用周文王思想联系社会现实做的深度解析。三个"圣人"体现了以下三个不同层次的思想脉络。

第一个"圣人"是按照"无为(无妄)"的意旨行事,而我们遵从"无为"必须要知道事物发展的本源。

第二个"圣人"讲封建所有制并不是为了满足统治者欲望而建立的,而现在土地所有制的变化也是符合"圣人"思想的。

第三个"圣人"由《无妄》卦《象辞》而出,言"圣人"能享万物,却出于对自然的敬畏而不去做。言外之意,现在的君主应当顺应民意,放弃对土地所有权的享有。

我们会发现,本章的主题思想是"无为",而核心内容是为土地所有制变化寻找理论依据。从文章结构看,理论链条环环相扣,完整清晰。从章节的排列顺序看,"为之者败之"章与《周易·无妄》卦的排列顺序相一致,当为第二十九章原文。

【今译】

妄自作为的人会以失败告终,抓住不放的人会离自己要追求的目标越来越远。

根据这个道理,"圣人"坚持不妄自作为,所以没有失败;不抓住财产不放,所以没有什么损失。

做任何事情都要找到它的根源。保持一颗欣喜乐观之心,即便在严酷的冬天,也会感觉到很愉快,这样就不存在把事情做坏了。

"圣人"所追求的不是满足自己的物质欲,也不珍贵难以得到的贵重之物。

把农人耕种的田地不再像井田制那样管理,复归为农人自己所有,土地所有制就自然发生了转化。

所以我们知道,"圣人"有权力将万物据为己有,但出于对自然规则的敬畏而没有这样去做。

第三十章　以道佐人宝者（简甲）

　　本章王弼本与帛本大致相同，但与简本相比，修改了几处文字，添加了一些句子。首句"以道佐人主者，不欲以兵嚆于天下"在简本的释文中，学界对"佐""嚆"的理解多不准确，导致对整个章节的释义产生偏离。本章以《周易·大畜》卦为依据，根据字形重新勘定字义，希冀能还原老子本意。

　　按照简本注释，老子在本章提出军事行动的目的是取得胜利，还要保持胜利成果的长久，而不是仅仅为了炫耀力量。西汉初年的帛本改动了几个关键字，增加了几个句子；王弼本在此基础上又增加了两个句子，就变成了老子反对战争。综合整部《道德经》，可以说，历史上有两个"老子"，一个是简本展现给我们的战国初期真实的"老子"，另一个是西汉初年至魏晋时期王弼笔下的"老子"。战国简本是战争时代的产物，西汉帛本是安定时代的产物，王弼本糅合了佛教思想，是魏晋士族时代的产物。这三个版本不管是真还是假，都有其产生的合理性。我们应当用历史唯物主义的观点解读这三个版本，万不可用训诂法以假代真，而用汉初或王弼本取代战国简本，因为历史是没法倒置的。

　　　　以道佐人宝者，不欲以兵嚆于天下。善者果而已，不以取嚆。果而弗废；果而弗乔；果而弗矜。是谓果而不嚆，其事好长。（简本甲组第四章）

　　本章对应《周易·大畜》卦。

　　【王弼本】以道佐人主者，不以兵强天下，其事好还。师之所处，荆棘生焉。大军之后，必有凶年。善有果而已，不敢以取强。果而勿矜，果而勿伐，果而勿骄。果而不得已，果而勿强。物壮则老，是谓不道，不道早已。

◎以道佐人宝者，不欲以兵嗃于天下。

关于"佐"字，帛本和其他传世版本大都写为"佐"，在《郭店楚墓竹简》释文中写作"差"，《景龙碑》本写为"作"。从现有资料看，基本按照"辅佐"义理解，释为用"道"辅佐君主的人。但不论是"佐""差""作"，对简本字形理解都有误差。此字的上部分为兵器，下部分以手牵物，手的下面是一只眼，直译的话为"乘"。古时一乘战车共有三人，一名御者，驾驭战马；左右各有一名持兵戈弓箭之士，专职攻击敌人，正是这个字形表达的内容，故"佐"字应释为"兵佐"。

为什么在首句要写"佐"字呢？本章按顺序对应《周易·大畜》卦，卦辞："大畜，利贞。不家食吉。利涉大川。""大畜"也可以理解为大的牲口，爻辞中分别表述了"马""牛""豕"三种动物，"九三良马逐，利艰贞。曰闲，舆卫。利有攸往"。九三爻辞着重讲了要经常训练战马的问题，"良马逐"，要经常训练才能有好的战马；"曰闲"，是在马厩中饲养；"舆卫"，是驾驭车乘进攻敌人，护卫君主。"佐"的含义正是"舆卫"，专指武士。帛书之"佐"，字形与简本不对号，如果用"舆卫"作为字义尚可使用，但用"辅佐"释义，就偏离了文本原意。由"大畜"可以推断出，本章的主题是军事，"道"是征服天下之道，而非治理天下之道。

关于"宝"字，帛本和各本都写为"主"，简本之"宝"不等同于"主"，多了个"宀"，是宗庙之主。要解释这两个字的缘由，首先要明白《大畜》卦卦符☰，五为君，四为臣，卦象四、五爻为阴爻，阴爻为小人，没有君王之象，故不能写侯王，只能写"人"。上爻为宗庙，阳爻居宗庙之位，与下卦三阳形成呼应，故下卦三阳爻护卫的是宗庙之主。宗庙之主自然是侯王，但老子严格遵守卦象规则，没有写"以道佐侯王者"，而是写"以道佐人宝者"。

帛本和王弼本皆写为"不以兵强天下"，是不主张以军力扬威天下，或者是反对战争呢？在弱肉强食的时期，军力羸弱的国家就会受到强者的欺凌甚至吞并，这是个常识问题，所以这种思想在战国时期是没有市场的，也不是老子的本意。

简本："不欲以兵嗃于天下。""嗃"字帛本、王弼本等写为"强"，且大都以"强"释之，崔仁义、刘信芳隶定为"刚"。①我们可以分析一下字形，"佰"，其字"人"字旁，右边"口"在"二"横之上，意思是人站在高处大喊，应该释为"嗃"。将"嗃"训为"强"过于勉强。《集韵》："嗃，大呼也。""以兵嗃于天下"，就是向天下炫耀或吹嘘自己兵力强盛。"不欲以兵嗃于天下"，是不主张显示兵力之强吗？不是，阴为羸弱，卦象四、五爻为阴，是统治者不贤明之象，其实就是国弱兵强。凡有外交之事，总是用兵力去恫吓别的国家，真正遇到强大的国家是起不了什么作用的，只能自取其辱。

帛本在本句之后写有："其【事好还；师之】所居，楚杕生之。"王弼本写有："其事好还。师之所处，荆棘生焉。大军之后，必有凶年。"对这些句子，是简本疏漏，还是帛本、王弼本添加的？帛本把简本最后的"其事好长"提到了前面，"师之所居，楚杕生之"很明显是对"以道佐人主者，不以兵强于天下"的批注；王弼本在帛本批注的基础上，又增加了"大军之后，必有凶年"的批注。这两段批注都是对"以兵强于天下"所造成的灾害加以警示，但有违简本"不欲以兵嗃于天下"的本意，可以断定不是原文。可见"嗃""强"虽一字之差，对本章主题思想的理解却是天壤之别。

◎善者果而已，不以取嗃。

王安石注："'果'者，胜之辞。"②这个"果"字是有来源的，可以帮助我们确认字义。《大畜》卦卦辞："大畜，利贞。不家食吉。利涉大川。"可以理解为作为国君的军队，不是为了闲养着的，应当在适当的时机走出去，消灭敌国，开辟疆土。"果"就是战胜敌人，取得胜利成果，是对应这段卦辞写的。《康熙字典》："果，又胜也，尅也。《左传·宣二年》：杀敌为果，致果为毅。""果"即为"胜"义。

"善者"，与前句相一致，指善于指挥军队的人。本句的意思是善于指挥军队的人是以战胜敌人为目的，而不是用来当样子恐吓敌人的。老子写这

① 刘信芳：《荆门郭店竹简老子解诂》，艺文印书馆，1999，第7页。
② 引自陈鼓应：《老子注译及评介（修订增补本）》，中华书局，2009，第183页。

句话，意在指出军队是否强大取决于能否战胜敌人，而虚张声势地吓唬别人，其实是软弱的表现。

◎果而弗废；果而弗乔；果而弗羚。

"果而弗废"帛乙本和王弼本为"果而勿伐"，"废"写为"伐"。《郭店楚墓竹简》释文为"发"，借作"伐"。简本"古（故）大道废"之"废"与本句之字相同，故本句应该释为"废"。刘信芳析文："'发'亦读如'废'。《说文》：'废，屋顿也。'古灭国绝祀，以废毁其宗庙为标志。'弗废'者，不以废毁为目的也。"[1]此解甚是。从这方面讲，"废"有二义：一是灭国绝祀；二是废置国君。《春秋公羊传·文公十四年》："大夫之义，不得专废置君也。"此"废"是废国君之义。按照"果而弗废"理解，战胜敌国废置其国君是正常举措；而废毁其宗庙是灭其国、据其地，是老子不主张的行为，故"弗废"是不要废毁其宗庙。

"果而弗乔"，帛本、王弼本都为"果而勿骄"，应按简本之"乔"为准。《说文》："乔，高而曲也，从夭从高省。""乔"，取高高在上之义。战争是有目的的，战胜敌人只是实现目的的手段，如果因为战胜了敌方就高高在上，视对方为草芥，而忘掉了自己欲实现的目的，这样是难以成就大业的。需要注意的是，"乔"本身有骄傲的含义，但这种骄傲是从主体和客体对比而产生的傲视，不是我们通常理解的自我性情演变而产生的骄傲情绪，故简本之"乔"胜于别本之"骄"。

"果而弗羚"之"羚"，帛本亦为"羚"，其他传世版本皆为"矜"。简本写为"犕"，"命"与"令"同义。"羚"，本指矛柄。《方言·九》："矛，其柄谓之羚。"《康熙字典》："《说文》：矛柄。《史记·主父偃传》：起穷巷，奋棘矜。〈注〉：矜者，戟鋋之杷也。"今本之"矜"虽本义为矛柄，但延伸义较多，故应以"羚"为准。矛的指向是由其柄来决定的，"羚"的意思是战胜国指令战败国的国政。"果而弗羚"，战胜了敌国但不要指令其国的国政。

---

① 刘信芳：《荆门郭店竹简老子解诂》，艺文印书馆，1999，第 8 页。

本句的排列是有逻辑性的，战胜了敌国应当继续保存其宗庙，让其继续统治国民；战胜了敌国要保存其国的尊严，以免激起民变；战胜了敌国无须让其处处按照我们的意志办，以免适得其反。帛本、王弼本此句的顺序与简本不同，帛本："果而毋骄，果而毋矜，果而毋伐。"王弼本："果而勿矜，果而勿伐，果而勿骄。"修改后的文字和顺序改变了原有思想，应当加以甄别。

◎是谓果而不嗝，其事好长。

王弼本把"其事好长"提前到了"不以兵强天下"之后，写为"其事好还"，有还报之意，意思是你杀别人，别人也会来杀你；你以德行天下，天下人也会以德回报于你。其实这一改动是完全错误的。

简本"其事好"下面有个断章符，"长"写在断章符的下面，很有可能是抄写者误点了断章符，原文应该是"其事好长"才对。为什么这样说呢？因为"好长"是前面句子的最终结论，有了这个"长"，整章才形成了完整的思想。至于帛本"物壮而老，是胃之不道蚤已"明显是后加文字，完全偏离了原本思想。

"其"，代指"果而不嗝"的行为。"事"，由战争思想推及到其他事情。"好"，指对自己有利的方面。

"废""乔""矜"是"嗝"的三种表现形式，做到了"果而弗废；果而弗乔；果而弗矜"就叫作"果而不嗝"，做到"果而不嗝"，对自己有利的事才会长期存在，即"其事好长"。

那么这个"长"具体指哪方面呢？指的是能不能长久保持胜利成果。举个史例，《东周列国志》："桓公曰：'自我先君报九世之仇，剪灭纪国，奄有其地。郚为纪附庸，至今未服，寡人欲并灭之，何如？'管仲曰：'郚虽小国，其先乃太公之支孙，为齐同姓。灭同姓，非义也。君可命王子成父率大军巡视纪城，示以欲伐之状。郚必畏而来降。是无灭亲之名，而有得地之实矣。'桓公用其策，郚君果畏惧求降。"齐桓公欲灭郚国，管仲认为郚国与齐国同宗，灭之不义，使其来降，既保留其宗庙，还使其变成自己的附庸，此为有利于维护自己霸主声望的长久之计。本章提出战争的目的是取得胜利，而如何保持胜利成果的长久性，才是重中之重。由此看，这个"长"字是不可改为"还"的。

【今译】

用战争理论维护宗庙之主的人，不会仅仅用军队去恫吓敌人。

动用军事力量是以胜利为目的，不是用来恫吓敌人的。

战胜了敌人，但不要毁废失败者的宗庙；战胜了敌人，但不要居高临下伤害失败者的尊严；战胜了敌人，但不要处处对失败者下达指令。

这就是真正的胜利，而不是用军事力量去胁迫对方，按照这种思想做事情才有利于长久。

第三十一章 君子居则贵左（简丙）

（夫兵者，不祥之器。物或恶之，故有道者不处。）君子居则贵左，用兵则贵右。古曰兵者【非君子之器，不】得已而用之，钻衣（恬淡）为上。 弗衣（美）也，衣（美）之，是乐杀人。夫乐【杀，不可】以得志于天下。古吉事上左，丧事上右。是以偏将军居左，上将军居右，言以丧礼居之也。 古杀【人众】则以哀悲位之；战胜，则以丧礼居之。（简本丙组）

在本书《绪论》中已经做了分析，本章文字在帛本和其他传世版本中都有，在郭店楚墓简本丙组中亦有，但简本丙组应该是郭店楚墓墓主的便签，其中的三篇文字是墓主自己编写的，而非《道德经》原文。下面再做一下分析。

本章通行本排列在第三十一章，前面的章节为第三十章，对应《大畜》卦；之后为第三十二章，对应《颐》卦。按照《周易》卦《无妄》《大畜》《颐》《大过》的顺序，《大畜》卦（第三十章）后面紧接着是《颐》卦（第三十二章），第三十一章原本不应该存在。既然这个章节不符合原创规则，且不说帛本和其他传世版本，为什么还会出现在简本丙组中呢？

从文字上看，本章似乎是对第三十章的阐释。第三十章（简本）："以道佐人宝者，不欲以兵嚣于天下。善者果而已，不以取嚣。果而弗废；果而弗乔；果而弗矜。是谓果而不嚣，其事好长。"该章主要讲不应处处炫耀自己军力的强盛。单凭强大的军力夺取天下，无非给世界增添更多的杀戮，所以墓主在此章后加了这段文字："君子居则贵左，用兵则贵右。故曰兵者非君子之器，不得已而用之，钴衣（恬淡）为上。弗衣（美）也，衣美之，是乐杀人。夫乐杀，不可以得志于天下。古吉事上左，丧事上右。是以偏将军居左，上将军居右，言以丧礼居之也。古杀人众则以哀悲莅之；战胜，则以丧礼居之。"

这段文字讲了用兵的危害，作为对第三十章主题的进一步阐释。此文被墓主写在便签（简本丙组）上，大概是在抄录完整版时，顺便添加到了第三十章的后面。这样推理从逻辑上是合理的，从文字上也是合理的。

另外，有一个细节，简本甲组在抄写第三十章的最后一句"其事好长"时，将断章符点在了"长"的前面，这样，前面的句子变成了"其事好"，后面的第十五章首句变成了"长古之善为士者"，这种明显的错误恐怕不是无意识的，有可能是墓主有意而为之，起着一种标签或暗示的作用，提醒自己要留意这一章的后面又增加了一些内容，在抄写整本时不要忘了添加。可见，摘抄本中有明显失误的地方大概率是墓主有意为之。

本章，王弼无注。自宋以来，学者亦多以本章经文非老子之言。《道藏》所载《道德真经集注》于本章注末云："弼曰：疑非老子之作也。"晁说之王弼本《跋》云："弼知'佳兵者不祥之器'至于'战胜以丧礼处之'，非老子之言。"（载武英殿聚珍版王弼本《老子》卷前）王应麟深信此说（《困学纪闻》卷十《诸子》）。①

王弼所疑之章又出现在了疑点重重的简本丙组之中，如果我们确认本章是由墓主添加而成，那就可以断定后世的传本是从墓主这里流传下去的。

---

① 本段引自丁四新：《郭店楚竹书〈老子〉校注》，武汉大学出版社，2010，第405页。

第三十二章　道恒无名（简甲）

　　道恒无名。仆、唯、妻，天地弗敢臣。侯王如能狩之，万物将自宾。天地相会也，以逾甘露。民莫之命，天（而）自均安。论折有名，名亦既有，夫亦将知止，知止所以不诒。卑道之在天下也，犹小浴（谷）之与江海。（简本甲组第十章）

本章对应《周易·颐》卦。

【王弼本】道常无名，朴虽小，天下莫能臣也。侯王若能守之，万物将自宾。天地相合以降甘露，民莫之令而自均。始制有名，名亦既有，夫亦将知止，知止可以不殆。譬道之在天下，犹川谷之于江海。

◎道恒无名。

　　一般理解，这句话讲的是“道”永远没有名称。如果我们把“恒”理解为永远或一成不变，可能就误会了老子原意，此“恒”应该是经常的意思。“道恒无名”，“道”是经常无法用名称来概括的。请注意，这个“名”要按动词来理解。那么“道”和“名”的具体指向是什么呢？

　　本章按顺序对应《周易·颐》卦，卦辞：“颐，贞吉。观颐，自求口实。”意思是《颐》卦卦象反映的是自我生养。《颐·彖》的解释：“颐，贞吉，养正则吉也。观颐，观其所养也；自求口实，观其自养也。”用“道恒无名”来理解，“道”是老子理解的卦符含义；“名”则是卦名“颐”。“无”简本写为“亡”，没有的意思。老子认为，“颐”作为卦名，并没有完全反映出卦符的内涵，这个卦的“道”和“名”之间是不匹配的。“道恒无名”的意思是卦符含义经常会出现卦名没有概括到的情况。老子在此提出了《道德经》的创作原则，即不要拘泥于原来的卦名，应当根据历史发展状况，用新的思想解释卦象。

◎**仆、唯、妻，天地弗敢臣。**

要理解这句话，要先明白"仆、唯、妻"和"天地"的来历。我们看一下《颐》卦的卦符▤，两个阳爻，上九最上为"天"，初九处下为"地"，以"天地"喻王治，中间的四个阴小之爻为"仆、唯、妻"。"仆"是仆从；"唯"是唯唯诺诺的下人；"妻"是妻子，在当时妻子是没有社会地位的。"臣"，此处为动词，役使。两个阳爻不在君位（五爻为君），对四个阴爻没有统领、治理之象，故"弗敢臣"。战国时期，很多井田制下的农奴通过开垦荒田，成为自由身份的农民，这些原本是"仆、唯、妻"的奴隶，变成了不受封主管制的新兴社会力量。社会的变迁，出现了周文王时代不曾有的社会阶层，老子改变原有卦名含义，赋予卦象新的时代元素，正是写"道恒无名"的缘由。

◎**侯王如能狩之，万物将自宾。**

帛本和其他传世版本皆写为"守"，解"老"者皆以"狩"训为"守"。"守"是自守；"狩"是他人所守，不能通假。第三十七章（简本）"侯王能守之，而万物将自为"写的是"守"，同样是简本甲组，"守"和"狩"应该是有区别的。《孟子》："天子适诸侯曰巡狩。巡狩者，巡所守也。"天子巡视诸侯所守之地为'狩'。本句之"狩"意思是侯王要把天地"弗敢臣"的地方变成自己可以巡狩的辖区。

"侯王"，侯在王前，是称王之侯。老子是楚国人，这个侯王应该是针对楚王而言，也只有楚国人才会称楚王为侯王，因为楚王是子爵，地位低于一般中原诸侯，"楚王"的称谓在中原人眼里则是僭越。

关于"万物"，《颐·彖》曰："天地养万物，圣人养贤以及万民。"句子有"天地"，必配以"万物"。此"万物"实际就是指天下之事，因为"天下"是专指周王统辖之地，写在侯王之句不合礼制，故用"万物"代替。

"宾"，归顺义。《国语·楚语上》："蛮夷戎狄，其不宾也久矣。""宾"即为归顺。"万物将自宾"，天下之人都会自己来归顺侯王。这句话是一种假设，如果侯王能获得自由农民的支持，何愁天下诸国不来归顺于自己呢！

◎天地相会也，以逾甘露。民莫之命，天（而）自均安。

帛本为"天地相谷"，王弼本为"天地相合"。《颐》卦上九为天，初九为地，中间相隔四个阴爻，是无法相会的，更不会相合，为什么又写"相会"呢？其实是相会于四个阴爻，即《颐·象》讲的"天地养万物"。从政治角度讲，就是君王出台的政策要符合民众利益，要为民众造福。"以逾甘露"，这样做超过了甘露带给人们的幸福感。王弼本写为"以降甘露"，意思就完全不一样了。

前一个"天地"是周王的王治；这一个"天地"写在"侯王"的后面，是假设"侯王"成为真正的王之后的管理政策。

简本"民莫之命，天（而）自均安"，帛本为"民莫之令，而自均焉"。简本之"天"疑是"而"字的误写，《郭店楚墓竹简》亦释为"而"。"安"，安定，不应解为虚词。"均安"，《颐》卦四个阴爻均布于两个阳爻之内，没有强弱之分，皆安于自己的本分，此为"均安"。这是老子"自然"理论的另一种说法，意思是民众在某种思想意识的约束或引导下，即便没有去遵守王命，也会自我遵循平均而安定的生活原则。由此也可以领悟出为什么要写"天地相会"，而不是写治理天下之类的词句。民众是不需要过于治理的，只要政策顺应了民意，民众会自己约束自己。

◎诒折有名，名亦既有，夫亦将知止，知止所以不诒。

"诒折有名"帛本及王弼本皆写为"始制有名"，王弼注："始制，谓朴散始为官长之时也。始制官长，不可不立名分以定尊卑，故始制有名也。"然而简本之义并非如此。《说文》："诒，一曰遗也。"此处指周初遗留下来的体制和思想。"折"，转换，转换成新思想。"名"，概括新思想的名称。"诒折有名"的意思是《颐》卦之"颐"是周文王根据商末时期的形势所写而留传于今，我们学习《颐》卦，并不一定要严格按照原文去理解，也可以根据卦象转换成现今所需要的新思想。

"名"亦指能够概括新思想的名称。"有"是被人们熟知和接受。"名亦既有"，意思是新思想已经被人们广泛熟知和接受。

"夫"，不可释为语气词，应是泛指社会中的普通人。"亦"，助词。"知"，简本写为"智"，"智""知"相通。"止"，不流通。"夫亦将知止"，民众就会遵循新思想而停止旧思维。

"知止所以不诒"，帛本和王弼本"诒"写为"殆"，释者皆以"诒"为"殆"。同样是"诒"字，将前句释为"始"，后句释为"殆"，本身就不严谨。此"诒"仍需释为"留传"义。这句话的意思是知道不用旧思想解释新事物了，旧的思想观念也就不会再流传下去了。

◎ **卑道之在天下也，犹小浴（谷）之与江海。**

简本之"卑"字，帛甲本写为"俾"，帛乙本写为"卑"，其他传世版本皆写为"譬"，应以"卑"为是。"卑"指"仆、唯、妻"代表的底层民众，他们"自均安"即为"卑道"。传世版本之所以改为"譬"，是因为把"道"格式化了，不认为《道德经》中还有"卑道"之说。为什么"道恒无名"？就在于君王之"道"为道，民众之"卑道"也是"道"，光看到统治者的尊严，而忽略了民众的力量，统治者的天下能坐稳吗！所以如何在新的形势下，让民众形成自我安定之"道"，是一门涉及江山稳固的大学问。大秦帝国具有强大的武装力量，但根本就没有制定民众的安定之策，一场陈胜、吴广带领的民众暴动，就形成了多米诺骨牌效应，最终导致帝国大厦的崩塌。

王弼本将"卑"改为"譬"，没有了"卑"字，"小浴（谷）"也就顺理成章改成"川谷"了。

本句指出，民众安定对于君王治理天下的重要性，就像小溪流对于长江湖泊的重要性一样，众溪流没水了，长江湖泊就会干涸；众溪流倾泻过度，就会造成长江湖泊漫溢，导致水灾发生。

按照老子的写作惯例，"仆、唯、妻，天地弗敢臣"是从卦象引申而来，应当写在首句，而"道恒无名"只是提出了一个概念，之所以放在首句，意在强调思想观念要与时代同步。我们应当从这个句子中看到老子思想的先进性和创造性。

【今译】

卦符含义经常会出现卦名没有概括到的情况。

过去随意受人指使的奴隶，现在即使天地也不敢去役使他们。

侯王如果能把他们变成自己控制的势力，天下诸国就都会前来归顺。

君王出台的政策符合民众的利益，那就超过了甘露带给人们的幸福感。

其实民众即便没有遵守王命，也会自觉遵循平均而安定的生活原则。

我们学习周文王的思想，应当结合现实，转而用新的名称加以概括，从而形成有现实意义的新思想。

新思想如果被人们广泛熟知和接受，民众就会遵循新思想而停止旧思维。知道不用旧思想解释新事物了，旧的思想观念也就不会再流传下去了。

民众安定对于君王治理天下的重要性，就像小溪流对于长江湖泊的重要性一样。

第三十三章　知人者智也（帛甲）

知人者，智也；自知【者，明也。胜人】者，有力也；自胜者，【强也。知足者，富】也；强行者，有志也。不失其所者，久也。死不忘者，寿也。（帛甲本）

本章对应《周易·大过》卦。

【王弼本】知人者智，自知者明。胜人者有力，自胜者强。知足者富。强行者有志，不失其所者久，死而不亡者寿。

◎知人者，智也；自知者，明也。

本章按顺序对应《周易·大过》卦☰，卦象四个阳爻聚在中间，虽然实力很强，却被两个阴爻在外围困。"大"指阳爻，"过"是超越之义。"大过"，以阳爻为代表的力量要勇于超越自己，战胜所面对的困难。如何超越自己？卦辞："大过栋桡，利有攸往，亨。"卦辞讲，弯木无用，恰好可以用来作为房栋，此为扬长避短之法。老子由单纯的这种知己拓展到知己知彼，即"知人者，智也；自知者，明也"。知道别人的优劣之处，是智慧的表现；知道自己的长处和短处，是思想洞明之人。

◎胜人者，有力也；自胜者，强也。

从字面上看，这句话讲的是战胜他人的人称为有力，战胜自己的人称为刚强。但从文字的缘由看却不是这样。《大过》卦爻辞："九二枯杨生稊，老夫得其女妻，无不利""九五枯杨生华，老妇得其士夫。无咎无誉"。这两句讲的是"老夫"和"老妇"体力上都胜于常人，才能够满足女妻和士夫。所以"胜人者，有力也"应当释为胜于常人的，是因为他更有力量。

《大过·象》："君子以独立不惧，遁世无闷。"讲真正的君子，即便被不明真相的世人所孤立也不惧怕，远离尘世的喧嚣也不会抑郁不欢。这就叫"自胜"。每个人都有软弱的一面，当遇到真正的困难时，能够克服自己的怯懦，勇敢地站立着，才是坚强的人。这是"自胜者强也"的内涵。

◎知足者，富也；强行者，有志也。

这句话是从精神世界论述的，只有知道满足的人，才会感到自己富有；那种迎着困难前进的人，是因为有人生目标在激励着自己。

◎不失其所者，久也。死不忘者，寿也。

帛本"忘"，其他传世版本皆写为"亡"。王弼注："以明自察，量力而行，不失其所，必获久长矣。虽死而以为生之，道不亡乃得全其寿。身没而道犹存，况身存而道不卒乎。"此解失之偏颇。本句实则讲的是生之所、死之穴。何为生之所？《大过》卦卦辞："大过栋桡，利有攸往，亨。""栋桡"是房屋之栋，是人居之所。老子在这里保留了住所之义，只是换了个说法，不管是在困境中还是在超越之时，都不要抛弃自己的原居所，因为这是你的人生之根，是真正的长久之计。有些人抛弃自己的家乡，卖国求荣，贪图一时富贵，最终往往是死无葬身之地，是"失其所者"。

"忘"为本字，"亡"为改字。"寿"，婉辞，指生前预为死后准备的装殓用的寿冢等。句子源于《系辞》："古之葬者，厚衣之以薪，葬之中野，不封不树，丧期无数，后世圣人易之以棺椁，盖取诸《大过》。"说上古之时，人死后以树枝覆盖于荒野，后来"圣人"根据《大过》卦的含义，将死人收敛在棺椁内，埋葬于墓穴之中。"死不忘者，寿也"，根据《系辞》所言，老子认为，"圣人"之所以改革丧葬制度，是为了让后人不忘先人，牢固氏族观念，增强社会的稳定性。

【今译】

知道别人的优劣之处，是智慧的表现；知道自己的长处和短处，是思想洞明之人。

胜于常人的，是因为他更有力量；遇到困难时，能够克服怯懦，勇敢面对，才是坚强的人。

只有知道满足的人，才会感到自己富有；那种迎着困难前进的人，是因为有人生目标在激励着自己。

什么时候都不要失去自己的原居所，才是长久之计。

为了死后不让后人遗忘，才发明了棺椁和墓穴。

第三十四章　道汎呵其可左右也（帛甲）

道【汎呵，其可左右也。成功】遂事而弗名有也。万物归焉，而弗为主，则恒无欲也，可名于小。万物归焉，【而弗】为主，可名于大。是【以】圣人之能成大也，以其不为大也，故能成大。（帛甲本）

本章对应《周易·习坎》卦。

【王弼本】大道泛兮，其可左右。万物恃之而生而不辞，功成不名有，衣养万物而不为主。常无欲，可名于小；万物归焉而不为主，可名为大。以其终不自为大，故能成其大。

◎**道沨呵，其可左右也。**

王弼本为"大道泛兮，其可左右"，并注曰："言道泛滥无所不适，可左右上下周旋而用，则无所不至也。"王弼注犯了两个错误，一是把"道"解为"大道"，其实王弼也解释不清楚什么是"大道"，反而把"道"的内涵弄丢了；二是错把"左右"注释为"左右上下"，帛本之"左右"与"弗为主"相呼应，是不能写"上下"的。

本章按顺序对应《周易·习坎》卦☵，卦象上八卦为水，下八卦亦为水。帛书《易》此卦为《习赣》，卦辞："习赣，有复，维心。亨，行有尚。"《说文·习部》："习，数飞也。""习"亦有重复之义。《说文·贝部》："赣，赐也"。按照"习赣"理解卦象，应该指引流江水灌溉周围农田，是大自然对人类的恩赐。"行有尚"，坚持有益的行为。老子所言之"道"，大概指这种有益于人类的思想和品行。

《玉篇》："沨，水声。""沨"从水声而来，指宏大的水势。"道沨呵"，对人们的恩赐行为呵，就像浩大的水势一样影响深远。

"左右"，水是按左右分流，恩赐则针对周围之人。"其可左右也"，这种恩赐可以普及到周围更多的人。

◎**成功遂事而弗名有也。**

对他人施以恩惠，会成就功业或促使一件事顺利办成，却没有人知道他的功绩。

◎**万物归焉，而弗为主，则恒无欲也，可名于小。万物归焉，而弗为主，可名于大。**

王弼本为："衣养万物而不为主。常无欲，可名于小；万物归焉而不为主，可名为大。"帛本两个句子都写为"万物归焉，而弗为主"，似乎不如王弼本合理，其实是王弼错改了。要确定帛本是正确的，首先应明白"万物归焉"的出处。帛书《易·习赣》卦卦辞："习赣，有复，维心。"可以理解为：一再对他人恩赐，使人们一心一意地前来归附。众人前来归附帮助完成创建大业，为"万物归焉"。可见，此句源自卦辞。

为什么会有两个"万物归焉"？八卦水卦一阳居中，二阴附和在外，是二阴归属于中阳领导，亦合"万物归焉"之义。《习坎（赣）》卦由两个完全相同的水卦组成，即有两个"万物归焉"句。

为什么两个句子都写"而弗为主"？是因为两个水卦之阳爻都居中位，各有主象。既然两个阳爻各为主，就没有从属之象，必然会出现权力之争。如果都不争这个"主"，自己做好自己的事情，就避免了大规模战争的爆发。这是"弗为主"的出处。

为什么一个写"可名于小"，一个写"可名于大"？帛书《易·习赣》卦爻辞："九二赣有祝，求小得。"可以理解为：居中而有恩于他人，会有诚信之名，可以希求小的成果。"则恒无欲也，可名于小"就是照应九二爻辞的内容，不要有过高的欲望，只能以小的规格取名。"可名于大"是照应九五爻，九五居于君王之位，自然要取名于"大"。"小"与"大"源自九二爻和九五爻所处的不同位置。其时周王形同虚设，周王（九五爻）既领导不了诸侯，诸侯（九二爻）也不敢公开对周王发号施令，最好的办法是各安其位，名义上诸侯仍然为侯，周王仍然为王。只要周王在，社会就不会大乱；一旦周王被废，必会爆发大规模的争王之战，这是社会发展趋势必然会形成的结果，是老子不愿看到的。

◎**是以圣人之能成大也，以其不为大也，故能成大。**

王弼本没有"是以圣人之能成大也"句，但这个"圣人"的出现却是很有必要的。《道德经》中的"圣人"基本是指周文王，以周文王的例子借古言今。周文王究竟是在生前就称王，还是死后才追谥为王，一直是史学界的公案，这句话似乎解答了这一问题。"以其不为大也"，指出周文王只"名于小"，即一直以侯伯自称，尚没有僭越称王。"故能成大"，所以周最终推翻了殷商，建立了周王朝。商朝末期的商周关系和战国初、中期的王侯关系一样，都是王朝赢弱而侯国强大，但周文王并没有急于竖起王旗与商王平起平坐，而是仍然以伯侯的名义行扩张之实，当众望所归时，才由继任者周武王一举而灭商。战国初期战云密布，狼烟四起，列国互相攻伐，都想称王，却都没有统一中原的实力，只想掠夺而不想笼络人心，与"圣人之道"背道而驰，故写此句以引导有志于"成大"者。

【今译】

对人们的恩赐行为呵，就像浩大的水势一样，可以影响到周围的人们。

它能够帮助人们事业成功或顺利办成一件事，却没有人知道它的功绩。

众人前来归附，而不去发号施令，也始终对王位没有欲望，可以保持小（侯）的名号。

众人前来归附，而不去发号施令，就可以用大（王）的名号来称谓。

由这个道理来分析，周文王之所以能成就王业，是因为他不称大（王），才成就了大（王）业。

第三十五章　执大象天下往（简丙）

执大象，天下往。往而不害，安、坪、大。乐与饵，过客止。古（故）道之出言，淡呵其无味也。视之，不足见；听之，不足闻；而不可既也。

（简本丙组第二章）

本章在通行本中排在第三十五章，帛甲、帛乙本中的排列顺序与通行本相同，在郭店楚墓简本中抄写在丙组第二章。在前面《绪论》中已有简单分析，通行本中之前的第三十四章对应的是《习坎》卦，之后的第三十六章对应的是《离》卦，按照《周易》卦序，《习坎》和《离》是前后卦的关系，

第三十五章夹在其间，属于原本不存在的一个章节。简本丙组是墓主的便签，不能算是老子原本的文字，有可能是墓主在抄录完整版时，顺便把自己编写的这部分内容加了进去。

《康熙字典》："象，又法也。""大象"即大法。从内容上分析，首句"执大象，天下往。往而不害，安、坪、大"的意思是只要掌握了这些治理国家的大法，就可以出去闯天下了，明显是一篇个人学习心得。后面的句子不乏对《道德经》的赞美之词，"乐与饵，过客止"，那些一心追求个人欲望的人，怎么能配得上学习《道德经》呢？只不过是一个名利场上的过客罢了！

那为什么一定要把这段句子编排到第三十四章之后呢？大概墓主认为第三十四章是对《道经》的总结，对《道经》的学习心得就应该写在这里才对。

第三十四章："道汜呵，其可左右也。""道"的作用就体现在我们身边的事物中，这个"道"不是虚空的，而是有巨大实用价值的，这里用"执大象，天下往"来概括"道"的价值。"万物归焉，而弗为主，可名于大"是第三十四章的论述，这里讲得更具体一些，就是"往而不害，安、坪、大"。第三十四章"恒无欲也，可名于小"，无疑进入了"圣人"境界；本章写"乐与饵，过客止"，是用常人的心态加以对比，那些心中充满物欲的过客，追求的是盛名，永远进入不了"道"的境界。这两章表述的主题大致相同，只是角色不同，一个是圣人或国君的所为，一个是学者的感悟。

以此看，墓主把自己对第三十四章的学习心得排列其后，并在整篇抄写时又独立成章，是极有可能的。所以第三十五章应当排除在原本《道德经》之外。

第三十六章　将欲拾之（帛甲）

　　将欲拾之，必古（是以）张之。将欲弱之，【必古】（是以）强之。将欲去之，必古（是以）与之。将欲夺之，必古（是以）予之。

是谓微明，友弱胜强。鱼不可脱于潚，邦利器，不可以视（间）人。
（帛甲本）

本章对应《周易·离》卦。

【王弼本】将欲歙之，必固张之；将欲弱之，必固强之；将欲废之，必
固兴之；将欲夺之，必固与之，是谓微明。柔弱胜刚强。鱼不可脱于渊，国
之利器不可以示人。

◎ **将欲拾之，必古〔是以〕张之。**

王弼本此句为："将欲歙之，必固张之。"一般以"歙"通"拾"，"固"
通"古"。王弼本是在帛本的基础上做了修改，表达的思想不同，字义也是
不同的。"拾"，捡取之义；"歙"，收缩之义。两个字字义不同，相较
之下，似乎"歙"与"张"相对，用字更为准确，但这种"准确"是建立
在误解的前提下，即王弼本把两个"之"视为同一个主体，把主体搞混了，
其他理解也就都错了。

按照排列顺序，本章对应《周易·离》卦，是对《离》卦思想的阐释。《离》
卦的卦符为☲，卦象有网之形，帛书《易》卦辞："罗（离），利贞，亨。
畜牝牛吉。"以罗网命名本卦。《周易·系辞下》："作结绳而为网罟，以
佃以渔，盖取诸离。"讲《离（罗）》卦是谈罗网的起源和作用，故"罗网"
是本章的"言之君"，后面所言都是从罗网这个题材展开的。罗网可以用来
捕鱼，也可以用来捕鸟。"拾之"，捡拾捕获的鸟或鱼。故帛本"拾之"符
合《离》卦主题，王弼本"歙之"属错改。

关于王弼本之"固"和帛本之"古"的关系，还需要深究。帛本是有几
个"固"字的，如第六十七章："以守则固。"第五十八章："其日固久。"
第五十九章："是胃深槿固氐。"这些"固"字并没有用"古"来通假。而
且在简本中也有"固"字与帛本相同，如第五十五章："骨弱筋柔而握固。"
该句简本写为："捉固。"不存在原本是"固"而帛本误写为"古"的可能。
所以王弼本将"古"写为"固"显然是一种改写。

那么可否把帛本之"古"通假为"故"呢？也不妥，因为帛本凡"故"

之字都是用"故"，而不用"古"假之。

会不会还有一种可能，就是帛本在抄写时，因为拿不准上本"古"的字义，而继续保留了原字呢？如果这样想，问题就复杂了。我们可以分析一下简本，凡《德经》中的章节，帛本之"故"字，简本甲、乙组都写为"古"，如第四十四章帛本："故知足不辱。"简本甲组："古智足不辱。"第五十六章帛本："故不可得而亲……故为天下贵。"简本甲组："古不可得天新……古为天下贵。"第六十三章帛本："故终于无难。"简本甲组："古终亡难。"这些"古"都需释为"故"。但简本《道经》中的章节则没有这种情况，"古"只表示古代的意思，如第十五章帛本："古之善为道者。"简本甲组："古之善为士者。"帛本和简本甲组都写为"古"。

还有二例帛本之"故"字的，第十五章帛本："故强为之容。"简本甲组："是以为之颂。"帛本之"故"在简本甲组中写为"是以"。第十九章帛本："故令之有所属。"简本甲组："或命之，或乎豆。"帛本之"故"在简本甲组中没有出现这个字义。《道经》和《德经》语法上的不同，究竟是初创时就存在还是转抄时被修改所致，就不得而知了。

《道经》中还有三个例子"故""古"通用，第十八章帛本："故大道废。"简本丙组："古大道废。"第三十一章帛本："故兵者。"简本丙组："古曰兵者。"第三十五章帛本："故道之出言也。"简本丙组："古道之出言。"可以发现，这几个句子都是出自简本丙组，而简本丙组是郭店楚墓墓主写的，不是《道德经》的原本内容。简本丙组每个章节都有这个语法案例，也说明了这种通假字或语法形式多存在于楚国学界，不代表老子本人的习惯用语。也就是说，同样是简本，最早的版本没有用"故"这种决断性词语的习惯，以"古"通"故"是后加或者改动之字。

由此看，本章帛本"必古"按照第十五章例，有可能是从"是以"修改而来的，应该按"是以"训"必古"。"必古（是以）张之"，因此先要把自己的网张开。

"将欲拾之"的"之"是欲捕捉的对象；"是以张之"的"之"是指网，两个"之"所指代的主体是不同的。

◎**将欲弱之，必古（是以）强之。**

这句话学界大致有两种解释，一是要让敌人衰弱，一定要先让他强大；二是指事物的发展转化规律，即强大意味着衰弱的开始。这两种说法都犯了一个错误，就是把对立的两个主体归结成了同一个主体，即将前"之"和后"之"都看作是敌人。其实这两个"之"是两个主体，而且是对立的两方。

这句话讲的道理很简单：要想让敌人变成弱者，就先要自己强大起来。他强你就弱，你强他就弱，这是很简单的天平关系。如果自己的实力不如敌人，自己不是一心去强国富民，而是等待着敌人由强变弱，岂不是很可笑吗！在别人衰弱之前，有可能你已经成了他的刀下亡灵。这种思想看上去很可笑，但许多人却一直秉持着弱性思维在这么想、这么做，所以这句话有很强的现实意义。

◎**将欲去之，必古（是以）与之。**

这一句传世版本多不同，如王弼本："将欲夺之，必固与之。"《韩非·喻老》为："将与取之，必固与之。""夺之""取之"与后面的"与之"指的是同一个主体，"与"是按给予来解释的。如果都按一个主体理解，帛本"去"写得就没道理了。同理，如果按两个主体来理解，"夺之""取之"写得也不是很恰当。

"去之"，离开他。《说文》："与，党与也。""与之"，和其他国家结成同盟的意思。"将欲去之，必古（是以）与之"，意思是一个国家要脱离开强国的势力范围，不要因一事件而仓促决断，这样会受到强国的报复，应当先与其他国家建立联盟关系，有了强援后，再采取脱离措施，这样才是万全之策。"去之"的"之"指欲脱离开的国家，"与之"的"之"指新结交的国家。弱国之间结成联盟才能对抗强国，这是弱国保持生存的一种法则。

◎**将欲夺之，必古（是以）予之。**

"夺之"是夺取敌国的领土。"予之"是给予同盟国。既然联盟，就要建立风险和利益共担机制，做好分配成果的预案，然后共同发起战争，这是建立长期战略同盟应坚持的原则。

◎**是谓微明，友弱胜强。**

"是谓微明"都是与前句"必古（是以）予之"连在一起，对这个问题，我们首先应当确定哪句是本章的重点，如果前面的句子是重点，"是谓微明"就应当连在前句；如果"友弱胜强"是重点，就应当与后句连在一起，当然，"微明"的解释也会因此不同。"友弱胜强"是对前面四个句子的总结，是中心思想所在，故"是谓微明"应该与"友弱胜强"连在一起。

"微明"不是一个词，"微"是小，"明"是明白。应该句读为"是谓：微，明"，这就叫通过一些具体的事例明白一个道理。

王弼本写为"柔弱胜刚强"，许多学者大肆宣扬"柔胜强"的理论，甚至说："要处于柔弱地位，才能战胜刚强，这种治理国家的玄机谋略不能随便示人。"①还唯恐这种理论被别人知晓。纵观历史，春秋战国时期，大量的柔弱小国被强国吞灭，柔弱得连国家主体都没了，何来战胜刚强之说！最终还是强大的秦国统一天下，充分说明了刚强足以碾压柔弱。清朝后期柔弱得逢战必向西方列强割地赔款，直至清王朝灭亡，何来的柔弱胜刚强？"柔弱胜强"在国际关系中就是一种弱性思维、阿 Q 精神，它不会出现在列国纷争的时代，只能出现在大一统时期，作为励志理论说给那些没有希望的弱小者听。帛甲本写的是"友弱胜强"，从帛乙本起就改为"柔弱胜强"，与当时的历史环境完全一致。

"友"是互帮互助。"友弱"，由《周易·离（罗）》卦而来，一根线很柔弱，是没有力量的，但无数根线交叉编织成一个罗网，却具有强大的力量，可以捕捉天上的飞鸟、水中的大鱼。故弱者只有走联合的道路，实现体量的增大，物资、人力的扩充，方能战胜强国。

◎**鱼不可脱于潚，邦利器，不可以视（间）人。**

这句话讲的是生存环境问题。《说文》"潚，深清也。""潚"，指深

---

① 见《老子》，饶尚宽译注，中华书局，2015，第 78 页。

水。大鱼在深水中才能生存，如果脱离了深水这个环境，大鱼是没法生存的。作为一个弱国，明白自己对生存环境的依赖是很重要的。弱国组成的联盟，是这些国家的生存环境，一旦这个环境被破坏，鱼不可能独自生存。有的国家受眼前利益的诱惑，脱离开这个环境，投向敌国，联盟被强国各个击破，面临的将是共同灭亡。故维系水的深清是各国的共同责任。

帛甲本为"不可以视人"，帛乙本和其他传世版本皆写为"不可以示人"。笔者认为，不论是"视"，还是"示"，都与本章主旨无关，本字应当是"间"。"不可以间人"，不可以被人间离。联盟，是弱国的生存利器，应当共同维护，不能被敌国派来的人所间离，即"邦利器，不可以间人"。如果多国联盟被敌人所间离，就如同鱼脱于潇，必死无疑。此句意在提醒注意防范联盟潜在的危机。由此看，"鱼不可脱于潇"和"邦利器，不可以视（间）人"意思是一致的。

"友弱胜强"源自《离（罗）》卦，是本章的中心思想。前面四句话，是"友弱胜强"的必要性和原则性，最后一句，是弱者联盟的脆弱性。

【今译】

要想拾取落鸟，就要先张开罗网。

要想让敌人变弱，就需要自己变得强大起来。

要想离开强国的欺压，就需要联盟其他弱小的国家。

要想夺取敌国的土地，就需要与联盟国家协商好利益分配。

这就叫从个别事例中明白大的道理：联合弱小国家就可战胜强大的敌人。

鱼不能脱离开深水。联盟是弱国生存的锐利武器，千万不可因敌国派人离间而致分裂。

第三十七章　道恒无为也（简甲）

本章简本与帛本、王弼本各有不同，当以简本为是。按照王弼本的顺序，本章为《道德经》第三十七章，是《道经》最后一章。从与《周易》卦的对应看，第三十六章对应《离》卦，是《周易》上篇的最后一卦，本章没有了对应之卦，成了多出来的一个章节。从文字内容看，开篇一个"道"字，应当是对《道经》加以总结，谈《道经》的核心问题。对比帛本和简本，会发现两者在文字上有很大差异，为什么这么多字不同？帛本的修改到底有没有道理？本章就这些文字的差异予以辨析。

　　道恒无为也。侯王能守之，而万物将自为。为而欲作，将贞之以。无名之朴，夫亦将智。智足以束（谛）。万物将自定。（简本甲组第七章）

【帛甲本】道恒无名，侯王若（能）守之，万物将自为（化）。为（化）而欲【作，吾将镇之以无】名之楃，【镇之以无】名之楃，夫将不辱，不辱以情，天地将自正。

【王弼本】道常无为而无不为，侯王若能守之，万物将自化。化而欲作，吾将镇之以无名之朴。无名之朴，夫亦将无欲。不欲以静，天下将自定。

◎ **道恒无为也。**

帛本为"道恒无名"，王弼本为"道常无为而无不为"。从这三个版本的不同看，后世学者对"道"和"无为"有很大误解。前面各章之"道"，是对所对应《周易》卦卦象体现出的主题的概括，因此每章"道"的内涵是不同的。本章是对《道经》的总结，所言之"道"泛指《周易》卦的指导思想，这与帛本、王弼本的理解是不一致的。

老子说的"道"到底是何真面目？没有人知道。但既然是"道"，就是让人去遵循的，为什么又"无为"呢？帛本抄者大概认为此说无理，便改为"道恒无名"。其实第三十二章开篇就写了"道恒无名"，本章再在开篇重复写，这在原本中是不可能的，因为每个章节的主题不同，各章首句也不会相同。高明论证曰："首句应同'道恒无名'才是，而今本作'道常无为而无不为'，显非老子原文，必因后人篡改所致。"① 帛本是汉初抄本，可信度自然比其他传世版本要高，如果没有战国时期简本的出土，怕是"道恒无名"真就作为原文解读了。

王弼本的修改也确是一个败笔，"道常无为而无不为"，加上一句"无不为"，就解决了"道常无为"的疑惑，而且从理论上又拔高了很多。第四十八章简本："学者日益，为道者日损。损之或损，以至无为也。无为，而无不为。"这个"无为"不是"道"的无为，而是使被损者达到无法作为的程度；这个"无不为"指的是不合时宜的行为停止后，那些推动社会发展的行为才能加以施展。"无为"和"无不为"是两个不同主体的行为，不能混为一谈。本章王弼本将"无为而无不为"加在了"道"的后面，成了"道"的作为范畴，这样只能导致"道"的概念更加混乱。

王弼本又是怎样讲通"无为"和"无不为"关系的呢？王弼注："顺自然也。万物无不由为以治以成之也。"针对这种解释，笔者认为要能通此理，必以偷梁换柱之术方可，即用两个主体交叉解释两种事由，才能做到自圆其说。你既不知道它对在哪里，也不知道它错在哪里。这样任何事情都会得出一个完美的答案，但永远得不出有条理的、必然的结论。胡适说："'道常无为而无不为'，这是自然主义宇宙观的中心观念。这个观念又是一种无为放任的政治哲学的基石。"② 这个"政治哲学的基石"以模棱两可、似是而非为特征，实则是一道阻碍科学精神产生的拦路石。

"道恒无为"难以释通的一个关键问题是对"无为"的理解，传统都是

---

① 高明：《帛书老子校注》，中华书局，1996，第 424 页。
② 引自陈鼓应：《老子注译及评介（修订增补本）》，中华书局，2009，第 204 页。

将其作为一个词解读的，如王弼讲其为"顺其自然"。陈鼓应认为："老子著书立说最大的动机和目的就在于发挥'无为'的思想。甚至于他的形上学也是基因于'无为'思想而创设的。"①陈鼓应是把"无为"作为哲学概念来阐释的。笔者认为，"无为"其实是一个句子，并不是一个词，简本写为"亡为"，是讲不去做或不能去做。"道恒无为也"，意思是《周易》中的这些道理往往不是让人们随意去施为的。之所以这样讲，有两个原因，一是《周易》筮卦属朝廷体制，只有史巫才能使用，后来流传于民间，士子经常用筮卦卜算出行、筹划等日常生活吉凶，有违体制；二是《周易》是周文王写的，体现了创建国家的思想意志，不是随便什么人都可以施为的。由此看，"无为"是讲不可随便使用，平民阶层不得随意施为。

◎**侯王能守之，而万物将自为。**

帛甲本写为"侯王若（能）守之，万物将自为"，帛乙本开始改为"侯王若能守之，万物将自化"。一是帛甲、帛乙本都加了个"若"字，二是自帛乙本始"为"改为"化"，这对原文主旨产生了不利影响。

"若"是假设义。帛本改用"若"字，说明对"守之"的内涵产生了歧义，认为"守之"是守自然、无为的大道。关于将"自为"改为"自化"，是参照了第五十七章"我无为而民自化"。而看简本原文，这两个章节的"化"字都不是"化"的笔画，第五十七章的"化"原字应为蜕变的"蜕"，有"化"意；本章的"为"则与"化"完全无关，应以简本和帛甲本为准。

因为本章是对《道经》的综合论述，故"道"指的是《周易》卦的思想宗旨。"守之"是"守道"，就是遵守《周易》之"道"。为什么说"侯王能守之"？《礼记·表记》："子曰：大人之器威敬，天子无筮，诸侯有守筮。天子道以筮，诸侯非其国，不以筮。"郑玄注："守筮，守国之筮，国有事则用之。"孔颖达疏："诸侯有守筮者，诸侯卑于天子，有守国之筮，谓在国居守有事而用筮。"是说治理国家大事，天子用卜，诸侯用筮。如果在"道"上，天子用筮，诸侯不用筮，意思是诸侯以守土为己任，占筮之道必须用于治理本

---

① 陈鼓应：《老子注译及评介（修订增补本）》，中华书局，2009，第34页。

国民众。这是写"侯王能守之"的历史依据。《道经》分别阐释了《周易》上经三十个卦，这三十个卦包含了不同的治国道理，只有侯王才有资格运用这些道理治理国家，普通贵族士子即便掌握这些知识，也要以策论的形式呈献给诸侯去运用才合礼制。

"侯王"是称王的诸侯，确切地讲应该指楚王，因为此时中原诸侯还未开始称王，而且老子身为楚国人，还是承认其"王"的称号的。诸侯守筮是他们的本分，故写"侯王能守之"，帛本和其他传世版本加上个假设词"若"，说明他们对"守之"的理解超出了筮法理论范围。

关于"为"字，只有帛甲本与简本相同，帛乙本及其他传世版本皆写为"化"。廖明春释为："'为'当为本字，'为'系'为'的繁化，'化'是'为'的同源字。"① 此说不确。上一句"道恒无为也"写了个"为"字，如果都是相同的字，为什么这个"为"字要加上个多余的"心"字旁呢！而且"'化'是'为'的同源字"之说更是不可采信。

"为"是做事情，加个"心"字旁，应该是有心去做，或主动作为。"万物"，多指社会状态，即社会中的人和事。"万物将自为"，社会将自我运行。"而"，递进词。"侯王能守之，而万物将自为"，侯王能运用《周易》卦的原理治理国家，那么社会中的所有人和事都会自觉运行。这句话讲了《周易》思想对治理国家的重要意义。

◎ **为而欲作，将贞之以。**

王弼本为："化而欲作。"对照简本，会发现一个很奇怪的现象，原文写"化"者，其他传世版本不以"化"抄；传世版本写为"化"者，原文并不是"化"字。如第四十六章简本甲组"化莫大乎不知足"，帛乙本"祸莫大于不知足"；第六十四章（下）简本甲组"复众之所，所化"，帛甲本"而复众人之所过"。这两个简本之"化"，一个改为"祸"字，一个改为"过"字。

而有两个相反的句子，第五十七章帛甲本"我无为而民自化"，此"化"简本甲组写为"蜕"；本章帛乙本为"万物将自化。化而欲作"，此"化"

----

① 廖名春：《郭店楚简老子校释》，清华大学出版社，2003，第142页。

简本甲组写为"为"。这四个例子充分说明自帛乙本开始，由于传授者错解了原文主旨，使文字变得难以释通，便不惜以改动原字来适合自己的理念，此即为"削足适履"之术。如本章，帛乙本将"为"改为"化"，已经犯了擅改之错；现今又将"化"释为"生、长"，如陈鼓应释"化而欲作"："自生自长而至贪欲萌作时。"①这样更是错上加错。

"欲"，副词，将要。"欲作"，将要作。此"欲"不应解作贪欲。"作"，动态词，作为。百姓主动作为是社会发展进步的原动力，但如果不去节制阶级性的逾越行为，而任其发展，就会带来社会阶级的混乱，这种逾越行为即为"欲作"。

本句的"将贞之以"，传统解读都是与下句连在一起，读为"吾将镇之以无名之朴"，但简本没有"吾"字，帛本加上一个"吾"，再把"贞"改为"镇"，就变成了一个完整的主谓宾句子。应按简本为是。

"贞"，贞问，用筮卦判断事物发展的趋势。本章论述《周易》筮卦的卦象和卦名问题，必然会写"贞"字。"之"代指"欲作"。"以"，《康熙字典》："又用也。《论语》：'不使大臣怨乎不以。'"本句之"以"即为"用"义。"将贞之以"，可以用筮卦判断"欲作"的危害性。

以上三个分句的层次是：《周易》卦的思想不是普通人都能使用的（道恒无为也）；侯王用《周易》思想来统治臣民，社会就会自行运转（侯王能守之，而万物将自为）；社会自行运转久之会产生新的社会矛盾，进而可以用《周易》思想化解新的社会矛盾（为而欲作，将贞之以）。

◎**无名之朴，夫亦将智。**

帛本这里有一个重叠用句："为（化）而欲作，吾将镇之以无名之楃，镇之以无名之楃，夫将不辱。""镇之以无名之楃"分别见于前句和后句。王弼本："化而欲作，吾将镇之以无名之朴。无名之朴，夫亦将无欲。"王弼亦将"无名之朴"重叠使用。究其原因，是由于帛本断句出现了问题，将"将贞之以，无名之朴"合二为一，致使前句和后句都缺乏完整性，只好重

---

① 陈鼓应：《老子注译及评介（修订增补本）》，中华书局，2009，第204页。

叠使用。应该说这是由误解主题导致误解句意，进而发生擅改文句的案例，与版本无关。

"名"，指《周易》卦名。占筮出《周易》卦，一般都是通过六爻卦名或八卦名来领会卦义，如《左传·庄公二十二年》所载：

周史有以《周易》见陈侯者，陈侯使筮之，遇《观》之《否》。曰："是谓'观国之光，利用宾于王。'代陈有国乎。不在此，其在异国；非此其身，在其子孙。光，远而自他有耀者也。《坤》，土也。《巽》，风也。《乾》，天也。风为天于土上，山也。有山之材而照之以天光，于是乎居土上，故曰：'观国之光，利用宾于王。'庭实旅百，奉之以玉帛，天地之美具焉，故曰：'利用宾于王。'犹有观焉，故曰其在后乎。风行而著于土，故曰其在异国乎。若在异国，必姜姓也。姜，大岳之后也。山岳则配天，物莫能两大。陈衰，此其昌乎 。"

周史释卦，围绕《观》卦爻辞"观国之光，利用宾于王"，用八卦《坤》《巽》《乾》之象而展开，冀以推断所贞之事的结果，这是典型的以六爻卦和八卦之名解卦的例子。而《道德经》所言之"道"，多通过六个爻阴阳组合的卦象与社会万物加以联系，而产生治国思想，不同于周史释卦的方法。"无名"，就是尚未命名时的六爻卦象。

"朴"，帛甲本写为"楃"，帛乙本与王弼本写为"朴"。在第十五章中，简本甲组："屯虖，其奴朴。"其"朴"字与本章之"扑"笔画不同，"扑"应该是"朴"之借字。"朴"的本义是未加工过的原木，在本句中指周文王写卦爻辞之前的六爻卦。"无名之朴"，意思是弃用《周易》卦名，用六爻卦的卦象联系社会万象，提出新思想，解决新矛盾。譬如《乾》卦，卦辞"乾，元亨，利贞"，老子舍弃卦辞，写道："天下皆知美之为美也，恶已；皆知善，此其不善已。"阳为善，阴为恶，《乾》卦六爻皆阳，见善而不见恶，故用美善解释卦义，谈美善的适当与失当，即是用象弃名。

简本之"夫亦将智"，帛本写为"夫将不辱"，王弼本为"夫亦将无欲"。"夫"，凡《道德经》中的"夫"字，大都代指普通人。"智""知"通用，此处为智慧、智者之义。"夫亦将智"，就是普通人也会变成智者。要读通《周易》，需要高深的学识；而明白了六爻爻位和阴阳排列的规则，即便不认识文字，也会变成一个智者。由此看，作为一个《周易》学者，老子不拘泥于卦名，仅用六爻意象就洋洋洒洒写了一部《道德经》，广泛而深入地解析各种社会问题，其真正功力不在于对《周易》卦爻辞研究的深度，而在于对六爻卦象的灵活运用，在于对社会发展进程的把握和强烈的忧国忧民意识。

◎**智足以束（谛）。万物将自定。**

帛本写为："不辱以情，天地将自正。"王弼本："不欲以静，天下将自定。"

假定"智足"为"知足"，"知足"则"不辱"（帛本改）；"知足"则"不欲"（王弼本改），帛本和王弼本修改之句与简本原句都存在因果关系。用果代替因，这种修改手法有点莫名其妙。更何况，这个"智"应以本义解，即智慧，不能以"知足"解。此句应该是"足"与"以"组词——"足以"。

"束"，廖明春认为："颇疑'束'为'帝'字之借。《说文·上部》：'帝，谛也。王天下之号也。从丄，束声。''束'、'帝'音同，故可通用。'帝'有审谛、详审义。《说文·上部》：'帝，谛也。'又《言部》：'谛，审也。从言，帝声。'"①此说可用，"束"当以"谛"解，详审之义。"智足以束（谛）"，由《周易》卦象启迪的智慧，完全可以详审社会出现的新问题。

简本"万物"，帛本为"天地"，王弼本为"天下"，有必要对这三个词做一下分析。简本写"万物将自定"，"万物"应该是原本之字。帛本抄写者大概认为前面有"而万物将自为"，后面再写"万物"就重复了，故改为"天地"。在第五章有："天地不仁，以万物为刍狗。"这个"万物"是自然万物，属天地范围之内，说明"天地"和"万物"是不能相等看待的。而且"天地"是人类赖以生存的环境，不存在自正的问题，所以此句改写成"天地"是不对的。大概意识到"天地"有误，王弼又改写成"天下"，但"天下"一般表述王治之下，天子文治武功平定天下，不存在"天下自定"，故"天下"之说依然有误。

"万物"有两种表述，一是自然万物；一是社会万象。"万物将自定"

---

① 廖名春：《郭店楚简老子校释》，清华大学出版社，2003，第148页。

用的是社会万象之义，不需要严格统治，社会自身就形成了安定功能。

本章的两个"万物"都是指社会状态，是运用《周易》思想使社会达到的理想程度。侯王运用《周易》之道，社会就能够自然运行，因为《周易》讲的是治国之道；普通人如果精通筮法规则，就可以高屋建瓴地审视社会，评价社会行为的对与错，社会就会自行稳定。这里提出了两个层次问题，一是侯王治理国家的最高境界是让社会自我运行，自我运行才能获得良性发展；二是基层社会的最好状态是自行稳定，稳定百姓才能安居乐业。

综合上述分析，由于学界沿袭王弼解"老"思路，对本章简本文字难以理解，只好继续使用王弼本作为范本，而真正的《道德经》原本将继续尘封下去。本章简本共有四十一个字，其中"道""无为""为""欲""贞""以""无名""朴""夫""智""束""万物"，在帛本和王弼本中，这些字或被修改，或被误解，造成了多处败笔，学者宜深研品鉴。

【今译】

《周易》之道通常是不可随意而为的。

侯王能用《周易》之道治国，社会就会自我运行。

运行久之会出现新的矛盾，可以用筮卦推断新的社会问题的危害性。

舍弃卦名，仅用六爻卦象去解释社会现象，一般人也会变成智者。

有了这种智慧足以审视出社会行为的对与错，社会秩序就会自我安定。

德

经

第三十八章 上德不德（帛乙）

　　《道德经》分《道经》和《德经》两部分，按照通行本《道德经》看，第一章至第三十七章为《道经》，排于前；第三十八章至第八十一章为《德经》，排于后。从《道经》和《德经》的排列顺序看，通行本是正确的。帛本将《德经》排于前，《道经》排于后，应该是在抄写简本文字时，先抄录了《德经》卷所致。为什么断定通行本的顺序是正确的呢？因为《道德经》是一部诠释《周易》思想的著作，《周易》分为上经和下经，《道经》是按《周易》上经卦的顺序进行阐释的，在前面各卦已经做了详尽分析；《德经》是按《周易》下经卦的顺序进行阐释的，后面将逐章解析。所以《道经》和《德经》的前后顺序是严格的，不能随意更改。本章是《德经》的第一章，对应《周易》下经的第一卦，即阐释《咸》卦的思想，知道了《咸》卦的思想，才能领悟本章的思想精髓。

　　上德不德，是以有德；下德不失德，是以无德。上德无为而无以为也，下德为之而有以为。上仁为之而无以为也；上义为之而有以为也；上礼为之而莫之以应也，则攘臂而仍之。故失道，而后德；失德，而后仁；失仁，而后义；失义，而后礼。夫礼者，忠信之薄也，而乱之首也。前识者，道之华也，而愚之首也。是以，大丈夫居其厚而不居其泊；居其实而不居其华。故去皮取此。（本章帛甲本残损较多，综合帛乙本及王弼本而成）

本章对应《周易·咸》卦。

【王弼本】上德不德，是以有德；下德不失德，是以无德。上德无为而无以为，下德为之而有以为。上仁为之而无以为，上义为之而有以为，上礼为之而莫之应，则攘臂而扔之。故失道而后德，失德而后仁，失仁而后义，失义而后礼。夫礼者，忠信之薄而乱之首。前识者，道之华而愚之始。是以大丈夫处其厚，不居其薄；处其实，不居其华。故去彼取此。

◎**上德不德，是以有德；下德不失德，是以无德。**

本章作为《德经》的第一篇，写了很多"德"字，这就明白了为什么《道德经》的下经称为《德经》了。但为什么要在本章大谈"德"呢？第三十八章是《德经》的第一个章节，对应《周易》下经的第一个卦《咸》卦，"咸"字在帛书《易》中写为"钦"，卦辞："钦，亨，利贞。取女吉。"《尔雅·释诂下》："钦，敬也。"有好的品德才能让人钦敬，故本章从"德"写起。

"德"，受人钦敬的德行。德行有两种形态，一是内在的修养，自然而然去做有益于人的事；二是虚假的形式，是做出来让别人看的，以博取名声。"上德"，指最好的德行。"不德"，不让人以为德，指不讲虚假形式，是体现在实际行动上的德。"上德不德，是以有德"，最好的德行是没有虚假形式地做好事，是自然而然去做的，这样才是真正值得钦敬的德行。

"下德不失德，是以无德"，不失德，不埋没名声。不好的德行，是用形式展示自己做好事，实际这是做样子给人看，是不值得让人钦敬的品德。例如默默帮助受灾或有困难的人，即为"有德"；而用大张旗鼓的形式捐助他人，让受众对自己感恩戴德，这种以功利为目的的德，就属于"无德"。

◎**上德无为而无以为也，下德为之而有以为。**

本句是抄自王弼本，帛本没有"下德无为而有以为"句，而是将"上德"与"上仁""上义""上礼"写成了排比句，究竟哪个版本更合理呢？本章的主题是论"德"，"德"字简本写为"惪"，意思是出自内心的、让人喜闻乐见的言行，属于个人修养的范畴。而"仁""义""礼"是人与人之间社会交往的准则，两者不为同一个概念。从这个角度看，王弼本更合理一些。

"无为"是没做什么。"无以为"是肯定"无为"的说法，即有了成就不争功，别人做的功是别人的功绩，自己没做就是没做，干吗要跟别人争功呢！此种"上德"也是很难得的。上一句"上德不德，是以有德"是自己做了而不居功，这句是自己没做而不争别人之功，都是"上德"。

"为之"是做了事情。"有以为"是坚持自己之功。如果抱着功利心去做事情，即便成功了也只能属于"下德"。上句"下德不失德，是以无德"，指那种大张旗鼓宣扬自己功德的人。这句是指做了事情必要居其功的人，都是"下德"心态。

◎上仁为之而无以为也；上义为之而有以为也；上礼为之而莫之以应也，则攘臂而仍之。

"仁"，仁爱，是一种普世思想，因此对众人施仁爱俱凭真心，不以回报为目的，故"无以为"。具体到类别，"仁"主要是上对下的关系。

"义"，《韩非子·解老》："义者，君臣上下之事，父子贵贱之差也，知交朋友之接也，亲疏内外之分也。臣事君宜，下怀上宜，子事父宜，贱敬贵宜，知交友朋之相助也宜，亲者内而疏者外宜。义者，谓其宜也。"同样是爱人，"义"是有选择的，对长辈、对亲朋要讲"义"。"士为知己者死"也是"义"的一种形式，你看得起我，我才对得起你。适宜的才去做，故"有以为"。具体到类别，"义"主要是下对上的关系。

关于"上礼"句，"仍"有三种写法：帛本为"乃"，王弼本为"扔"，诸本为"仍"。《说文》："仍，因也。""仍"为沿袭之义。相比而言，"仍"字更接近原意。《说文》："攘，推也。"《说文》段注："推手使前也，古推让字如此作。""攘"，表示谦让之礼。"上礼为之而莫之以应也，则攘臂而仍之"，最好的礼，是向别人行礼而对方不理会时，仍推臂行礼，保持礼仪不变。意思是坚持礼仪是自己的事，并不因别人的态度而改变自己。具体到类别，"礼"主要是平等社会关系的行为。

那么本章主要论述"德"的问题，为什么又涉及"仁""义""礼"呢？这个思路是从《钦（咸）》卦而来的。帛书《易·钦》卦卦辞写："钦，亨，利贞。取女吉。"而爻辞写得很有特点："初六钦其拇。六二钦其腓，凶，居吉。九三钦其股，执其随，往吝。……九五钦其脢，无悔。上六钦其辅、颊、舌。"爻辞将"钦"具体到"拇""腓""股""脢""辅""颊""舌"，用系统化的身体部位细化"钦"的概念，并得出不同的结论。同样，"德"是一个笼统概念，真正具体到对人的评价，则很难落到实处，这就需要针对不同的社会行为，生成概念性的评价标准。儒家主张的"仁、义、礼"，正是社会需求的对人品性的评价系统。老子利用"仁、义、礼"细化"德"的概念，也具有合理的逻辑性。

◎ **故失道，而后德；失德，而后仁；失仁，而后义；失义，而后礼。**

首先我们要厘清"道"和"德"之间的关系。《道德经》各章的"道"都是从《周易》卦中来的，六十四个卦的卦象和卦爻辞囊括了社会领域的方方面面，体现了全面而系统的治国思想。周公根据《周易》思想，制定了详尽的国家运行规则，这些规则经过长期运行，成了上至王侯治理国家、下至百姓参与社会活动的思维方式，这就是本章所言之"道"。时至春秋战国，原有的社会体制被摧毁，原有的思想意识也随之发生了根本性改变，这就是"失道"。

"德"是个人品性的体现。社会原有的共同价值观被摧毁，思想家们便把社会稳定的希望寄托在个人的品性上面，期冀以众人之"德"拯救已经破碎的道体，这无非是"知其不可而为之"（《论语·宪问》）的悲情思想的体现。

"德""仁""义""礼"是一种什么推衍逻辑呢？按照历史唯物主义观点，经济基础决定上层建筑。随着生产力的发展和井田制的改变，民众的思想意识发生了很大的变化。再加上周王朝权威的日渐衰微，原有政治体制建立起来的思想意识（德）不可能再恢复到原来的状态，只能希望自上而下用"仁"的力量去感召天下，使社会得以稳定，此即为"失德，而后仁"。

人性的贪婪是与生俱来的，"德"念的淡泊使上层贵族出现了许多手足残杀、君臣相害以实现争权夺利的现象，他们无心关注下属和民众的幸福，思想家们的"仁"政思想也破灭了。这时他们又想到了"义"，因为"义"是做人之本，是社会单元组成的黏合剂，人们思想观念中只要有"义"存在，就能保证社会基础的稳定。此即为"失仁，而后义"。

生产力的提高推动了社会经济的发展，又加速了商品贸易的流动，萌动的资本意识蚕食着人们的"义"念，"义"渐渐多见于人们的语言中，而以身践行的事例越来越少。这时思想家们又想到了"礼"，希望社会阶层稳固，人们多些和谐，少些戾气。此即为"失义，而后礼"。

由此可以发现，无论是"道"还是"德"，都是在周初确定的经济模式和政治体制下形成的，周朝体制的废弛导致列国寻求图强争霸，图强争霸又推动了生产力的进步，生产力的进步导致原有经济形态的瓦解，经济形态的改变又促进了人们意识形态的演变。所以"道""德""仁""义""礼"的演变看似是思想观念的变化，实则是经济基础和上层建筑变化的结果。老子虽然没有意识到经济基础的根源作用，但对这些思想观念发展顺序的分析却暗合历史发展的客观规律。

◎夫礼者，忠信之薄也，而乱之首也。

"夫"字不单纯是语气词，还有提示普通人的意思。"夫礼者"，在社会广泛推崇礼仪。

"礼"的形式比较繁多，仪礼可以体现领导权威，使上下有别。但仪礼越复杂，往往标志着政治越保守、经济越闭塞、真情越淡薄。仪礼可以促进社会稳定、和谐，让人们中规中矩，老好人受到人们的尊敬，同时也使得阶层隔阂加大。在这种繁杂礼仪的背后，大家都戴着假面具交往，一团和气，却使忠信、耿直之人受到排斥，追求真理的人成为妖魔鬼怪，阴谋家大行其道，故言其"忠信之薄也，而乱之首也"一点儿也不为过。对上曰"忠"，对下曰"信"，仪礼使上下疏远，真情难以交流，忠信也就难以存在。"首"，《尔雅·释诂》释为"始也"，随着忠信之心的淡薄，祸乱也就出现了。

◎前识者，道之华也，而愚之首也。

"识"，标志。"前识者"，前面所讲的以"仁、义、礼"为标志的学说。"道"，《周易》所体现的治国之道。"华"，繁华。"道"是内在规律，"华"是外在形式。"道之华"，由"道"引申出来的诸多思想观念。"愚之首"，愚昧的开始。

"道"的可贵之处在于与时代发展并行不悖，人们日用而不知，社会稳定而不停滞。老子提出"道恒无名"，是说《周易》卦名是死的，而卦象却可以根据时代的发展做出新的阐释，提出新思想，开辟新道路，所以"道"与时代并行。《周易》的"道"是以人为本，人们可以根据自己的理解选择前进的方向。而儒家学派将"道"条理化，把"仁、义、礼"作为社会行为标准，人们被规范在这些标准中，成了遵行"仁、义、礼"的附庸，失去了创造力，社会虽然稳定了，却从此陷入了不再有创新发展的闭环之中，不就是"愚之首"吗！

◎**是以，大丈夫居其厚而不居其泊；居其实而不居其华。**

"泊"，王弼本写为"薄"。《说文》："泊，浅水也。""泊"指深水的边缘部分。这句话在帛书《易·钦》卦中是有所指的，"九五钦其脢，无悔"，九五为君，本句以"大丈夫"代指。"脢"指脊背，脊背厚实，是身体的中心部位，在这里写为"厚"。由此看，"厚"不能认定是厚薄之厚，而是脊背之厚，指身体运行的中心。"拇""腓""股""辅""颊""舌"是身体的功能部位，在这里表述为"泊"。渊水距人远，而深不见底，如同"道"；泊水近人，容水却浅，如同"仁、义、礼"。从爻辞的划分看，九五为君，是六爻之主，其余爻各司其职；老子阐发其思想，认为具有决断之人应该居中心以令所属，抓主要矛盾以带动次要矛盾，而不要因枝节问题忽略主要问题的解决。故"厚"作为中枢之脊背，与"泊"相对应也是恰当的。再看前面有"忠信之薄"句，是针对"礼"而言的，此句如果写为"薄"的话，也只有用"礼"来解释了。如果本章只对"礼"提出批评，那"仁""义"就没有说辞了，故应以帛本之"泊"为准。

"居其实而不居其华"，社会发展以人为实，以社会现象为华。"实"是以人为本解决社会问题；"华"是以"仁、义、礼"规范人，产生虚华无实的表面秩序。

◎**故去皮取此。**

"皮"，帛甲本写为"皮"，帛乙本写为"罢"，王弼本写为"彼"。"彼"字没有针对性，不如帛甲本之"皮"恰当。"皮"是外在的，指"道之华"，"去皮"，抛弃那些虚假的外表。"仁、义、礼"为社会行为画出了标准，把"道"

的外在形式格式化了，是要"去"的内容。

"此"，指大丈夫所居之"厚"，即帛书《易·钦》卦九五爻辞所说之"脢"，为身体行为的中枢，可以理解为生成繁华外表的内在之"道"。

综合来看，本章由《钦》卦之"钦"论述人性之"德"，由"德"进而解析"仁、义、礼"，从"仁、义、礼"发掘社会发展的规律。"德"是人的品性，重"德"即重人，以人为本。"仁、义、礼"是"道"之华，不可以外表的形式规范人性的发展。把"仁、义、礼"作为系统性社会规范，可以带来社会的稳定，但束缚了社会的发展和创新，故应当重质而不重形，这是老子本章思想的要点。

【今译】

最好的德行，是没有虚假形式地做好事，这样才是真正值得钦敬的德行；不好的德行，是用形式展示自己做好事，这种做样子给人看的行为，不具有让人钦敬的品德。

最好的德行，是自己没做而不去争别人之功；不好的德行，是做了事情必要居其功。

真正的仁爱，是付出了爱心并不放在心上；真正的义，是付出了义举而心甘情愿；真正的礼，是向别人行礼而没有响应时，继续前推胳膊坚持不变。

所以，失去了社会运行法则，就寄希望于用个人的优良品德来改善社会；失去了人性的品德，然后又劝导统治者施仁政来改善社会；失去了仁政，再去倡导民众秉持义来维持社会秩序；失去了义，进而又倡导用礼仪来维持社会阶层的稳定。

让民众都按照礼仪来规范自己，忠信之心就会淡薄，祸乱也就由此开始了。

前面所言以"仁、义、礼"为标志的学说，是社会内在规律的条理化外象，实则是使民众愚蠢的开始。

能认识到这一点，善于决断的人就要站在社会发展的中心点看问题，而不是用枝节概念解决复杂的社会问题；解决问题要着眼于事物的本质，而不能只看到外在现象。所以要离开表面现象，解决社会的本质问题。

第三十九章　昔之得一者（帛甲）

　　昔之得一者：天得一以清；地得一以宁；神得一以灵；谷（浴）得一以盈；侯王得一而以为天下正。其致之也。谓天毋已清将恐裂；谓地毋【已宁】将恐【发】；谓神毋已灵【将】恐歇；谓谷毋已盈将恐竭。谓侯王毋已贵【以高将恐欮】。故必贵而以贱为本，必高矣而以下为基。夫是以侯王自谓【孤】、寡、不谷。此其【贱之本与，非也？】故致数与无与（誉）。是故不欲【禄禄】若玉，硌【硌若石】。（帛甲本）

　　本章对应《周易·恒》卦。

　　【王弼本】昔之得一者，天得一以清，地得一以宁，神得一以灵，谷得一以盈，万物得一以生，侯王得一以为天下贞。其致之，天无以清将恐裂，地无以宁将恐发，神无以灵将恐歇，谷无以盈将恐竭，万物无以生将恐灭，侯王无以贵高将恐蹶。故贵以贱为本，高以下为基。是以侯王自谓孤寡不谷。此非以贱为本邪？非乎？故致数舆无舆，不欲球球如玉、珞珞如石。

　　◎昔之得一者：天得一以清；地得一以宁；神得一以灵；谷（浴）得一以盈；侯王得一而以为天下正。其致之也。

　　王弼注："昔，始也。一，数之始而物之极也。各是一物之生，所以为主也。物皆各得此一以成，既成而舍以居成，居成则失其母，故皆裂、发、歇、竭、灭、蹶也。"王弼的注释是不准确的。

　　"昔"，有从前、久远之义，不能释为"始"。从时间上前推，"昔"应该指西周。"一，数之始而物之极也"亦为错解，"天""地"始于一，难道还有二，还有三吗？故"一"必有其他含义。还有一种普遍观点，如陈鼓应："得一：即得道。"①此说没有依据。第四十二章："道生一，一生二，二生三，三生万物。""道生一"说明"一"不是"道"。

按顺序本章对应《周易·恒》卦☲，《恒·象辞》为"恒亨，无咎，利贞，久于其道也。天地之道，恒久而不已也"，认为"恒"指恒久不变。本章写"一"，应该是代指"恒"义，取恒久不变、始终如一之义。《荀子·劝学》："用心一也。""一"即为专一不变之意。从内容讲，本句"一"应该指坚持周初制定的国策不变。

"得"，助动词，能、能够。"者"，指西周各朝代。"昔之得一者"，从前能够坚持周武王国策不变的西周朝代。

"天得一以清"，朝政能够坚持专一不变，才做到了清明。"天"，喻周王朝政。

"地得一以宁"，封地能够坚持归属不变，才做到了安宁。"地"，喻所有的诸侯封地。

"神得一以灵"，宗庙能够坚持纯粹不变，才能保佑后世王朝。"神"指周朝宗庙。"灵"指有保佑作用。周朝实行的是父死子继，长子继承制，保持血统的纯正，神灵才会保佑。这应该是"神得一"的内涵。

"谷（浴）得一以盈"，水谷能够坚持广纳不变，才做到了满盈。"谷"喻周王尊贤纳士的态度。

"侯王得一而以为天下正"，诸侯能够坚持延续和封地不变，才使得周王管理的天下安定不乱。

"其致之也"，这是他们能够恒久不变才能实现的结果。

这段文字有以下几个问题需要辨别。

王弼本在"侯王得一"之前加了一句"万物得一以生"，是错误的。一种事物才能坚持恒一，万物如何坚持恒一？再者，如本章借"天""地""神"喻王朝，自然万物之生不属于王政范畴，不该出现此句，故当删。

王弼本"侯王得一以为天下贞"，比帛本少了个"而"字，改"正"为"贞"。请注意："侯王"是称王的诸侯，概指诸侯；"天下"皆指大周之天下，

---

① 陈鼓应：《老子注译及评介（修订增补本）》，中华书局，2009，第212页。

大于"侯王"的概念，两者不是对等的。句子把两者写在一起是什么意思呢？是说如果诸侯都安守自己的本分，周王的天下才能够正统而不乱。把两个不同级别的句子连在一起的就是"而"字，故这个"而"字具有转换功能，是减不得的。

"为天下"是一个句子，是指周王治理天下，不可拆解成"以为""天下正"。

"贞"，简本有两个"贞"字。第三十七章："为而欲作，将贞之以。"王弼本将"贞"写为"镇"。第五十四章："攸之身，其德乃贞。"帛乙本和王弼本都将"贞"写为"真"。简本的这两个"贞"都为《贞》卦之义，王弼本的修改显然有违原意。本句帛本为"正"，王弼本却又改为"贞"，大概认为"贞""正"同义，实则偏离了字的原意。

◎ 谓天毋已清将恐裂；谓地毋已宁将恐发；谓神毋已灵将恐歇；谓谷毋已盈将恐竭。谓侯王毋已贵以高将恐欮。

"谓"，可以说。"已"，应解为连词，表示假设。《陈涉世家》："楚已诛秦，必加兵于赵。""已"就是假设之义。"谓天毋已清将恐裂"，可以说，周王朝政假如不再清明了，恐怕王朝就会分裂。王弼本为"裂"，帛本写为"莲"，从王弼本。

"谓地毋已宁将恐发"，"地"，周王分封诸侯之地；"发"，帛甲本缺损，帛乙本、王弼本写为"发"，多解为"废"。从句意看，原字应该是征伐的"伐"。周王一旦失去权威，由周武王分封的诸侯就会违背王法，出现弱肉强食、互相攻伐的局面，弱国消失，强者变大。这句话的意思是：可以说，诸侯封地如果不再安宁了，恐怕将会面临互相攻伐的局面。

"谓神毋已灵将恐歇"，"神"，宗庙；"灵"，得以保佑王朝；"歇"，消散。周王朝如果出现血统不纯正的情况，宗庙鬼神就不会再保佑后世，宗庙面临着消散的后果。严重地说，"歇"就是改朝换代。

"谓谷毋已盈将恐竭"，"谷"，帛本写为"浴"，入水口；"竭"，帛本写为"渴"，王弼本为"竭"，"渴""竭"异体字，水枯竭之义。水口没有水了，江水就要枯竭了。谷水实指流入的人才，有人才前来辅佐，方能保证江山稳固，如果人才俱藏于郊野，朝廷没有了人才，国家面临败亡也就不远了。

"谓侯王毋已贵以高将恐欦"，王弼本为"侯王无以贵高将恐蹶"。"贵以高"，在下属面前保持高贵。"欦"，《说文》释为"逆气也"，指下欺上，被下属欺凌。如果侯王不能保持高贵尊严，和下属过于随和，就容易受到强臣欺凌，大权旁落，公室形同虚设。

王弼本在"谓侯王"前添加了"万物无以生将恐灭"句，与段意无关，当删。

◎ **故必贵而以贱为本，必高矣以下为基。**

这句话与前面没有关联，说明本章有不同的主题。前两段紧扣《恒》卦的"恒"字，讲周初制定的封建体制是王朝延续的基石，一旦体制发生了改变，周王朝可能就会消亡。至此，这个话题已经讲完了，后面其实是从《恒》卦的六五爻辞讲起的，因为五爻为君，讲王朝问题就不能不涉及五爻爻辞："六五恒其德，贞妇人吉，夫子凶。"这句爻辞看上去很奇怪，为什么在五爻写女人吉、男子凶？当时的观念是女人为"贱"，男人为"贵"，大概老子据此认为，这是告诉人们，不能小觑"贱"和"下"的作用，所以"故"照应的是六五爻辞，而不是前面的句子。

"故必贵而以贱为本"，因此说必定是高贵者要以"贱"为根本。"贱"指民众，民众的劳作和安定才保证高贵之人的优裕生活。

"必高矣而以下为基"，必定是处于高位者要以下为基础。国家管理的大量工作是由基层官员完成的，这是一种金字塔式的模式。

◎ **夫是以侯王自谓孤、寡、不谷。此其贱之本与，非也？**

"侯王"，称王的侯，诸侯统称。周王自称"朕""予小子"，诸侯自称"孤""寡""不谷"，自称不同，但都以谦下自谓。"夫"帛甲、帛乙本都有此字，王弼本没有。按照老子写作惯例，"夫"表示语气词，还有普通人的含义，侯王是高贵之人，不能用"夫"字做语气词，故帛本有可能是多添加了此字。

"此其贱之本与，非也？"此句帛甲本仅存"此其"二字，帛乙本完整。意思是以上说的不是以"贱"为他的根本吗，难道不是吗？

◎故致数与无与（誉）。

帛本"与（與）"，王弼本为"舆"，多本写为"誉（譽）"。应该是前字用"与（與）"，送物与人；后字用"誉"，声誉。"致"，达到目的。这是本章的第三个主题单元，与前面没有关联，"故"字指源自《恒》卦九三爻辞："不恒其德，或承之羞，贞吝。"九三为动极之爻，不能坚守自己的本分，为"不恒其德"。多次往上面敬献珍味，为"或承之羞"。这样做受到人们的非议，为"贞吝"。联系本句，"致数与"，解释的是"或承之羞"，多次敬献珍品以攀附权贵；"无与（誉）"，解释的是"贞吝"，没有好的名声。从爻位上说，九三属于士的低级阶层，作为士不坚守自己的本位，却一心想攀附权贵，不免受到人们的议论。

◎**是故不欲禄禄若玉，硌硌若石。**

帛乙本为"禄禄"，王弼本写为"琭琭"。"禄禄"，比喻福禄。"玉"，喻高贵。"硌硌"，王弼本为"珞珞"，河上公等多本写为"落落"，从"落落"。"落落"，喻从上落于下。"石"，与玉相对，比喻低贱。

"是故"，指以下句子是有缘故的。本句源自《恒》卦两句爻辞，帛书《易·恒》："上六复恒，凶""初六复恒，贞凶，无攸利"。"复恒"是远离恒，远离恒则凶。上六为贵为玉，初六为贱为石，两者都因远离恒而致凶。老子的解释为：上六不坚守恒就会失去高贵的身份，落得同初六一样的下场。"是故不欲禄禄若玉"，这就等于不愿意享受高贵的福禄。"硌硌（落落）若石"，而落变为普通的石头。

本章有三个"故"字，但都与前面的句子无因果关系，而是分别阐释了《恒》卦六五、九三、上六、初六四个爻辞。卦辞主题句加上三个"故"字句，形成了四个单元主题思想，即"昔之得一者……谓侯王毋已贵以高将恐欤"为第一个单元思想，论述坚持恒一对王朝体制的影响。"故必贵而以贱为本……此其贱之本与，非也？"为第二个单元思想，是从《恒》卦六五爻辞的角度论述侯王江山的根基。"故致数与无与（誉）"，为第三个单元思想，是从九三爻辞的角度论述士族坚持恒一的意义。"是故不欲禄禄若玉，硌硌若石"，是从上六和初六爻辞的角度论述不坚守恒一的结果。所以有的"故"看似可有可无，真要删了去，就无从探寻本意了。

【今译】

坚持周武王国策不变的西周时期，朝政能够坚持专一不变，才做到了清明；封地能够坚持领土不变，才做到了安宁；宗庙能够坚持纯粹不变，才能保佑后世王朝；心胸能够保持尊贤不变，才做到人才充盈；诸侯能够坚持守土不变，才使得周王管理的天下安定不乱。这是他们能够坚持恒久不变才能实现的结果。

可以说，周王朝政假如不再清明了，恐怕王朝就会分裂；可以说，诸侯封地如果不再安宁了，恐怕将会面临互相攻伐的局面；可以说，宗庙鬼神不再保佑后世了，宗庙就会面临消散的后果；可以说，朝廷不再容纳人才了，人才将会匮乏；可以说，如果侯王不能保持高贵尊严，就容易受到强臣欺凌。

因此说必定是高贵者要以"贱"为根本；必定是处于高位者要以"下"为基础。

这就是为什么侯王要自称"孤""寡""不谷"的原因。以上说的不是以"贱"为他的根本吗，难道不是吗？

所以为攀附权贵，多次上呈礼物，肯定没有好的名声。

这就等于不愿意享受高贵的福禄，而落变为普通的平民。

第四十章　返也者道僮也（简甲）

本章在通行本中排在第四十章；按通行本序列，帛本是排在第四十一章。因为《道德经》是根据《周易》排序的，本章对应《遁》卦，按照《周易》卦的顺序，应该列为第四十章，故通行本的排列顺序是正确的。从《周易》

六十四卦看，《遁》卦位列第三十三卦，属于中间位置，所以本章虽然字数少，却占据着很重要的位置。因为字数少，才突出了《道德经》写作的原则；也因为字数少，更加突出了"道"的内涵。

返也者，道僮也。溺也者，道之用也。天下之物，生于有，生于无。
（简本甲组第十八章）

本章对应《周易·遁》卦。

【王弼本】反者，道之动；弱者，道之用。天下万物生于有，有生于无。

◎返也者，道僮也。

帛本："反也者，道之动也。"简本之"返"，帛本和王弼本写为"反"；"僮"字帛本、王弼本为"动"。

按顺序本章对应《周易·遁》卦，"遁"的字义是逃遁，如果出外征战，打了败仗跑回来，也为遁[①]，这是"返"字的来历。"返也"，跑回来了。"返也者"，跑回来这样的事，帛本和王弼本写为"反"，就没有人按返回来理解了。王弼本少了个"也"字，写为"反者"，就变成了哲学概念，高明解道："'反'者是辩证之核心，相反之事物彼此对立，又相互依存。"[②]这样理解就超出了老子本意。

如果把字拆开，《遁》卦之"遁（遯）"中的"豚"为小猪，"遁（遯）"是小猪跑，小猪也等同于未成年。《说文》："僮，未冠也。""僮"，小孩子之义。这样看，"僮"是紧扣"遁（遯）"来表述的，表示未成年之人。帛本和王弼本将"僮"写为"动"，偏离了"遁（遯）"的本义，故属于错改。"道"，指"遁"的概念，返回来的思想。

"返也者，道僮也"，不胜就返回来，是小孩子遵守的"道"。小孩子打仗，打不赢就跑，很自然地会这样做，是小孩子的"道"，但成年人

---

① 关于"遁"的含义，可参阅杨吉德：《周易说解》，齐鲁书社，2018，第169页。
② 高明：《帛书老子校注》，中华书局，1996，第27页。

不会这样做。《遁》卦卦辞："遁亨。小利贞"写的是小人有利于这样做，意思完全一致。

◎溺也者，道之用也。

"溺"，帛本和王弼本写为"弱"，"溺"和"弱"是有区别的。"溺"，动态字，指陷于困境。"弱"是形容词，赢弱。《孟子·离娄上》："天下溺，援之以道。""天下溺"是说天下陷于困境之中，不能写为"天下弱"。当处于困境时，求生的欲望使人产生跑到安全地方的意念。简本之"溺"是有来源的，我们看一下《遁》卦的卦符 ☰，卦象两个阴小之爻受到上面四个阳爻的重压，处于困境之中，这是"溺也者"的来历。"道之用也"，是用之于逃遁的客观条件，也是逃跑的借口。

本章有两个"道"："道僮也""道之用也"，概念是一样的，都表达了跑回来的意识。一个是小孩子所守的意识，打不赢就跑；一个是成年人处于绝境中求生的意识。"道"，说到底，就是一种意识。我们也可以这样说，《周易》有六十四个卦，《道德经》就至少存在六十四个"道"，这些"道"有一个共性，就是意识。形成社会共识的就是意识，就是"道"。打不赢就跑，小孩子都这样想，是小孩子世界的"道"；当生命受到威胁时，跑到安全的地方躲起来，这是危急时刻人们所遵守的"道"。可见，社会环境不同，群体不同，所遵守的"道"也不同，这才是老子所言之"道"。

◎天下之物，生于有，生于无。

帛本为"天下之物生于有，有生于无"，王弼本为"天下万物生于有，有生于无"。由此可见历史版本修改的脉络。王弼注曰："天下之物，皆以有为生，有之所始，以无为本。将欲全有，必反于无也。"这就上升到了哲学的高度来探讨"有"和"无"的关系。本章只就未修改的简本原文做以下分析。

何为"天下之物"？凡《道德经》所言之"万物"，大都为社会万事万物；所言之"物"，俱为一事一物一主题。凡言"天下"，概为周王之治。本章之"天下"，为周文王所写《周易》六十四卦之思想、事务，《道德经》是根据六十四卦阐释的治理天下之道，每章各有内容和主题，故言"天下之物"。故此，"天下之物"是治理天下大道中的不同类型的道理。

关于"有""无"，第一章（帛甲本）："无名，万物之始也；有名，万物之母也。""有名"就是从《周易》卦名的角度理解社会事务；"无名"就是抛开卦名，从卦象的角度理解社会事务。本句的"有"和"无"就是指的"有名""无名"。"生于有"，主题出自卦名；"生于无"，主题出自卦象。

从句子分析，"返也者，道僮也"出自卦名"遁"，与"遁"的字义完全一致。"溺也者，道之用也"出自《遁》卦卦象，是二阴爻在四个阳爻重压的危急关头，采取逃遁的行为。根据前面这两句话，老子告诉人们，他写的各章节主题思想，有的来自卦名，有的来自卦象，指出了创作的原则性问题。

本章之所以字数少，是因为《遁》卦没有深刻的思想得以发挥，老子认为，逃跑是小孩子常用的思维方式，或是人们在危急时刻不得已采取的行为，而这种行为是不值得提倡的，所以寥寥数笔便结束了。

【今译】

打不赢就跑回来，是小孩子的思维方式。

在危及生命时采取逃跑的行为，也是一种人们常有的思维方式。

本书所言的主题思想，有的出自《周易》卦名，有的出自《周易》卦象。

第四十一章 上士昏道（简乙）

本章在帛本中排在"返也者"章之前，根据内容分析，显然帛本排错了位置，应以通行本为准，即"返也者"章为第四十章，本章为第四十一章。

上士昏道，堇能行于其中。中士昏道，若昏若亡。下士昏道，大笑之。弗大笑不足以为道矣。是以建言有之：明道如孛；迟道【如溃；进】道若退。上德如谷；大白如辱；往德如不足。建德如【偷；质】贞如愈。大方无禺；大器曼成；大音希声。天象无型；道【襄无名。夫唯道，善始且善成。】（简本乙组第五章）

本章对应《周易·大壮》卦。

【王弼本】上士闻道，勤而行之；中士闻道，若存若亡；下士闻道，大笑之，不笑不足以为道。故建言有之：明道若昧，进道若退，夷道若纇，上德若谷，大白若辱，广德若不足，建德若偷，质真若渝，大方无隅，大器晚成，大音希声，大象无形。道隐无名，夫唯道善贷且成。

◎ **上士昏道，堇能行于其中。**

王弼本为："上士闻道，勤而行之。""闻"和"昏"字义完全不同，应以简本之"昏"为准。

本章对应《周易·大壮》卦，其卦符为䷡，卦象五爻、上爻为阴，下面四个爻为阳。五爻、上爻主贵，为领导、智慧；下面之爻为百姓、群体。二阴在上，为思想昏暗之征；四阳在下，指壮于体而弱于思，阳爻为"大"。卦辞为："大壮，利贞。"可以理解为有些人过于显现自己身体的强壮，而思想上缺乏对客观世界的宏观认识，这是本章主题思想的源头。

"士"，是一个庞大的群体，也是思想最为活跃的阶层，但真正能站在历史发展的角度看问题的还是少之又少，许多被人称道的上等之士，往往也难以与社会发展相向而行。"昏"，昏暗，比喻看不清。"道"，社会发展趋势。"上士昏道"，上等的士看不清社会发展趋势。

"堇"，帛乙本为"堇"，王弼本写为"勤"，多以"堇"通"勤"，应以"堇"解为是。《说文》："堇，黏土也。"黏土是不种植庄稼的土地，"堇能行于其中"，"堇"变为动词，是耕耘荒地，此处指隐居于郊野耕种田地。上等的士不明白社会发展趋势，不愿在朝为官，亦看不惯新生事物，以隐居于郊野来践行自己的理想。

从本句的来源看，《大壮》卦九四爻辞："贞吉，悔亡。藩决，不羸，壮于大舆之輹。"可以理解为把自己禁锢在藩篱之中，而且态度非常坚决。九四是阳爻中最上一爻，是上士之所为，上士隐居于郊野，自认清高，其实是受到某些旧思想的禁锢所致。

战国时期的简本显示的都是入世思想，希望士子学以致用，为社会发展做出贡献。"士"是本章的主体，依据《大壮》卦卦名和卦象的提示，"上士""中士""下士"都有"昏道"特征，只是程度不同，看不清社会发展趋势，以洁身自好为荣，不屑于匡扶社稷之功，从本章文字上看，这些都是老子所不赞同的。

帛乙本和王弼本都写为"闻道"，是"士"听了"道"而做出不同的反应，与《大壮》卦卦象含义相距较大，显然属于错改。

◎中士昏道，若昏若亡。

帛乙本和王弼本为"中士闻道，若存若亡。"如果是"存""亡"相对，"亡"可解为失，失去"道"；但简本是"昏""亡"相对，"亡"的含义就不这么简单了，应当从《周易》中寻找答案。帛书《易·泰（大）壮》："九三小人用壮，君子用亡。"意思是小人用力而不用智，君子则不用力。"若昏若亡"采用的是九三爻辞的说法，中等之士有时候像小人一样用力，有时候像君子一样用智，摇摆不定，是一种不成熟的思想状态。九三爻在九四爻之下，属于中等之士。

◎下士昏道，大笑之。弗大笑不足以为道矣。

下等士不明白社会发展趋势，对于高深的理论不认为自己无知，反而大笑不已。既然称为"下士"且"大笑"之，必有其特长，恃其特长而嘲笑他人。《大壮》卦爻辞："初九壮于趾，征凶，有孚。"意思是倚仗着强壮的脚力去征伐他国必败无疑。初九在最下，属于下等之士，四肢发达，头脑简单，尤其擅长脚力。这种人不会谋略，只能用于冲锋陷阵。"下士"对应的就是初九之人。

老子写"士",是有卦象依据的,必须阳爻聚集才行。阳为善,为君子;阴为恶,为小人,所以阴爻聚集不可为"士"。《道德经》共有三个章节写"士",第十五章(简本甲组):"古之善为士者,必非溺,玄达,深不可志。"第十五章对应《周易·否》卦,三个阳爻居于上卦,有高贵之象,故老子对此"士"赞美有加。第六十八章(帛甲本):"善为士者不武;善战者不怒;善胜敌者不与;善用人者为之下。"第六十八章对应《周易·中孚》卦,卦象四个阳爻在外围剿中间之二阴,是战胜之"士"。本章对应《周易·大壮》卦,四个阳爻在下位,壮于体而弱于思,是"昏道"之"士"。

◎**是以建言有之:明道如孛;迟道如溃;进道若退。**

"建"是初建。"建言"指依据的前人之言。前面所说的上士、中士、下士来自《大壮》卦的不同爻辞,对这些爻辞进行总结的语言即为"建言有之"。所以后面的句子是对"建言"原句做的阐释,而不是前人的原话。

《大壮》卦爻辞:"上六羝羊触藩,不能退,不能遂,无攸利。艰则吉。"意思是羝羊是只知用力而不知用智的动物,被藩篱卡住了角,要退退不出来,要跑跑不了,这种思想类型的人不利走出去,应该继续在艰难的环境中进行磨炼。老子大概认为,上六爻辞总结了这些士所面临的困惑,有必要对其中蕴含的思想加深思考,本句就是从这方面做的论述。

"明道",很明白的大道理。"如",本章简本皆写为"女",帛乙本写作"如","女"是"如"的简化字。"孛",帛乙本写作"费",王弼本写作"昧"。笔者认为,"孛"同"悖",悖理之义。"明道如孛",很明白的道理如同悖理。此句源于《大壮》卦上六爻辞"羝羊触藩",藩篱是为了圈住羝羊设的,力量要大于羝羊,而羝羊却认为柔细的藩篱很容易冲破,才去顶藩篱。圈羊之人明白的道理,羝羊却不这么想,如同社会发展是大道理,昏道之士没有看到社会变革对社会发展的巨大推动力,而只是看到这种变革对传统社会秩序带来的破坏力,即为"明道如孛"。

"迟",迟缓。帛乙本和王弼本"迟"写为"夷"。"迟道",循序渐进的道理。"溃",帛乙本写为"类"。简本"迟道"以下缺三字,李家浩以竹简残片拼接补充"女癀",读为"迟道女癀"。"女"同"如"。[①]刘信芳:"'癀'读如'溃'"。[②]"溃",败。"迟道如溃",循序渐进地做事看上去就像失败。上六爻辞:"不能遂"。"遂"指败亡。"迟道如溃"是紧扣"遂"字讲的,"昏道"之士总是急于求成,对于眼下完不成的目标就悲观地认为是事业的失败。

"进道若退","进"字简本缺损,据帛乙本补缺。本句照应上六爻辞"不能退"的"退"字。羝羊之角攻不破藩篱,脱离开藩篱再寻求其他方法,看似是后退,实际是一种进步。前面两个写"如"的句子,"明道如孛;迟道如溃"是真理与"昏道"之士的认识相反;这一句写"若"字的句子"进道若退"表示事物的本质和表象不同。

◎ 上德如谷;大白如辱;往德如不足。

"谷",简本作"浴",指江河纳水的水口。"上德如谷",最好的德行如同水谷一样,放低姿态接纳溪水。"辱",污。"大白如辱",最纯洁的好像是污浊的。"往",帛乙本、王弼本写作"广",简本之字实为"往"。"往德",具备出去建功立业的能力。"往德如不足",具备建功立业能力的人,却给别人以欠缺的印象,此说与"大智若愚"含义相近。

◎ 建德如偷;质贞如愈。

"建",建树。"德",好的、有益的思想或理论。"建德",建立一种适应社会发展的新理论。"偷",简本和帛本缺损,据王弼本补,有轻视之义。"建德如偷",建立一种新的理论体系往往受到传统学派的轻视。

"质",简本缺损,帛乙本写为"质",为"质贞如愈",王弼本写为"质真若渝"。"贞",简本在第三十七章中有"将贞之以",第五十四章中有"其德乃贞"句,这两个"贞"都是《贞》卦占卜的意思。第一个"贞"字王弼本写为"镇",第二个"贞"字王弼本写为"真"。本句之"贞",王本亦

---

① 引自丁四新:《郭店楚竹书〈老子〉校注》,武汉大学出版社,2010,第311页。
② 刘信芳:《荆门郭店竹简老子解诂》,艺文印书馆,1999,第57页。

写为"真"，应以简本之"贞"为是，指推演。"愈"，《康熙字典》引"《玉篇》：胜也"。"质贞如愈"，从理论上进行推演的话，比其他理论更强一些。

◎大方无禺；大器曼成；大音希声。

"方"的字义很多，《说文》："方，并船也。"这似乎是字的本义，但严格来说，《说文》的"方"和本章简本之"方"字形有区别，应该是两个不同的字。从简本文字看，本章之"方"是由规、矩之形组合而成的，突出了"矩"，是"方圆"之"方"。王弼本"大方无隅"符合简本之义。"禺"，通"隅"，指方的角。"大方无禺"，极大的方看不出它的棱角。

"曼"，《说文》释为"引也。从又，冒声"，指延伸生长。"大器曼成"，大的器物是分步骤累计完成的，而非一日之功。帛乙本将"曼"写为"免"，王弼本又改为"晚"，"大器晚成"成为人生的励志警言，比起"大器曼成"更有冲击力。

关于"大音希声"的"希"字，在第三十章有"其事好长"句，其中"事"的字形，上部像是带盖的器皿，下部是一只手，用手托着器皿，有侍奉之意。本章之"希"上部与"事"的上部相同，是带盖的器皿；下部像是一个置物架，器皿放在置物架上空置，意思是不使用。此字诸本写为"希"，与简本义近但不完全一致。"声"，简本为"圣"，"声""圣"互借，应以"声"为准。此处之"声"表示声音的高亢。"大音希声"，大的音乐不在于声音高亢。

◎天象无型；道【褒无名】。

本句简本"褒无名"残损，据帛乙本补之。帛乙本为："天象无刑；道褒无名。"王弼本："大象无形。道隐无名。"王弼本的"大象无形"显然是根据前句"大方""大器""大音"修改的，应以简本为准。"型"，指模型。"天象无型"是根据《大壮》卦卦象而言的，《大壮·象辞》："雷在天上，大壮。君子以非礼弗履。""雷在天上"是《大壮》卦的八卦组合，雷电的闪现和形态自然是没有固定模型的。如果指日、月、星辰，天象的运行则是有规律的，不能说其"无型"，这也是王弼本要进行修改的原因之一。

"道"，与前面所言相同，指社会发展趋势。"褒"，《玉篇》释为"扬美也"。"道褒无名",对社会发展趋势进行宣讲的话,则没有准确的名称能够概括。

这句话从天象结合到社会形态,天上的雷电作为自然现象没有固有规律,那社会的自然发展也不能用过去体制所形成的习惯思维加以束缚和评价。在社会大变革时代,可以用名称概括的社会规则都是过去式,将要来临的社会形态还没有新的名称出现,用陈规扼杀新生事物最终会遭到时代的抛弃。

◎**夫唯道,善始且善成。**

本句简本残损,据帛乙本补之。"夫唯道",只有坚持正确的社会发展观。这句话是照应三士"昏道"而言,春秋战国时期的许多士子怀念西周安逸稳定的礼乐时代,将周初的礼制作为衡量现实行为的标准,其实这是违背社会发展规律的思想。反过来说,如果周初的礼制依然完整无损地执行,这些士子也不会活跃在权力的舞台上,所以坚持历史发展观才是明智之举。

"善始",指具有正确的思想观念,选择正确的人生道路。"善成",杰出的成就。顺应历史发展,与时代相向而行,才会有成功的人生;而抱残守缺,坚持用过时的思想评判新生事物,则没有"善成"。

本章文字有三个层次:一是士的"昏道"行为,他们饱读史书,以史鉴今,却不知变通之道,不知道自己处在大变革时代,仍然因循守旧,拒绝与时代同行;二是用十一个排比句说明大趋势和小格局的区别,不能以自己狭隘、浅薄的思想判定时代思潮的对错;三是指出天象没有固定的模型,同理,社会发展只能在创新中前行,只有坚持发展的思想才能与时代共舞。

【今译】

上等的士不明白社会发展趋势,以隐居于郊野来践行自己的理想。

中等之士有时候像小人一样用力,有时候像君子一样用智。

下等之士不明白社会发展趋势,对于高深的理论不认为自己无知,反而大笑而已。

据此根据前人的说法可以总结为:很明白的道理如同悖理,循序渐进地做事看上去就像失败，真正的前进就像是后退。

最大的德如同"水谷"有容人之量，最纯洁的好像是污浊的，具备建功立业能力的人往往有很多欠缺之处。

建立一种新的理论体系往往受到传统学派的轻视，而从理论实质进行推演的话，比其他理论则更强一些。

极大的方看不出它的棱角，大的器物都是分步骤累计完成的，大的音乐不体现在声音的高亢。

天上的雷电没有固定形态；对社会发展趋势进行宣讲的话，则没有现成的名称能够概括。

只有坚持正确的历史发展观，才能有好的人生开端，并产生杰出的成就。

第四十二章 道生一（帛乙）

【道生一，一生二，二生三，三生万物】。【万物负阴而抱阳，】中气以为和。天下之所恶，唯孤、寡、不谷，而王公以自名也。物或损之【而益，益】之而损。故人【之所】教，夕议而教人。（故强良者，不得死。我将以为学父。）（本章帛甲本缺损较多，根据帛乙本和王弼本补之）

本章对应《周易·晋》卦。

【王弼本】道生一，一生二，二生三，三生万物。万物负阴而抱阳，冲气以为和。人之所恶，唯孤寡不谷，而王公以为称。故物，或损之而益，或益之而损。人之所教，我亦教之。强梁者不得其死，吾将以为教父。

◎道生一，一生二，二生三，三生万物。

本句帛甲本缺损，根据帛乙本和王弼本补之。本章第一个字即言"道"，说明此"道"是本章的主题，那么本章之"道"和前面所讲之"道"有什么区别呢？按顺序本章对应《周易·晋》卦☲，卦象上八卦为火为太阳，下八卦为地，地上的万物生长靠太阳，此"道"讲的是太阳和大地孕育万物之"道"。

关于"道生一"，还要从《晋》卦的八卦组合来分析：一是火卦和地卦两个八卦组合为《晋》卦，是此"道"的生成体；二是太阳和大地生成主宰万物之神；三是从社会意义讲，八卦日在地上，有君临天下之象，常言说："天无二日，国无二君""家有千口，主事一人"。"一"可视为统摄万物之主。

关于"一生二"，日为阳，地为阴，孤阴不生，孤阳不长。无阳光照射，万物不长；无大地承载，万物不生。故"一生二"指的是一个整体会产生各司其职的阴阳二体，合则为一，分则为二。

关于"二生三，三生万物"，可以从《晋》卦卦辞中得到解释："晋，康侯用锡马蕃庶，昼日三接。"卦辞的意思是康侯用王赏赐的牡马与自家的牝马繁衍后代，一天让牡马交配三次（牡马一天最多可交配三次）。这样就清楚了，牡马与牝马为"二"，生育小马合而为"三"，这是写"二生三"的来源。

"三生万物"的"三"与"二生三"的"三"并不是同一个主体。卦辞讲牡马一天交配三次是其极限，含义不在于具体次数，而在于对蕃庶万物的意义，是生命之神、生命之数。

通过以上分析，"道生一，一生二，二生三，三生万物"分别有两个"一"、两个"二"、两个"三"，从写作依据看，前后数字所表述的主体是不同的。但老子并没有点明出处，既然如此，我们完全可以按照自己的理解产生新的解释。

◎**万物负阴而抱阳，中气以为和。**

"万物负阴而抱阳"帛本残缺，根据王弼本补之。根据《晋》卦"火地晋"的八卦组合去理解，太阳为阳，地为阴，这是本句"阴""阳"的来历。句子写"万物负阴而抱阳"，说明太阳和大地中间的万物才是要关注的主体。万物依地而生存，接受阳光的照耀而成长。北方的民居总是坐北朝南，亦为负阴而抱阳。我们抛弃掉昨日失败的阴影，迎接明天成功的希望，也是负阴而抱阳。植物是向着阳光而生长，人类是奔着新的希望而发展。上一句讲的是数量增加的原理，这一句讲的是精神发展的内在动力。

帛甲本的"中气以为和"，王弼本写为"冲气以为和"，应当以帛甲本为准。万物居太阳与大地之间，受地气而生，受阳气而长，和合二气之精华，植物则生机勃勃，人畜则繁衍兴旺，国家则政通人和。阳气过盛为戾，阴气过盛为柔弱，皆为万物之大忌，此为本句之要义。

◎天下之所恶，唯孤、寡、不谷，而王公以自名也。

帛甲本"天下之所恶"，帛乙本和王弼本写为"人之所恶"，似乎用"人"字更有针对性，但本章是围绕《晋》卦的太阳和大地这个广阔概念进行阐释，故应以"天下"为准。又因为有"天下"之词，后面写以"王公"，而不是"侯王"。周王自武王始通常自称"予小子"，表示谦卑；公侯则自称"孤""寡""不谷"，亦用不美的词表示谦卑。"天下"，涵盖周王分封的所有诸侯。"恶"，不美。"自名"，自己称呼自己。这句的意思是天下所不美的词语中，有"孤、寡、不谷"，而王和公却以此自称。

许多学者认为，本章"天下之所恶"及后面的文字与前面的文意不符，应当是从第三十九章移植过来的，不是原本之字，此说不确。"道生一，一生二，二生三，三生万物。万物负阴而抱阳，中气以为和"，这部分是围绕《晋》卦的"火地晋"卦象和卦辞而讲的，与后面句子的出处不同，故语义没有关联。《晋·象》曰："明出地上，晋。君子以自昭明德。"如何"自昭明德"？君主愈是谦逊，就会愈受到民众的爱戴，君主用不美的词语自称，那些狂妄自大的臣属就会无地自容而循规蹈矩。可见这句话是源自《象辞》，并没有脱离开《晋》卦范围。

◎物或损之而益，益之而损。故人之所教，夕议而教人。

"物"，概言物质和人事。"或损之而益"，如果受到亏损就要去弥补。"益之而损"，受到了补益就要去减损。

"故人之所教，夕议而教人"，王弼本为"人之所教，我亦教之"，应以帛甲本为准。这句话的意思是，所以别人传授给我的东西，晚上开会时我会紧接着传授给别人。

本句是从《晋》卦爻辞而来:"六五悔亡。失得勿恤,往吉,无不利。""失得勿恤"说的是不要在意损失或得到。

◎故强良者,不得死。我将以为学父。

这一句应是下一章,即第四十三章的章首。帛甲本有一个"故"字,按说此句应该是接着前面的句子写下来的,但从内容看,应该属下一章内容,所以"故"字恐为后加之字。详解请参看下章注释。

【今译】

太阳和大地生成主宰万物之神,一个整体会产生各司其职的阴阳二体,阴阳交媾而衍生新的生命,生命之神萌发万物蓬勃生长。

世间所有的生物都是背靠阴气而迎抱阳气,中和阴阳以成茁壮之气。

天下都认为不美的词语,是孤、寡、不谷,而王和公却以此来自称。

凡事受到亏损就要去弥补,受到了补益就要去减损。

所以别人传授给我的知识,晚上开会时我会紧接着传授给别人。

第四十三章　故强良者不得死(帛甲)

故强良者,不得死。我【将】以为学父。天下之至柔,【驰】骋于天下之致坚。无有入于无间,五是以知无为【之有】益也。不【言之】教,无为之益,【天】下希能及之矣。(帛甲本)

本章对应《周易·明夷》卦。

【王弼本】天下之至柔,驰骋天下之至坚,无有入无间,吾是以知无为之有益。不言之教,无为之益,天下希及之。

◎**故强良者，不得死。我将以为学父。**

本句在其他传世版本中是第四十二章的末句；在帛甲本中，由于写有"故"字，理应也属于上一章的末句。但仔细分析文字含义，与上一章完全没有关联，而应该是本章的首句才对，"故"字有可能是后加上的，故移至本章解读。

本章对应《周易·明夷》卦，卦符☷☲，卦象太阳入于地，为晦暗之象。爻辞："六四入于左腹，获明夷之心于出门庭。六五箕子之明夷，利贞。"六四爻辞讲的是商朝忠臣比干强谏商王，而被商纣王残忍挖去心脏的史实。六五爻辞讲的是商朝大臣箕子装疯而得以保存性命的史实。他们都被后世奉为良臣模范，但比干是强良，箕子是柔良，强良者死，柔良者生。所以老子讲："强良者，不得死。我将以为学父。"意思是过于强势的臣属，即便是良臣，如果不是死的结局，我将把他作为学习的榜样。由此看，此句非第四十三章莫属。

◎**天下之至柔，驰骋于天下之致坚。**

这句话常常被用来比喻以柔克刚，其实这是误解，"驰骋"不等于克，两者概念完全不同。我们首先应该明白什么是"柔"？什么是"坚"？《明夷》卦中，地卦三阴，为至柔；火卦为日为君，为坚。"柔"指委婉、智慧。"坚"指刚毅、权断。"驰骋"指事业有成，纵横捭阖，大显身手。"致坚"，发挥作用于坚（王弼本写为"至坚"）。同样是三阴在君之上，上一句写"强良者"，以臣压君，即便是为公无私，也不得善终；这一句换了一个角度，写以柔而驰骋于坚，以智慧和含蓄周旋于庙堂之上，既能推行自己的主张，又能保持国君的权威，方才为明智之臣。

那么为何要写两个"天下"呢？"天下"涵盖所有的诸侯国，前一个"天下"指任意诸侯国的智能之士，后一个"天下"指任意诸侯国的国君。如果一国的国君天性刚愎自用、昏庸暴虐，不具有"坚"的品性，你如何"至柔"也没有"驰骋"的机会，不妨投奔具有"坚"性的国君，择君而事，这是老子思想先进性的体现。

◎无有入于无间，五是以知无为之有益也。

王弼注："虚无柔弱，无所不通。""虚无"和"柔弱"是两个概念，王弼用此解释"无有"是错误的。有一点可以肯定，"无有"不是指空空的虚无，而是有其质无其形的东西，是什么呢？应该是阳光。《明夷》卦组合是地在上，太阳在下。表现在现实中，阳光没有实体，但照射到地面上会产生热感，而没有阳光照射的地方则不生热。阳光射入没有间隙的地面，使其生热，即为"无有入于无间"。

帛甲本"五是以知无为之有益也"的"五"，帛乙本和王弼本皆写为"吾"。将"吾"简写为"五"也是正常的，但用"五"作为本字更有道理。《明夷》卦爻辞："六五箕子之明夷，利贞。"箕子正谏商纣王不起作用，干脆装疯不参与国事，方才保住了性命。五爻讲的是无为而有益之事，故"五"可以看作是五爻。不管是以"五"解还是以"吾"解，都与大臣正谏商王有关。

这句话表达的意思是：对国君不要强谏，而要像阳光照射地面一样施以无形的影响，使他采纳自己的意见。如果国君执迷不悟，则远离朝政以保全自己。

◎不言之教，无为之益，天下希能及之矣。

"不言之教"，与上句"无有入于无间"同义，不直言其事却能化解其弊。"不言之教"指要善于运用智慧；"无为之益"指要善于保护自己。"天下希能及之矣"，天下为臣者很少有人能达到这种境界。

【今译】

过于强势的臣属，即便是良臣，如果不是死的结局，我将把他作为学习的榜样。

天下只有最聪明的臣属，才能在坚毅的君主之下大有作为。

没有实体的东西，方可渗透进无间隙的物体中产生作用。《明夷》卦五爻所举的史例，使我们知道了不作为的好处所在。

不直言其事的教导方式，不去作为而得益，天下的臣属很少有人能达到这种境界。

第四十四章　名与身篜新（简甲）

名与身篜新（孰亲）？身与货篜（孰）多？得与亡篜（孰）病？
甚爱必大费，厚藏必多亡。古智（知）足不辱，智（知）止不怡（殆）。
可以长旧（久）。（简本甲组第十七章）

本章对应《周易·家人》卦。

【王弼本】名与身孰亲？身与货孰多？得与亡孰病？ 是故甚爱必大费，
多藏必厚亡。知足不辱，知止不殆，可以长久。

◎名与身篜新（孰亲）？

"名"，指社会名望，实质是朝政权势。"身"，不只是自身性命，而
是身家性命。古时的官员和家族是牵连在一起的，一荣俱荣，一败俱败，一
人犯罪，全家连坐。"孰亲"，简本写为"篜新"，应该是"孰亲"的借字，
意思是哪个更亲近，"亲"表示与家族的亲缘有关。本章按顺序对应《周易·家
人》卦，所以围绕家族利益来论述。

"名"与权势是联系在一起的，又是与家族的利益完全对等的。春秋时
卫国大夫宁喜依仗鸩杀卫殇公、扶立卫献公之功，专断朝政，声名显赫，从
而引发了灭族之祸。名声显赫的权臣和家族最容易遭受横祸，这在春秋战国
时是很普遍的，所以这里把"名"和"身"作为二选一提出来。

◎身与货篜（孰）多？

身家性命和财产相比哪个更有价值？一个"身"字，左边是"名"，右
边是"货"，"名"高了"货"就低，"货"高了"名"就低，这是保全之策；

如果"名"和"货"都高，就会把"身"湮灭了。

◎得与亡篷（孰）病？

得到与失去哪个更有害？所谓人为财死，鸟为食亡。贪财是人的本性，也无可厚非，关键是要有个度，要有合理性。如果贪财侵害了公共利益和他人利益，恐怕就会殃及身家性命了；而清廉之士看似失去财富，却能在乱世中保全自己。

◎甚爱必大费，厚藏必多亡。

王弼本为："是故甚爱必大费，多藏必厚亡。""甚爱"与"名"呼应，表示过分爱惜名声和权势。"费"，《说文》释为"散财用也"，过分重视名声，必然要耗散大量钱财以维持自己的名声和地位。像齐国相孟尝君，依仗父亲留下的丰厚资产，在封地薛邑广招各国人才，门下有食客数千，声闻于列国。没有钱财供养，就不会有这么多奇人异士来投奔自己。从另一个角度讲，如果过分贪财，这些财迟早会被敌对势力所瓜分，故"厚藏必多亡"。

◎古智（知）足不辱，智（知）止不怡（殆）。可以长久。

"古"通假"故"。"智（知）足"是从"货"的角度讲的，即对家产有满足感；"智（知）止"是从"名"的角度讲的，即对权势要适可而止。人们常说"名门望族"，说明"名"和"货"是大家族不可缺少的组成因素。大家族的覆灭往往就是从"名"和"货"的膨胀而引起的，所以知道对财产的满足才不会被侮辱，知道对权欲的节制才不会有灾害发生，只有做到这样，才能实现家族运势的长久不衰。楚国能臣孙叔敖生前为官清廉，楚庄王怜其子孙安贫困，欲封其万户大邑，孙安却只求一块瘠恶之土。后人以寝邱非生养之地，无人与之争夺，而成为孙氏世代产业。而那些家业丰厚的大族早已不知所终。此即为"可以长久"的实例。

为什么以上文字不是写个人，而是与家族兴衰有关呢？这是因为本章是围绕《家人》卦这个主题展开的，这也是奴隶主贵族制的一个显著特征。春秋战国时期，兴旺与衰败的不只是个人，而是整个家族，封邑和职位是可以世袭的，这与后来的体制有很大区别。我们应当站在历史的角度来理解名与身的关系。

【今译】

名声与身家性命哪个更亲近？

身家性命与财产哪个更有价值？

得到与失去哪个更有害？

过于爱惜名声一定会有过多的耗费，家藏万贯一定会有更多的损失。

知道对财产满足的人不会受到羞辱，停止对权势的追求才不会受到伤害。这样就可以实现家族运势的长久。

第四十五章　大成若缺（简乙）

大成若缺，其用不敝。大涅若中，其用不穷。大巧若仙，大成若诎，大植若屈。枭胜苍，青胜然。清清为，天下定。（简本乙组第七章）

本章对应《周易·睽》卦。

【王弼本】大成若缺，其用不弊；大盈若冲，其用不穷。大直若屈，大巧若拙，大辩若讷。躁胜寒，静胜热，清静为天下正。

◎ **大成若缺，其用不敝。**

"成"，完备。"大成"，极为完备，从语境分析，应该指完备的理论。"敝"，帛甲本写作"幣"，傅奕、范应元本写作"敝"，王弼、河上公本写作"弊"。《说文》："敝，一曰败衣。""敝"指旧的、不好的。"大成若缺，其用不敝"的意思是真正完备的理论看上去会有很多不足的地方，但在实际运用中却没有什么不好。这个观点的提出，是从《睽》卦中引申出来的。

《睽》卦的"睽"在帛书《易》中写作"乖"，"乖"的意思是相背离。老子按照帛书《易》卦名"乖"的字义去诠释社会现象，认为事物的本质与人们的认知常常相背离，便形成了"大成若缺"以及后面句子中本质与现象相背离的内容。

在第四十一章（简本乙组）有"大方无禺；大器曼成；大音希声"等同样是正言若反的句子，与本章句子的区别：第四十一章对应《大壮》卦，指出治理国家应该重视"道"的作用，人们寻常看重的力量其作用其实是有限的，而公众总是崇信眼见为实的现象，很难意识到潜在的巨大力量，其文字意在揭示深层次的道理。本章对应的是《睽》卦，讲的是背离的原理，讲人们认识到的表象往往是事物本质的反面，文字是从事物本原和人们对事物的感性认识对比来写的。不同的章节对应不同的卦，中心思想是有区别的。

◎大涅若中，其用不穷。

王弼本为"大盈若冲"，傅奕本为"大满若盅"。一般认为"中""冲""盅"互借，非也。"涅""盈"为同源字，盈满之义。"中"，半。《春秋左氏传》："夜中，星陨如雨。""夜中"就是半夜之义。"大涅若中"，大的盈满给人的印象就像只有一半。"其用不穷"，在实际应用中却总是取之不尽。

◎大巧若仳，大成若诎，大植若屈。

王弼本："大直若屈，大巧若拙，大辩若讷。""仳"，《康熙字典》释为"短貌"，可以理解为不擅长，与"拙"同义。"大巧若仳"，大的巧功看上去很笨拙。一些看似笨拙的动作，往往蕴含着很精准、娴熟的功夫。

"诎"，《广韵》释为"辞塞"，指不善言辞。"大成若诎"，有完备智慧的人往往不善言辞，比喻城府深。在现实中，许多口若悬河的多是华而不实之人，难以担当大任。"大成若缺"重在理论方面，"大成若诎"重在人的外在印象，表象和实质都具有很大反差。

"植"，同"直"。"大植若屈"，王弼注："随物而直，直不在一，故若屈也。""直"和"屈"都理解为外在形态，此恐非原意。"大巧若仳，大成若诎"都是从内在本质与外在形象角度讲的，本句也是从内在本质

和外在形象角度讲的，意思是内心耿直到极致的人，往往用委婉的语言或
迂回的行为表达自己的观点。

◎ **杲胜苍，青胜然。**

帛甲本为："趮胜寒，靓胜炅。"帛乙本为："趮朕寒……"王弼本为：
"燥胜寒，静胜热。"应以简本为准。

"杲（zào）"，《说文》释为"鸟群鸣也，从品在木上"，群鸟之义。"胜"，
《说文》释为"任也"，本义为胜任。"苍"，《说文》释为"草色也"，《广
雅》："苍，青也。"简本文字之"苍"下面有两笔横画，应当指高处的青色，
即大树的枝叶。"杲胜苍"，只有鸟儿才能群集在高高的树枝上。

"青"，树木的颜色，此处指柴火。"胜"，胜任。"然"，"燃"的本字，
燃烧之义。"青胜然"，只有木柴才能让火烧得更旺。简本文字"胜"字上"乘"
下"力"，还有居于他物之上的含义。"杲胜苍"是群鸟站在树木之上，"青
胜然"是木柴放在火的上面。

这句话的意思是世界的万事万物有着不同的分工，各有其短处，也各有
其长处，扬长避短才能发挥最大能量。

◎ **清清为，天下定。**

本句有两个需要注意之处：一是前面都是从个人修养的内在本质和外在
体征这个角度讲的，而"天下"是王的统治专用语，两者并没有意义上的衔接，
也就是说，本句不应该出现"天下"之词；二是河上公本、王弼本和帛本都
写为"天下正"，虽然与前文没有关联，总还算有些道理，因为人正才能天
下正，而简本写为"天下定"，则与前文出入太大，是不是简本有误呢？

如果我们单纯从文字上分析，确实前后意境上连贯不起来，但从写作的
本源上看就不是这样了。本章是老子对《睽》卦的诠释，《睽》卦六段爻辞
描写的都是主观思想对客观事物的错误认识，观点都是错误的，写的都是反
言，只有上九爻辞中的最后一句话是正言。这段爻辞为："上九睽孤，见豕负涂，
载鬼一车。先张之弧，后说之弧。匪寇婚媾。往，遇雨则吉。""往，遇雨则吉"
才是《睽》卦六段爻辞中唯一合理的一句话，指出分不清是非敌友的人应当

让雨淋一下，清醒下来才不会犯错误。故"清清为"实则是对《睽》卦的最终解释。"清清为"指的是两种作为，一个是清醒地看世界，另一个是清醒地做事情。作为君主，只有保持清醒的思想和行为，而不为眼前的假象所迷惑，才能够实现平定天下的理想。

关于"天下定"的由来。《系辞》有一段对《睽》卦的解辞："弦木为弧，剡木为矢，弧矢之利，以威天下，盖取诸《睽》。"《系辞》这段引征的很可能是比周文王写的卦爻辞还要古老的卦辞，讲上古帝王发明了弓箭，用弓箭之利平定天下，故《睽》卦又有平定天下的意思。为什么在《睽》卦讲平定天下？因为《睽》卦卦象☲只有初爻是正爻，外面的五个爻都是反爻，表示世界处于混乱状态，我（初九）有意去平定天下。从这个角度讲，"天下定"是对的。后学不知这句话的来历，误以为"天下正"才符合思想修养的本旨，所以将"定"改为"正"。如果不是《郭店楚墓竹简》的出土，我们还会按照"正"字继续错解下去。由此看，《郭店楚墓竹简》释文"定"读为"正"，实为错解，应当以本字为是。从另一个角度讲，简本也证实了其与《周易》的源流关系。

【今译】

真正完备的理论看上去会有很多不足的地方，但在实际运用中却没有什么不好。

大的盈满给人的印象就像只有一半，在实际应用中却总是取之不尽。

大的巧功看上去很笨拙，有完备智慧的人往往不善言辞，耿直到极致的人往往用委婉的语言表达出来。

只有鸟儿才能站在高高的树枝上，只有木柴才能让火烧得更旺。

保持清醒的思想和行为，才能够实现平定天下的理想。

第四十六章　天下有道（简甲）

　　韩非《解老》、帛甲、帛乙本及其他传世版本皆有"天下有道，却走马以粪。天下无道，戎马生于郊"句，简本则未见抄录。从章节内容看，此句应该是原本存在的，是简本抄写者为了前后部分思想的贯穿而删去的，应按后本补齐为是。

　　　　天下有道，却走马以粪。天下无道，戎马生于郊。罪莫危乎甚欲；咎莫险乎谷得；化莫大乎不知足。知足之为足，此恒足矣！（"罪莫……足矣"部分见简本甲组第三章）

　　本章对应《周易·蹇》卦。
　　【王弼本】天下有道，却走马以粪；天下无道，戎马生于郊。祸莫大于不知足，咎莫大于欲得，故知足之足，常足矣。

　　◎天下有道，却走马以粪。
　　"道"，秩序。"天下有道"，天下之人都遵循秩序。"却"，退。"走马"，善跑的马。"粪"，耕田施肥。这句话的意思是天下要是井然有序，就会把用于战争的马来耕种田地。
　　我们怎么确定这句话必须是本章的内容呢？本章按顺序对应《周易·蹇》卦，《序卦传》："乖必有难，故受之以《蹇》。蹇者，难也。""蹇"就是不进而退，这和老子对《蹇》卦的理解是一致的。兵马出去用于战争，是由于社会处于混乱之中，是战争之难；退而用于耕种田地，则是天下井然有序，是发展与和平之象，谓之"天下有道"。
　　简本没有"天下有道，却走马以粪。天下无道，戎马生于郊"这两句，而是从"罪莫危乎甚欲"开始的。对于这两种版本的区别，学界有很大的争议，有的学者认为简本是老聃写的，通行本是太史儋扩展写的，两者是不同的传本。其实这样说是不正确的，因为他们忽略了一个根本问题，那就是《道德经》一书是如何写出来的。《道德经》是对《周易》六十四卦的诠释，和《周易》卦内容能对应起来的才是原版，也就是说《道德经》原创体系本身是完整的，不可能像简本这样没有体系地编排。从整部作品讲，通行本《道德经》的八十一章是在原创本的基础上，经过后人数次修改和添加而形成的，而简本是在原创本的基础上有选择地予以摘抄，有的章节可能会有删减。这样删减有两种可能。一是抄写者并没有真正理解《道德经》的思想，像本章开头这句话，是对《周易·蹇》卦内容的诠释和延伸，如果不知道这点，就不知道老子为什么要写"天下有道"，为什么要写"却走马以粪"；反过来说，没有了这两句，就不知道本章的"言之君"是什么。抄写者缺省了这两句，正说明他是不知道的。二是抄写者不是为了学习，而是为了应用，他按照自己确立的主题，有针对性地选取相对应的句子。这两句话和他的主题没有关联，故而做了删除。

再来分析一下"天下有道"的来由。第四十五章最后一句是"天下定"，为什么要写"天下定"？是因为其对应的《周易·睽》卦外面五个爻都是阴居阳位、阳居阴位，为反爻，标志着天下大乱，天下大乱就需要有人平定，故最后写有"天下定"之语。本章对应《周易·蹇》卦䷦，其卦象外面五个爻皆为正爻，阳居阳位，阴居阴位。也就是说，走出初爻之家，天下都是清平世界，故开篇便写"天下有道"。"天下有道"是呼应《蹇》卦卦象，"却走马以粪"是呼应卦名"蹇"字。这句话的意思是怎么才能做到像卦象所显示的"天下有道"？就是战马卸鞍，都成为农耕之马。

◎**天下无道，戎马生于郊。**

"天下无道"是反衬"天下有道"而言的，"戎马"是战马，为什么战马"生于郊"呢？城郊是攻伐与防守的决战之地，在"天下无道"的世界，战马就是为战场而生的。

◎罪莫危乎甚欲；咎莫险乎谷得；化莫大乎不知足。

帛甲本为"罪莫大于可欲；祸莫大于不知足；咎莫憯于欲得"，王弼本为"祸莫大于不知足，咎莫大于欲得"。

简本对本章的摘抄起于本句，简本甲组的第一编都是围绕国君的统治行为而编辑的，大概是摘抄者希望全方位地掌握国家统治之术，以便在对某个国君自荐时，能把这些学识有条理地卖弄出去，使国君对自己产生信任，故此把对国君有指导、劝谏作用的篇章抄录为一个部分，形成一个连贯的主题。这些句子与其删除的部分差别比较大，容易分散话题，故摘抄者只选取了后面这些句子。这部分的主题思想是从反面案例，提示国君淫欲过度的危害。在实际应答中，他会给国君举出淫乱亡国的例子加以说明，比如陈灵公与两个佞臣同时淫乱夏姬，为此还派人刺杀了谏臣，结果陈灵公在一次去夏姬家淫乱时，被夏姬之子征舒射死于马厩中。游说之士结合这些实例，就可以把"甚欲"的危害性清晰地表达出来。可以推论，老子之言是摘抄者作为提纲使用的，这在现实中具有很大的实用价值。

"危"，各本作"大"，《郭店楚墓竹简》隶定为"厚"，刘信芳读为"重"。[①]简本文字为上下结构，上为沉重之义，下面之"丁"表示独木支撑，意为危险，故可读为"危"。"罪莫危乎甚欲"，说到犯罪，没有比过多的贪欲更危险的了。

"险"，简本文字像是将很多东西放在圆底的竹筐中，当读为"险"。"谷"，诸本写作"欲"。简本中"谷"多通"欲"，但前句"罪莫危乎甚欲"，"欲"用的是本字，"咎莫险乎谷得"之"谷"为何不写成"欲"字呢？说明其本身表达的是"谷"的含义，不应假为"欲"。《说文·谷部》："谷，坑坎意也。""谷"指深的坑穴。"咎莫险乎谷得"，说到灾难，没有比到深谷中寻求财宝更危险的了。贪欲可以杀人，定性为"罪"；涉险导致身亡，故定性为"咎"。

"化"，帛本及其他传世版本皆写为"祸"，《郭店楚墓竹简》释文将"化"读为"祸"。将"化"训为"祸"是错误的。对照简本会发现简本写"化"者，

---

① 刘信芳：《荆门郭店竹简老子解诂》，艺文印书馆，1999，第6页。

其他传世版本皆不以"化"抄；传世版本写为"化"者，简本并不是"化"字。如第六十四章下（简本甲组）为"复众之所，所化"，传世版本为"复众人之所过"。将"化"改为"过"。另有两个相反的句子，第五十七章（传世版本）"我无为也，而民自化"，此"化"简本甲组写为"蜕"；第三十七章（传世版本）"万物将自化。化而欲作"，此"化"简本甲组写为"忎"。这说明我们不能用后改之字取代简本之字，"化"和"祸"不可互借。

"化"，指事物的转化。"知"，简本写作"智"，"知""智"互通。"化莫大乎不知足"，吉凶之间的转化没有比不知满足所起的作用更大了。

◎知足之为足，此恒足矣！

权欲和财富没有上限的标准，做到了知道满足才是真正的满足，这样就会恒久地享受满足。

本章的思想是：天下无道，是因为人们不知道满足，从而互相杀伐攻掠，导致天下混乱；天下有道，是因为人们满足于现状，故而相安无事，天下井然有序。《蹇》卦上面五爻俱为正爻，"天下有道"为正题，故结尾写"知足之为足，此恒足矣！"

【今译】

天下秩序井然，就会把用于战争的马用来耕种田地。

天下混乱无序，战马就会全副武装地出现在城郊。

说到犯罪，没有比过多的贪欲更危险的了。

说到灾难，没有比到深谷中寻求财宝更危险的了。

吉凶之间的转化，没有比不知满足所起的作用更大了。

做到了知道满足才是真正的满足，这样就会恒久地享受满足。

第四十七章　不出于户（帛甲）

　　不出于户，以知天下；不规（窥）于牖，以知天道。其出也弥远，其【知弥少。是以圣人不行而知；不见而名；弗】为而【成】。（帛甲本）

　　本章对应《周易·解》卦。

　　【王弼本】不出户，知天下；不窥牖，见天道。其出弥远，其知弥少。是以圣人不行而知，不见而名，不为而成。

◎**不出于户，以知天下；不规（窥）于牖，以知天道。**

　　不出门，就知道天下之事；不观察窗外的星空，就能知道天体运行规律。这句话似乎说反了，常言说："读万卷书，行万里路。"不经事，怎么知道天下的是是非非？不观察积累，怎么能掌握天行之道？其实这句话是有出处的。本章按顺序对应《周易·解》卦，《解》卦的主旨是以智慧化解危机。卦辞："解，利西南。无所往，其来复吉。有攸往，夙（宿）吉。"（帛书《易》"夙"写为"宿"）。卦辞讲的"无所往""夙（宿）吉"，和"不出于户""不规（窥）于牖"是一致的。也就是说，这些话是老子对卦辞的诠释。

　　在首句写"天下""天道"，又有何依据呢？《解》卦䷧，上六处在天位，又是卦中的唯一正爻；下面五个爻阳居阴位，阴居阳位，都呈反位状态，代表纷纭的天下。上六居高临下，故为"知天下"，天下的是是非非都在上六的观察之中，结合卦辞的"无所往，其来复吉"，写出了"不出于户，以知天下"之句。卦辞又言"夙（宿）吉"，宿于床而不察于外，上六居天位而正，即言"不规（窥）于牖，以知天道"。分析之下就可发现，本章的首句就是对《解》卦卦象和卦辞的综合诠释。

◎其出也弥远，其知弥少。

这句话是对前面句子的解释，走的路越多，知道的道理越少，这似乎是一种悖论，前贤的解释则集中在"道"上，王弼讲："道视之不可见，听之不可闻，搏之不可得。如其知之，不须出户；若其不知，出愈远愈迷也。"意思是要不知道什么是"道"，走出去越远就会越迷失"道"。其实王弼也不懂，如何才能"知之"，什么叫"出愈远愈迷"。何为"出"？"出"到哪里？怎么才算是掌握了"道"？他解释不清楚。

要理解这句话，还是要从《解》卦卦象着手。卦象下面五爻都为反爻，这是一个混乱的世界，一个风云变幻的时代，人们在眼花缭乱的时代洪流中迷失了方向，分不清孰是孰非。"其"指谁？指两个阳爻。阳爻居静位而动，是"出"的主体；其本身为反位，起点就是错的，又处在错误的环境中，被错误的意识所主导，经历得越多，累积的错误观念越多，最终被错误思想所固化；而真知灼见越来越少，甚至有点真知还要被错误思潮所攻击。这种例子在我们的生活中屡见不鲜，一旦处于某个欲望泛滥的群体中，人们争先恐后，乐此不疲，不惜以身试法，逐渐形成了千丝万缕的利益集团。大家都被利益的洪流冲着向前走，谁又能够独善其身呢？所以老子讲的不是悖论，而是特定主体和背景下的行为后果。如果不从这种背景思考，真就变成悖论了。也可以这么说，如果本章的内容不与《解》卦对应理解，就是一种悖论。

◎是以圣人不行而知；不见而明；弗为而成。

关于"圣人"，《解》卦指化解矛盾的智者，属于泛指，上六阴爻主静，是唯一正爻，也是本章的主角，自然具有"圣人"的身份。《解》卦上六爻辞："公用射隼于高墉之上，获之，无不利。"言国君面对外部的进攻，站在高高的城墙上镇定自若，用射击飞鹰来比喻化解潜在的危机。所以"圣人"在处理危机时，不用走出去就知道对方的虚实，不用亲眼所见就能预知蠢蠢欲动的内部叛乱行为。安静下来，才能观察到是谁在妄动；不去打听别人，图谋不轨的人就会主动试探你的动向，从而暴露他自己。通过学习，掌握天下山川形势，知道社会发展的阶段性规律，就能举重若轻地解决各种具体问题。

"弗为而成"的"为",和"不为"是对立的。孔子带领弟子周游列国十三年,到处推销自己的政治主张,被时人称为"知其不可而为之者"(《论语·宪问》)。孔子明知自己的政治主张不符合时代发展趋势,不会被人采纳,还是不遗余力地坚持作为,这叫逆势而为,为而不成。如果顺势而为,顺应历史潮流而动,就会产生四两拨千斤的功效,不去四处奔波,时代也会把你推到成功的巅峰。从这个意义上说,"不行""不见""不为",是不逆历史潮流,是真正的"圣人"所坚持的天道。

【今译】

不出门,便知晓天下之事;不看窗外,便可知道天体运行规律。

(在是非颠倒的环境中),你走出去越远,你获得的真知就越少。

因此"圣人"不出行就知道外面的事情,不亲眼见就明白其中的道理,不亲为就能把事情办好。

第四十八章　学者日益(简乙)

学者日益,为道者日损。损之或损,以至无为。无为,而无不为。(取天下,恒无事。及其有事,不足以取天下。)(简本乙组第二章)

本章对应《周易·损》卦。

【王弼本】为学日益,为道日损。损之又损,以至于无为,无为而无不为。取天下常以无事,及其有事,不足以取天下。

◎学者日益,为道者日损。

王弼本为:"为学日益,为道日损。""日益"是每天都在增加,"日损"是每天都在减少。本章首句写了一个"益"字,写了一个"损"字,"益"和"损"

是两种对立的状态，到底"益"是本章的主题，还是"损"为本章主题呢？

按顺序本章对应《周易·损》卦，所以"损"是本章的主题，"益"是用来烘托"损"的。"学者日益，为道者日损"，这样又把"学者"和"为道者"对立了起来，这种对立是出于对同一个物象的不同认识，是老子对《损》卦的多角度理解。《损》卦卦象☶，六个爻中，三、四、五爻为阴爻。三、四、五是什么概念？其处在上互卦，是国家政权的管理者。阴爻是什么概念？是出身低微的人，是贪婪的私欲。阴爻居此位，是私欲取代了管理意识。从孔子开始向平民弟子传授知识以后，社会上涌现出了许多学派，吸引了许多平民阶层的学者，他们学习的目的大都是为了改变自己的社会地位，跻身于权贵阶层，功利意识特别强烈。老子认为随着文化的普及，会有越来越多的平民进入国家权力中心，由于他们对身份转换和对财富的强烈渴望，在掌握权力后，往往会改变自己锐意进取的初衷。这就是"学者"和"为道者"对立的社会背景。

"道"是自行运转的机制。"为道者"是对国家治理有方的人，主张用社会机制使民众自我管理，而不是用行政命令和严刑峻法治理国家；要损的是权力中包含的私欲。"益"和"损"都是针对三个阴爻而谈的。

传统所解，如陈鼓应："所损所益并不是一个方面的事。日损，指的是欲望、感情之类；日益，指的是积累知识的问题。"[①]此说有些问题，主要体现在两个方面。一是通行本写的是"为学日益，为道日损"，"学"和"道"便成为各自的主体，论述的思想就不是围绕一个主题来展开了。而简本和帛本都写的是"学者""为道者"，人是行为的主体，所损、所益的是卦象所显示的同一个物象，是围绕着同一个物象——人心中的私欲，而形成的两种思维。二是陈说要减损欲望、感情，增益积累知识，这只是根据个人的理解而添加的内容，并没有文字上的依据，这也是《道德经》注释的无奈之举。

◎损之或损，以至无为也。

"或"，王弼本写作"又"。减损它还要进一步再减损，是讲由事物表

---

① 陈鼓应：《老子注译及评介（修订增补本）》，中华书局，2009，第244页。

面现象到事物内在本质的减损。要理解这个问题，必须紧密结合时代大背景。老子处在急剧变革的时代，每一个新生事物的出现都会令人心潮澎湃，大家都趋之若鹜，而新事物给社会带来活力的同时，也带来了人们始料不及的危害。这种危害的最大特征就是为了实现私欲的最大化，走捷径、不择手段和对原有规则的破坏。很多人游走于新旧规则之间而暴富，造成了信仰危机和社会道德的撕裂。人们痛恨社会上的丑恶现象，自己却又在不自觉地趋向丑恶的行列。这就要求既要减损丑恶的思想，还要减损生成丑恶现象的根源，这应该是"损之或损"的含义。

"以至于无为"，如此才能最终实现无所作为。这个"无为"的主体是假公济私者。很多人认为"无为"是大道，是老子的重要哲学思想，其实"无为"不是一个概念词，而是一个动词。"为"是做事情，"无为"是不做事情，其主体是三个阴爻所代表的私欲和权力。这句话的意思是要减损不道德行为生存的土壤，直至其没有可作为的空间。如果把"无为"看作是哲学概念，那本章所有的字都要围绕着它而改变词性，本章的主题也要发生改变，最终就变成了没有主题的章节了。

◎无为，而无不为。

"无为"和"无不为"是一种转化关系。随着旧体制的退出，新体制规则的及时跟进，投机主义失去了赖以滋生的环境，人们的行为不自觉地产生良性互动，即形成了一种自由而不越矩的社会秩序。符合社会秩序的随意而动就是"无不为"。

◎取天下，恒无事。及其有事，不足以取天下。

本句见于帛本和其他传世版本，而不见于简本。陈柱曾言："'取天下常以无事，及其有事，不足以取天下'十七字，当是第五十七章错简。"[1]从内容看，本句与前面的句子没有关联，与《损》卦也没有关联，或许真是错简，故本书不予注释。

---

[1] 引自廖名春：《郭店楚简老子校释》，清华大学出版社，2003，第397页。

【今译】

以建功立业为目的做学问的人，每天都在增加私欲；而以治国为理念的人，则每天都在减损私欲。

减少了私欲，还要进一步改变形成私欲的机制，这样才不会产生私欲的行为。

产生不了私欲，人们就可以随心所欲地做事情了。

第四十九章 圣人恒无心（帛甲）

圣人恒无心，以百姓之心为心。善者，善之；不善者，亦善之，德善也。信者，信之；不信者，亦信之。德信也。圣人之在天下，歙歙焉。为天下，浑心。百姓皆属耳目焉，圣人皆孩之。（帛甲、帛乙本皆有残损，结合王弼本补之）

本章对应《周易·益》卦。

【王弼本】圣人无常心，以百姓心为心。善者，吾善之；不善者，吾亦善之，德善。信者，吾信之；不信者，吾亦信之，德信。圣人在天下歙歙，为天下浑其心。圣人皆孩之。

◎ **圣人恒无心，以百姓之心为心。**

本章按顺序对应《周易·益》卦☲，卦象中三个阴爻居于下互卦，这是民众的正位；五、上是"圣人"之位，两个阳爻与初九遥相呼应，包容中间的三个阴爻。故本章主要谈圣人和百姓的关系。

"圣人恒无心"，"圣人"没有本心。"以百姓之心为心"，指以百姓的心思为自己的常心，即以公心取代自己的私心。

◎ **善者，善之；不善者，亦善之，德善也。**

王弼本多了四个"吾"字："善者，吾善之；不善者，吾亦善之，德善。信者，吾信之；不信者，吾亦信之，德信。"本句的前后都写有"圣人"，如果中间写"吾"，就成了老子自诩为"圣人"，故还是以帛本为准。

就字义讲，本句可以理解为：善良的人，善待他；不善良的人，也善待他。但从《益》卦分析，卦名"益"是有益于人的意思，如果只是有益于一部分人，那就不是"圣人"所为了，"圣人"讲的是一种普世原则，因为只有普世思想，才能使天下稳定。要准确理解这句话，需要有透过现象看本质的思想意识。善与不善，不是孤立存在的，而是与所处的环境有关，如果大环境秩序和谐，民众都会相善；如果大环境混乱，歹人横行，或执政者横征暴敛，导致民风日下，就会不善者居多。若指人与人之间，可以理解为善待他；而对"圣人"来讲，善是公平的，需要用制度来善待所有的人，包括"不善者"，才是真心所为，因为好的制度会引导善行，约束、惩罚恶行。如果抛开制度只讲善待"不善者"，就变成一种虚伪的说教。

"德善"一般解为"得善"，就是能得到善的回报，这样就成了因果报应思想，还是以"德"字本义为是。"德"是社会崇尚的某种品行，"德善"是以善为德。"圣人"从制度上使民众一心向善，形成一种良好的社会风尚，才形成了"德善"风尚。"德善"是理想社会十分重要的评价系统，关系到人们对幸福感的认可度。一个社会中，人们普遍善良，都乐意或敢于凭着良心、真心做事，这就是一个美好、幸福的社会。如果社会诈骗横行，人们做好事反被敲诈，善良之人成了狡诈之徒的提款机、垫脚石，善良的人不敢行善良之事，这个社会就出了大问题，难言为"德善"。尤其是以财富作为风向标的社会，"德善"的作用更为重要，因为它是社会稳定的基石，是防止社会滑向邪恶深渊的护栏。

◎ **信者，信之；不信者，亦信之。德信也。**

"信"是人的立身之本，是社会良好秩序的标志。上边令行禁止，一根尺子量到底，民众才会崇尚信用。信用是社会的宝贵财富，是成熟社会必须具备的内涵，也是"圣人"治国长期积累的成就。没有信用的繁荣是不会持久的，因为它形成不了持续发展的轨道。"德信"与"德善"一样，都是美好社会的最基本要素，所以老子把这两个问题并列论述。

◎圣人之在天下，歙歙焉。

"歙歙"，和顺的样子。"在天下"，指"圣人"尚未登位时。《史记·五帝本纪》："（舜帝）盲者子。父顽，母嚚，弟傲，能和以孝，烝烝治，不至奸。"言舜帝身为平民时，用和顺宽待顽父、后母和弟弟对自己的种种劣行，其高尚的品德赢得了尧帝的赞赏。

◎为天下，浑心。

"为天下"，指舜帝坐天下之时。因为虞舜的德行高尚，尧帝禅让于舜，舜便成了天下之主。其实这只是一个美好的传说，如果舜不是大的部族首领，没有强大的力量支持，众多氏族也不会俯首听命。

"浑心"，混浊的心。常言说："水清无鱼，人清无友。"作为帝皇，个人喜憎太强了就容易造成亲疏有别，氏族间帮派林立，天下无法实现和平共处。所以要"浑心"，浑浊自己的心智，立天下百姓之心为己心，容别人不能容之事。前面的句子如果指个人品行的话，应该和传说中舜帝的经历相吻合。

◎百姓皆属耳目焉，圣人皆孩之。

帛甲本之"属"帛乙本为"注"，两字义通。百姓都属于耳朵和眼睛之类，对他们看到和听到的信以为真，意思是百姓往往没有主见，容易被社会舆论所左右，所以引领社会风尚的作用是很重要的。

"圣人皆孩之"，"圣人"则对这些社会现象都是用孩童之心看待。"孩之"是一种清纯的、不被世风所感染的心境。本章首句写"圣人"以百姓之心为心，如果百姓都被社会舆论的假象所迷惑，跟着社会的风向走，"圣人"就没法和百姓一心。首句和这一句，是两种状态下的两种不同处世方法。"圣人"要推行"德善""德信"，必须用纯真之心对社会做出表率。如果领导者整天玩弄权术，言而无信，拉一批打一批，离善、信的目标只能是越走越远。但这种清纯并不是弱智，而是"浑心"的"孩之"，故掌握这个尺度也是一门很高的学问。

【今译】

"圣人"通常没有私心，因为他以百姓之心为自己的心。

善良的人，要善待他；不善良的人，也要善待他。这样可以引领社会善良的风尚。

有信用的人，去信任他；没有信用的人，也去信任他。这样可以引领社会以诚信为本的风尚。

"圣人"在作为民众一员时，就是和顺的楷模。

"圣人"在治理天下时，为了百姓而混杂了自己的心志。

百姓都是通过自己听到的、看到的来理解世界，而"圣人"却像孩子一样用纯真做社会风尚的表率。

第五十章　　出生入死（帛甲）

【出】生，【入死。生之徒，十】有【三。死之】徒，十有三。而民生生，动皆之死地之十有三。夫何故也？以其生生也。盖【闻善】执生者，陵行不【辟】矢虎；入军不被甲兵。矢无所犞其角；虎无所昔其蚤；兵无所容【其刃。夫】何故也？以其无死地焉。（帛甲本）

本章对应《周易·夬》卦。

【王弼本】出生入死。生之徒十有三，死之徒十有三。人之生动之死地，亦十有三。夫何故？以其生生之厚。盖闻善摄生者，陆行不遇兕虎，入军不被甲兵；兕无所投其角，虎无所措其爪，兵无所容其刃。夫何故？以其无死地。

◎出生，入死。

《韩非子·解老》："人始于生而卒于死。始谓之出，卒谓之入。故曰：出生入死。"关于"出生入死"的含义，以人的自然出生和死亡来解释，就成了谈养生问题；又多用以形容冒生命危险，随时有死的可能。这两种解释恐怕都不符合老子原意，因为人们不知道这句话的出处，自然按照自己的想象去解释。

本章按顺序对应《周易·夬》卦，是对《夬》卦思想的阐释，其卦符为☰，卦辞："夬，扬于王庭，孚号，有厉告自邑，不利即戎。利有攸往。"《夬·彖》曰："夬，决也，刚决柔也。"卦象阳主刚，阴主柔，五阳以绝对势力决断一阴。阳爻决生决死，故有生死之说。应该说老子和《彖辞》的解释是一致的，都是盛阳决阴之意。

为什么出者生、入者死呢？这要从两个方面来分析。一是卦象内有五阳，外有一阴，内强外弱，强者出外灭弱者，为出者生、外者死；外面弱者来犯内里强者，犹如鸡蛋碰石头，为入死。二是从卦辞看，"利有攸往"，虽然内里强盛，但五阳以团伙扬威于王庭，终有忤逆之嫌，还是尽快走出去，离开这个是非之地，以保全自己；"有厉告自邑，不利即戎"是说王庭出现了危险，马上把消息告诉自己领地的人，但不要让他们以兵来犯险，因为入险地者必死无疑。卦象和卦辞都显示了出者生、入者死，"出"和"入"是两个主体的行为。这句话的意思是凡事要审时度势，在生死攸关的时候，要从本位得失出发，顺应形势而动，不能盲从于别人。

◎生之徒，十有三。死之徒，十有三。

"生"，同"出生"。"死"，同"入死"。"徒"，跟从的人。《左传·昭公四年》："旦而皆召其徒，无之。"杜预注："徒，从者。""生之徒""死之徒"，是"生""死"两个阵营中跟随行动之人。

"十有三"，是十个里面有三个。为什么"生""死"之徒数量比例相等呢？当政治矛盾激化之前，敌对双方的力量实际上是均衡的，是因为有人想打破这种均衡状态，才产生了事变。而事变的发生，标志着力量已经不再均衡。

◎而民生生，动皆之死地之十有三。夫何故也？以其生生也。

"生生"，指民众都是以自己的生计作为生命的目的，是政治斗争之外的人，不归属于"生之徒"和"死之徒"的阵营。他们是身份自由的十分之三。

"动皆之死地"，既然言"动"，"不动"就是其参照。"不动"是自己的本分，"动"是盲目跟随。《夬》卦爻辞："初九壮于前趾，往。"就是指盲目跟随的这些民众，他们是打破"生""死"之徒均衡力量的另一部分社会力量，叛乱者为了增加自己的势力，让这些人跟随自己，常常制造舆论蛊惑他们。而他们一旦脱离开自己的本分，参与到事变中来，就是踏入了死地之中，因为他们什么时候都只是参与者，产生效益的时候得不到回报，而死亡降临的时候首当其冲。

关于后面的"生生"，意在强调民众都是"生生"之人，平时围着自己的一亩三分地和锅台转，根本不了解自己生活之外的朝政内情，受到舆论的煽动便群情激愤，从而使自己跟随别人进入死地，成为别人篡夺政权的工具。所以民众就应该静守自己的"生生"，扫好个人的门前雪，莫管他人瓦上霜。

◎盖闻善执生者，陵行不辟矢虎；入军不被甲兵。

"执生者"，指抓住自己生命而不入死地的人，是另外的十分之一。《夬》卦九五爻辞："苋陆夬夬，中行无咎。"其中的"苋"，属野生蔬菜，不依靠别人的浇灌，生命力顽强。"执生者"即如同此"苋"。

"陵"，指有野兽出没或可以藏兵之处。"辟"，帛甲本残缺，帛乙本为"辟"，同"避"。"矢"，箭矢。"虎"，老虎。"陵行不辟矢虎"，在危险的地方行走也不用躲避箭矢和猛虎。

"入军不被甲兵"，在战争中不会触及铠甲和兵器，指善于用谋略手段瓦解敌人。

◎矢无所椯其角；虎无所昔其蚤；兵无所容其刃。

"角"，《康熙字典》释为"又角弓，以角饰弓也"，指射箭用的弓。"椯（duǒ）"，《玉篇·木部》："椯，木名。"《太玄·难》："狂马椯木。"

用梃木击刺马屁股使其狂奔。这里应该作"顶"讲，"梃其角"，将箭矢顶在弓上。"矢无所梃其角"，箭矢没有弓可顶，指没有发射箭矢的理由。

"昔"假"措"，《说文》："措，置也。""措"为施展之义。"蚤"假"爪"，"虎无所昔其蚤"，老虎没有地方施展它的利爪。

"兵"，兵器。"容"，容纳，这里指被兵刃所伤之处。"兵无所容其刃"，兵器没有地方被它的刀刃所伤。

◎**夫何故也？以其无死地焉。**

"出生"者和"入死"者都是为了各自利益集团而动，"动皆之死地"者是被他们所利用的群体，而"善执生者"不同。《夬》卦的九三爻辞讲"君子夬夬独行"；九五爻辞讲"夬夬，中行"。"独行"是不随大流，"中行"是不倾向矛盾的某一方，不加入斗争队列，自然没有对立面，所以箭矢不会射向他，老虎不会捕捉他，兵刃也不会挥向他，这种人怎么会有死地呢！理想的人生是做"善执生者"，而非"生生"者。

【今译】

强势者出去得以生存，弱势者进犯等于进入了死地。

跟随强势阵营的人占十分之三，跟随弱势阵营的人占十分之三。

而民众以生存为自己的生命目的，动而跟随任何一方都是进入死地，也占十分之三。这是什么原因呢？是因为他们只是为生存而辛勤生活的人。

听说善于掌握自己生命的人，在危险的地方行走不会遇到箭矢和老虎的袭击，进入军阵不会被甲兵所伤。

箭矢没有弓可引，老虎没有地方施展它的利爪，兵刃没有目标可以击刺。这是什么原因呢？因为他没有进入死地。

第五十一章　道生之而德畜之（帛甲）

　　道生之，而德畜之。物刑之，而器成之。是以万物尊道而贵【德。道】之尊，德之贵也，夫莫之爵，而恒自然也。道生之，畜之，长之，遂之。亭之，毒之。【养之，复之。生而】弗有也；为而弗寺也；长而弗宰也。此之谓玄德。（帛甲本）

本章对应《周易·姤》卦。

【王弼本】道生之，德畜之，物形之，势成之。是以万物莫不尊道而贵德。道之尊，德之贵，夫莫之命而常自然。故道生之，德畜之：长之、育之、亭之、毒之、养之、覆之。生而不有，为而不恃，长而不宰。是谓玄德。

◎**道生之，而德畜之。**

　　一般都把"之"释为万物，如果真如此，就会写为"道生万物"，而不会写"道生之"了。老子在第四十二章写："道生一，一生二，二生三，三生万物。"是"道生一""三生万物"，岂能再写"道生万物"？再说，"万物"乃泛指，其生长也不会用"畜"字。所以这样解释是很不严谨的。之所以产生误解，是因为把"道"认成无所不容、无所不能、微不可见、大至无边的东西，这种虚无缥缈的概念无非是后学者自欺欺人的臆想罢了。再就是关于"之"，"之"在这里是代词不假，但必须代指具体物象，绝不会去代指"万物"，一个"之"字是承载不起万物的分量的。关于这些问题，仍然要从所对应的《周易》卦中寻找答案。

　　本章对应《周易·姤》卦，首句的思想是从《姤》卦中延伸出来的，《姤》卦卦符为☰，卦象初六是唯一阴爻，初六在内，阴爻为雌性，指雌性的生殖功能。生殖功能即为本章之"道"。帛书《易·姤》卦之"姤"写为"狗"，本章即从"狗"字展开了论述，"道生之"的"道"是生殖之"道"，"之"自然指的是狗。"道生之"意思是狗被降生下来，依赖于人而生长，是天道所为，是狗的自然品性，不是人类能力使然。人们常说狗是忠臣，猫是奸臣。狗被养大后一生都会忠于主人，而猫被养大后都会离主人而去，这是动物的天性。"道"有两层含义：一是自然规律，人们常说狗有狗"道"，猫有猫"道"，就是指万物有其自己的生化规律；二是对人有益，有益于人的为"道"，有害于人的为"不道"。

"而德畜之"，"道"是万物普遍遵循的法则，人具有繁衍功能，狗也具有繁衍功能，而"德"是只有人类才具有的品性。"德畜之"，是说人要用心去蓄养狗，因为只有用心去驯养，狗才能成为主人打猎的好帮手。本句的意思是既然天意让狗依附于人类，我们就要精心去蓄养它。

《姤》卦的卦象为"道"，卦象显示了雌性的生育之能，这里对应写了"道生之"；卦名为"狗"，随便养的为家犬，精心养的为猎犬，这里写了"而德畜之"，一是用"德"字表示要精心饲养，训练狗的捕猎技能；二是用"德"字与后面的引申义呼应，让人们明白其隐含着更深刻的社会意义。

◎ **物刑之，而器成之。**

"刑"为范式。《荀子·强国》："刑范正，金锡美，工冶巧，火齐得，剖刑而莫邪已。"杨倞注："刑范，铸剑规模器也。""刑"有范式义。"物刑之"是指按照一定标准培养物。"物"是原始状态，"器"是加工后的状态。"器成之"，加工后就成了有用之器。

上一句讲要精心养狗，这一句从理论上论述为什么要精心养狗。世界上有万事万物，并非都是对人有益的，就像铁矿石和铜矿石，原是没有用处的，只有通过提炼，融化在模具中，才能成为有用的器物，狗也是如此。

◎ **是以万物尊道而贵德。**

此句通常释为：所以万物没有不尊崇"道"而珍贵"德"的。这样理解有个问题，如果把"万物"认定为自然万物，石头、树木、水流都属于自然万物，狗、马、羊都属于灵性动物，但他们没有主观意识，如何去尊崇"道"？

又怎么具有"德"呢？河水可以滋润土地，也可以淹没土地，不管是有益还是有害，都不能以"道"论之。故自然万物不懂得尊"道"，更谈不上"贵德"。按照前解惯例，凡言"万物"者，都是指人类社会活动中的事物，故此句讲的是人们在社会行为中"尊道"而"贵德"。

◎**道之尊，德之贵也，夫莫之爵，而恒自然也。**

"道之尊，德之贵也"，重复写，意在强调人们对"道"和"德"的尊崇。

"夫"，指普通百姓，即"万物"的主体。"爵"，爵位，指贵族。"夫莫之爵"，百姓不是什么贵族。"而恒自然也"，一直就是这么自然而然地做的。这句话的意思是"道"和"德"听上去很尊贵，好像是只有接受过高深教育的贵族才去遵守的，其实老百姓在日常生活中一直是这么做的。

◎**道生之，畜之，长之，遂之。**

王弼本为"故道生之，德畜之"，加了个"德"字，以照应章首，其实这样就错了。前面的文字谈的是把狗驯养成有用之物的道理，写有"德"字，体现了人的能动意识；而本句之后谈的是不用心驯养狗的害处，故没有"德"字。说明王弼不清楚两者之间的区别。

首句"德畜之"的"之"是对狗的实指，这里的"畜之""长之"及后面句子中的"之"则变成了虚指，可以理解为"焉"，即"畜焉""长焉"，还是与狗有关。

"畜"是畜养。"长"是长大了。"遂"，《说文》释为"亡也"。这句话的意思是主人不用心蓄养，任由狗游荡，狗跑丢了，变成了流浪狗。

◎**亭之，毒之。**

"亭"，古代设在道旁供行人停留食宿的处所；"亭之"，比喻脱离开主人的狗没有固定的居所，到处流浪觅食。"毒"，毒害、害人；"毒之"，流浪狗乱咬人。这句话的意思是你既然养狗，就要约束它，使它成为有用之物，而不能放任其害人。

◎养之，复之。

前面写了"畜之"，这句又写"养之"，说明"畜"和"养"是有区别的。"畜"是狗的原主人家生养它，"养"是新主人将流浪狗收留并喂养它。"复之"，是狗恋旧主，最终又跑回来。

本章是按照《周易·姤（狗）》卦确立的题材，用养狗的内容，来比喻社会法则。当时的社会体制为封建家族制，"仁、义、礼、忠、信"是封建家族制的思想精华，家族对门客和家奴的要求集中在"礼、忠、信"上。狗对主人忠诚，又有狩猎的能力，以德畜之，则人受益；不以德畜之，则对人有毒害；如果收养成年狗，它还会回到原主人那里。这和对门客及家奴的利用法则没有什么两样。"物刑之，而器成之"是"德畜之"的结果；"亭之，毒之"是"不以德畜之"的结果。而半路投奔的门客，多半是为了混口饭来的，到了关键时候，大难临头各自飞，他会弃主人而去。

◎生而弗有也；为而弗寺也；长而弗宰也。

前面讲"道生之，畜之，长之，遂之"，生与不生乃自然规律，并不是主人的功劳，你不以德畜之，它就不是你的财物，所以讲"生而弗有也"。人也一样，本国有才能的人，国君不去重用，一旦投奔到他国，对本国的安全就是一个威胁。

"寺"，本义为"持"，持有。对待投奔自己的人，即便是收留他，也不一定能收留住他的心，所以讲"为而弗寺"。

关于"长而弗宰也"，"宰"是专权。前句写"长之"，是针对养狗而言的；这个"长"是针对人事而言的，是官长，即赋予职权。"长而弗宰"指赋予他职权却不可让他专权。这样讲是有历史典故的，鲁国的季、孟、叔三家专权鲁政，自昭公在国之日，便三分鲁国，各用家臣为政，鲁君不复有公臣。而家臣专权后，又窃三大夫之权，辗转盗肆，凌厉其主。这就是长而宰政的危害。

◎此之谓玄德。

最后一句话一般是点明本章的主题思想。"玄德"指深层次的为政之道。

本章有两个"道生之"，前面的连接着"德畜之"，是从正面论述养狗及对万物的培养之功；后面的连接着"畜之"，则论述不以德养狗的危害，也说明狗具有两面性。这是对《姤（狗）》卦的一般性阐释，随后又延伸到对家臣的管理和任用，这才是本章的主题思想。可以发现，尊道贵德在这部分并没体现出来，因为老子时代旧的体制分崩离析，新的社会制度和道德体系尚未建立，造成人心浮动，无所依从，如单纯地强调以德畜之，就陷入了教条主义的泥坑。所以最后综合两种因素，把这个话题深入到了现实社会中，"生而弗有也；为而弗寺也；长而弗宰也"，生养不代表具有，用了其人不一定留住其心，任命官职不一定要他全权主事。这就是"玄德"二字所提示的，要读者去领悟的深层次含义。

【今译】

既然天意让狗降生下来，我们就要精心去养育它。

原有物质用模具浇铸，才能形成有用的器皿。

所以在社会行为中既要遵奉"道"的自然法则，还要尽可能使它们有益于人类。

自然法则我们必须要尊崇，美好的德行我们也要去践行。

老百姓虽然没有接受过高深的教育，却一直自然而然地在这么做。

自然法则使狗降生下来，如果随意喂养它，长大了，它就会跑到外面去。

那些成为流浪狗的，随处乞食，随时会咬人而成为害物。

有人收养了流浪狗，但它还会跑回原主人家。

生养不代表拥有，用了其人不一定留住其心，任命官职不一定要他全权主事。

这就叫更深层次的用人法则。

第五十二章　天下有始（简乙）

　　天下有始，以为天下母。既得其母，以知其【子】。复守其母，没身不殆。[闷其门，赛其说，终身不屺。启其说，赛其事，终身不来。]【见】小曰【明】；守柔曰强。用其光，复归其明。毋道身殃，是为袭常。（帛甲本，[　　]内见简本乙组第六章）

　　本章对应《周易·萃》卦。

　　【王弼本】天下有始，以为天下母。既得其母，以知其子；既知其子，复守其母，没身不殆。塞其兑，闭其门，终身不勤。开其兑，济其事，终身不救。见小曰明，守柔曰强。用其光，复归其明，无遗身殃，是为习常。

　　◎天下有始，以为天下母。

　　对此句的注释，如陈鼓应释"始"为"道"，"天下"为天地万物；张岱年先生认为这句是老子探讨宇宙起始问题。[①] 之所以这样说，一是受先入为主的影响，认为就应该这样解释才体现了老子高深的思想；二是如果不这样讲就没办法注释了，因为谁也没办法说清楚本章为什么一开始就写"天下有始"。

　　陈鼓应说"始"为"道"，他没有解释清楚为什么是"道"而不是别的，论证缺失。把解释不清的都塞进"道"的筐子里，是传统注释的一大弊端。说"天下"为万物，同样没有佐证，因为《道德经》凡言"天下"，都是指周王管辖的所有疆域，不是一侯一国的疆域，更不是天地万物，所以陈说证据不足。至于张岱年先生所言，也有漏洞，天下和宇宙不对等，日月星辰在天上，也

---

　　① 陈鼓应：《老子注译及评介（修订增补本）》，中华书局，2009，第259页。

能包含在天下之中吗？所以张说也是不对的。第一句出现了问题，后面的注释也就跟着走偏了。

本章按顺序对应《周易·萃》卦，其卦符为☷，卦象两个阳爻占据五、四爻位，象征君臣统治天下（五爻为君，四爻为臣）。卦辞有"王假有庙"，王乃统治天下之主，故言"天下"。

所谓"天下有始"有没有明确的时间界限呢？宇宙的起始是没有时间界限的，但这属于诸如爱因斯坦和霍金等研究的范围，而两千年前的老子关注的是社会问题，时间上自然是有界限的，这也符合知识演进的理论。"有始"的前提是结束，旧的结束了，新的才能开始。《萃》卦卦辞："萃，亨。王假有庙。"帛书《易》中将"萃"写为"卒"，老子通常是按帛书《易》相近的版本来理解《周易》的，帛书《易》将这一卦命名为"卒"，故此卦要用"卒"字来解释。《康熙字典》引《尔雅》释诂："卒，尽也。疏：终尽也。"老子认为卦名"卒"是讲上一代王朝的结束，"王假有庙"是讲新王登基，祭祀天帝、先祖。所以"有始"是从新王登基开始。

"以为天下母"，"以为"可以解释成"因为"，是因为"天下母"才"天下有始"。"天下母"是对应"王假有庙"写的，为什么这么说呢？通常"假"解作"至"。"有庙"供奉的先帝先王，也可理解为王朝体制。商朝实行的是兄终弟及制，商王死了由其弟弟继承王位；而周朝实行的是父死子继制，即嫡长子继承制，论嫡庶不论长幼，子以母贵。"天下母"，指由于母亲作为王后的地位才使太子名正言顺地继承王位，意思是王制是不可随意更改的。

◎**既得其母，以知其子。**

"得"，假"德"。"德其母"，君主宠幸其母，褒扬其母懿德。"知"，恐是"至"字之误，"以知（至）其子"，把宠爱传导到其子身上。因宠妃而废太子导致亡国的例子并不鲜见。商纣王宠幸妲己，杀王后，逐太子，最后亡国。春秋战国时期这种史例更是屡见不鲜，因宠幸新人而废嫡立庶，导致公子间互相杀戮，政权频繁更迭或亡国，都是因为君主破坏了周朝祖制。祖制的作用在于稳定朝纲，减少矛盾冲突，使君位得以有序下延。本章首句讲述王朝体制，是周武王、周公建立的封建宗法制，不可随意更改；这一句是写一些王侯不遵从体制，因为泛指君位的继承现象，不是特指周王，所以没有"天下"二字。

◎复守其母，没身不殆。

帛乙本和其他传世版本为"既知其子，复守其母，没身不殆"，帛甲本没有"既知其子"句。封建王朝体制是子以母贵，有嫡系在，庶枝是不能继承君位的，如果有母凭子贵的现象发生，也是子继承了君位而母尊贵，但做了君再写"子"就不恰当了，所以"既知其子"句不该存在。

"复"字没有道理，写"夫"较为恰当。一方面"夫"为语气词，表示强调；另一方面"夫"有普通人的意思，泛指不是嫡出的公子。"夫守其母"，众公子应当遵守其母名分的礼制，不产生非分之想。有些没有继承权的公子自身权欲太旺，还有的被门客怂恿，弑君自立，开启祸端，致使国家日渐衰微，这就是"不守其母"的结果。

"没身"是隐没自身，默默无闻。"不殆"是不给自己带来危害，也不给国家带来危害。周王朝有完善的体制，没有继承权的公子遵守这些体制，按照自己的身份行事，国家才会安定，故曰"没身不殆"。

◎闷其门，赛其说，终身不屹。启其说，赛其事，终身不来。

王弼本此句为："塞其兑，闭其门，终身不勤。开其兑，济其事，终身不救。"

简本中第五十二章只有这一段，分析看，简本是一个士子的抄写本，他抄写《道德经》，是为了系统学习以提高自己的学识和游说能力。第五十二章的前面部分写的是关于君位继承的原则性问题，而该士子省略这部分，显然不愿意踏进争权夺利的漩涡。简本乙组部分抄写的内容都与士的修养与执政有关，这一段也是描写修养与求仕，这种有选择的摘抄痕迹是很明显的。有学者认为该士子有可能是太子的师傅，如果真有如此身份，前面省略的部分会重点抄录才对，所以应排除太子太傅的身份。抑或是太子并非嫡子，以太子太傅的身份自然要删除前面的部分。

"闷其门"，帛本和王弼本写为"闭其门"，"闷"不应解为"闭"。"闷"

是烦闷，"门"代指家，"闷其门"是不甘心在家中。是谁不愿在家中待着呢？按照前面讲的，应该是没有继承权的公子，继承无望，又容易卷入争权夺利的斗争而引来杀身之祸，故烦闷。

"赛其说"，王弼本为"塞其兑"。"赛"，《玉篇·贝部》："赛，报也。"行祭祀以酬神，酬报之意。"说"，这个字是"走兑"结构，"兑"，《字汇·儿部》："兑，直也。"《诗·大雅·文王之什》："柞棫拔矣，行道兑矣。""兑"即为直义。"说"应该指走正确的人生道路。为什么这里要写"赛其说"呢？还要从《萃》卦卦辞讲起："萃，亨。王假有庙。利见大人亨，利贞。用大牲吉。利有攸往。"所谓的"利见大人"就是有利于晋见国君；"用大牲吉"，"大牲"是国君的祭礼。"赛"字有祭祀、酬报之意，与这两句呼应。"利有攸往"指有利于走出去；"说"指走自己的路，照应"利有攸往"。可见，"赛""说"字是紧扣这部分卦辞阐释的，意思是可以到别的国家去为其国君工作。

"终身不屸"，简本的"屸"考古学者写为上"矛"下"山"，仔细分析看，这个字应近似于"屸"，意思是躲避到山里去。"闷其门，赛其说，终身不屸"是说既然没有继承资格，又有性命之忧，不如走出去投奔别国国君，这样终身有托，不至于躲避到山里了此一生。

"来"，简本写为"逨"，"启其说，赛其事，终身不来（逨）"讲既然开启自己新的人生之路，就要尽职尽责地为其国君做好事情，终生不要再回来。说终生不回来，是由公子的身份所决定的。春秋时郑庄公欲废嫡立庶，即废掉世子忽，立公子突，被上卿祭仲谏止。庄公怕公子突有争位之举，乃使公子突出居于宋国。果然，世子忽继位后，宋国强逼出使宋的祭仲将突带回郑国，驱逐了国君忽，立突为新君。由此例来说，出居他国的公子稍有风吹草动就有可能借外国势力回国争位，造成国家混乱。这句话的意思是，既然自己选择了出居别国的道路，就要忠心耿耿地为该国国君效力，一生都不要有回国争位的想法。

从本章的立意看，应该说简本基本保持了原本文字，帛本则做了很大的改动，因为汉代以后已经没有人真正看懂《道德经》了。通行本可以上推到王弼时代，假设是王弼在类似帛本的基础上做了进一步改动，现在我们看到的解释可以说完全偏离了老子原本的思想，变成了一种道佛合流的虚无思想，对文字的训释也无正确可言。用简本原字解读，才能正确理解老子思想。

◎见小曰明；守柔曰强。用其光，复归其明。

"见"，展现。"见小"，作为客居他国的公子，应当放下身架，踏实做事，这样才不被属僚排挤，不受到属僚的排挤，才有机会显现自己的形象。"明"形容受人瞩目的形象。

一个流亡的公子，内心是很孤独的。他越是高调做事，说明内心越空虚；而那种外表柔弱的人，往往内心越强大。像晋文公重耳，为公子时在外流亡十九年，守柔不张扬，归国继位后一举成为春秋五霸之一，说明他内心是很强大的，故曰"守柔曰强"。

"用其光，复归其明"，指用自己的能力产生影响力，来恢复自己原来的形象，而不是用自己的身份去招摇撞骗。

◎毋道身殃，是为袭常。

"道"帛甲本残存半字，帛书研究组识其为"道"，帛乙本为"遗"，王弼本为"无遗身殃"，应以"道"为准，指封建宗法之道。"殃"，帛甲、帛乙本为"央"，假"殃"。"毋道身殃"，如果不遵从周武王、周公确立的嫡长子继承制，就进入了政权反复无常的模式，上位者往往有杀身之祸。

"袭"，继承。《左传·昭公二十八年》："故袭天禄，子孙赖之。"此句中"袭"即继承之意。"常"，恒久。"是为袭常"，明白"毋道身殃"的道理，国家权力的承袭才能有序而长久。

【今译】

王能够登基管理天下，是由于其母身为王后的缘故。

（君主）既然宠幸了公子的母亲，就会把爱传达到其子身上。

作为公子能按照母亲的身份坚守自己的情操，即使没有名分也不会给自己带来灾难。

待在家中感觉心中不安，可以投奔他国之君作为自己的人生道路，这样终身不用再去隐藏起来。

开启了自己新的人生之路，就要为新主人做好事情，终身不要返回本国生事。

（客居他乡）展现自己的小，才真正叫受人敬仰；保持自己柔弱的外表，才说明内心的强大。

用自己的影响力，来恢复自己的公子形象。

不去遵守嫡长子继承制的王朝体制，就会导致自身灾殃。

明白这个道理，国家权力的承袭才能有序而长久。

第五十三章　使我挈有知也（帛甲）

使我挈有知也。【行于】大道，唯【他是畏。大道】甚夷，民甚好解。朝甚除，田甚芜，仓甚虚。服文采，带利【剑，厌】食货【财有余，是谓盗杆。盗杆，非道也】。（帛甲、帛乙本）

本章对应《周易·升》卦。

【王弼本】使我介然有知，行于大道，唯施是畏。大道甚夷，而民好径。朝甚除，田甚芜、仓甚虚。服文彩，带利剑，厌饮食，财货有余，是为盗夸。非道也哉！

◎**使我挈有知也。**

《广雅·释诂三》："挈，独也。""挈"，指独特之义。这句话的意思是通过对某一句话或某一件事的分析，产生了独特的认识。从与本章所对应的《周易·升》卦看，首句应该谈的是对卦名和卦象的认识。在帛书《易》中，"升"写为"登"，就是上车。《升》卦卦辞："升，元亨。用见大人，勿恤，南征吉。"《易传·彖辞》曰："柔以时升，巽而顺，刚中而应，是以大亨。

用见大人勿恤，有庆也。南征吉，志行也。"这是儒家对《升》卦卦辞的解读，而老子对《升》卦的理解不同，他不是照葫芦画瓢般的注释，而是选择卦的中心点，结合卦名"登"和卦象评论时事，这就是其独特之处。所以我们分析这个句子的构成，在"使"的前面必须附加文字之外的因由，才能做出完整解释；而且帛甲本在句子后写着"也"字（其他版本没有"也"），说明"使我挈有知"只是后半句话，前面还有未出现的因由。前面未写的字义就是卦名和卦象，如果不知道这一点，就会对这段句子感到莫名其妙。

◎行于大道，唯他是畏。

"行于大道"是从卦辞"登"字而来的，登上大车就是为了出行。"大道"指出行的官道。

帛乙本"唯他是畏"，王弼本写为"唯施是畏"。"施"是陈设，指的是物，主体不明确；"他"指的是人，是有主观意识的，主体明确。畏物理浅，畏人理深；畏物易明，畏人难解。以此看，后人不明"他"字所指，故改为"施"。

"他"是乘车行于大道的人。能够乘车行于"大道"，显然指具有一定身份的人。《升》卦卦辞："升，元亨。用见大人。""见大人"就是见国君，由这句话推论，"他"就是指有权势的朝臣。有权势并不一定让人畏惧，畏惧的是不遵守朝纲的小人把持朝政。为什么这么说呢？看一下《升》卦的卦符 ䷭，上卦为贵，下卦为贱；上卦三爻全阴，表明小人把持朝政，君子（阳爻）被排挤到从属位置。把持朝政的对不顺从自己的人动辄抄家问斩，国家陷于混乱之中，还不令人恐惧吗！这是"畏"字的来源。

◎大道甚夷，民甚好解。

"夷"，指没有接受过文化教育的平民百姓。"大道甚夷"，真正的治国大道往往存在于百姓的生活中，指国家法令和民俗融为一体。"甚好"，自觉自愿地去做。"民甚好解"，民众会自觉自愿地理解和遵守国家法令。

◎朝甚除，田甚芜，仓甚虚。

"朝"，朝廷宫室。"除"，有很多说法，有的说是整洁，有的说是废弛。

《说文》："除，殿陛也。""除"指宫殿的台阶。"甚除"，台阶很多。"朝甚除"，形容宫殿建得很高大。《升》卦爻辞为"升虚邑"，城邑一片空虚；六五爻辞为"贞吉，升阶"，国君登上高高的台阶。这句话是从《升》卦的两个爻辞中引用来的，用宫殿的巍峨与田、仓的空虚对比来写，体现出统治者并非真正遵循治国大道。田地越来越荒芜，说明种田的百姓难以生存，都逃离出去了，国库自然非常空虚。

◎服文采，带利剑，厌食货财有余，是谓盗杆。

"服文采，带利剑"，穿着绣有彩色丝线的朝服，佩戴着锋利的宝剑，这是描写达官贵人的形象。"厌食"，饱食，吃着丰盛的饭食。老百姓都饿跑了，他们却吃得脑满肠肥；国库空虚，他们家中却资财有余。

"盗杆"，王弼本写为"盗夸"，《韩非子·解老》写为"盗竽"，还是"杆"字比较贴切。"杆"，指盛汤浆或食物的器皿。"盗杆"，他们家吃的食物都是盗窃来的。"盗杆"呼应"田甚芜，仓甚虚"，贵族们不种庄稼，没有创造财富；公府仓库财物越来越少，他们却过着奢靡的生活，说明他们家杆中丰盛的食物都是从大库里盗窃来的，是他们盗空了国库。

◎盗杆，非道也。

这个"道"指周公之道，"非道"就是不遵守周公之道。老子大概认为《周易·升（登）》卦讲的是登车，乘车上朝是朝臣的行为，而卦象显示宵小之人充斥朝廷，而阴小之爻代表着假公济私，代表着挟权自重，代表着破坏朝纲正道。周公制定的纲纪细致入微，是天下正道，却被这些贪官污吏随意更改，正道已经消失了，只有"非道"在盛行。所以说，"非道"既谴责权贵用家杆掏空公库的行为，也概括了本章的主题思想。

【今译】

（通过对《升》卦的学习），使我有了独到的领悟。

走在治理国家大道上的人，只有这种宵小之辈最让人畏惧。

真正的治国大道往往存在于百姓的生活中，民众会自觉自愿地理解和遵守国家法令。

国君朝堂建得蔚为壮观，但庄稼地却越来越荒芜，国库越来越空虚无物。

大臣穿着有彩色花纹的朝服，腰挂着利剑，酒足饭饱，而且家中财货满仓，这就叫盗贼的食盆。

食用盗窃来的食物，走的根本不是治理国家的正道。

第五十四章　善建者不拔（简乙）

善建者不拔。善休者不兑。子孙以祭祀不屯。攸之身，其德乃贞。攸之家，其德有余。攸之背，其德乃长；攸之邦，其德乃奉；攸之天【下，其德乃博。故以身观身；以家观】家；以背观背；以邦观邦；以天下观天下。吾何以智天【下然哉？以此】。（简本乙组第八章）

本章对应《周易·困》卦。

【王弼本】善建者不拔，善抱者不脱，子孙以祭祀不辍。修之于身，其德乃真；修之于家，其德乃余；修之于乡，其德乃长；修之于国，其德乃丰；修之于天下，其德乃普。故以身观身，以家观家，以乡观乡，以国观国，以天下观天下。吾何以知天下然哉？以此。

◎善建者不拔。

本章按顺序对应《周易·困》卦，主题从"困"字而来。《说文》："困，故庐也。""困"指过去住的房子。简本和王弼本的"拔"形异义同，拔除之义。"善建者不拔"，善于建设的人不会去随意拔除，有两层意思：一是针对"故庐"讲，善于建房子的人不会去拆除不再居住的房子，因为这是自己的根，也是自己的退路，以备不时之需；二是《困》卦卦辞为"困，亨，贞大人吉，无咎。有言不信"，"大人"即国君，国君是国家建制的制定者，凡国策的制定都是经过深思熟虑的，"有言不信"，对改变（拔除）国策的建言不会随便采纳。这是对"不拔"的两层解读。本句对卦名和卦辞的论述兼而有之，也就是说对住宅和国家体制建设的论述也兼而有之。

◎**善休者不兑。**

王弼本为"善抱者不脱"，和上句"善建者不拔"句子对仗，易于理解，但句意递退，不似简本的递进关系。可以说，王弼本的修改非常失败。

需要指出的是，本章结构有一个特色，即每一句话都对应《困》卦的一段爻辞，老子通过对爻辞的解读阐述自己的思想，这些思想都是有本源的。本句是从《困》卦的初六爻辞开始的。

"初六臀困于株木，入于幽谷，三岁不觌"，"臀困于株木"就是坐在树根上，依着树木休息。"休"的本义就是人倚着树歇息，本句指回家休息，与爻辞意思一致。有的学者认为"休"是"保"的简写，"保"通王弼本之"抱"；还有的认为"休"为"缀"义。简本是战国初、中期的版本，既然我们得到了这个版本，就应该以此为原本解读，而不是去转弯抹角地否定它，非要证明"休"不是"休"。

"兑"，《字汇·儿部》释为"直也"，指笔直的道路。《困》卦初六爻辞"入于幽谷，三岁不觌"，意思是隐藏在幽深的山谷中，三年不与外人相见。既然隐居起来，怎么还能走上"大道"呢，故言"善休者不兑"，即善于修养的人就不会再走上为官之道。有人训"兑"为"挩"字之省，"挩"通"脱"，若依此，等于说战国人错抄了汉隶之本。

《困》卦卦辞"困"的意思是官员受到排挤，应回到自己的老家以躲避灾难。既然回家，就要踏踏实实地休息，不要再惦念着"大道"上的事情了。"善休者不兑"意思相同，指善于回家躲避灾难的人不会再踏上为官之道。

◎**子孙以祭祀不屯。**

按照王弼本解释，"子孙以祭祀不辍"指家族承袭不止，与前面的句子是相关联的，而简本写"不屯"就令人费解了。本句实则来自《困》卦的两个部分，一是卦辞"困，亨，贞大人吉"，"贞大人吉"与本句有关联，因为祭祀是大人的特权；二是九二爻辞"困，于酒食，朱绂方来，利用享祀。征凶，无咎"，九二居内中，是在自己的领地中，作为子孙牢记并维护先人的功德才能获得众望。这是"子孙以祭祀"的缘由。"屯"，《象传》："刚柔始交而难生。""不屯"就是不生难，不因辞官回乡而产生灾难。

老子在此提出了要防患于未然。谁有资格祭祀祖先呢？当然是宗族的嫡系子孙。祭祀祖先一是不忘记祖先的功德；二是表示自己的正宗地位；三是起团结族人的作用。作为嫡系子孙的宗主被迫从朝廷返回老家休息，落难的凤凰不如鸡，难免被别人乘机发难，如果不珍惜自己祭祀的特权，恐怕连领主的地位都保不住。

◎攸之身，其德乃贞。

王弼本写为"修之于身"，王弼本之"修"在简本中都是写作"攸"，"于"字都没有出现。现在解"老"者都将"攸"通"修"讲，其实"攸"和"修"是没有关系的，两者并不相通。简本"攸"写为"彳"旁，有众人同向击打的意思，可以理解为"致"。《困·象》："泽无水，困。君子以致命遂志。""致命"是指执行使命。"攸"表达的就是致命之意。"攸之身"，即"致之身"，以自身利益为行动目的。而"修"字不论如何论证，都与"彳"旁没有关系，后人变改原字的可能性最大。如果原字是"攸"的话，王弼本的这个"于"字自然就不应该出现，所以"于"字是随同"修"字来的，"修"字是错的，"于"字就应该删去。

"德"和"得"是经常通用的，"其德乃贞"的"德"应该解释为得到、结果。《困·象辞》言"遂志"，是得以实现愿望之意，"德"字紧扣"遂志"，即同于"得"。所以"攸"和"德"是借用《象辞》之言来总结六爻思想的。

王弼本写"其德乃真"，简本写"其德乃贞"，应以简本"贞"为准。"贞"的意思是贞断。"其德乃贞"，你就会得到这样的贞断。他得到的是什么样的贞断呢？《困》卦九二爻辞写"征凶，无咎"，没有民众的支持，出去征伐则凶，"征凶"就是"贞"的结果。"攸之身，其德乃贞"，辞官回乡了，如果只关注自身利益的得失，最终得到的只能是出现凶的结局。坚持将"贞"

通"真"者，除了两字同音的因素，还认为"贞"有正之义，"正"和"真"近义。其实此说有误，"贞"有两种组合方式："卜鼎"组合在一起的才有"正"之义；而简本"贞"字为"卜田"结构，"田"为龟甲之形，纯粹是占卜之义，与"正"没有关系，所以"贞"就是"贞"，不通"真"，搞文字研究的应该把两者的区别给读者解释清楚才是。

◎**攸之家，其德有余。**

王弼本五个句子都写作"其德乃……"，如本句写为"其德乃余"；简本和帛本别句亦为"其德乃……"，但本句却写为"其德有余"，应以"有"为准。

"攸之家"，只关注自己家族的富贵安危。"余"，简本字形"余"下有"口"，非"多余"之"余"，应是人称代词，自我、个人的意思。"其德有余"，他这样做的结果只剩下了自己。为什么这样解释呢？本句源自《困》卦六三爻辞，"六三困，于石据，于蒺藜。入于其宫，不见其妻，凶"。"入于其宫"是躲进了家中，不与外人相见。"不见其妻"是妻也跑了，只剩下他孤身一人。爻辞讲的是罢官回家之人思想境界太狭隘，得到的结果是妻离子散。本句"攸之家"讲躲在家里不再出来，结果成了孤家寡人，和爻辞的意思是一致的。

◎**攸之背，其德乃长。**

王弼本本句写为"修之于乡"；帛本写为"修之乡"；解译简本的考古学者写为"攸之向"，以"向"通"乡"。但笔者看简本字形写的是"攸之背"。"背（背）"的结构是"北"上"曰"下，很明显指的是相背离，与"向"正相反。

"攸之背"是从《困》卦九四爻辞来的，"九四来徐徐，困于金车，吝，有终"。"困于金车"是大臣乘着豪华的马车回家。到国君这里来的人源源不断，而他却坐着大车往回走，不就是背道而驰吗！"攸之背"，他趋向的道路与众人的名利观是背道而驰的。

"其德乃长"，他这样做结果才能长久。九四爻辞言"有终"，就是指有长久的结局。九四是大臣之位，长期在君王驾前做事很难善终。春秋战国时期政局往往翻云覆雨，今天是权臣，明天可能就有灭族之祸。所以不盲目顺从众人的思维，不为权欲所迷惑，保持自己独立的判断，走自己的路，才是长久之计。

◎攸之邦，其德乃奉。

本句是对《困》卦九五爻辞的解释，"九五劓刖。困于赤绂。乃徐有说，利用祭祀"。九五至尊，为邦国之君。诸侯受到王的刑罚，回到自己的邦国继续做国君，治理自己的国家。"邦"，指诸侯国。"攸之邦"，致力于邦国的建设。

简本之"奉"，帛本为"夆"，王弼本为"丰"。有些学者认为"夆"通"丰"，"奉"和"丰"古文中通用。[①] 这是典型的以真字通假字，让老子当王弼（以王弼为后学代表）的学生，此训诂不可用。如果讲通假的话，"丰"通"奉"，按"奉"的字义理解尚可。"奉"，尊奉。"其德乃奉"，他才能得到民众的尊奉。九五爻辞讲"利用祭祀"，是说国君是按照封建体制承袭的君位，并享有祭祀先君的权力，只要王不予罢黜侯爵，他就有统治邦国的资格，就要尽心尽力把国家治理好。"攸之邦，其德乃奉"与爻辞意思一致。

◎攸之天下，其德乃博。

本章五个"攸之"句是按《困》卦爻辞顺序解读的，上句"攸之邦"对应九五爻辞，是从诸侯角度讲的；这一句"攸之天下"，对应着上六爻辞。按照《周易》卦象规则，五爻为君，上爻为宗庙，用上爻对应天下之主周王，似乎有违规则，但其时真正的江山都掌握在诸侯手中，而周王只是名义上的天下宗主，有其名无其实，故对应上六之爻也是有道理的。上六居上临下，亦可理解为致力于天下。"攸之天下"，致命于天下。势力强大的诸侯，应当以维护周王天下秩序为己任。

"其德乃"的后面简本缺省，帛本为"其德乃博"，王弼本为"其德乃普"，当用帛本之"博"字。"博"的本义为大。"其德乃博"，他得到的会比原

---

① 见丁四新：《郭店楚竹书〈老子〉校注》，武汉大学出版社，2010，第357页。

有的更大。《困》卦上六爻辞言"征吉"，通过征伐才能创建至博伟业。春秋五霸之首的齐桓公以盟主的身份倡导列国共尊周王，南征僭楚，北伐顽戎，立卫存邢，功业博大。之所以博大，是因为维护了周王的体制和尊严；维护了周王的体制，各诸侯国才能和平共处，减少战争的发生，从而受到民众的敬仰和赞誉，此等功业至大至伟。这里有一个深层次的道理：要想图霸世界，必须打着维护世界共同秩序的旗号；而单纯为了自身利益，则很难得到广泛的认同和拥护。

◎故以身观身；以家观家；以背观背；以邦观邦；以天下观天下。

"以身观身"，前一个"身"指"攸之身"，以关注自身的得失和吉凶来品评处于社会动荡中的人和事。

"以家观家"，前一个"家"指"攸之家"，错误的家族观念会使家族陷入凶险的境地。不过按照简本"家"的字形看，和"家"字的写法有所不同，秦朝统一文字后有些字删减了，这个字的真正字义也就不得而知了。

"以背观背"，前一个"背"指"攸之背"，以不同于众人思维的史例来评判这种特立独行的得与失。孙武是吴国灭楚的功臣，范蠡是越国破吴的功臣，他们都不受君王的封赏而退隐江湖，走的是与众人追求功名利禄相反的道路，以此才保全了身家性命和家族的长久；而没有退隐的伍子胥和文种则惨遭杀戮。用此来品评背离者的得当与否，同时也可看出民众对统治者的人心向背。

"以邦观邦"，前一个"邦"指"攸之邦"，一个邦国的强与衰、荣与辱是由国君的施政思想决定的，以曾经的强国对比现下的国家，国家衰弱的原因很容易找到。

关于"以天下观天下"，可以从两个角度来理解：一是以周文王、周公之治来品评现下的天下之治，不过这种观点在战国时期已经毫无意义；二是指"攸之天下"，就是以春秋霸主的作为为参照，就应以列国的共同利益为出发点来联合诸国，方可保持天下相对和平。按老子的一贯思想，第二种解释比较合理。

以上五句，实际上提出了一个政治评价体系的问题，对个人、家族、邦国思想修为及争夺天下主动权诸方面，所走道路的正确与错误，都要有一个前瞻性的品评标准，有一个基本的框架和准则，观其表而知其本，不能搞事后诸葛亮。如果按照"修"和"德"字来解读，就落入了儒家思想的套路中，《孟子·公孙丑章句上》："以力假仁者霸，霸必有大国，以德行仁者王，王不待大。"这句讲以力加仁者为霸，以德加仁者为王，和王弼本的"修""德"相吻合。

◎**吾何以智天下然哉？以此。**

这个"天下"和上一个"天下"是不一样的，上一个是周王的天下，这一个是群雄逐鹿的天下。"然"指天下的归属。《三国演义》有句话："合久必分，分久必合。"周王之天下气数已尽，分裂为各自独立的邦国是天下之"然"；再用战争的手段合而为一，亦是天下之"然"。最后谁能横扫群雄，成为天下之主，通过对"身""家""背""邦"思想观念的显现，就能知道天下形势的发展概要，所以讲"以此"。

通过对本章节的解析，可以看到王弼本和简本有很大的区别，主要在于王弼本易懂，简本难懂。王弼本之所以易懂，是因为以王弼为代表的学者用一个模糊的大概念囊括了各种思想，代替了老子本章的思想，甚至被独尊儒术学风牵引，偏向了儒家思想，这样谁都能读懂，却谁都解释不通。简本之所以难懂，是因为每一章都有各自的宗体，而要知道宗体的含义，必须先要读懂《周易》。所以解"老"者应先以读懂《周易》为要务。

【今译】

善于建设的人不会去拔除。

善于休息的人不会眷恋大道上的事情。

子孙坚持对祖先的祭祀，才能避免灾难的发生。

只关注自身利益的得失，最终所得到的只能是凶的结局。

受到挫折便回到家里不与外人相见，其结果只剩下自己一人。

坚持与众人不同的思维方式，其结果才能长久。

治理好自己的邦国，才能得到民众的尊奉。

势力强大的诸侯，如果以维护周王天下秩序为己任，所得到的会更加博大。

所以以私心重者的结局观察人们的未来趋势，以脱离社会之家的结果观察其他家族的未来趋势，以违背常理思维的结局来观察那些特立独行的人，以历代邦国盛衰规律来观察现在邦国的得与失，以历代天下安定与混乱的规律来观察现在天下的发展趋势。

我是如何预知天下趋势的呢？就是凭着以上所言。

第五十五章　饮德之厚者（简甲）

王弼是老子之学的宗师，但对照郭店楚墓简本，王弼注本在第五十五章却有十七处误解。这十七个字分别是：含、（者）、螫、搏、弱、筋、握、牝、牡、合、全、作、号、嗄、益、祥、壮。按照王弼本的文字解读，只是符合王弼时代的"后老子"思想，但不符合老子的原创思想。通过对比，相信读者即便不完全赞同笔者的观点，也会产生一些反思。

> 饮德之厚者，比于赤子。蚨蚕虫蛇弗蓋，攫鸟猛兽弗扣。骨溺董柔而踊固。未知必戊之答，朘怒，精之至也。终日呼而不忧，和之至也。和曰常，知和曰明。益生曰祥，心使气曰强。物藏则老，是谓不道。（简本甲组第十六章）

本章对应《周易·井》卦。

【王弼本】含德之厚，比于赤子。蜂虿虺蛇不螫，猛兽不据，攫鸟不搏。骨弱筋柔而握固，未知牝牡之合而全作，精之至也。终日号而不嗄，和之至也。知和曰常，知常曰明，益生曰祥，心使气曰强。物壮则老，谓之不道，不道早已。

◎饮德之厚者，比于赤子。

王弼本："含德之厚，比于赤子。"简本之"饮"，王弼本、帛本及简本的释文都为"含"，丁原植则释此字为"饮"，即此字原本写的是"饮"而不是"含"，但丁原植又认为"饮"有"含"的意思，也有"隐没"之义，依然训为"含"。①仔细分析简本文字，释为"饮"较为恰当。既然原字为"饮"，就应该按照饮水、饮食去理解，"饮"与"含"是没有关联的，将"饮"释为"含"显然不成立。

从三个版本看，简本写的是"饮德之厚者"，帛本为"含德之厚者"，王弼本为"含德之厚"。从帛本开始，将"饮"释为"含"，王弼本又进一步减去了"者"。其实"者"是个关键字，是本章的"眼"，不是可有可无的。王弼应该知道原文有"者"字，他在注中写道："含德之厚者，不犯于物，故无物以损其全也。"说明他看到的经文有"者"，但他把"者"字变成了虚词，认为可有可无；把"含德之厚"代表人的思想境界而作为全文的主体，于是干脆把"者"删去，变成了四字句式。如此一来，文章的句式顺畅了，主题却发生了质的转变，可见这种对经文的简化是致命的。

按顺序本章对应《周易·井》卦，是以《井》卦为主题展开论述的。《井》卦卦辞为"井，改邑不改井，无丧无得，往来井井"，指城邑搬迁时，不要把井填上，要留给来往的人饮用。有水才为井，井中有水也有蛤蟆，九二爻辞为"井谷射鲋"，讲在井口用弓箭射"鲋"，"鲋"就是蛤蟆。故这个"者"字代指的是井中的蛤蟆，没有了"者"字，整个句子的性质就变了。

"饮"由"井"而来，指吃食喝水。"德"指某种习性。"饮德"指以吃喝为生命特征的动物。"厚"，深，指土石的深处。"饮德之厚者"，在水井的深处赖以生存的动物。

"比于赤子"，王弼解曰："赤子，无求无欲，不犯众物，故毒之物无犯人也。"他把"者"字删去了，"赤子"自然就成了句子的主体。其实这句话的解释从理论本身讲就是没道理的，毒蛇猛兽难道因为是赤子就不下口

---

① 引自廖名春：《郭店楚简老子校释》，清华大学出版社，2003，第315页。

咬了吗？所谓的"比于赤子"，是和"饮德"相对应的，初生婴儿除了吃喝是没有智力活动的，而蛤蟆正是处于这种简单的生存状态。再者，既然写"比于"，就应该有两个不同的物体，"者"代指一个物体，"赤子"是一个物体，"饮德"是两个物体的共同特性。

◎蟪蚖虫蛇弗螫，攫鸟猛兽弗扣。

王弼本为："蜂虿虺蛇不螫，猛兽不据，攫鸟不搏。"我们可以把"蟪蚖虫蛇"理解为不同类型的虫蛇，它们都是对人类有毒害且令人恐惧的。帛甲本和王弼本都写为"螫"，一般理解为像蝎子一样用尾部毒害人。如果仔细分析简本笔画，此字有众毒蛇吞咬之意，写作"螫"是不恰当的，更不存在以尾部蜇人。

前面提到王弼的注解，说因为德行深厚，不犯于物，物亦不害于他。果真如此的话，就不会有农夫与蛇的故事流传了，所以这是一种误解。其实井水清澈，井中只会有蛤蟆生存，不会有毒蛇的，因此谈不上被蛇吞食，如果不是在深水之井中，蛤蟆就会成为毒蛇的美餐。故"蟪蚖虫蛇弗螫"指不会受到各种虫蛇的吞咬，谈的是蛤蟆享受着天然的安全环境。

"攫鸟"是俯冲抓物的大鸟。"猛兽"是凶猛的野兽。简本写"攫鸟猛兽弗扣"，帛本将"扣"写为"搏"，王弼本又改写为"猛兽不据，攫鸟不搏"。可能王弼觉得"猛兽"是在田野捕捉猎物，"攫鸟"是在空中俯冲下来捕抓猎物，两者方式不同，应该加以区分才显得严谨，而这恰恰说明王弼对本章主体是不理解的。"扣"是自上而下，以大捉小。鸟兽大，蛤蟆小。在什么情景下才能用"扣"？只能针对井中的蛤蟆才适用。虽然居高临下，但空间距离尚远，野兽对井中的蛤蟆难张其口，攫鸟亦难施其利爪，用"弗扣"恰如其分。

◎骨溺堇柔而踊固。

帛甲本和王弼本皆为"骨弱筋柔而握固"，指婴儿握拳，拳头攥得很紧，显然是以"赤子"为主体加以修改的，与简本差异很大。

"骨"，通"滑"，指井底之土湿滑。"溺"，《郭店楚墓竹简》释文将"溺"读作"弱"。应以本字"溺"为是，指井底之土没于水中，而枯井则不会用

"溺"字。

"堇"，《郭店楚墓竹简》释文将"堇"读作"筋"，应以本字"堇"为是。《说文》："堇，黏土也。""堇"指井底的黏土。"柔"，柔软。"堇柔"，井底之土既黏又易下陷。"滑溺堇柔"，描述蛤蟆生存的环境。

"踊"，学界皆释文为"捉"，通"握"。从简本文字看，"踊"的字形左为"甬"，右为"足"，当释为"踊"。《说文》："踊，跳也。""踊"指蛤蟆在井中跳跃。"固"，《说文》释为"四塞也"，指封闭的环境。"踊固"，蛤蟆在四周封闭的井底跳跃。

"骨溺堇柔而踊固"，这句话的主语是首句的"饮德之厚者"，即蛤蟆在湿滑黏软的井底快乐地跳跃。

◎**未知必戊之答。朘怒，精之至也。**

王弼本："未知牝牡之合而全作，精之至也。""未知"，是谁"未知"？是井底的蛤蟆"未知"，井底的蛤蟆不知水草中蛤蟆的情趣。请注意，前面的句子描写的是井底的蛤蟆，本句及后面的句子描写的是平野水草中的蛤蟆，通过两种蛤蟆的对比，来说明生存境界的不同。

《郭店楚墓竹简》释文为"未知牝牡之合"，与王弼本同，但这样训释不符合原意。"必"，李零先生释文："原文从才从匕，乃必字的异体。"[①]故知此字为"必"而不为"牝"。"戊""牡"古音同，十天干戊为阳、己为阴，"牡"亦为雄性，将"戊"释为"牡"有道理。至于"答"字，是简本原字；帛本写为"会"，王弼本写为"合"，显然是在渐进改变。相比而言，还是原文"答"字精确。"必戊之答"，雌性蛤蟆寻偶，雄性在水边呱呱叫，必定是雄性蛤蟆在应答和召唤雌性前来交配。

"朘怒"，帛本为"朘怒"，王弼本写作"全作"。"朘（zuī）"，多写作"峻"，谓赤子的生殖器。但简本字形"夸"上体为阳举，下体为交合，雄性主动，应该是雌雄交配之意，与"朘"字不同，与"全"字更不相同。"怒"，《河上公老子》注为"赤子未知男女会合而阴阳作怒者"，解为男婴生殖器勃起，

---

① 引自廖明春：《郭店竹简老子校释》，清华大学出版社，2003，第327页。

与王弼本之"作"义同。但简本之"怒"写为"薓"，上"艹"中"女"下"心"，女心之义，不应解为男孩儿的生殖器。从以上分析看，"朘"指交配的雄性，"怒"指交配的雌性，"朘怒"是雌雄通过叫唤而实现交配。

"精之至也"，"精"指精气，对蛤蟆来讲指发情。"至"是到了发情期。动物与人的区别在于只有到发情期间才会求偶交配，这也是动物的本性。

"未知必戎之答。朘怒，精之至也"，不知道水草中蛤蟆的情趣，雄性为了应和雌性而呼叫，雌雄而产生交配，这是动物发情期到了的缘故。

◎**终日呼而不忧，和之至也。**

简本"呼而不忧"，王弼本为"号而不嗄"。"呼"是雄蛙呼唤雌蛙的叫声。"忧"是不知道忧劳，蛤蟆整日鸣叫也不会感觉忧劳；也可以理解为不担忧被虫鸟侵害，即不会因为担忧天敌的袭击而停止鸣叫。王弼本之"号"是描述"赤子"的哭号，"嗄"是声音沙哑，整日哭号嗓子也不会沙哑。王弼本这样讲是有问题的，婴儿哭是正常的，但哪有健康的婴儿整日哭号的？由此看，简本是按照蛤蟆叫讲的，文字也是按照蛤蟆的情态而写；王弼本是按照"赤子"改写的，主体不同，用词自然不同。

"和之至也"，意思是只有阴阳相应，才能达到"终日呼而不忧"。事实上人受七情六欲所限，做事每每瞻前顾后，很难达到"和"的境界。反而像蛤蟆之类的动物，它们没有思维，不会顾虑得失，只是受温湿影响和发情所催，而能终日欢唱不息，从而达到"和"的境界。

◎**和曰常，知和曰明。**

王弼本："知和曰常，知常曰明。"简本和帛甲本这一句是相同的，但高明言："帛书甲本首句'和'前夺一'知'字，当作'知和曰常'；第二句'知常曰明'，'常'字又误作'和'，抄写不慎之过也。"[1]高明显然认为王弼本是正确的，帛本抄写有误。通过简本对照，帛甲本是正确的；从表达的意境上看，帛甲本也是正确的。王弼本对原文进行了修改，而且修改的

---

[1] 高明：《帛书老子校注》，中华书局，1996，第96页。

痕迹太过明显。

"和"是阴阳相应之"和"。"常"是自然规律。像蛤蟆之类的动物，它们雌雄交配的欢唱之"和"是大自然赋予的本能，没有思维的支配，所以讲"和曰常"，添加"知"就成了有意为之，变成了有思想的行为，是错误的。蛤蟆以鸣叫寻配偶是阴阳"和"，守其自然环境而生存是与天地"和"，符合"和"的规律为"常"，这是"和曰常"的内涵。知道"和"的道理方为明白事理，知道"和"的规律为"明"，"知和曰明"上升到人的思维活动。王弼本的"知常曰明"看似增加了递进关系，其实"常"的概念太过宽泛，容易偏离主题。

◎**益生曰祥，心使气曰强。**

王弼注曰："生不可益，益之则夭也。"王弼把"益"解为满溢，满溢就是做过头了，做过头了就会出现坏的结局，故把"祥"解为不祥。从简本文字看，"益"笔画上为"持朋"，下为"贝"，增益的意思，不应理解为满溢。"祥"指吉祥之兆。"益生曰祥"，指蛤蟆鸣叫是增益生命的吉祥之声。

"心使气曰强"，"气"指雄性蛤蟆鸣叫时气囊的鼓动，因为只有雄性蛤蟆才有气囊。雄性蛤蟆有心召唤雌蛤蟆，才使得气力强盛，叫起来特别响亮，谓之"强"。老子以《周易·井》卦为"言之君"，以蛤蟆的生活习性为题材，进而延伸出更深层次的道理。

◎**物藏则老，是谓不道。**

王弼本："物壮则老，谓之不道，不道早已。"帛本同此。简本之"藏"，各本皆释为"壮"。从简本笔画看，此字应该释为"藏"，指收藏、隐藏。《井》卦上六爻辞为"井收勿幕"，是说打完井水不要把井口盖上。"幕"又与"莫"通，"莫"为傍晚，与"老"义近。大概老子把"井收勿幕"分开理解了，用"物藏"比喻"井收"；"老"比喻"幕"，物老则难以繁殖。可以发现，老子对《井》卦的诠释，不是围绕着井水，而是围绕着一个活点，即井底中的蛤蟆开始论述的，由井底的蛤蟆又引导出平野水草中的蛤蟆，对比两者，如果蛤蟆不藏于井中，则没有安全感；如果只藏而不呼，则难以"益生"，一切生物皆如此。如果一个人满腹经纶，却藏于深山，老死也难以施展才华，即"是谓不道"。从这个角度讲，所谓的道家讲"出世"，儒家讲"入世"之说，恐非老子本意。本章前后讲了两种蛤蟆：一是井底的蛤蟆，只具"饮德"，有相对安全感；二是水边草丛的蛤蟆，顺应阴阳自然，有"益生"之德。坚持井底的蛤蟆的思想则为"不道"。至于"不道早已"，应该为帛本后加，不是原文之字。

本章通过对人们习以为常的蛤蟆生活习性的描写，说明自然之"道"并不是多么神秘，它就体现在我们无意识的生活中，我们顺应自然方为"道"。反观井底蛤蟆之类，为了自身安全而放弃自然生存环境，反而会因此灭绝，就不符合"道"的法则。

本章对第五十五章十七个字的校正基于三个前提，一个是明确本章的"言之君"，即围绕《周易·井》卦展开的论述；二是以楚墓竹简为参照本，并且简本与《井》卦相关联；三是依照简本文字的笔画提炼字义，用造字法探寻本义。那种训以通假或异体字来附会王弼本的注释方法，恐怕失之偏颇。

【今译】

在水井的深处赖以生存的动物（蛤蟆），可与婴儿的思维相比。

所有的虫蛇都难以来吞咬，鹰隼和猛兽的利爪也难以从井上扣下。

蛤蟆在湿滑黏软的井底快乐地跳跃着。

井底的蛤蟆不知道水草中蛤蟆的情趣，雄性为了应和雌性而呼叫，雌雄因此而实现交配，这样就满足了发情期的欲求。

（蛤蟆）整日鸣叫而不觉得忧劳，是因为应和了阴阳和季节。

阴阳相合就是动物的自然规律，知道阴阳相合的道理才是明白事理。

蛤蟆鸣叫是增益生命的吉祥之声，有心召唤雌蛤蟆，才使得气力强盛，

凡物像井底的蛤蟆一样只讲隐藏而不鸣于外，则老死而无功，这样做就是违背了自然规律。

第五十六章 知之者不言（简甲）

学术界较为普遍的观点，认为老子"高举天道，正言若反，扑朔迷离，玄妙空灵，借为圣人立言达到无为而治，在有君的前提下做无君的文章，倡导小国寡民的理想社会，以辩证思想构建自己的理论体系"①，这种评价，其实与《道德经》中真正的老子大相径庭，它体现了学界注释《道德经》的两大短板：一是没有弄清楚《道德经》的写作体系，即老子对每一章的主题是怎样确定的；二是没有用求实的精神解读战国真版的简本《老子》。以第五十六章为例，文中对改朝换代的体制性构架提出了建设性意见，对政治变革的介入之深完全颠覆了传统认知，绝非传统学界对老子思想的虚泛之论。

本章和前面的章节一样，由于后人不知道老子对章节的构思，便无主题地加以诠释。笔者始终把主题作为每章的中心思想，围绕着中心思想来分析字义。本章对应《周易·革》卦，"革"即是本章的主题来源，我们应当围绕"革"来探讨本章的思想内容。

《周易·革》卦☰，卦象阳爻势盛，代表革命力量已经占据了主导；阴爻残居宗庙（上六）、家主（六二）之位，代表旧的体制尚待革除，"革"就是指对旧体制进行革命，建立新政权。老子紧紧围绕着建立新政权这一主题展开论述。如果不是引申《周易·革》卦主题，很难想象老子会去探讨新王朝的体制问题。简本在字的结构上有十多处与王弼本不同，如果不从《革》卦角度分析，就只能依靠通假之术来附会王弼本释义，这也是目前学界的一个现实状况。

　　知之者不言，言之者不知。闭其兑，赛其门。和其广，迥其尘。

---

① 见《老子》，饶尚宽译注，中华书局，2015，前言。

挫其锐，解其纷，是谓玄同。古（故）不可得天新（亲），亦不可得而足；不可得而利，亦不可得而割；不可得而贵，亦不可得而戈。古（故）为天下贵。（简本甲组第十四章）

本章对应《周易·革》卦。

【王弼本】知者不言，言者不知。塞其兑，闭其门，挫其锐；解其分，和其光，同其尘，是谓玄同。故不可得而亲，不可得而疏；不可得而利，不可得而害；不可得而贵，不可得而贱，故为天下贵。

◎知之者不言，言之者不知。

帛本和王弼本为："知者不言，言者不知。"简本之"之"似乎是多余的字，但这个"之"实是本章的主题所在，没有了"之"，就不知道谈的是什么问题，我们现在看到的释本都没有"之"，注释就偏离了老子文字的原意，所以"之"字不可删减。"知"和"智"通用，传统解读或读为"知者"，即知道的人；或读为"智者"，即有智慧的人。如果按"知之者"解读，这两种说法就都不成立了。还有如廖明春释为"懂得大道的不说"[①]，把"之"定义为"大道"，此说缺乏依据。

本章按顺序对应《周易·革》卦，"革"为革命，改朝换代。《革·彖传》："汤武革命，顺乎天而应乎人。"商汤发动革命战争，推翻了夏桀，建立了大商；周武王发动革命战争，推翻了商纣，建立了大周。"之"实指《革》卦的"革"，即如何用完善的革命理论去改朝换代。"知"，知道。"知之"，知道完善的革命理论。后一个"之"有所不同，是指不完善的理论。

改朝换代是个大事，必须要顺天应人，顺势而为。周武王顺应天下民心，推翻了商纣暴政，建立了一套更加完善、进步的社会体制。可见，所谓的革命，革前重在推翻，革后重在建设，中心在于顺应民心，缺一不可。战国时智士很多，而真正能担当完成统一大业重任的人却微乎其微，因为大家都跳不出纷乱的战国思维。像孙武、范蠡，他们都有辅佐天子之智，但不得天时，便都在帮

---

① 廖名春：《郭店楚简老子校释》，清华大学出版社，2003，第273页。

助诸侯王取得成就后选择了退隐之路，不再献计献策，此即为"知之者不言"。而许多智士著书立说，为国君倾囊献策，其实他们不知道获取战争胜利以及长久统治的艰巨性和复杂性，即便是消灭了敌国，破坏了旧体制，也难以建立一个完善的新体制，到头来还是功亏一篑，所以说"言之者不知"。

◎闭其兑，赛其门。

帛乙本和王弼本为"塞其兑，闭其门"。第五十二章简本写为"闷其门，赛其兑（遆）"，与本句只是"门""兑"的换位；而帛乙本依第五十二章仍然写为"塞其兑，闭其门"，所以有些学者认为是错简重出。其实每一章的主题不同，句子的含义是不同的。而且简本第五十二章"闭"写为"闷"，本章写为"闵"，字形、字义都是不同的，不能混为一谈。

简本"闭"的字形为"闵"，《说文》释为"试力士锤也"，指验证水平的高与低。"兑"的字形为"遆"，《字汇·儿部》："兑，直也。"《诗·大雅·文王之什》："柞棫拔矣，行道兑矣。""兑"为"直"义。"遆"应该指正确的发展道路。"闭（闵）其兑（遆）"，判断所选择道路的正确与否。革除旧的体制，建立新的制度，是一项非常复杂的工程，不能仅凭一两个人的决策就实施，而应当从多方面加以争辩和论证，用实践来检验政策的正确性。

《玉篇·贝部》"赛，报也"。"赛"，行祭祀以酬神，酬报之义。"门"指权贵之门，相对应的词有门人、门生。战国时盛行权臣养士，即养门客，传说齐国孟尝君门客三千，声名誉满列国。"赛其门"，智士要用经得起检验的治国理论来报答主人对自己的信任。这句话主要抨击那些沽名钓誉之徒，学得一知半解便到处摇唇鼓舌，而难以通过实践的检验。

本句是对《革》卦九三爻辞的阐释，"九三征凶，贞厉。革言三就，有孚"。"革言三就"指革命理论要从众多的言论中选取最高明的来执行。

◎和其广，迵其尘。

帛本和王弼本："和其光，同其尘。"简本所指的革命理论重在对社会体制进行改变，提出新的革命应当获得民众的支持，才能得到切实推行。"广"，广大。"和其广"指革命政策要符合更多民众的愿望。"迵（dòng）"，《玉篇》：

"迵，通达也。""尘"，简本笔画为左"眚"，右"氐"，有微不足道之意，应该指微小的民众。"迵其尘"，要通达于民众的意愿，获得底层小民的呼应。

◎ **挫其锐，解其纷，是谓玄同。**

王弼本为"挫其锐"，简本为"剖其衅"。两者意思完全不同。

"剖"，池田知久释为"或为副"①。《说文》："副，判也。""判"指剖分。

"衅"，此字多有解释，但与字的构造都不吻合。"尔"，《说文》释为"词之必然也"。"赗"，《说文》："颈饰也，从二贝。""二贝"与"尔"组合，应该指各持财产。"剖其衅"，剖分财产，重新分配财产的意思。老子认为，革命的最终成果一定是体现在对财产的重新分配上，即改变过去的分配制度，这是社会体制的性质所在。真正的革命不是简单地推翻一个执政者，而在于使政治经济制度更加前进一步。

"解其纷"，在第四章释为化解人们的纠纷，而不同章节的文字都是在各自主题思想下展开的，所以本章之"解其纷"不应按照第四章的主题去解，而应该从"革"的内涵理解。"解"是梳理。"纷"是纷乱，指对革命方向没有清晰的认识。"解其纷"，要在复杂的社会问题中梳理出主要矛盾。"挫其锐，解其纷"按照现在的理论讲，就是经济基础决定上层建筑，把社会分配机制改革了，才是真正的社会革命，掌握了这一中心点，其他各种矛盾也就迎刃而解了。传统释本多从个人修养角度解读，其实老子更专注于社会发展根本性问题的阐述。

"是谓玄同"，"玄"为深奥，"同"指要做到与"广"和"尘"相呼应。新的社会革命必须得到广大民众的响应和拥护，这种响应和拥护不是仅从语言上表态或者用小恩小惠就能实现的，而是要从他们的切身利益上去体现，这是一个大课题，非一般人所能领会，故写"玄同"。

战国时期是从奴隶制向封建制转变的过程，世袭制正在逐渐退出历史舞台，许多奴隶主变成了地主，原来的奴隶也获得了人身自由，老子敏锐

---

① 引自廖名春：《郭店楚简老子校释》，清华大学出版社，2003，第280页。

地意识到这种社会发展趋势的必然性，而这种由下而上的经济基础的大变革必然要引发连锁性的社会动荡，由此他提出了自己的见解，希望新的统治者用完善的体制消弭战祸。事实上秦王扫六合以及楚汉之战，都是出于对封建体制完善性不断修正而引发的战争，由此也给社会带来了巨大的灾难。

◎古（故）不可得天新（亲），亦不可得而足。

帛甲本和王弼本为"故不可得而亲，亦不可得而疏"，"而亲（親）"简本写为"天新"，"新"和"亲（親）"古文相通（据廖明春考），故简本之"新"可释为"亲"。简本中"天"与"而"形近，解"老"者皆以简本之"天"为误写，以"而"释文。笔者认为，应当以简本原文为准，其一，"天"与"而"字虽然形似，但后面还有"天下"，两个"天"是一样的，与"而"的字形有分别，故不可能写错；其二，前面写"天"，后面写"天下"，两者有相承关系；其三，没有这个"得天"，后面的五个"得而"就失去了论述的主体，不知从何谈起了。

《道德经》写"天下"者多达六十一处，都是讲王治，即君王（如周王）如何治理民众，从这个角度讲，"古（故）不可得天新（亲）"句减去了"下"字，不是"天下亲"，而是"天亲"，"天"单纯指王位，"得天"就是得王，革去了旧王做新王，这也是《周易·革》卦的主题思想。

"亲"指亲缘关系，即王任用有亲缘关系的为侯。《周易·比·象》："先王以建万国亲诸侯。"《荀子·儒效篇》："（周公）兼制天下，立七十一国，姬姓独居五十三人。""封建亲戚，以藩屏周"是周公确立的建制，但老子认为，这种周初制定的分封制已经不合时宜了，如果革命的话，首先要废除这种体制。"不可得天新（亲）"的意思是不要在取得王位后继续沿袭用亲属做诸侯的旧制。体制建设是革命的标志，故把"得天亲"的问题放在这些排比句的前面提出。

"亲"既然为亲缘，帛本和王弼本的"疏"显然就不成立了，因为"疏"是与亲近相对应的，应以简本之"足"为准，即"亦不可得而足"。

本章围绕着"革命"这个主题展开论述，前面写的"得天"指夺得了统治权，

"不可得天新（亲）"是革命的纲领性问题；后面写的"得而"是获得统治权后的分述，如"得而足""得而利""得而割"，都是在"得天"前提下的分述。"足"是满足，满足自己对权力的欲望。"不可得而足"指不能在获得王位后就满足于权欲上的成就，而应当在经济基础和政治体制上加以根本性革命，社会才会安定和进步。

◎ **不可得而利，亦不可得而割。**

"利"指财富。"不可得而利"，不要把天下财富都聚集在当权者手中，造成国富民穷。取消了奴隶制，民众都成了自由人，都具有了财产权属，如果他们都生活在贫困当中，社会动荡就是一种必然趋势。

诸本都写为"不可得而害"，《郭店楚墓竹简》亦释文为"害"。但简本的字形带"刂"，应当以"割"释之为是。"不可得而割"，周初实行的是分封制，到了战国时期实际上变成了封建割据。当财富掌握在当权者手中时，他所受封的区域很容易变成割据势力范围，所以后来诸侯都互称为王。割据是战争的根源，是人类的灾难，避免战争，首先要改变传统的分封制。老子把"利"和"割"放在一起，就是把经济和政治联系在一起来思考，经济和政治是一种互相依存的关系。《革》卦九五爻辞中的"大人虎变"，可以理解为诸侯一旦像老虎一样都占山为王，原有的分封体制就会从性质上发生变化。由此看，"亦不可得而割"的思路与九五爻辞有关。

◎ **不可得而贵，亦不可得而戋。**

按照前面的思路，"贵"非指尊贵，而应该从体制上理解，指贵族。周朝的体制自周王以下分为诸侯、卿、大夫、士，四个贵族等级，老子认为新政权的体制应当废除这些严格的贵族等级，所以讲"不可得而贵"。

"亦不可得而戋"，各本"戋"皆写作"贱"。《说文》："戋，贼也。从二戈。""贼"指伤害，"戋"有伤害义。伤害谁呢？可以是共同打天下的功臣。"不可得而贵"，不要在得到天下后让功臣成为世袭贵族；"不可得而戋"，也不要在得到天下后杀戮功臣。吴国有伍子胥，越国有文种，都是在复兴国家时立了大功，而后被国君杀害。也可以指过去的敌人，不要搞秋后算账，继续伤害亡国之人。

◎古（故）为天下贵。

前面老子讲了六个否定句，都是历史和现实存在的，这些体制在一定历史条件下是进步的，如周朝实行的分封制是奴隶社会的最高形式，比商朝的体制是进步的，但到了战国时期就成了社会发展的羁绊。其实要仔细分析这些体制形成的根源，会发现都集中体现在权力和财产的高度统一上。随着战国时代的渐进变革，奴隶制已经土崩瓦解，这种体制的弊端也逐渐显露了出来。而要消除这些弊端，必须打破权力和财产的统一性，出路在哪里呢？就是老子提出的"古（故）为天下贵"。"天下"是君王统治下的民众。把君王放在天平的一边，民众放到天平的另一边，由以财产为贵变为以人为贵，很多国家体制中的疑难问题就迎刃而解了。前面讲的"得而贵"是贵族之"贵"；这个"天下贵"是珍贵之"贵"，是老百姓都乐于接受的政策。"为"，有所作为的"为"。"为……贵"，按照乐于接受的去做。"为天下贵"，应该按照天下之人都乐于接受的原则来制定国家体制。

从以上注释看，句首"知之者不言"的"之"代指革除旧体制，是本章的关键字，是全文的主题所在，但从汉代开始就被删减掉了，所以我们现在看到的都是没有主题的释文，文章一旦失去了主题，理解得正确与否便可想而知了。郭店楚墓竹简是一个伟大的发现，为我们寻找《道德经》的思想脉络提供了史料支持，应该感谢考古工作者的辛勤劳动。

【今译】

知道革命理论的人不会轻率地发表言论，那些妄言革命的人其实不知道真正的革命理论。

应当从多方面加以争辩和论证，用实验来检验革命理论的正确性。

作为智士要用经得起检验的理论，来报答君主对自己的信任。

（新的革命）应当获得民众的支持，符合普通民众的思想。

革命的最终成果是对财产的重新分配，是各种社会关系中的主要问题，这就是与民众利益连为一体的深刻道理。

所以不能在得到王位后就封建自己的亲戚，也不能在得到王位后更多地满足自己的权位需要。

不能在得到王位后便攫取天下的财富，也不能在得到王位后分割整体的国土。

不能在得到王位后而形成新的贵族，也不能在得到王位后而残害昔日的敌人。

所以应该按照天下之人都乐于接受的原则来制定新的国家体制。

第五十七章 以正之邦（简甲）

以正之邦，以奇（哉）用兵，以无事取天下。吾何以知其然也？夫天多期韦，而民尔畔。民多利器，而邦滋昏。人多知天，奇（哉）物滋起。法物滋章，盗贼多有。是以圣人之言曰：我无事而民自富；我无为而民自化（蜕）；我好静而民自正；我欲不欲而民自朴。（简本甲组第十五章）

本章对应《周易·鼎》卦。

【王弼本】以正治国，以奇用兵，以无事取天下。吾何以知其然哉？以此。天下多忌讳，而民弥贫；民多利器，国家滋昏；人多伎巧，奇物滋起；法令滋彰，盗贼多有。故圣人云，我无为而民自化，我好静而民自正，我无事而民自富，我无欲而民自朴。

◎**以正之邦，以奇（哉）用兵，以无事取天下。**

王弼本："以正治国，以奇用兵。以无事取天下。"一般将"正"解释为清静无为，如陈鼓应："正：指清静之道。"[①]有的版本则写为"以政治国"，这都偏离了本章主题。

本章按顺序对应《周易·鼎》卦。"鼎"为何意？鼎对国君来说是立国的重器，是政权的象征；对家来说是煮食的器物，是立家之本。《鼎·象辞》："木上有火，鼎。君子以正位凝命。""正位"指端正自己的本位，本章之"正"就是从《象辞》中来的。首句写"以正之邦"，是指的正位之正，国君要做好国君的事，做到一言九鼎，臣属才能信服。这个"正"字是本章的主题，贯穿全文，所有的层面都是围绕着"正"展开论述的。

对简本的"之"一般都按王弼本释为"治"，将"之邦"解释为治国，此解不确。"之"可以释为"有"。如《商君书·定分》："主法令之吏不告，及之罪，而法令之所谓也。""及之罪"的"之"为"有"之义。"邦"为诸侯国的国体。"以正之邦"指诸侯国的国君要端正自己的形象，有威有信，才能受到臣属的敬重，才能保证享有国君的尊位。

"以奇（戋）用兵"，简本释文为"奇"，一般解释为以诡异奇谋指挥战争。但简本之"戋"不同于"奇"，"戈"指军械，就不能解释为计谋了，"戋"应该是指出人意料的行军打仗。上一句写的"正"，指国君要端庄，端庄才能久；这一句写的"戋"，指用兵要速战速决，不可长久在外驻扎，长久用兵则生乱。

"以无事取天下"，常见注释为以无所事事来管理天下，这是一种误解。"无事"指没有内乱，而不是什么事也不做。"取"是夺取、获取，而不是治理。"天下"则超出了列国"邦"的范畴，与前面的邦国不是同等关系。这句话的意思是要保证国家没有内乱才能去谋取更大的天下。以上句子是对邦国国君执政的总结。

◎**吾何以知其然也？**

王弼本："吾何以知其然哉？以此。"王弼本多出了"以此"，是明显的错改，还没有写如何"知其然"，怎么就"以此"了呢？这句话的意思是

---

① 陈鼓应：《老子注译及评介（修订增补本）》，中华书局，2009，第275页。

我是怎么知道会有这种结果呢？后面紧接着举出实例来说明。这句话前面的
文字和后面的文字是一个整体，是不能分开的。

◎ **夫天多期韦，而民尔畔。**

帛本改写成"夫天下多忌讳，而民弥贫。"王弼本去掉"夫"，写成"天
下多忌讳，而民弥贫"，意思是天下越多禁忌，百姓就愈贫穷。现在注释者
基本还是弃简本用王弼本。其实帛本和王弼本是错改的。"天下"指王治
之民；"天"指王，是周的最高统治者，两者所指不同。不可把"天"改写
成"天下"。

这里有一个关键字——"夫"。"夫"有两个功能，一是起语气词的
作用；二是指普通人。"天"的前面加上"夫"，这个王就降了格，变成了
邦国的最高统治者，而不是大周的最高统治者。此时的邦国已经不受周天子
的领导了，用"夫天"代指诸侯还是比较恰当的。

"期"，约期。"多"，超出。"多期"，超出约期。如果你和别人约
定三天，到了第五天才兑现，就叫"多期"。《说文》："韦，相背也。""韦"，
指背离、违背，违背自己的承诺。推测看，这是举的春秋时期齐襄公"瓜期不代"
的史例。《左传·庄公八年》："齐侯使连称、管至父戍葵丘。瓜时而往，曰：
'及瓜而代。'期戍，公问不至。请代，弗许。故谋作乱。"史书记载，齐
襄公率齐、宋、鲁、陈、蔡五国军队伐卫国，并击败了前来救援的周王军队
（此举为不正）。齐襄公又恐周王来讨伐，便使大夫连称为将军，管至父为副，
戍兵于葵邱。临行时，襄公正在吃瓜，说："现在是瓜熟时节，明年瓜熟时
另派军队轮值。"第二年瓜熟时，连称派人请求换防，齐襄公大怒，说："换
防不换防是我说了算，你们怎么自己要求换防呢？等到明年瓜熟了再换防！"
（此亦为不正）因为"瓜期不代"，违背了约期，引发了连称、管至父兵变，
齐襄公终致被僭杀。（见《东周列国志》第十四回）。"夫天多期韦"大概
指齐襄公违背期约之事。

"而民尔畔"，"畔"通"叛"，反叛；通常将"尔"解为"弥"，"尔"
与"弥"不通，"尔"应释为如此、这样。这句话的意思是如果国君不遵守约期，
就会导致民众产生这样的反叛行为。

从《鼎》卦内容看，其讲了三个方面的问题，即如何做到君正、臣正、民正；老子在本章亦以"正"为主题，从齐襄公被杀的实例谈起，对这三个层面进行了深层次剖析。这是个反面例证，源自《鼎》卦九四爻辞："鼎折足，覆公𫗧，其形渥，凶。""鼎折足"，政权被下面的人推翻；"覆公𫗧"，推倒了公侯的官饭；"其形渥"，其形象受到了玷污，据传连称要求换防时，齐襄公正在与其妹文姜淫欢；"凶"，指最终结局。"夫天多期韦，而民尔畔"，与九四爻辞是完全对应的。

◎**民多利器，而邦滋昏。**

帛甲本："民多利器，而邦家兹昏。"王弼本："民多利器，国家滋昏。"

"天"和"民"呼应，"天"为国君，"天"以下为"民"，"民"包括贵族和百姓。上一句的"民"指戍边的将领和士兵，本句的"民"指朝臣大夫和家臣。通行本将"民"改为"人"，写为"人多利器"，是不对的。

"多利器"，一般将"多"解为多少的"多"；有的将"利器"解为武器，有的解为智谋。实则此"多"与上句"多期韦"一样，是超出之义。为什么呢？朝臣是为国君服务的，在家中私藏这么多武器干什么？明显超出了臣子的本分。本章是围绕着《周易·鼎》卦来谈的，"鼎"的核心内容在一个"正"字，君守君位，臣尽臣责，百姓尽其力，这样才为"正"。超出了"正"的行为，即为"多"。"利器"是指臣家私藏的武器。

"滋"，滋生。"滋昏"指滋生混乱。王弼本"国家滋昏"，帛本写"而邦家滋昏"，都不对。这不是版本的问题，而是对与错的问题。首先，"国"指周王之国，王之下为诸侯，诸侯之下为大夫之家，所以"王侯"之称符合封建阶级顺序，"邦家"也符合封建阶级顺序，"国家"则不符合封建阶级顺序。从原本的角度说，"国家"一词不符合汉以前的时代性。其次，"邦家滋昏"之说也不成立。战国时家族的势力强大，邦国之君常常被数个权臣为代表的家族所控制，他们把国君应该持有的财富和武器控制在自己家族手里，造成邦国的政局动荡。鲁国季、孟、叔三家分权，造成鲁国国君形同虚设；晋国曾四家执掌国政，最后被赵、魏、韩三家瓜分。所以滋生混乱的是"邦"，而不是"家"，"家"是受益者。从这个角度讲，帛书"邦家滋昏"

的"家"是多加的字，简本"而邦滋昏"才是老子的原版文字。

这一句描写的是大夫之家不守正位给国家带来的灾难性后果。

◎人多知天，奇（哦）物滋起。

帛甲本："人多知，而何物滋起。"王弼本："人多伎巧，奇物滋起。"可见文字在秦汉以后是随着时代的渐进而改动的，简本紧扣《鼎》卦"正"的主题进行论述，而到了王弼时代，《道德经》的章节已经没有了主题，不知道主题就难以理解原文之义。于是王弼就编了一个主模——"道"，一个副模——"无为"，用这两个模子一扣，有些文字自然就改变了原来的模样。《鼎》卦讲的是君正、臣正、百姓正；简本亦从君（夫天）、臣（民）、百姓（人）三个层次谈"正"的问题，思想不端正就会出现大问题。按照王弼"无为"的概念，老子的具体思想就不存在了。一般认为，"人""民"通用，"人"即"民"，"民"即"人"。而从上面的分析可看出，"民"在国君之下，是有身份的阶层；"人"在"民"之下，是普普通通的广大百姓，两者不能混淆。

"人"虽然指普通百姓，但此处显然指不守正道的百姓。"多"，多余。"多知"，不该知道超出自己职责范围的事情。"天"，这里指国家的管理体制。"人多知天"，从字面上讲，就是有些百姓不守本分，不去考虑自己的生计，却研究如何做王的道理，譬如占山为王，就可以用自己的意志作为法令。

"奇（哦）物滋起"的"哦"，简本释者都以之为"奇"，以邪解之，恐偏离了本义。"哦"字可加"戈"，应该与武器有关，是自以为合理的非法武装，不应该解为"邪"。"滋起"，足见其势力之庞大。"人多知天"，是底层的百姓不服从任何管制，占山为王；"奇（哦）物滋起"，拿起武器，啸聚山林。从记载实例看，这句话应该与春秋时期的盗跖有关。盗跖在古籍中多有记载，《庄子·杂篇·盗跖第二十九》载，跖为鲁国大夫展禽（柳下惠）之弟，说他"从卒九千人，横行天下，侵暴诸侯，穴室枢户，驱人牛马，取人妇女，贪得忘亲，不顾父母兄弟，不祭先祖"。孔子欲说服盗跖改邪归正，却被盗跖指天画地羞辱了一番。这段故事可能是虚构的，但盗跖的势力之大，文化水平之高应该是事实。这段话的意思是，底层百姓不端正自己的位置，必然会出现像盗跖之类的匪徒，威胁现有政权。这是讲百姓不守正产生的后果。

◎**法物滋章，盗贼多有。**

"物"是相类之物或品行。前句写"奇（哦）物"，指拿锄头的百姓都拿起了刀枪，"物"形容拿刀枪的人很多；本句写"法物"，一个人做出了榜样，大家都去效法，指效法的行为成了一种风气。"滋"，滋生。"章"，大，指显赫的功业。"法物滋章"，是对前面句子的总结，如果君、民、人都不能端正自己的职责，就会带来严重的后果。叛逆者一旦受到更多人的响应，就变成了一种改变身份的功业。如同连称、管至父，杀了旧君立新君，自己赫然把持朝政；又如盗跖，连年的战争和苛捐杂税使百姓苦不堪言，盗跖举起叛旗一呼百应，成了诸侯闻之色变的一方势力。此二者即可称为"法物滋章"。

关于"盗贼多有"，简本写为"眺恻多有"，"眺恻"二字指心中惦念着别人的财物，与盗贼意思大致相同。窃国者为盗贼，窃财者亦为盗贼。如果当权者不能端正自己，政权就会被盗贼窃夺；如果百姓不尽心从事自己的工作，就会加入盗贼的行列。

◎**是以圣人之言曰：我无事而民自富；我无为而民自化（蜕）；我好静而民自正；我欲不欲而民自朴。**

王弼本："故圣人云，我无为而民自化，我好静而民自正，我无事而民自富，我无欲而民自朴。"

王弼本写"故圣人云"，简本和帛本都为"是以圣人之言曰"，这两种写法区别是很大的。"圣人云"是"圣人"说的原话，但老子所说的"圣人"是谁？后面说的能是"圣人"的原话吗？王弼并不知道，不知道为什么这样改呢！

简本的"圣人之言"是指"圣人"说过的话，再加上"曰"，是归纳"圣人"的思想，故后面所写的不是"圣人"原话，而是对"圣人"之言的理解。

"圣人"，指的是周文王。"圣人之言"指的是《鼎》卦爻辞。周文王写的卦爻辞，当然就是"圣人之言"了。后面的每一句话阐发一段爻辞，其中一句话阐发了两段爻辞内容，四句话共阐发了五段爻辞，故用"曰"表示阐发之义。前面"夫天多期韦"句阐述的是"凶"的一段爻辞，故写的是反面案例；这一段所写的四句话都是"吉"的爻辞，所以都是从正面阐释道理。

"我无事而民自富"，"我"指统治者；"无事"是不发生战事；"民"指大夫之家；"富"字简本带"示"，应该是"福"的意思。这句话是从《鼎》卦初六爻辞而来，"初六鼎，颠，趾利，出否。得妾以其子，无咎。"爻辞的意思是：把鼎高高地挂起来，鼎足就不会受力，出去则不适宜，在家中可以得到美妾并能够生育儿子，不会有错的。从释文中可以知道，周文王写的意思是不要妄自出门，做好自己的本职工作，才能实现家族兴旺。民众不出门就"我无事"，不会有战事发生，"得妾以其子"就是"民自福"。

"我无为而民自化（蜕）"，"我无为"一般认为是老子提出的清静无为概念，其实不同章节的"无为"不能理解为同一概念，《道德经》中所有的"无为"都应该围绕着所在章节的主题来理解。要让"无为"坐在实处，还需要分析清楚《鼎》卦爻辞，"九二鼎有实。我仇有疾，不我能即，吉"，意思是我做事中正，鼎中才有充足的食物，而我的友人（"仇"为匹配之人）思想观念有问题，我不能去接近他，这样才"吉"。对应解释的话就是，我始终坚持自己的处世原则，而有些人坚持错误的思想行为，我不能跟随他们去错误地行事，也不要与他们争辩对与错。老子写"我无为"即指不按错误的思想行事，和爻辞是一致的。

《鼎》卦九三爻辞："鼎耳革，其行塞。雉膏不食，方雨。亏悔，终吉。"意思是坚持错误路线者家庭地位受到了动摇，事业受到了阻碍，损失了以后而感到悔恨，最终还是吉祥的。九三爻辞讲的这种思想上的转化与老子所讲的"民自化"是一致的。

"化"，简本字形上面似乎为"亡"，中间为"口"，下面为二"虫"，即"蠃"。虫卵蜕皮，开口而出，蜕化之意，应释为"蜕"。"蜕"的结果是"化"，"化"而获得新生，故将"蜕"释为"化"还是有道理的。国君只要能端正自己，下面的臣属及百姓自然正邪分明，有非分之想的人也会约束自己的行为，这就是"化"所产生的结果。

"我好静而民自正"，是从六五爻辞中延伸出来的，"六五鼎，黄耳，金铉，利贞"。五爻为君，六五从静。六五鼎，国君安居于社稷尊位，此为"静"字的来源。"黄耳，金铉"，金属的鼎耳，金属的杠子，比喻国君位尊有威，又有重臣担纲护卫。"利贞"，有利于端正己位。《文言》："贞，正也。""利贞"即自正。"我好静"的前提是有重臣治国，臣属各负其责，国君才能静守君位。"民自正"，有权势的大夫之家自然会各归其位，没有叛乱之举。

需要注意的是，简本"圣人之言曰"后面的句子顺序和《鼎》卦爻辞顺序是对应的，不能随意改变，本句的"正"字呼应六五爻辞的"利贞"，与其他爻辞没法呼应。帛本和王弼本的顺序都做了明显的改动，打乱了与《鼎》卦爻辞的同等顺序，所以这种改动是错误的。

"我欲不欲而民自朴"，通常将"欲"解释为私欲，即财欲、食欲，这样理解是不准确的。本章文字都是围绕着政权问题谈的，所以精确讲，"欲"应该指权欲。《鼎》卦爻辞："上九鼎，玉铉，大吉。无不利。"鼎为权，上九主动，说明有权利的欲望。但玉铉虽尊贵却中看不中用，只是象征其高贵，而没法担当扛鼎的重任，所以最终表现出对权欲的淡漠，只有远离争权夺利的环境，才能免除杀身之祸。"我欲不欲"是总结上九爻辞，我以不主动施政来作为自己从政的原则。"民自朴"，处在权力中心的人没有强烈的权欲，一切按照规制行事，下面的人自然不会耍弄心机，互相勾心斗角了。"朴"是指保持原本之心。

这一段讲得很明确，"是以圣人之言曰"，是"圣人"有这方面的论述；"我"的主体是"圣人"周文王，"之言"指《鼎》卦爻辞，四个句子分别阐释了五段爻辞的含义，从初爻到上爻逐次写起。民之鼎是家之本，君之鼎是国之本，守正是需要共同遵守的主旨。

【今译】

秉持端正的思想才能有邦国的存在，要将出其不意的行军策略运用于战争，在没有内乱的情况下才能拓取更大的疆土。

我是怎么知道这个道理的呢？

侯国之君超出期限而违背驻军换防，导致了臣属的叛乱。

臣属家中藏有大量兵器，导致邦国发生混乱。

百姓超出自己的本分而不服从管制，匪徒就会大量兴起。

叛逆者受到百姓响应，就变成了一种改变身份的功业，从而产生更多的盗贼。

这就如同"圣人"曾经讲过的，意思是：我不发动战争，民众自然有福；我端正正而不去错误行事，民众自然会朝着好的方向转化；我安居其位，民众自然会端正自己的行为；我以不主动施政来作为自己从政的原则，民众自然会抱着纯朴之心行事。

第五十八章　其正闷闷（帛甲）

其正闷闷，其民屯屯。其正察察，其邦夬夬。祸兮，福之所倚；福兮，祸之所伏。孰知其极？其无正也。正复为奇，善复为妖。人之迷也，其日固久。是以方而不割；兼而不刺；直而不绁；光而不眺。（帛甲、帛乙本）

本章对应《周易·震》卦。

【王弼本】其政闷闷，其民淳淳；其政察察，其民缺缺。祸兮福之所倚，福兮祸之所伏。孰知其极？其无正？正复为奇，善复为妖，人之迷，其日固久。是以圣人方而不割，廉而不刿，直而不肆，光而不耀。

◎其正闷闷，其民屯屯。

王弼本："其政闷闷，其民淳淳。"王弼注曰："言善治政者，无形、无名、无事、无政可举。闷闷然，卒至于大治，故曰：'其政闷闷'也。其民无所争竞，宽大淳淳，故曰'其民淳淳'也。"按王弼所解，帛本的"正"字应该是"政"的借用，包括"阒""屯"，都为错字，这也是为学术界所认同的。但从版本上说，帛本早于王弼本，更接近老子本意，应以帛本为是。

本章按顺序对应《周易·震》卦。卦辞："震亨。震来虩虩，笑言哑哑。震惊百里，不丧匕鬯。"意思是当一般的雷震到来时，人们能够保持笑言神态；当惊天霹雳闪耀天空时，人们认为这是上天在发怒，就会惊惧不安，而主祭者依然能保持镇定自若。《震》卦主题讲的是在危急时刻如何保持深厚的定力，按照原有的程序做事而不为外界所动。本章依照惯例，应当把卦辞所表达的"定力"作为主题。依照这个思路，帛书之"正"似乎是在"正"的上面减略了一横，即本字应为"㞎"。《集韵》："定，古作㞎。""㞎"，对于个人来说是定力，对于统治者来说是坚持某种国策而不随意改变。由此看，"㞎"和《震》卦的主题是一致的，而"正""政"的字义都有偏差。

"闷闷"帛乙本写为"阒阒"，"阒"字不见字典注释，按照字面解读，门如细丝，就是将门关起来，只能看到门缝，意思是把门关起来做事。"其"指决策者。"正（㞎）"指制定决策。"其正（㞎）闷（阒）闷（阒）"，几个人私下里决定国家大事秘而不宣。

"其民屯屯"，"民"在上一章分析过了，指大夫及其门客和家族之人，因为真正的平民百姓是没权参与国家大事的。"屯"指聚集。《楚辞·离骚》："屯余车其千乘兮，齐玉轪而并驰。""屯"为聚集义。"其民屯屯"形容国君下面的人各自聚集，家族间拉帮结派。"其正（㞎）闷（阒）闷（阒），其民屯屯"，统治者不是公开协商，而是私下确定国家大事，导致下面的人拉帮结派。国君亲疏有别，不能均衡贵族利益，就会出现这种现象。

◎ **其正察察，其邦夬夬。**

"正"，同前字为"㞎"。"察"，明晰。"其正（㞎）察察"，国君坚持明晰、公开的原则。上句"其正（㞎）闷（阒）闷（阒）"是暗箱操作，这句的"其正（㞎）察察"讲公开透明地决策。

"邦"指邦国。《说文》："夬，分决也""决，行流也"。"夬夬"，形容矛盾得到分解。"其邦夬夬"，由于实行了公开透明的执政原则，邦国中不同家族间的矛盾得以分解。一般以"夬"假王弼本之"缺"，非是。

◎祸兮，福之所倚；福兮，祸之所伏。

这句话表达了祸与福互相依存，可以互相转化的哲学思想。现在人们都是用概念推导行为，而战国以前人们都是用行为推导出概念，那么这种概念产生的依据是什么呢？首先，它产生于《周易·震》卦，整个《震》卦所体现的就是这种祸福依存的关系，像"初九震来虩虩，后，笑言哑哑，吉"，说是由于雷震容易造成火灾和人畜伤亡，使人们感到恐惧，但春雨却能够浇灌田地，带来丰收的希望，故人们"笑言哑哑"，这是祸中倚福。"上六震索索，视矍矍，征凶。震不于其躬，于其邻，无咎"，爻辞映射的是商王的自大与灾祸，商王帝乙征伐四方，所战必克，便狂妄至极，竟以箭射天。帝乙触怒了天神，结果被雷震劈死。（《汉书·郊祀志》："帝乙嫚神而震死。"）此即为福中伏祸。其次，前面两句也体现了祸福转化的道理。国家权力掌握在几个人手里，看似福厚，实则容易引起其他朝臣的不满而导致互相杀戮；政务公开透明，对手握大权的重臣来说为不利，但朝臣间没有了私怨，化解了暗藏的危机，重臣才能够福寿绵延。

◎孰知其极？其无正也。

"孰知其极"，谁又能知道这种祸福到极致而产生转化的原因呢？《震·象》："君子以恐惧修省。"《象辞》讲要善于寻找造成祸患的原因，老子正是在重述这个问题并做了回答。"正"，同前字为"㱏"，"定"的意思。"其无正也"，是因为他没有始终如一的行事原则。为什么人们常说，人的欲望是没有止境的，随着地位的提升，环境的变化，人生目标和做人原则也会随着变化，往往就丧失了初心，致使私欲无限膨胀，这样福随时都有可能转化为祸。

◎正复为奇，善复为妖。

定力不足就容易受形势左右而改变既定方针。"正（㱏）"为恒定。"复"为还原、取代。"奇"，非常规的奇谋。"正（㱏）复为奇"，统治者受到眼前利益的诱惑，用不可连续执行的奇谋取代恒久有效的国策。"妖"为恶。

"善复为妖"，用恶的思想取代美好的愿望。

◎**人之迷也，其日固久。**

前面的句子是从统治者角度谈的，这句话是从普通百姓谈的，"人"指所有的人。由于统治者不断推行新政，朝令夕改，使百姓产生了迷茫感，不知所从。"其日固久"，这种现象随着时间的推移，便会形成社会性思维。这句话的含义很深刻，国家政策不断改变，没有了延续性，人们原有稳定的社会思维受到了冲击，长此以往，社会意识就进入了一种迷茫混乱状态，失去了最基准的评价体系，很难再分清楚什么是善，什么是恶。

◎**是以方而不割；兼而不刺；直而不绁；光而不眺。**

王弼本："是以圣人方而不割；廉而不刿；直而不肆；光而不耀。"王弼本添加了"圣人"，后面句子的主体就发生了变化，成了"圣人"所为。而事实上这是老子提出的国家变革的一些原则性问题，角度是不同的。再者，以"圣人"言之，帛本的字就解不通了。

"方而不割"通常解释为方正而不割伤人，此解不确。"割"，割裂、分割。《尔雅·释诂》："方，类也。"《楚辞》："室家遂宗，食多方些。""方"，指相类似。老子原为楚国人，许多文字的原意从《楚辞》中可以得到确认。"方而不割"，相类似的思想是一个整体，不能分割开去理解。这句话的意思是有些学者善于狡辩，把整体理论拆解开，对自己有利的就引用，对自己不利的就弃之，其实这种理论是偏颇的。

"兼"，一般假为"廉"，应以本字为是。"兼"，兼并、联合。"刺"，刺伤，形成对立。"兼而不刺"，把不同的见解合并在一起可以，但不能互相矛盾。意思是很多学说都有各自的道理，但放到一起应用时就产生矛盾而无所适从了，这是学识浅薄者的一个通病。"方而不割"讲整体的不能分割，"兼而不刺"讲互相矛盾的不能硬去融合。

"绁"，《说文》释为"系也"，系绳扣的意思。"直而不绁"，直的绳子不要去打折扣，意思是能够很简单地解释清楚，很容易贯彻执行的事情，就不要搞得复杂化。

"光而不眺"，王弼本为"光而不耀"，光亮而不炫耀，讲的是一个主体，这好理解；而"光而不眺"则变成了两个主体，就很难解释了。《道德经》中，每一个章节的最后一句话基本上都是照应句首而进行的总结，是老子文笔的一个特色。本章的主体是什么呢？是《震》卦的雷震。主题是什么呢？是要用安定、恒久的心态应对变故，首句中的"正（㱏）"字正是谈的这一主题。章首和章尾是呼应的，那"光而不眺"又是从哪里引申出来的呢？是从《震》卦上六爻辞而来，上六在最上一爻，描写天上的雷电，爻辞："震索索，视矍矍，征凶。"讲雷电像一根长长的绳索，照亮天空，有人借着这个闪光的瞬间，贪婪地搜寻着外界，怀有这种心态去出征必凶无疑。可以这么理解，闪电只是瞬间，而远眺也是瞬间获得的景象，以瞬间的感性认识来决定自己今后的长远行动，只会凶险万分。国君如果在紧急事件中急于得利，从而失去自己的恒定心态，只能是凶多吉少。可见，"光而不眺"既紧扣《震》卦的主题，又体现了本章的主题，比王弼本更能准确体现老子的思想。

【今译】

国君关起门来私下里决定国家大事，会导致下面的人拉帮结派。

国君公开透明地协商国家大事，国内的各种矛盾才会得以化解。

发生了灾祸，福祉却依靠他而存在；福禄临身，灾祸也由此而滋生。

如何知道祸福到极致而产生转换的原因呢？是因为他没有坚持始终如一的行事原则。

恒久有效的国策被奇谋所取代，美好的愿望被恶的思想所取代。百姓由此产生了迷茫，随着时间的推移，便会形成社会性思维。

这就要求，对完整的理论，不能割裂开去解释；综合的学说，不能互相矛盾；简单的理论，不要复杂化；短暂的利益瞬间而过，不要以此远望图谋。

第五十九章　给人事天（简乙）

　　给人事天，莫若啬。夫唯啬，是以早，是以早备；是谓【重积德。重积德则无】不克。无不克，则莫知其恒。莫知其恒，可以有域。有域之母，可以长久。是谓深根固柢，长生久见之道。（简本乙组第一章）

本章对应《周易·艮》卦。

【王弼本】治人事天莫若啬。夫唯啬，是谓早服。早服谓之重积德，重积德则无不克，无不克则莫知其极，莫知其极，可以有国。有国之母，可以长久。是谓深根固柢，长生久视之道。

◎**给人事天，莫若啬。**

　　简本的"给人事天"，其他版本都写为"治人事天"，要解释清楚"给"和"治"，首先要明白"啬"的字义。按照惯例，每章首句中的关键字是本章的主题，即首句要为本章立意，这是文章的起笔。很多学者解释"啬"为爱惜之意（最早出自韩非之说），王弼则释为农夫，王说较接近原意。"啬（sè）"的本义是收获谷物，也是本句"啬"的字义。为什么这么说呢？按顺序本章对应《周易·艮》卦，"艮"在帛书《易》中写为"根"，故"根"为本章的"言之君"。"根"表示植物、农作物生长的根本，这里写"啬"，就是用收获谷物来演绎卦名"根"的内涵。文章是写给国君看的，即提醒国君要重视"啬"，要明白农业生产的重要意义。"啬"字弄清楚了，前面的句子也就明白了。

　　"啬"指收获谷物，与"治人"就没有必然关系了，故"治人"应该不是原版文字。简本写为"给（dài）人"，《说文》："给，丝劳即给。""给"

指破旧的丝织品，与"啬"有些关联，但"给人"与"事天"没有意义上的
关联。"给"字应该通"给（jǐ）"，"人"指百姓；"给人"指给养百姓，
使百姓有食物生养，这样解释则与"啬"有关联。"事天"，《礼记·祭义》："是
故昔者天子为藉千亩，冕而朱纮，躬秉耒；诸侯为藉百亩，冕而青纮，躬秉耒，
以事天地、山川、社稷、先古，以为醴酪齐盛，于是乎取之，敬之至也。""事
天地山、川"专指天子或诸侯用收获的谷物祭祀天地、山川，与"啬"也有
关联。这样就好理解了，"给人事天，莫若啬"，能够给养百姓，隆重祭祀
天地的，莫过于保证粮食收成。开篇先给"啬"字加了个高帽，事关养人敬天，
是一切工作中最重要的事情。

◎夫唯啬，是以早，是以早备；是谓重积德。重积德则无不克。

简本的"备"字，帛本、王弼本等皆写为"服"。收割庄稼叫抢收，抢
农时，不抢收就可能因风雨骤临而遭受重大损失，故"啬"的关键在一个"早"
字，即谷穗成熟时天亮就要进行收割。而诸本写为"早服"，或以简本之"备"
通假为"服"，意为早服从于道理，如此则走向了一种偏虚之道，实际上从
韩非时就已经误解老子了。"备"字在简本写得比较繁杂，笔画分别为"彳、
从、工、∴、镰刀"，《郭店楚墓竹简》释文为"备"。如果仔细分析，
"彳"为"走"；"从"为"多人"；《小尔雅·广言》释"工"为"官也"，
"工"为管理众人之官；"∴"为收获的谷粒；"一竖两横"为镰刀状。综
合讲，就是要管理农人天亮就要行动，收割打谷，以保证颗粒归仓。故"备"
应该理解为收获、储备之义。"早备"，只有抢农时，才能最大程度地保证农
作物的收获。这是由"啬"字引申出来的第一个主导思想：凡事要主动筹划。

简本中"重积德。重积德则无"这八个字是空缺的，帛本亦缺损，兹就
王弼本做一下解读。对于个人来说，"德"指品德；而从国家的执政者角度讲，
"德"指倡导的原则、国策。"积德"是积蓄的原则。"重积德"是重视积
蓄的原则，就本章的主题讲，是指统治者要重视积蓄粮食的原则。粮食充盈，
解决了民众最基本的温饱问题，才能进一步实现国家的安定和强盛。"是谓
重积德。重积德则无不克"，意思是这就叫重视积蓄粮食的原则，能够把重
视积蓄粮食作为国家的优先原则，则没有战胜不了的敌人。这是由"啬"字

引申出的关于国家核心政策的问题，以及坚持这一基本国策对国家强盛的重
大意义。

◎无不克，则莫知其恒。

简本"莫知其恒"，王弼本写为"莫知其极"，"恒"的字义更准确。
《康熙字典》："恒字古文作亙。""恒"为常，是始终坚持的原则。"莫知"
是其他国家的人不知道"啬"的重要意义。这句话的意思是：由于其战无不胜，
人们只知道其强盛的表象，却忽略了其强盛的根本，即为了实现强盛而始终
坚持的工作重心。这是对"啬"的思想的提升，即上升到规律性来讲。

◎莫知其恒，可以有域。

简本"可以有域"之"域"，诸本都写为"国"，刘信芳认为此字"以
理解为域为妥"[①]，此说有道理。"域（鹹）"为疆域、土地，没有明确的边
界概念；而国是有明确疆界的。这句话的意思是因为其他国家不知道自己强
盛的根本原因，始终处于赢弱状态，因而强国就可以有实力拓展更多的疆土。
需要注意的是，"莫"和"其"不是一个群体，"其"坚持一项国策，使国
家保持强盛；而其他国家之人却不知其因，难以做到强盛，为"莫知其
恒"。强盛之国攻打、吞并弱国领土，即为"可以有域"。这是坚守"啬"
为基本国策所体现出来的强大动力。

◎有域之母，可以长久。

"之"，代词，指"啬"。"母"，指生成一切事物的本原。"之母"，
把粮食收成作为国家政策的首要问题。"有域之母"，国家领土扩张了，仍
然将粮食收成作为首要问题。"可以长久"，可以长久保持所扩张的领土。
实际上这里讲的是发展经济的重要性，如果没有经济的支撑，一味把军事和
强权放在国家政策的首要位置，国家的基石也是不稳定的。战争实质上打的
是经济，经济上赢弱，即便扩张成为一个大国，也难称得上是强国，随时都

---

① 刘信芳：《荆门郭店竹简老子解诂》，艺文印书馆，1999，第47页。

有垮塌的危险。

◎是谓深根固柢，长生久视之道也。

"柢"，树的主根，代指国家一切事务的根本。按照老子一贯的文章构思，最后一句要照应句首的主题。本章"言之君"为《艮（根）》卦之"根"，故"深根"是扣着"根"字写的；主题是"啬"，"固柢"便是紧扣粮食收成来写的，食物充盈才能国泰民安。

"长生久视之道"，"久"字简本写为"旧"，"旧"本身就含有"久"的意思，可以用"久"来解释。简本之"视"，许多注者解为"示""立""活"，可以确切地说，解释为"示""立""活"是完全错误的。在简本出土之前用训诂解释情有可原，而简本出现以后再这样解释就不行了。"视"字在简本写的是"见"，释文为"视"，其实用"视"是解释不通的。那么这个"见"到底是何意呢？根源在于老子是照应《艮（根）》卦卦辞写的，帛本《易》卦辞："根（艮），其北（背），不获其身。行其廷（庭），不见其人。无咎。""北"为山阴处，树在山阴则难以生长为参天大树，故见不到大的树身。"廷"为朝廷或大夫之家，廷在人却不见了，可以理解为国破人亡，这是卦辞之意。"久见（视）"就是长久地见到人，不可"行其廷（庭），不见其人"。"长生"是借树木的生长来比喻国家，根深才能柢固，国家能长时间地生存，国家存人才能存在；国家灭亡了，人也就不见了。故"长生久见（视）之道"是讲国家长存、人民长见的道理。另外，上一句写"长久"，这一句写"长生久见（视）"，两者是有区别的。"长久"是扩展领土后要长久保持为己有，"长生久见（视）"是国家和人口的长久生存。

《道德经》有着整体构思，每一章都有清晰的层次递进关系，其有如下特点：一是围绕《周易》对应卦建立一个中心思想，如本章对应《艮（根）》卦，提出了中心思想"啬"；二是这一中心思想都是在首句提出来，本章的"啬"即是写在首句；三是把这一中心思想提高到国家建设的高度来论述，"重积德""无不克""恒""有域""长久"等就属于国家建设问题；四是在章末照应首句进行总结，"深根固柢"即照应《艮（根）》卦卦名和"啬"

字而来；五是每章的主题贯穿全文始终。下面笔者把这种逻辑关系按照行文次序简略地做一下分析。

1. "嗇" — "早备、重积德" — "无不克"

首句根据《艮（根）》卦提出了"嗇"，即应当重视粮食收成，并由此延伸出凡事要主动提前筹划；要把积蓄粮食作为国家的中心任务。有了这两点，就会"无不克"。

2. "嗇" — "恒" — "有域"

人们只看到国家强大的外表，而不知道国家一贯坚持的根本原则是增加粮食收成，有了强大的经济后盾，才能够实现领土的扩张。"恒"和"有域"都是由"嗇"字而来。

3. "嗇" — "母" — "长久"

具有广阔领域的国家，以粮食为一切事业发展的源头，才能够保持长久。"母"和"长久"是由"嗇"字而来。

4. "嗇" — "深根固柢" — "长生久见（视）之道"

末句照应首句，就如同《周易·根》卦讲的根要深扎，主根才能牢固，所以促进粮食丰收（嗇）是国家政策的重中之重。国家得到食物滋养才能长久生存，人民才能长见，这是重视粮食收成的意义所在。此"道"乃为"嗇"之道。

从以上分析可见，"嗇"作为主题思想，贯穿于本章的始终。以"嗇"字代表国家经济基础，对战争和政权有着长期的、决定性的作用，分别从四个方面加以论述："无不克""有域""长久""长生久见（视）"。

【今译】

能够给养百姓，隆重祭祀天地的，莫过于保证粮食收成。

想要保证粮食收成，需要及早行动，需要及早地统一安排收割。这就叫重视积蓄粮食的原则。

能够把重视积蓄粮食作为国家的优先原则，则没有战胜不了的敌人。

战无不胜，却没有人知道其根本原因。

他人不知道其根本原因，强者就可以继续扩大疆土。

（保证粮食供给）是扩大疆土后一切工作的基础，如此才可以长久。

这就是《周易·艮（根）》卦所说的深入土壤之根，才能保证牢固的主根。

这就是《周易·艮（根）》卦所说的国家保持长久生存，人民之所以长见不亡的道理。

第六十章　治大国若亨小鲜（帛甲）

【治大国，若亨小鲜。以道立】天下，其鬼不神。非其鬼不神也，其神不伤人也。非其申（神）不伤人也，圣人亦不伤【也。夫两】不相【伤，故】德交归焉。（帛甲、帛乙本）

本章对应《周易·渐》卦

【王弼本】治大国若烹小鲜。以道莅天下，其鬼不神。非其鬼不神。其神不伤人；非其神不伤人，圣人亦不伤人。夫两不相伤，故德交归焉。

◎治大国，若亨小鲜。

《韩非子·解老》曰："烹小鲜而数挠之则贼其宰，治大国而数变法则民苦之，是以有道之君贵静，不重变法，故曰：'治大国者若烹小鲜 。'"两千多年来注家一直把"烹小鲜"解为烹制小鱼，以比喻国家政治。此说有不妥之处。

首先，分析一下"大国"。这一句帛甲本缺损，帛乙本为"治大国"。其实，国就是国，没有"大国""小国"之说，故"大国"二字如果在帛甲本写的话，应该为"大邦"，指大的侯国。

其次，关于"烹小鲜"。其实"烹小鲜"和"烹大鲜"没有什么区别，反倒是烹制大鱼最忌多翻，多翻则形散。"烹"字帛乙本为"亨"，"亨"

多假"享",即"享小鲜"比较合乎情理。鱼大则刺大,鱼小则刺小,吃小鱼容易吞进细小的鱼刺,所以吃小鱼格外要仔细,慢慢来,不能着急。本章按顺序对应《周易·渐》卦,"渐"是本章的"言之君"。"渐"指循序渐进,不可急之,与"享小鲜"的道理相同。推论之,作为一个大的邦国,国政千头万绪,要想做成一件大事,必须在相关的一些小事上做好铺垫,才能水到渠成,形成最后结局,此为循序渐进之理,故应紧扣"渐"字来理解。

◎**以道立天下,其鬼不神。**

王弼本"以道莅天下",帛乙本写为"以道立天下",这里有三个问题需要厘清:一是"道"为何"道";二是"立"与"莅"是否相通;三是前句如果是"大邦"的话,"邦"指分封之国,天下指大周之天下,两者并不对等,应当怎么解释?

其一,《道德经》所有的"道"都是指本章主题思想,不同的章节"道"的内涵是不同的,不是人们通常认为的顺应自然、清净无为的统一概念。本章阐释的是《渐》卦,可以从两个角度解释。一是以"渐"为"道",凡事要循序渐进,由小渐至大。二是以《渐·象》所言为"道",因为"大象"是周公写的,具有"道"的功能。《渐·象》:"山上有木,渐。君子以居贤德,善俗",指出要让社会形成崇尚优良、美善的风俗,人们的日常行为以贤、善为荣,整个社会就会形成强大的具有正能量的合力。综合来看,以《象辞》为"道"更合理一些。

其二,"立"和"莅"不应该通解。之所以写为"莅",是因为把"道"理解为高高在上的虚拟思想。如果把"道"理解为一种贤良的社会风尚,就必须用"立",故帛乙本的"立"较王弼本之"莅"更合理一些。

其三,之所以言"大邦",意在表明是列国中的强盛之国,强盛之国不断蚕食弱小之国,必然要吞并中原诸国,故此"天下"指将来的一统天下,不是现下分裂之天下。按照逻辑分析前句,如果军事大国能够全面细致地处理好民生问题,最终将剪灭列国而统一为一国;统一天下后,原有的治国方略就应该改变,而要推行贤良善俗,以此为天下百姓的风范,社会才会长期稳定,此为"以道立天下"。

"以道立天下"和"其鬼不神"没有很强的必然性，似乎两者组合在一起很勉强，但为什么把它们写在一起呢？这与《渐》卦的卦辞有关，卦辞："渐女归吉，利贞。""渐"和"女归吉"是不同的两个方面。"以道立天下"是扣着"渐"来讲的。关于"其鬼不神"，范应元曰："鬼神，阴阳中之灵也。鬼，归也。神，伸也。"[1]"鬼"是人死后其灵魂归来，故为"归"。"神"是"鬼"施展了它的破坏能量。范应元并不知道《道德经》与《周易》之间的关系，而他解释的"鬼"，正好扣着卦辞的"归"字。"归吉"，说明鬼魂在"道"的强大能量面前无以施展其凶的作用，只能保佑人类。"利贞"，是讲做得对，就会得出有利的贞断。所以说，"鬼神"之论并不是随意与上句联系的，而是有出处的，出处就在其对应的《渐》卦卦辞上。（注："归"字有多种解释，《周易·渐》卦卦辞"女归吉"可直译为女子出嫁吉，但本章"鬼""神"相连，将"鬼"释为"归"也是一种解法。）"其鬼不神"，鬼魂难以施展其恶。

◎**非其鬼不神也，其神不伤人也。**

关于"神"，不同的语境有不同的含义。《论语·述而》："子不语怪、力、乱、神。"此"神"为神灵之义。《易·系辞上》："阴阳不测之谓神。"此"神"为神奇之义。《礼记·乐记》："明则有礼乐，幽则有鬼神。"此"神"为魂灵之义。"其鬼不神"，"鬼""神"连用，当为魂灵之义。人们之所以对"鬼"充满畏惧，就是因为它具有祸害人的神力。"非其鬼不神"，卦辞讲"归吉"，不管是"归吉"还是"归凶"，说明"鬼"都显示了神力，而不能说"鬼"没有神力。"其神不伤人"，只是"鬼"没有施展它伤害人的凶恶本能。

◎**非其申（神）不伤人也，圣人亦不伤也。**

这句话有两个问题，一是"神"和"圣人"是对应写的，两者究竟有什么关系？二是在"圣人亦"后面诸本或写为"不伤民"，或写为"不伤人"，

---

[1] 引自陈鼓应：《老子注译及评介（修订增补本）》，中华书局，2009，第286页。

帛本则没有"人"或"民"字，应以何为准？

关于"神"和"圣人"，两者是一种顺序推论，历来有"君权神授"之说，上天（神）将天下赋予"圣人"，"圣人"（创建盛德大业的国君）就应把国家治理好，神灵才会保佑"圣人"的江山，故"神"居前句，"圣人"居后句。

神灵归灵界，对人有保佑或伤害的作用，故而写"申（神）不伤人"；而"圣人"也是人，与人不是对立关系，即写"圣人"就不能再写"人"，故为"圣人亦不伤也"，"伤"或"不伤"的对象泛指"圣人"管制下的百姓或事物。

这句话的意思是：不是鬼的魂灵不伤害人，而是因为"圣人"没有伤害之意。如果深究的话，又有两个问题：一是为何"圣人"不伤害百姓，魂灵就无法伤害人？二是"圣人亦不伤也"的依据在哪里？

第一，这句话的出处在《渐》卦卦辞的"利贞"上，"贞"是通过卜筮而得到神灵的启示，与神灵相违背的为"不利贞"，符合神灵意旨的为"利贞"。商周之时，国君每行必要占卜。至战国时，每有国家大事，也是需要太卜通过卜筮吉凶来决断行止。顺应神灵的国君才为"圣人"，如果"圣人"总是按照占断有利的方向行事，顺应神灵意旨，神灵自然不会伤害人。这是"圣人"与神灵的关系。

第二，周文王写《周易》，周公写《象辞》以释要义（《大象》虽列于《易传》，但并非孔子所写），周文王、周公都被称为"圣人"，故"圣人"可以指周文王，也可指周公。《渐·象辞》"山上有木，渐。君子以居贤德，善俗。"就是让百姓安居下来，推行贤良善俗的社会风气。实际上这是老子借"圣人"建言时政，在统一列国过程中，是以富国强兵为国策、以杀敌立功为美；而统一国家后，不应该让民众继续好勇斗狠，而应该如《象辞》所写的，让老百姓安居下来，以贤德善俗为美，才能真正实现由战争到和平的转变。一个良好的社会风尚需要几代人或更长时间才能逐渐形成，也只有"圣人"才能远见卓识地提出这个问题；如果进入和平年代延续战争思维，就不能将国君称为"圣人"了。所以"圣人亦不伤也"讲的就是这段《象辞》。

◎夫两不相伤，故德交归焉。

"两不相伤"的"两"是指"神灵"和"圣人"。关于"德交归焉"，韩非《解老》说："言其德上下交盛而俱归于民也。"但《道德经》原文并没有"民"字，所以这种解释有所欠妥。按照老子的写作惯例，最后一句话都是要照应首句，归纳主题。那么这个"德"到底包含什么内容呢？我们可以从三个方面进行分析。

第一，"德"中包含本章"言之君"《渐》卦的"渐"意。"渐"指由小到大逐渐形成，首句的"治大国，若亨小鲜"，就是谈民间看似微不足道的善俗，却是构成国家长治久安的基本因素。第二，"德"字来源于《渐》卦《象辞》"君子以居贤德，善俗"，"贤德"是"德"字的主要内涵。第三，《渐》卦上九爻辞是"德"字的具体指向，"上九鸿渐于陆，其羽可用为仪，吉"，说鸿雁飞行于陆地，身上的羽毛被人们用来作为结婚的仪礼。据说配对的鸿雁如果一只死去，另一只就会投地而死，所以人们把鸿雁的羽毛作为坚贞爱情的象征，它代表女性的贤德之美。"德交"即是这三德相交会。

关于"归"字，前面讲了，"鬼"即"归"，是紧扣着卦辞"归"讲的，而本章最后一句写"归"字，即与卦辞同字呼应。这个"归"字与"鬼"有相同之处，也有不相同之处。"鬼"是魂灵，祭祀魂灵属宗教概念；"归"字指民俗，注重结婚的仪式，也是上升到宗教的高度来讲的，两者的共同点在于宗教性。从宗教性的意义讲，《渐》卦爻辞"其羽可用为仪"，讲女子忠贞的婚姻观，扣着卦辞中的"女"字；到《象辞》"君子以居贤德，善俗"，进而形成广泛的社会良俗。把这些"德"交会于"归"，即演变成宗教形式，民众才会自觉地遵守。所以这个"归"就是讲宗教仪式，它包含着神灵，也包含着民俗。把社会良俗变得神圣不可侵犯，久而久之，就渐渐形成了一种稳定的社会评价体系和约束机制，这就是"德交归焉"形成的作用。我们经常在一些民间宗教性的仪式活动中，听到"老天"和"圣人"的名头，就是"夫两不相伤，故德交归焉"所指的，社会良俗逐渐融入人心而形成的宗教性的敬畏心理。

【今译】

治理大的邦国，就如同吃小鱼一样需慢慢享用。

以循序渐进之道来治理天下，就是"鬼灵"也不会出来祸害人间。

不是那些鬼怪没有神灵，而是那些神灵不伤人。

不是那些神灵不伤人，是因为"圣人"不加伤害。

神灵和"圣人"都不来伤害，所以社会的公序良俗才最终交会于对神灵的敬畏之中。

第六十一章　大邦者下流也（帛甲）

大邦者下流也。天下之牝，天下之郊也。牝恒以靓胜牡，为其靓（静）【也，故】宜为下。大邦【以】下小【邦】，则取小邦。小邦以下大邦，则取于大邦。故或下以取，或下而取。【故】大邦不过欲兼畜人，小邦不过欲入事人，夫皆得其欲。【故大者宜】为下。（帛甲本）

本章对应《周易·归妹》卦。

【王弼本】大国者下流。天下之交，天下之牝。牝常以静胜牡，以静为下。故大国以下小国，则取小国；小国以下大国，则取大国。故或下以取，或下而取。大国不过欲兼畜人，小国不过欲入事人，夫两者各得其所欲，大者宜为下。

◎**大邦者下流也。**

按照句式划分，"大邦者下流也"应该为主谓句，即"大邦者"为主语，"下流也"为谓语，但"大邦"和"下流"又似乎无法直接融合在一起。王弼解释此句为："江海居大而处下，则百川流之；大国居大而处下，则天下流之。"如按此说，句子应该写成"大邦者若江海而居下流也"才对，如第八章写的"上善治水"即是如此，所以"江海"之说不够严谨。

其实，"大邦者下流也"是对《归妹》卦的诠释。按顺序本章对应《周易·归妹》卦，《归妹》卦主要是论述婚姻问题，六五爻辞写道："帝乙归妹。其君之袂，不如其娣之袂良。月几望，吉。"爻辞讲的是商王帝乙下嫁公主与周文王联姻的故事，因大商经济发达，所以周国之君的衣服不如新娘子的衣服华美。商王利用与小国周的联姻来巩固自己的政权，春秋战国时，联姻也成为增加国家力量常用的外交手段。老子这句话正是对《归妹》卦六五爻辞的诠释。

"大邦"和"小邦"是对应的，这里写"大邦"，必定是针对"小邦"而发生关系，所以"下流"是"大邦"下流于"小邦"。"下流"什么呢？就是《归妹》卦讲的嫁女，大邦之女下嫁于小邦之君或储君，即是"大邦者下流也"。这句话的意思是，大邦要善于用和平手段加强自己的政治力量，以树立自己在国际事务中的权威，而下嫁王女，利用姻亲关系建立牢固的国与国间的关系，正是最佳方案。再看王弼所解，显然是错误的，这种错误产生了两个后果：一是破坏了老子原文句子语法结构，使后人不严格按照原句解读，而去任意变通；二是首句解错了，就等于把本章的主题立错了，后面的解读无疑就走了样。

◎天下之牝，天下之郊也。

这句话王弼本写为"天下之交，天下之牝"，把帛本的句子前后错置了，究其原因，是因为王弼以"郊"通"交"，错把"交"解为汇合，把"牝"解为静，所以才会把句子顺序颠倒了过来。按照本字，"牝"原指母牛，代指女性。"郊"指城郊，与其时的城郊踏青有关。先秦时代，未婚女子平时无法抛头露面，往往利用春季踏青的风俗，与看中的男子私订终身，这样的求偶式郊游也成为先秦时期郊游的特征之一。《诗经》所描述的大量爱情故事，大都是在郊游期间发生的，如《国风·郑风》里有首诗歌叫《出其东门》，起首句便是"出其东门，有女如云"，言众多女子加入郊游的行列中。以此看，"郊"与郊游和交合有关。"天下"，指天下之人，重在平民，以对比大邦之公主。这句话直译为平民阶层的女子能够在踏青郊游时，与任何身份的男子私订终身。暗含的意思是男女媾和是天下人的共性，作为大邦的公主又有什么顾虑不能下嫁于小邦呢？

◎牝恒以靓胜牡，为其靓（静）也，故宜为下。

前面的应以"靓"为本字，"靓"为靓丽、漂亮之义。"牝"为雌性，"牡"为雄性。"牝""牡"可以指人，也可以指动物，"胜"指符合雄性择偶标准。雄性追求雌性，总是以其外表靓丽为标准，所以"牝恒以靓胜牡"中"靓"字是准确的。后面的应以"静"为本字，因为"静"是为"牝"定性的，被动接受为"静"。而且这一"静"字又补充了"下"的内涵，即大邦下嫁于小邦为向"下"流；而小邦嫁女于大邦按说应该属于高攀了，但也称为"下"，就是因为"牝"为"静"的原因。不管爵位高低，势力大小，凡嫁女都为"下"。

◎大邦以下小邦，则取小邦。

传统以谦恭解释"下"，但本章的主题是婚姻或联姻，就应以嫁女来理解。这句话的意思是大邦之君将女儿或妹妹嫁于小邦，就会取得小邦的附庸支持，借以扩大自己的力量。

◎小邦以下大邦，则取于大邦。

此句指小邦之君嫁女于大邦之君，与大邦结成联姻关系，可以获得大邦的庇护，同样是一种互利互惠的战略思想。

◎故或下以取，或下而取。

这个"取"字用得意味深长，因为向外邦嫁女为"静"为"下"，是一种被动性质；而"取"却是主动词，意思是在被动的形式下主动获取。所以不管是"以取"还是"而取"，都是作为一种国家战略来考虑的，国君应看准目标主动嫁女，而不能被动地待嫁于不相干的国君，那样就失去了"取"的功能。

◎ **故大邦不过欲兼畜人，小邦不过欲入事人，夫皆得其欲。**

"兼"，兼并。"畜"，牲口。"人"，指人口。这句话来自《周易·师》卦《象辞》"地中有水，师。君子以容民畜众"，指出战争的目的不是单纯地为了扩大领土，还要容纳占领地的民众和众多的牲口，认为战争是增加人口和牲口的手段。而《归妹》卦卦辞写的是"归妹征凶，无攸利"，用婚姻实现利益最好，征伐则凶。所以本章不提倡用战争的手段实现目的，而是用联姻的手段来兼并更多的牲口和人员。联姻是实现和平的外交手段，《师》卦则讲的是实现和平的战争手段，文章通过对比来强调联姻的重要意义。需要注意的是，"兼"不是占有，而是通过联合来增强自己的力量。

"入事人"，就是按照别人的指令行事。小邦成为大邦的附从国，有讨伐之事便派兵跟随大邦出征，被他国侵犯便请求大邦为其撑腰。有这层姻亲关系面子上好看，实质上还是"兼畜人"和"入事人"的关系。"皆得其欲"就是各自都实现了自己的目的。

◎ **故大者宜为下。**

《道德经》的每一章都有一个完整的结构布局，本章章首"大邦者下流也"是立论，中间是论证利害关系，章尾是总结。中间的分论有这四层意思。第一，天下之女可以嫁给天下之男，不要太在意国与国之间爵位的对等关系；第二，女性只是以貌取胜，没有高于男性的特权，所以不管爵位高低，嫁女都为"下"；第三，大邦嫁女于小邦可以扩大自己的势力，而小邦嫁女于大邦是为了找个靠山，获得安全，都可以借此实现自己的目的；第四，大邦嫁女于小邦可以得实利，所以大邦应当抛弃各种顾虑，从战略上考虑，主动与目标国形成联姻关系。文章写到最后，强调"故大者宜为下"，一是肯定大邦嫁女的必要性，即把联姻看作是一种扩张势力的手段；二是强调大邦要站在战略的高度，有选择地主动提出联姻，才能最大程度地实现"兼畜人"的目的。这是"宜"字中包含的丰富内容。

联姻由两方组成，一方是嫁女，另一方是娶女，为什么本章只谈嫁女而不谈娶女呢？因为本章是围绕《周易·归妹》卦写的，而《归妹》卦是从嫁女角度谈的，所以这里只论嫁女而不提娶女。

【今译】

作为大国可以用下嫁的方式联络小国。

天下的女性，可以在郊游中与天下的任何身份的男性交往。

女性总是用靓丽的外表来吸引男性，因为她们属于被动地接受，所以适宜称为"下"。

大国以婚姻的形式下嫁小国，就获取了小国的依附。

小国之女嫁到了大国，则取得了大国的庇护。

所以有的下嫁是为了获取，有的下嫁是为了被获取。

所以大国考虑的不过是要兼并小国的牲口和人民，小国考虑的是到大国为其国君做事，两者都能满足自己的需求。

所以大国应主动提出下嫁以实现联姻意图。

第六十二章　道者万物之注也（帛甲）

【道】者，万物之注也。善人之葆也；不善人之所葆也。美言可以市；尊行可以贺人。人之不善，何弃【之】有？故立天子，置三卿，虽（惟）有共之璧。以先四马，不善坐而进此。古之所以贵此者何？不谓：求【以】得，有罪以免与？故为天下贵。（帛甲本）

本章对应《周易·丰》卦。

【王弼本】道者万物之奥，善人之宝，不善人之所保。美言可以市，尊行可以加人。人之不善，何弃之有！故立天子，置三公，虽有拱璧以先驷马，不如坐进此道。古之所以贵此道者何？不曰以求得，有罪以免邪？故为天下贵。

◎**道者，万物之注也。**

王弼本："道者万物之奥。"帛甲本"道"字缺损，据帛乙本补之。王弼本"道者万物之奥"的"奥"传统解为荫庇或藏。帛本之"注"一般释为"主"。学界将"注"通"主"，"奥"亦通"主"，所训之例，如高明举《左传·昭公十三年》为例，"国有奥主"释为"即谓国之主也"，据此以"奥"为"主"。[1]此说以为"奥""主"相通，此则大谬，"奥"为内，"主"为依靠，两字完全不同义。

要明白"注"的含义，先要明白"道"的含义。凡注本，包括王弼注本，只解释"奥"的含义，而不解释"道"的含义，为什么呢？无非是把这个"道"与其他"道"一样，通解为自然、无为。其实并非如此。本章按顺序对应《周易·丰》卦，卦辞："丰亨。王假之。勿忧。宜日中。"《丰·彖》："丰，大也。""大"即为本章"道"的内涵。那么"大"又如何理解呢？请看一下卦符䷶，卦象三个阴爻居尊贵之位，象征着贫贱之人崇尚或获得了高官厚禄。出人头地、光宗耀祖是普遍的社会心态，是丰大之义的社会体现，即"丰大"为本章之"道"。

"注"为集中、归结。"万物"可以理解为自然万物，即丰大是万物生长的目标；但《道德经》中的"万物"一般指社会中的万事万物，故"万物之注"实则讲人们追求丰大的心态。

◎**善人之葆也；不善人之所葆也。**

王弼本："善人之宝，不善人之所保。""善人"和"不善人"，一般理解为好人和坏人，这样"善"与"道"的关系就说不清了。故此"善"应指善于、擅长。如帛甲本第二十七章所言："故善人，善人之师。"让擅长技能者成为聪明人学习的榜样。本章"道"指丰大、功名，"善人"就是善于保持功名、能够娴熟驾驭权力的人，"不善人"就是不善于为官之人。

帛本有两个"葆"字，王弼本写为"宝"和"保"，应以"葆"为是。"葆"

① 高明：《帛书老子校注》，中华书局，1996，第127页。

在古代指一种有鸟羽装饰的仪仗。《礼记·杂记下》："匠人执羽葆御枢。"孔颖达疏："羽葆者以鸟羽注于柄头，如盖，谓之羽葆。葆谓盖也。""葆"字帛本写为"琛"，"艹、玉、呆"三个部首，"玉"字旁体现的是一种高贵，"葆"字应该解为荣耀。"善人之葆也"，善于运用权力的人把地位看作是一种荣耀。"所"为被动词。"之"为到达、实现。"不善人之所葆也"，不善于为官的人也希望得到这种荣耀。之所以这么讲，是因为荣耀代表了人的最高尊严。

◎美言可以市，尊行可以贺人。

"市"的本义是市场贸易。这里写"市"有两个含义：一是指在公共场合换取利益；二是指民众活动的场所，是民众的互动行为。"美言可以市"，意思是美好的语言可以换取他人好的回应。作为一般人可能没有机会获得地位和荣耀，但总会希望得到人们善意的对待和尊重，使生活过得更快乐。这是普通人体现出来的"道"。

"尊"，受人尊敬。"贺"，赞许。"贺人"，被人赞许。"尊行可以贺人"，把受人尊敬作为自己的行为准则，才会得到广泛的赞许和追随。这是尊贵之人体现出来的"道"。

《周易·丰》卦初九爻辞："遇其配主，虽旬无咎，往有尚。"初九是下层民众，又为有素养的君子，其"往有尚"，走出去闯世界，才会实现自己的理想。老子据此写"美言可以市"，作为普通民众，走出去，用美好的语言与人交流，才能换来别人相同的回应，而这一点恰恰是下层朴实民众所缺乏的。

六五爻辞："来章，有庆誉，吉。"六五为尊贵之人，多做些有益于人民的事，就会换来更大的收获和庆誉。老子据此写为"尊行可以贺人"，作为领导者，以获得民众的尊敬为宗旨，才会获得民众的拥戴，这一点也是权贵们所缺乏的。一下一上，与《丰》卦爻辞完全呼应。

◎人之不善，何弃之有？

"何弃之有"源自《丰》卦上六爻辞："丰其屋，蔀其家。窥其户，阒其无人。三岁不觌，凶。"上六为尊贵之位，一个偌大的家宅空无一人，却躲藏在人们难以寻找的地方，三年不与人相见。躲藏起来不愿为官即为"不善"，即不善于做官，也不追求功名利禄。家宅舍弃不住，即为"弃之"。"人之不善，何弃之有？"意思是作为一个人，即使不去追求功名利禄，也不能抛弃自己最基本的生存条件而走向极端。这样说是有实例的，晋国义士介子推追随晋国公子重耳在外流亡十九年，且有割股救君之功，重耳即位晋国国君后，他耻于像众人一样居功求禄，选择舍弃市井之宅，负母隐居于绵山之中，宁死不受封赏。从此句也可看出，老子是不赞成怀才之人隐身不仕的。

◎**故立天子，置三卿，虽（惟）有共之璧。**

王弼本："故立天子，置三公，虽有拱璧……"

这里写"立天子，置三卿"，应该引起我们足够的重视。陈鼓应认为："本章在于阐扬道的重要性。天子三公，拥有拱璧驷马，但仍不如守道为要。"[1]这是学界普遍的认识，即把"道"凌驾于王和"三公"之上。其实天子才是最高的信奉，是人生荣耀的赐予者，就连春秋五霸都要借周天子的虚名来统领诸国。而"道"只是实现荣耀的途径，怎么会反过来想呢！如果"道"为至高，就会写成"天子三公，虽有拱璧"了。之所以写"立天子，置三卿"，是为了树立本章之"道"的中心点，即"天子、三卿"才是"道"的最高体现者。我们从另一个角度考虑，"三卿"是王任命的，那"天子"又是谁"立"的呢？"立"和"道"有什么关系？"三公"在马车之前拱璧，天子出行还需要在马前拱璧吗？这些问题解释不清，本章就变成了一笔糊涂账。

传世版本都是将"虽有拱璧"和"以先四马"连为一个句子，本书将"以先四马"分到了下个句子中，这是基于对帛本文字的分析。一是王弼本为"拱璧"，帛本写为"共之璧"，王弼改了一个字，减了一个字。"拱璧"是动宾词组；"共之璧"是定宾词组，"共"显然不能通假为"拱"。"共"可通"供"，《左传·僖公四年》："王祭不共，无以缩酒。""共"即通"供"。

---

① 陈鼓应：《老子注译及评介（修订增补本）》，中华书局，2009，第292页。

"璧"是王卿祭祀中不可或缺的礼器，属于贵族阶级礼制专用，不可僭越，意在强调王卿地位的传承性和高贵性。

二是"虽"字恐非原字。如第三十二章王弼本为"朴虽小"，帛本为"朴唯小"，简本为"仆、唯、妻"。帛本和简本一样都是"唯"，而王弼本则改为"虽"。可见随着时代的演进，字的改动是比较大的，意义也随之产生了较大的偏差。帛本"虽有共之璧"和王弼本都是"虽"，简本本章缺省，但可以断定，此字原本应该是"惟"或近似"惟"的字，意在强调"璧"所代表的特权。而且"共之璧"和"先四马"不属于一个主体，不应该连为一个句子，而把"惟"改为"虽"后就变成了一个句子。本句的意思是所以国家要设立天子尊位，设置三卿职位，只有他们享有祭祀专用的玉璧。

◎以先四马，不善坐而进此。

王弼本："以先驷马，不如坐进此道。"帛甲本之"善"，帛乙本为"若"，王弼本为"如"。帛本"四马"，王弼本为"驷马"。"四马"即为"驷"，"四""驷"不能通用。如《论语·季氏》："齐景公有马千驷。"《礼记·卷三十六》："若驷之过隙"。《孟子·万章章句上》："系马千驷"。这些都没有"驷马"之说，王弼将"四马"改为"驷马"实为错改。春秋战国时战车为一车四马，称为"驷"，是一个标准配置单位。后来出现骑兵，一人一马或一车一马，才用"驷马"加以区别，所以我们应该恢复"四马"原文。

"以先四马"的主体是"不善"者，故"以先四马，不善坐而进此"应连为一段，是"不善"坐在"四马"拉的车上。"以"，用。"先"，前面。"四马"，四匹马拉车。"以先四马"，用前面的四匹马来显示自己地位的尊崇，说明坐车的人原先是不配"四马"规格的。

帛本"不善坐而进此"，王弼本改为"不如坐进此道"，将"不善"改成"不如"，"此"改成了"此道"，这是王弼的大败笔，他直接颠覆了老子的本意。原文中没有"道"，王弼为什么要加上个"道"字呢？因为他不明白"此"代表何意，更不明白章首的"道者"之"道"为何义，便在"此"的后面添加上了自己理解的"道"字，以达到"文从字顺"。其实，"此"代指"三卿"，"坐而进此"是坐着四匹马拉的大车晋升为"三卿"的地位。"此"为什么只能代指"三卿"而不能代指"天子"呢？因为"天子"是"立"的，是无法替代的；而"三卿"是"置"的，是可以更换的，故只能"进"以"三卿"为代表的煊赫之位。

这个"不善"因为有"三卿"做对比，故与前面的"不善"有所区别，指不在执政者行列的人，即不善于当官的人。春秋末战国初这段时期，列国为了强国，纷纷打破原有的选拔机制，让一些有学识的平民阶层之人执掌国政。那些由"不善"（没有管理经验的人）而被委以重任的人，为了显示自己的荣耀，坐着四驾马车招摇过市，即"以先四马，不善坐而进此"。

由此看，帛本之"此"和王弼本之"此道"是完全相反的概念，王弼为了圆其说，又把"不善"改成了"不如"，使这句话的主体凭空消失了，硬生生把老子思想改成了王弼思想，如果不是汉帛本重现于世，这种错解将会继续传承下去。

◎古之所以贵此者何也？不谓：求以得，有罪以免与？

王弼本："古之所以贵此道者何？不曰以求得，有罪以免邪？"帛本"贵此者"，王弼本写为"贵此道者"，这是王弼添加的第二个"道"，他解释为："以求则得求，以免则得免。"但他并没有讲清楚"古之""道"是什么意思，说明他的注释不着边际。

此"古"字指的是"立天子，置三卿"，是上古时期就建立的国家体制，也非商周所创。"贵此"就是尊崇这些身居尊位之人的思想。我们所耳熟能详的上古之人，无非都是创立了盛德大业的人，并被授予尊贵职位。人们尊崇三卿，就是具有荣誉感，具有丰大的追求意识。这句话意在提示人们生来具有的荣誉感的意义。"古之所以贵此者何也？"的意思是上古时人们就敬仰尊贵之人是为了什么呢？

"不谓"，不会说。"求以得"，希望得到这种荣誉。"有罪以免与"则与《丰》卦《象辞》有关，"象曰：雷电皆至，丰。君子以折狱致刑"，说君子犯了罪要根据讼辩来宣判刑罚。平民犯了罪要诉诸刑罚，而贵族则不受刑罚，故有"刑不上大夫，礼不下庶人"之说。"有罪以免与？"的意思是难道晋身于高位就是为了犯了罪后得以赦免吗？同样都是疑问句，"古之所以贵此者何？"是以古时人们尊崇权贵的主观意识，来质疑现时的"不谓：求以得，有罪以免与？"的新贵作风，认为他们重权在握便趾高气扬、飞扬跋扈，对国家和民众缺乏真正的责任感。

◎**故为天下贵。**

章尾照应章首，首句"道者，万物之注也"，结尾"故为天下贵"。"贵"应"道"，"天下"应"万物"。本句重在理解"为"字，"为"是动词，应理解为作为、躬身施为。"为天下"是经营天下。本章有"善人"和"不善人"之别；有"古之"和现时之别。古时的三卿为"善人"；现时的"坐而进此"为"不善人"。"为天下"是古之三卿出于责任心而经营天子的天下；而现时的新贵是为了炫耀自己而"进此"，并没有为国家做多少实事。所以讲，同样是地位尊崇，苦心经营天下者才是真正的高贵；而为了私利追求高官的人，只能是出于"有罪以免与？"为目的的低贱思想。

老子凡是称为"道"的，都是贯穿于古今的某一理念，而非放之万物而皆准的唯一理念。本章的"道者"是追求丰大尊崇的思想，社会各阶层都崇尚这一理念。老子同时又写了"善人"和"不善人"，却耐人寻味。说明凡事都要讲规则、有界限，符合传统体制上位的三卿为"善人"；而随着社会进入大变革时代，一旦原有体制被打破，超越界限上位的平民、三卿，往往难以用平常心看待地位的剧变，做出许多出格的行为，被称为"不善人"。三卿是"道"的体验者，"此"则是三卿所代表的尊崇，"善人居此"和"不善人居"此就得出不同的评价。其根本原因，是破旧而未立新的大变革时代，新派人物推动了历史的进步，最终却没有体制化，上位的人尚未进入"为天下"状态，便退出了历史的舞台。老子也只是就现实而发议论，历史的归结到底如何，他也是看不到的。而王弼没有体会到这种深层次的含义，便妄自添加两个"道"，学"老"者不可不辨。

【今译】

追求丰大的理念，是社会万物共同的特点。

善于运用权力的人把地位看作是一种荣耀，不善于为官的人也希望得到这种荣耀。

美好的语言可以换取他人好的回应；而一个领导者，把受到人们尊敬作为自己的行为准则，才会得到广泛的赞许和追随。

作为一个人，即使不去追求功名利禄，也不能抛弃自己最基本的生存条件而走向极端。

所以国家要设立天子尊位，设置三卿职位，只有他们享有祭祀专用的玉璧。

现在那些用四匹马拉着大车的，多是不善于为官的坐在上面，却昂然晋身三卿之位。

而古代的三卿是怎样珍贵自己的位置呢？不会说：祈求得到这个位置，是为了犯了罪可以免于刑罚？

所以能够一心经营天下的才值得尊崇。

第六十三章　为无为（简甲）

本章帛本与王弼本文字大体一致，韩非《喻老》对本章亦有涉及，但其著作是否为他本人所写尚有存疑，故不用来辨证。简本抄写的内容总共三段，二十八个字，相比其他章节似乎少了些；帛本与王弼本则多出了五段，字数符合常规，且多出来的文字意境深邃，更像老子文笔风范，如按此说，简本似乎是漏抄了中间这部分，这也为所有学者接受。但笔者认为并非如此。下面先抄录本章帛本予以分析。

"为无为，事无事，味无未。大小多少。（报怨以德。图难乎其易也，为大乎其细也。天下之难作于易，天下之大作于细。是以圣人终不为大，故能成其大。夫轻诺必寡信。）多易必多难。是以圣人犹难之。故终于无难。"

括号内是帛本比简本多出来之字。饶尚宽总结本章为："这就是说，必须慎重缜密地对待一切困难，不要轻易许诺，草率从事，这样由易而难，由小而大，就能够成功。"①这样写无疑抓住了帛本的主线，但饶先生没注意到，《道德经》所有的章节，首句都是为本章确立主题的，"为无为，事无事，味无未"才是主题，而那些深刻的含义却都与首句没有关系，也就是说，从"多少"至"寡信"这些文字，是游离于本章主题之外的，非但不合首句的主题，还需把原本的文字错解了来迎合这些后加的思想。所以笔者认为帛本中间部分尽管思想精辟，却是后加的。我们还可以从文字方面来证明帛本之假。

简本"未无未"，帛本则改为"味无未"，王弼本又进一步改为"味无味"。"未"就是"未"，无"口"不会通"味"，这是一个典型的递进式篡改案例。

"天下"二字表述有误。"天下之难作于易，天下之大作于细"，意思是天底下的难事，天底下的大事。但这都不是老子的文笔。《道德经》凡写"天下"者，都与王治有关，是很慎重的，并没有口语化表述，如第三十章（简本）："不欲以兵嚙于天下。""天下"指王治下的所有诸侯国。在前六十二章有关"天下"一词的解析中，笔者都有说明。在《论语》中同样如此，"天下归仁焉"，即指王治之天下。再如"子曰：君子之于天下也，无适也，无莫也，义之与比"。"天下"也是从政治意义上讲的，指周王名义下的天下诸国。而帛本之"天下"显然是口语化的泛天下，如《庄子》："夫天下莫大于秋豪之末。"此"天下"指自然之天下；战国末期的韩非《解老》，"今举动而与天下之为仇"，亦指普天下之人。也就是说，老子时期的"天下"和战国后期的"天下"所指是不同的。故帛本之"天下"与老子笔下的"天下"是不相同的，显然为后加之词。

错解了"难"字。简本的三个"难"都是灾难之义，而不是指困难，帛本认为"容易"和"困难"才是天生的一对，故错把"多易必多难"推导成"天下之难作于易"，说明篡改者始终不明白"圣人犹难之"与首句的关系。应该说，"难易"作为模式化的反义词在老子时代可能还没有形成，以此解读者，

---

① 见《老子》，饶尚宽译注，中华书局，2015，第136页。

必为后改。

两个"圣人"不同体。帛本有两个"圣人"在不相关的主题中出现，"圣人终不为大"在前，已经结束了对一个主题的论述；"圣人犹难之"在后，又提出了一个新的主题，这种堆砌内容、乱增加主题的痕迹是很明显的。

> 为，无为；事，无事；未，无未。大，小之；多易必多难。是以圣人犹难之，古（故）终无难。（简本甲组第八章）

本章对应《周易·旅》卦。

【王弼本】为无为，事无事，味无味。大小多少，报怨以德。图难于其易，为大于其细。天下难事必作于易，天下大事必作于细，是以圣人终不为大，故能成其大。夫轻诺必寡信，多易必多难，是以圣人犹难之。故终无难矣。

◎**为，无为；事，无事；未，无未。**

所有版本都以"为无为，事无事，味无味"来分句读，可译为：作无为之为，行无事之事，品无味之味。可以说，这种传统的分句是错误的，因为这样句子就没有了来由。如果说作"无为"之"为"，那是谁在做呢？为什么要这样做？必须做出清晰的解释才行。

按顺序本章对应《周易·旅》卦☲☶，按卦象讲，五爻为上卦之主，二爻为下卦之主，本卦三个阳爻虽处上部，却不居主位，像是旅居他国的尊贵之人，卦名"旅"正是体现了这种尴尬的处境。本章开头即是描写寄人篱下的羁旅之人的无聊与无奈。这种旅人就是"为，无为"行为的主体，他既不是商人，也不是投亲靠友之人，而是奔波于各国权贵之间的门客，因为只有这些人，才是引发时局动荡的政治因子，老子才会把他们注入笔下。同其他章节一样，这些行为的主体是隐匿不写的。

"为，无为"，指那些没有被重用的游士，想获得国君的重视而做一番事业，却没有资格去作为。这种理解和传统注释正相反。

"事，无事"，退而求其次，想做些具体的事，却终日闲暇，无所事事。《史记·孟尝君列传》讲孟尝君"其食客三千人"，三千食客中能有几个人做具体的事？又有几个人能受到赏识而出人头地？所以大部分人都是在遥遥无期的闲暇中等待机会。

"未，无未。"春秋战国时期出现了许多著名人物，如伍子胥、孙武、吴起、商鞅、苏秦、张仪、范雎等，都是叱咤风云的人物，尽管他们的结局不同，但他们所带来的影响却是巨大的。许多学子怀揣着崇高的梦想奔走列国，希望实现自己美好的未来，残酷的现实却是迟迟看不到未来，这就是"未，无未"的来源。至于王弼本改写的"味无味"，就没有品味的必要了。

◎**大，小之；多易必多难。**

帛本写为"大小多少"，并在后面又添加了五段文字："报怨以德。图难乎其易也，为大乎其细也。天下之难作于易，天下之大作于细。是以圣人终不为大，故能成其大。夫轻诺必寡信。"之所以添加文字，是篡改者对本章主题茫然，体会不到简单文字中包含的深刻意义，便将三个字改成了四字句式，后面又添加了几个排比句，以漂亮的词句掩盖了原文质朴的语言。

"大"，指身份之大。原为本国的太子或公子，作为人质留在质押国，或小国公子为躲避灾难而投奔大国，其原身份为"大"。像四处流亡的晋公子重耳，指使荆轲刺秦的燕太子丹，哲学家韩非，都属于这种人。他们身份虽大，但寄人篱下，随时有丢掉性命的危险，只有自贬为小，才能调整好心态，不致招来横祸，此即所谓"小之"。《旅》卦卦辞："旅，小亨，旅贞吉。"意为羁旅在外，要自贬为小，才能有好的前途，旅人只有这样做才吉。这是本句"大，小之"写作的依据。前面的"为，无为"句描写的是"旅"，旅人的客观境遇；这一句表达的是"小亨"，旅人应持有的主观心态。

"难"，灾难之义。但"困难"和"容易"是一对常用的反义词，如果按反义词去理解"多易必多难"，等于是用后来出现的词义倒推前代之字，此为训诂学之大忌。需要注意的是，此"易"字与《周易》之"易"的字体是不同的，字义也不同。《周易》之"易"是"日勿"结构；本句之"易"是两个"勿"一个"心"的结构，意思是想象得过于单纯。此"易"字何来？《旅》卦六五爻辞："射雉，一矢，亡。终以誉命。"六五为尊贵之位，用一箭而射中雉，并因此获得声誉。一个旅居他乡的贵族，难道凭着一次机遇就能终身受益吗？未免想得太简单了，此即为"易"字的来源。上九爻辞："鸟焚其巢，旅人先笑后号咷，丧牛于易，凶。"旅人因为太容易得到声誉而笑，但随后的境遇却使他号咷大哭，最终以"凶"结束，为"多难"，即发生了灾难。所以"多易必多难"依据《旅》卦六五爻和上九爻辞的内容，表达了太容易得到主观所需求的，最后必然是灾难性后果的结论。

◎是以圣人犹难之，古（故）终无难。

《周易·大象》是周公所写，《旅·象辞》言："山上有火，旅。君子以明，慎用刑而不留狱。"意思是君子要明辨是非，谨慎使用刑罚，不要让无辜的人留下罪案。"旅"与刑狱按说没有关系，为什么周公要在《旅》卦写这一句呢？说明他把周文王因受谗言遭陷害而被纣王拘于羑里也归入了"旅"的范畴，认为不能轻信人言而实施刑罚，致使无辜的人长期不能回家，并由此推而广之，不要让任何人蒙受不白之冤。看来这个"旅"字不是我们所认识的那么简单。老子根据这段意思，写了"圣人犹难之"。"圣人"即周文王。"难"指周文王被商纣王囚禁在羑里狱中，为遭大难之意。"之"是代词，代指"大，小之"。"圣人犹难之"，周文王也在遭受大难时坚持"小之"的原则。《周易·明夷象》："内文明而外柔顺，以蒙大难，文王以之。"可见周文王蒙难是春秋战国时期常被士人提起的励志故事。

"古"通假"故"，"古（故）终无难"，所以最终还是没有灾难发生。按照史载，周文王被商纣王关押在羑里七年，最终被释放回到岐周。"犹难之"是牢狱之灾，"无难"是没有被纣王杀掉，这是两个"难"字的区别。关于"难"字的不同用法，可以参考史例，《春秋公羊传·昭公二十五年》："（齐侯）庆子家驹曰：'庆子免君于大难矣。'子家驹曰：'臣不佞，陷君于大难，君不忍加之以鈇锧，赐之以死。'"译文：齐景公又向昭公身旁的子家驹庆贺，说："祝贺您使您的国君免于大难！"子家驹立即谦让说："为臣没有才能，才使国君陷入大难之中，我的国君不忍心对我施以刑罚，赐予死罪，甚幸。"齐侯说的："大难"是身亡，子家驹说的"大难"是流亡。这与"古（故）终无难"和"圣人犹难之"的"难"的用法大同小异。

"古（故）"是推论词，"古（故）终无难"推论的原理是什么呢？就是本章要表达的主要思想："大，小之。"本身是"大人"的身份，却要以卑微的态度渡过难关。关于周文王在羑里监狱的情形鲜有记载，按照常理周史也不会记载周文王这些痛苦的具体经历，但作为三公之一，能够独自活着回到岐周，本身就说明是周文王运用《旅》卦"小亨"智慧的结果。如果我们只能主观地推测周文王狱中"小之"而至"终无难"，其在出狱回到岐周后，坚持韬光养晦的策略却有历史描述，《吕氏春秋》："文王处歧事纣，冤侮雅逊，朝夕必时，上贡必适，祭扫必敬。纣喜，命文王称西伯，赐之千里之地。"周文王以卑微的态度对商王朝表示忠心，不但消除了灾难，而且还赢得了更多的利益，为后来消灭商王朝赢得了充分的准备时间。

我们可以发现第六十三章文字与《旅》卦的如下对应关系："为，无为；事，无事；未，无未"对应"旅"字；"大，小之"对应卦辞"小亨"；"多易必多难"对应六五爻辞和上九爻辞；"是以圣人犹难之"对应《象辞》"君子以明，慎用刑而不留狱"；"古（故）终无难"呼应本章主题。

从逻辑方面讲，本章简本虽然只有三句话，却形成了一个完整的推论过程，主题简洁明确。反观帛本增加的部分，主题不明确，脉络不清晰，推论没过程，有结局而没有起点，说明中间部分不是凭空添加就是对原文做了较大改动。所以说，我们所熟知的帛本或者通行本确有伪造的嫌疑。

【今译】

想有一番作为，却没得到重用；想做点具体的事，却无事可做；希冀有一个美好的未来，却看不到前景。

在家乡是大人物，到了外面则要谦恭自律；总是想象着能轻易实现目标，就会有更多的灾难来临。

从这一点说，"圣人"也曾在遭受大难时秉持着"小"的做人原则，所以最终没有发生更大的灾难。

第六十四章　其安也易之也（简甲）

　　郭店楚墓简本《老子》根据字体和形制不同，整理者分为甲、乙、丙三组。《道德经》第六十四章通行本内容在简本甲组分别写在第十三章（第六十四章的上部分）和第六章（第六十四章的下部分），并在丙组又重复写了下部分，说明这上、下部分原本是两个章节的内容，是后来被合并为一个章节。既然这两个章节已经分别抄写在了简本甲组中，为什么"为之者败之"章还要在丙组重抄一遍呢？大概是为了将这一章合并在"其安也；易之也"章做的提示。在《绪论》中我们对简本丙组做过分析，简本丙组乃简本抄写者的一个便签，简本丙组的五个章节是为了改写原本而留下的备忘录。据此分析，早在郭店楚墓墓主生时，流传于后世的《道德经》已经将这两章合为一个章节了。

　　本章对应《周易·巽》卦，"为之者败之"部分与《巽》卦无关，与"其安也；易之也"部分的主题也没有关联，而与《无妄》卦相符，应该是原第二十九章的内容，笔者在第二十九章注释中已经做了分析，在此不再赘述。本章仅就"其安也；易之也"部分进行解读。

　　解读本章有很大的难度，难在必须要了解《周易》占筮的方法。其实古时的注释者大都《周易》《道德经》兼通，只是他们没找到解读《道德经》的法门，没从两者对应的角度探寻章节主题，最终导致解读与原本的思想南辕北辙。

　　　　其安也；易之也。其未兆也；易悔也。其丰也；易畔也。其几也；易践也。为之于其无有也。治之于其未乱。合【抱之木，生于毫】末。九城之台，甲【于絫土】。【百千之高，始于】足下。（简本甲组第十三章）

本章对应《周易·巽》卦。

【王弼本】其安易持，其未兆易谋，其脆易泮，其微易散。为之于未有，治之于未乱。合抱之木，生于毫末；九层之台，起于累土；千里之行，始于足下。（为者败之，执者失之。是以圣人无为，故无败；无执，故无失。民之从事，常于几成而败之。慎终如始，则无败事。是以圣人欲不欲，不贵难得之货。学不学，复众人之所过。以辅万物之自然，而不敢为。）

◎**其安也；易之也。**

帛本为："其安也，易持也。"王弼本为："其安易持。"说明这两个"也"字在帛本还是存在的，是后来才删减的。一般认为有"也"和没"也"只是不同时代书写文字的章法问题，表达的意思是一致的，其实没这么简单。"其安易持"是一个句子，指的是一个主体；而"其安也；易之也"指的是两个主体，两个"也"标志着两个独立的句子并列在一起，所以"也"字还具有语法上的意义。由此说，王弼本的删减是错误的。

如果"其安也；易之也"是两个主体相并列，那么"其"和"易"就应该是两个不同的主语，"其"代表的主体是什么呢？要弄清楚这个问题，首先要明白本章的"言之君"是什么。本章按顺序对应《周易·巽》卦，《巽》卦的"巽"字在帛书《易》中写为"筭（suàn）"，指计算蓍草之数以组合六爻筮卦。还有《巽》卦爻辞："九二巽在床下，用史巫纷若，吉，无咎。"这是《周易》卦爻辞中唯一写有"史巫"的爻辞，巫负责占筮和占卜。当时国君逢大事都要用占筮和龟卜以决吉凶，《周礼·春官宗伯》："凡国之大事，先筮而后卜。"但从《左传》的许多记载实例看，都是先卜后筮。《左传·僖公十五年》："龟，象也；筮，数也。物生而后有象，象而后有滋，滋而后有数。"又《左传·闵公二年》："成季之将生也，桓公使卜楚丘之父卜之。……又筮之，遇《大有》之《乾》。"这些记载都是先占卜后占筮，可见，先卜后筮是当时的一种筮法顺序。按照顺序，"易"指《周易》的《巽（筭）》卦，"其"写在"易"的前面，应解为龟卜。

"易"字学界都释为容易，为什么本书断定是《周易》之"易"呢？我们可以看看简本中其他章节中的"易"字，如简本甲组第八章（《道德经》

第六十三章）"多易必多难"，简本甲组第九章（《道德经》第二章）"难，易之相成也"，这两个"易"字的结构是"易"下有"心"，字形为"惖"，意思是想象得过于单纯，容易之义。同样是简本甲组之文，本章的"易"字并没有"心"字旁，与《周易》之"易"书写相同，而与"容易"的"易"不同。可见，那两章的"易"字与本章原本不是一个字，一个是"容易"，一个是《周易》，所表达的内容是不相关的，可能是在秦统一文字后通用为一个字了。故此，"易之也"之"易"当解为《周易》之"易"。

如果说"其"为占卜之义，为什么这里不写"卜安也"，而是写"其安也"呢？这就反映了一个主题性的关键问题了。龟卜与占筮，按照卜官的说法，为"筮短龟长"，即龟卜应验的时间相对长远，应以龟卜为重，其实就是重卜轻筮。《周礼》："大卜掌三兆之法：一曰玉兆；二曰瓦兆；三曰原兆。其经兆之体皆百有二十，其颂皆千有二百。"龟卜颂词多达一千二百条。占筮之辞则相对较少，"掌三易之法：一曰连山；二曰归藏；三曰周易。其经卦皆八，其别皆六十有四。"就《周易》而言，有六十四个卦辞，三百八十四条爻辞，信息量远不比卜辞多。但《道德经》是对《周易》的阐释，况且老子并不囿于对卦爻辞文字的机械运用，而是注重对卦象的理解，创造性地解释卦辞对现实社会的指导意义，《周易》思想才是《道德经》阐述的中心内容。如果写"卜"字，由于在"易"之前，卜辞就成了阐述的重点，便用"其"字代表龟卜，这样龟卜就成了"易"的陪衬。

"安"的字义，应该指占卜的征兆，安而不动之象。由于卜辞体系没有完整地流传下来，"安"字无从考证，"其安也"似乎指龟卜的兆象和卜辞是固定的，缺乏对发展趋势的推演。

"易之也"的"之"字就比较复杂了，其他传世版本和帛甲本皆写为"持"，与简本的字形字义完全不同。简本是"杲"，上"之"下"木"结构，《说文》解释此字："《玉篇》古困字。"刘信芳也认为此字乃"困"的古字。[①] 笔者认为此字应该是占筮术语，如《左传·昭公十二年》："南蒯枚筮之，遇《坤》之《比》，曰：'黄裳元吉。'以为大吉也。"《坤》卦的六五爻动变为《比》卦，

---

① 刘信芳：《荆门郭店竹简老子解诂》，艺文印书馆，1999，第31页。

六五爻辞即为"黄裳元吉"。这种由于本卦因某一爻动而变为另一个卦的过程，称为"之"，而简本的"亲"，由"之"下加一"木"，可以断定为表示这种变卦专用的古字，后来简写为"之"。"易之也"，意思是《周易》卦通过某一爻的变化，可以去推演未来的发展趋势，优于占卜之辞的固定内容。

◎其未兆也；易悔也。

其他传世版本皆写为"兆"，简本写为"茈"，在"兆"上多了个"艹"字头，可见这两个字还是有区别的。《周礼》："大卜掌三兆之法：一曰玉兆；二曰瓦兆；三曰原兆。"按"兆"的说法，指灼龟后出现的不同征兆，以判断欲卜之事的吉凶。但"兆"并非占卜征兆的原字，《说文·卜部》："兆，古文𣲖省。""兆"的篆文带卜，是专指龟卜之兆，后来略去了"卜"旁。而简本中的"兆"带"艹"字头，是否和"兆"的古文"𣲖"同义呢？笔者看是不同义的，"𣲖"是龟卜的征兆，"茈"应该专指用蓍草之数而生爻，是六爻成卦而生易象的征兆。一般而言，两个字都可以用来表示征兆，但战国初期对卜、筮征兆之字的书写还是有区别的。"其未兆（茈）也"，意思是占卜不具有占筮那样的征兆。

传世版本都写为"易谋"，按照"易"为《周易》的说法，"易谋"就不成立了。简本"谋"写为"悔"，"易悔"仍为卦变之义。《周易》筮卦有"悔卦"之说，表现为两种卦象形式。一是内卦为"贞"，外卦为"悔"。《左传·僖公十五年》："卜徒父筮之……《蛊》之贞，风也；其悔，山也。"山风《蛊》卦，内八卦为风，即为"贞"；外八卦为山，即为"悔"。这是没有变爻情况下的"贞""悔"。二是本卦为"贞"，变卦为"悔"。《国语·晋语四》："得贞《屯》、悔《豫》，皆八也。筮史占之，皆曰：'不吉。闭而不通，爻无为也。'"此例本卦为水雷《屯》卦，上下两个八卦都有变爻，变得《豫》卦，故曰"皆八也"。本卦《屯》称为"贞"，变卦《豫》称为"悔"，与上例之"贞""悔"主体不同。

"易悔也"意思是龟卜只能按照颂词来理解，而筮卦可以按照变卦——由"贞"卦到"悔"卦的变化状态来把握贞问之事的发展趋势，显然占筮要胜于龟卜。

对《周易》感兴趣的读者应该清楚"之"和"悔"两者的区别，"之"是一个卦的六个爻中只有一个爻动，所动"之"爻的爻辞对预测之事起着预后的作用；"悔"是一个卦的多个爻动，通过"贞"卦和"悔"卦的卦象对比，对所预测之事加以预后。这两种形态一个是注重爻辞，一个是注重卦辞，但都着重于事物的发展变化。老子通过对龟卜和占筮的比较，来说明《周易》更具有对客观事物的推演价值。

◎其丰也；易畔也。

王弼本为"其脆易泮"，"脆"字简本写为"霡"，上面一个"雨"，下面两个"丰"。笔者认为此字应释为"丰"。学界对简本"丰"字的讨论还是较多的，但都没有脱离开王弼本"脆"的字义范围，在此不再举例。《康熙字典》："丰，古文丰。"《说文·生部》："丰，草盛丰丰也。""霡"，雨下在旺盛的草上，草越长越旺盛，繁杂之义。"其丰（霡）也"，"其"指龟卜之象，"其丰（霡）"似是说龟卜之象太过繁杂，缺乏主线，不易于对社会现象做出明确判断。

"易"，指《周易》。"畔"，《礼记·月令》："是月也，命大史，衅龟策占兆，审卦吉凶，是察阿党，则罪无有掩蔽。""衅"通"判"，"衅龟策占兆"就是判断龟卜和占筮的征兆。"衅"同"畔"。"易畔也"就是《周易》更便于对欲占之事做出明确判断。本句主要是对《周易》占筮"之"和"悔"予以肯定，认为比较龟卜而言，占筮的变卦形式对未来趋势更易于判断。

◎其几也；易践也。

前句写"其丰"，主要谈龟卜与占筮在形式和推论上的差别，虽然龟卜之象更为丰富，却缺乏变化之道。本句则是从运用角度上讲的。"几"，隐微，多指事物的迹象、先兆。《周易·系辞下》："子曰：'知几其神乎！君子上交不谄，下交不渎，其知几乎？几者，动之微，吉之先见者也。君子见几而作，不俟终日。'"孔子这段话的意思是了解事物隐含的玄机就是大智慧、神明了吧！君子对上不献媚讨好，对下不轻慢猥渎，这也许算是了解事物隐含的玄机了吧！所谓玄机，就是事物变化最细微的、最先显现事物朝着有利方向变化的征兆。君子如果察见了这种微妙的玄机，就应该积极行动起来，而不是整天消极等待。这里所说的"几"，就是一种隐含的征兆。"其几也"，实际上指的是龟卜的主要功能是给人们提示某种难以发现的征兆，同"践"进行了对比。

"践"，简本写为"伐"，指行动。"易践（伐）也"，《周易》占筮对人们的行动有指导作用。为什么这么说呢？因为《周易》有六十四卦，每卦有六个爻，六个爻位各有所指，是六十四个不同的社会模型，通过对卦象变动的分析，可以直接应用于人们的实践活动，使人们能够采取积极有利的行为取得好的结果。"其几也；易践也"的意思是龟卜重在对隐含征兆的提示，占筮重在对趋吉避凶行为的选择。

老子为什么这么看重占卜呢？其实不唯老子，古代的统治者都把卜筮看作是神意，因为他们是代替神来统治天下臣民的，只有敬神，才能名正言顺地坐在龙椅上发号施令，自然要恭恭敬敬地遵从神灵的意旨。故而《礼记》写道："子言之：昔三代明王，皆事天地之神明，无非卜筮之用，不敢以其私亵事上帝。是故不犯日月，不违卜筮。"卜筮作为崇尚神灵的工具，也为广大民众所信仰，这样有利于社会的安定。《礼记·曲礼》："卜筮者，先圣王之所以使民信时日，敬鬼神，畏法令也。所以使民决嫌疑，定犹与也。故曰：疑而筮之，则弗非也；日而行事，则必践之。""敬鬼神"，意在培养人们的敬畏心，有了敬畏心，人们才会自觉地遵从法令。由于自上而下地崇尚占卜，老子也不例外，才会围绕着《周易》做文章，从卦象和卦爻辞中领悟出更多的思想来分析社会现象。

◎为之于其无有也。

前面的四个"其"是作为主语使用的，指的是龟卜；这里的"其"不是作为主语使用的，所以两者有所不同。占筮针对的是己方和外方，此"其"为外方，指对政权有威胁的敌对势力。王弼本"为之于未有"，把"其"字去掉了，等于抹掉了一方对另一方的作用关系。

王弼本"为之于未有，治之于未乱"是作为一个排比句来理解的，而简本的"为之于其无有也。治之于其未乱"，因为前句写了一个"也"字，而且在"也"字后面还有一个断句符，说明这是两个句子，没有内在关联，故王弼把它改成排比句是错误的。简本写为"亡有"对应"无"，没有"治"义。"未"是尚未，说明有形成之征兆。所以把"无（亡）有"改作"未有"也是不对的。后人把老子原文的"也"去掉，把"亡"改成"未"，这样就把两个不相关的句子变成了一段排比句，意思好理解了，但老子的原意却没了。

"无有"的含义，是我们没有看到或没有意识到，既然没有意识到，就谈不到有针对性地"为之"，那这句话又是从何说起呢？我们可以从两个方面寻找答案。一是此话来自《巽》卦的《象辞》："随风，巽。君子以申命行事。""申"即"神"，"申命行事"是指要遵照神的意旨去做事，你没意识到，但神会告诉你。而如何才能得到神的旨意呢？这就是第二个答案：前面句子中讲的占筮，"易之"和"易悔"揭示了事物的发展趋势，它可以告诉你如何从"无有"中去"为之"。如《左传·僖公十五年》："卜徒父筮之，吉。涉河，侯车败。诘之，对曰：'乃大吉也，三败必获晋君。其卦遇《蛊》，曰：千乘三去，三去之余，获其雄狐。夫狐蛊，必其君也。《蛊》之贞，风也；其悔，山也。岁云秋矣，我落其实而取其材，所以克也。实落材亡，不败何待？'"讲的是秦国欲讨伐晋国，卜徒父占筮为吉，结果秦国兵败，秦侯便质问他，为什么没有像占筮的那样取得胜利？卜徒父解释道，根据所占《蛊》卦分析，秦国会有三次兵败，但"贞"卦之木克"悔"卦之山，三败之后必会擒获晋国之君。这个现实例子为我们解释了"为之于其无有也"的合理性。

◎治之于其未乱。

这一句主要讲占筮的功能。《礼记》："国家将亡，必有妖孽。见乎蓍龟，动乎四体。"古人认为，国家灭亡，并非人力所能为，必有妖孽在暗中推动，妖孽能蒙蔽人的眼睛，却难以逃脱蓍龟的神灵。所以蓍龟的功能之一就是揭示造成国家内乱的潜在因素，有了神灵的提示，就可以趁其尚未作乱时化解之。另外，从《巽》卦爻辞看，"初六进退，利武人之贞。"讲此卦有利于武人进退，而武人又分我方和敌方。如果是我方之武人，会有讨伐之利；如果是敌方武人，恐怕就会对我形成很大的威胁，故要提前从思想和部署上预防之。这句话是紧扣初六爻辞而言的。后面的句子则是从三个角度加以阐述。请注意文字的区别，上一句的"无有"是对前面句子的总结，因为"无"字与神有关，人难以察觉；本句的"未乱"是下面句子的引子，"未"是人识，对事物发展趋势的推断，指的是人力所为。

◎合【抱之木，生于毫】末。

这句话好理解，需要合抱那么粗的大树生成于纤细的树苗。但上一句的"未乱"有相害之意，而这一句并不是从"害"的角度讲的，等于用两个相反的角度论述同一个主题。这句话与《巽》卦卦辞有关，卦辞："巽（箅），小亨。"卦象阴爻在下，有上升的空间，"小亨"就是小者亨通。"毫末"为小，有利于小者生长成为参天大树，这应该是本句起于上句却又不同于上句的原因。

◎九城之台，甲【于蒉土】。

王弼本写为"九层"，帛本为"九成"，简本为"九城"，解读者皆弃简本之"城"而用"层"，实为误用。"成"和"城"可以借用，但"层"和"城"是不能相通的。

关于"九城"，《左传·隐公元年》"都，城过百雉，国之害也。先王之制：大都，不过参国之一；中，五之一；小，九之一。"这是郑国大夫祭仲因为京城太叔超越建制而对郑庄公说的一段话，意思是凡属国都，城墙周围的长度超过三百丈（百雉），就给国家带来祸害。先王制定的制度：大的地方的城墙，不超过国都的三分之一；中等的，不超过国都的五分之一；小的，不超过国都的九分之一。这句话提到，按照周制，小地方的都城的长度不能超过国都的九分之一。"九城"大概是九分之一城制的简称，意为小的城墙。为什么要专门写小的都城呢？意思是小的城邑之主，本身就算不上国家栋梁，却常常有觊觎国君之心，也暗含着由小趋大的意思。"台"指城墙上面的平台，是整个城墙的最高处。"九城之台"主要还是从城墙的长度而言的。

王弼本"起于累土"，"起"字简本写为"甲"，学者们都疑惑简本之"甲"字，大部分认可系"乍"字的误写，按照帛书之文应解为"作"。简本写"甲"，与后世的版本不同,说其误写是省事的法门。其实写"甲"字是有缘由的。《巽》卦九五爻辞有这么一段话:"贞吉,悔亡,无不利。无初有终,先庚三日,后庚三日,吉。"十天干为甲乙丙丁戊己庚辛壬癸,如果形容事物的发展过程,甲乙丙是起始阶段,丁戊己庚是发展阶段,辛壬癸是收获阶段。爻辞的"先庚三日"指丁戊己,指发展阶段;"后庚三日"指辛壬癸,指收成阶段。意思是我们对事物要注重它的发展趋势和最终结果,并以此作为决策原则,而不要纠缠于起点如何。老子在本章描述的是敌对方面,故"甲于蔂土"是反过来讲的,意思是甲是一切事物的起点,就像城墙的建筑是从第一筐土开始的,我们应当关注事物运动的起点,即对一些反常的苗头要加以特别关注,如果待到既成事实再去掌控,恐怕一切都已晚矣。这句话就是放在当前,也有极大的警示作用。故"甲"字是有源头的,后人不知其意,便改写为"作""起"。

◎【百千之高,始于】足下。

王弼本为:"千里之行,始于足下。"帛乙本为:"百千之高,始于足下。"简本只存"足下"二字,前面缺省。前句之"合抱之木"乃自然生成之理;"九城之台"是从城墙建设的长度讲的;"百千之高"是从高度讲的,形容城墙之高,依然指建筑的体量逐渐增加。如果从这个角度讲,句子的主体应当是城墙的逐渐加高,而非人之"行","足下"实指城墙的基础地面。所以王弼本的"千里之行,始于足下"虽然成为流传千古的励志名句,但仍然不如帛乙本的由百而及千更接近原意。总体来看,最后的这三句话是针对"治之于其未乱"的形象论述,是由神意到人为的转换,强调的是对内乱的预防。

【今译】

龟卜的征象是不变的,而易卦的征象是变化的。

龟卜没有像易卦那样以数而生征象,因为易卦有贞悔相推演。

龟卜纹象过于繁杂,而易卦易于判断。

龟卜重在对隐含征兆的提示,易卦重在对趋吉避凶行为的选择。

易卦的作用,就在于事物还没有出现时,提示出行动的方向。

更现实的作用，是在叛乱势力尚未形成时予以防范。

（需要）合抱那么粗的树木，都是从细微的树苗长起来的。

即便最短城墙的平台，也是起始于第一筐土。

城墙由百而千逐级增长的高度，也是从脚底下开始的。

第六十五章　故曰为道者（帛甲）

　　故曰为道者，非以明民也，将以愚（娱）之也。民之难【治】也，以其知也。故以知知邦，邦之贼也。以不知知邦，【邦之】德也。恒知，此两者亦稽式也。恒知稽式，此谓玄德。玄德深矣，远矣，与物【反】矣，乃【至大顺】。（帛甲本）

本章对应《周易·兑》卦。

【王弼本】占之善为道者，非以明民，将以愚之。民之难治，以其智多。故以智治国，国之贼；不以智治国，国之福。知此两者，亦稽式。常知稽式，是谓玄德。玄德深矣，远矣，与物反矣，然后乃至大顺。

◎**故曰为道者，非以明民也，将以愚（娱）之也。**

帛甲本："故曰为道者。"帛乙本："古之为道者。"王弼本："古之善为道者。"关于这三个版本，帛甲本开篇便写："故曰为道者。"一方面，帛乙本抄者大概认为"故曰"写得没缘由，便把这两个字改成了"古之"，这是合乎逻辑的。从另一个方面说，帛甲、帛乙本没有按数字顺序分章，是连着上面的文字写下来的，第六十四章和第六十五章之间没有分章符，抄写者顺着前章（第六十四章）的句子"能辅万物之自然，而弗敢为"接着写"故曰为道者，非以明民也"，也是很正常的。但按照第六十五章的起句分析，帛甲本的"故曰"肯定是后加的，老子原文本章的开篇应该没有"故曰"或"古之"，而是直接写"为道者"。

如果在"为道者"的前面加上"古之"或"古之善"，那"者"字肯定是人称代词，"道"也就成了一个谁也讲不清的空虚的概念词。一般将"古之为道者"句释为古代善于运用"道"来治理国家的人。到底是什么样的"道"？没有人能解释清楚。对"道"的模糊概念，是传抄者根据个人理解不断添加字的主要原因，在其他章节中同样如此。其实"道"字是有具体指向的，即不同章的"道"体现的是所在章的中心思想，内涵是不同的。

本章对应《周易·兑》卦，《序卦传》："兑者，悦也。""兑"的字义是和悦。卦辞："兑亨，利贞。"意思是人与人之间要保持和悦，社会才会安定。本章之"道"的内涵就是和悦。"为道"，推行和悦思想。"者"，助词，标明语言上的停顿，并引出下文。"为道者"，推行和悦思想的目的。

"非以明民也"，王弼："明，谓多智巧诈，蔽其朴也。"解"老"者基本遵从此意，如陈鼓应译为："不是教人民精巧。"[1]有些人玩小聪明、狡诈，或者如陈鼓应所说的"精巧"，这只是人类某一种思维形式的体现，是社会的表面现象，而老子谈的却是社会的深层次问题。"明"，分辨。"非以明民也"，不让民众对是非曲直分辨得太清楚。所谓"水清无鱼，人清无友"即是这个道理，在日常社交活动中，如果凡事都要泾渭分明，争出个理来，人和人之间就不会有和悦气氛，社会会充满戾气，这就是写"非以明民"的原因。所以，管理必须要是非分明，选择正确的方向，社会才会发展；民众必须要和悦，你好我好大家好，社会才会安定。没有安定的发展会带来巨大的社会动荡，没有发展的安定会带来贫穷落后。管理和民众的自觉行为两者不可混淆，这是社会运行的两个轮子，它们互不妨碍，并行运转，才会推动社会在稳定中发展。老子借《兑》卦谈的是社会学中的大道理。

"将以愚之也"，王弼曰："愚，谓无知守真，顺自然也。"这是讲统治者应当推行愚民政策。但这个"愚"不一定是老子的原本之字，不能代表老子的思想。遂州本"愚"写为"娱"，"将以娱之"更接近本章关于和悦的主题思想。"娱"，欢乐。"将以娱之也"，要让民众在欢乐中感到满足。

---

① 陈鼓应：《老子注译及评介（修订增补本）》，中华书局，2009，第301页。

不让民众明辨，又怎么才能让民众对生活有所希望呢？所以"娱之"就是让他们感觉到快乐。在古代，国家及民间有许多隆重的节日和娱乐活动，就是为了让民众在节日的气氛中忘掉苦难和争执，在短暂的欢乐中感到满足。这是统治者高明的无上心法，是稳定社会秩序的大手笔。

◎**民之难治也，以其知也。**

"其"为代词，指民。"知""智"互通。王弼本为"以其智多"。应该按帛甲本所写，是"知"而非"智"。"智"与"愚"是一对反义词，上句用"愚"，下句必用"智"；如果上句写的是"娱"，下句就不需要一定解为"智"了。"知"和"娱"不存在反义关系，而是照应"明民"写的。民众欲明辨曲直，必然要知识广博，底层民众常年从事简单的劳作，掌握过多知识就会产生非分之念，也增加了治理难度，不利于封建体制阶层的稳定。自从孔子开创了平民教育模式，有些底层民众扔下锄头，如饥似渴地学习知识，这些新生知识分子对社会发展做出了积极贡献，也对原有的统治结构形成了极大的冲击力，造成了当时社会体制的动荡，故有此一说。

◎**故以知知邦，邦之贼也。**

王弼本为"故以智治国"。帛本之"知"不可解为"治"。兹举两个译文例子。饶尚宽译为："百姓难以治理，是因为他们的巧智太多。因此用巧智治理国家，就是国家的祸害。"[1] 照此理解，百姓不能心存智巧，统治者也不能心存智巧，是不是主张以愚治愚啊？明显说不过去。陈鼓应则变通了一下："人民所以难治，乃是因为他们使用太多的智巧心机。所以用智巧去治理国家，是国家的灾祸。"[2] 多写了一个"使用"，便把"智巧"之过似是而非地转移到了统治者头上，即统治者心思过于智巧，用智巧治国有害无益。这些注释中出现的混乱，根源都在于前人对原文的修改。

我们可以从两个方面来分析。第一，如果"知"是"治"的借字，前面

---

[1] 《老子》，饶尚宽译注，中华书局，2015，第 142 页。

[2] 陈鼓应：《老子注译及评介（修订增补本）》，中华书局，2009，第 301 页。

"民之难治也"为什么没有写成"民之难知也"呢？既然前面有了"治"字，后面不可能再把"治"写为"知"。第二，从本章主体分析，王弼本说的是让民众"愚"，难道也主张统治者愚吗？就是把"愚"字解释得好看一点儿也难以讲通。以此看，应当用帛本文字解读为是。

前"知"指广博的知识；后"知"为知道，知道则议论是非，故有议论之义。后面的"邦"为列国之国，前面的"邦"指邦国的管理。"贼"，害。"故以知知邦，邦之贼也"，所以用各种知识去了解和议论国家的管理，是对国家管理的毒害。需要区别的是，这句话是承接上一句写的，表述的主体是民，而不是统治者。

◎ **以不知知邦，邦之德也。**

"知知邦"是一句话：用各种知识去了解和议论国家的管理。"不"是否定词，否定"知知邦"。"以"，连词，表承接，相当于"而"。"以不知知邦"，而不是以自己所学去了解、评价国家的管理。"德"，福庆。传世版本多将"德"写作"福"。"邦之德也"，是国家的福庆。

◎ **恒知，此两者亦稽式也。**

通行本常见句读为："知此两者，亦稽式。"《道德经》不具备诗歌形式，没有严格的句式排列，注重的是内容的表达，故不应把句子格式化。"恒知"，要永远明白这个道理。笔者认为，"此两者"的"两"是后加上去的，不是原文该有的。《道德经》的句子一般像链条一样，一环扣一环，前面的两句话，一是先写了个"邦之贼也"，是错误的思潮；紧接着对应写了一个"邦之德也"，是正确的思潮，表明要选择正确的方式；本句应该承接"德"句继续延伸发挥，故应该写为"恒知，此者亦稽式也"，而不是对两者通论。

"稽式"，传世版本多作"楷式"，释为法则。有学者认为，"楷"为本字，"稽"是"楷"的借字，如高明："'稽式'即'楷式'，但'楷'为本字。"[1]其实"稽"才为本字，"楷"应该是后世修改之字。之所以修改"稽"字，是

---

[1] 高明：《帛书老子校注》，中华书局，1996，第 145 页。

因为对"稽式"难以做出解释，但改为或理解为"楷式"是严重的失误，这样把深刻的思想简单化了。《字林》："稽，留也；止也。""稽式"，把和悦思想保留于仪式之中。民间有许多传统节日，各有不同的形式，都充满着和悦、欢乐的气氛，给人们带来生活的希望，这是和悦的"稽式"。如过年的节日仪式中，过去人们天不亮就出门去互相拜年，在恭贺新年的礼仪中，往往化解了邻居或友人之间的某些隔阂，而继续保持和谐的关系，这就是"拜年"看似多余却一直得以延续的价值所在。"稽式"的意思是让民众产生和悦，要有明确的载体，不是空洞的说教就能实现的。"亦"，皆。"恒知，此者亦稽式也"，要永远明白这个道理，国家的福庆都包含在隆重的节日气氛中。

◎恒知稽式，此谓玄德。

"恒知稽式"，要永远明白公众仪式中所隐含的意义。"此谓玄德"，这就是具有深远社会意义的行为。"玄德"重在强调"稽式"中和悦思想的重大社会意义。凡用"玄德"之处，必有超出人们意识的深刻而广泛的社会意义。民众处在社会最底层，工作勤劳，生活艰辛，如果看不到人生的希望，必然会对统治者产生怨恨思想和暴乱行为，所以要让他们感受到生活的快乐，消除非分之想，而这种快乐只能以节日的形式让人们有所期盼，这就是"玄德"所强调的社会意义。

◎玄德深矣，远矣，与物反矣，乃至大顺。

王弼注："反其真也。"王弼将"反"释为"返"。"玄德"为隐含的意义，"物"为可见之象，两者从表现形式上是相反的，应该以"反"解之。人们常说"和气生财"，指人和人之间的和悦关系在物欲方面会发挥积极作用，为什么这里讲相反呢？就在于财富和国家政策密切相关，所以追求物质欲望的人常常评论国是，这种人只关心自己的财富，不会真心与别人和悦相处；那些物质匮乏的人每日辛勤劳作，反倒非常珍惜节日给他们带来的快乐，"稽式"对他们来说是一种精神慰藉，所以物质和精神往往是相反的。

"乃至大顺"，有的释为"顺应大自然的规律"，其实"大"和"大自然"没有关系；有的释为"最大的和顺"，"最大"的标准是什么？此概念不清晰。

《道德经》每章的最后一句话一般是对本章主题思想的概括，所指是非常明确的。本章的主题思想是《兑》卦卦辞："兑亨，利贞。"《彖传·兑》阐释为："刚中而柔外，悦以利贞，是以顺乎天而应乎人。""以不知知邦"即为"应乎人"；"稽式"即为"顺乎天"，因为所有的仪式都表现在祭祀天地神祇，达到"顺乎天而应乎人"即为"大顺"。

这样解释或许会让人有疑问，《彖传》是儒家编写的，与老子又有何干？笔者认为是有关系的，《道德经》应该出自战国时期太史儋之手，而非与孔子同时代的老聃；太史儋时期，《彖传》的思想内容应该随同《周易》经文一起得到传播，老子用与《彖传》相近的思想解读《兑》卦卦辞也是成立的。

总之，本章以和悦为"道"，提倡以乐治民，使民知乐而忘忧；提倡民众做好本职工作，不宜多学议政；提倡以具体的仪式来安民，以此顺乎天而应乎人。

【今译】

推行和悦思想的目的，是不让民众对是非曲直分辨得太清楚，从而使他们感受到生活的欢乐。

民众之所以难以治理，是因为他们学习了很多的知识。

所以他们以广博的知识了解和评价国家的管理，这对国家是有害的。

不以过多的知识来了解、评价国家管理得失，对国家来说是一种福庆。

永远要知道，要实现这种福庆，就在于把人们的欢乐凝聚于各种仪式中。

永远要知道，这些仪式所蕴含的道理，具有非常深远的社会意义。

这深刻的社会意义所产生的影响是非常深刻、长久的，它与人们追求物欲的意志是相反的，只有这样才是实现顺天应人的最好方法。

第六十六章　江海所以能为百浴王（简甲）

江海所以能为百浴（谷）王，以其能为百浴（谷）下，是以能为百浴（谷）王。圣人之在民前也，以身后之；其在民上也，以言下之。其在民上也，民弗厚也；其在民前，民弗眇也。天下乐进而弗詀，以其不争也，故天下莫能与之争。（简本甲组第二章）

本章对应《周易·涣》卦。

【王弼本】江海所以能为百谷王者，以其善下之，故能为百谷王。是以欲上民，必以言下之；欲先民，必以身后之。是以圣人处上而民不重，处前而民不害，是以天下乐推而不厌。以其不争，故天下莫能与之争。

◎江海所以能为百浴（谷）王，以其能为百浴（谷）下，是以能为百浴（谷）王。

本章按顺序对应《周易·涣》卦，是对《涣》卦主题的发挥。周文王在此卦写"涣"，意为表示周国要趁政局大乱之际积极推动商王朝政权的解体。"涣"又有水盛之义，《玉篇·水部》："涣，水盛貌。"从本章的内容看，老子是从水盛的角度来理解的。

"谷"，简本写为"浴"，溪流之义。"江"指长江。"海"指湖泊。江海都是处在最低处，溪流之水源源不断由高处流向低处，方才形成盛大的水势，故言江海为百谷王。

◎圣人之在民前也，以身后之；其在民上也，以言下之。

《涣》卦爻辞："六三涣，其躬，无悔。""躬"又有谦恭之义。由此说，利益面前，"圣人"总是后得，民众才会把他推到前面；在功德面前，"圣人"

谦逊而不争，所以民众才会让他来统治国家。这是与常理相悖的理论，而这样的"圣人"也只见于传说中，不是现实中存在的，这种理论的思绪只能从爻辞中引申出来。

"圣人"是本章的主线，所指应为周文王或周武王，《涣·象》："风行水上，涣。先王以享于帝，立庙。""先王"指周文王。"享于帝，立庙"指周文王在翦商前就建立了相当规格的国家礼制，吸引了众多诸侯前来归附。这是"圣人"的出处。

◎其在民上也，民弗厚也；其在民前，民弗眇也。

简本之"厚"字诸本皆写为"重"，"重"一般理解为沉重、负累；而"厚"的字义是由上而下的深厚，有卑下之意，却又区别于前文之"下"。"其在民上也，民弗厚也"是说"圣人"高居于民众之上，但民众并没有卑下的感觉。

简本之"眇"字诸本皆写为"害"，《郭店楚墓竹简》释文亦为"害"。简本此字笔画上"寸"下"目"，"寸"为小，"目"为见，与"眇"的字义相近，故用"眇"字代替较妥。"眇"，细小、微小，不论从哪个角度看，此字与"害"都无关联。"在民上"，为统治者，对应"厚"，表示民众不感觉卑微；"在民前"，为榜样，形象高大，对应"眇"，表示民众没有感觉自己渺小。

◎天下乐进而弗詀，以其不争也，故天下莫能与之争。

王弼本为："是以天下乐推而不厌。"意思是"圣人"被天下百姓热烈拥戴而不厌恶。学界多以"推""进"互借，"厌""詀"互借。关于"进"字，许杭生认为："'乐进'指天下人自己乐求前进，而'乐推'一般解作拥戴圣人，或作推崇其功德而言。所以'乐进'与'乐推'两者是不一样的……作'天下乐进而不厌'较符合《老子》本义。"①

"推"是由下往上施加作用力，为推举、举荐之义；"进"是平行或由上而下自行灌注，两个字的作用力是不同的。显然王弼本的"推"是修改而

---

① 引自丁四新：《郭店楚竹书〈老子〉校注》，武汉大学出版社，2010，第30页。

来的，因为修改者认为上古"圣人"实行的是禅让和推举制，用推举合适，自己进位就不是"圣人"所为了。其实这种修改是错误的。之所以说其错误，在于他们把主体搞错了，前面说江海为百谷王，是由于能容纳百谷之水，"天下"即指天下百谷。百谷由高处自行进注于低处之江海，当写为"进"。以天下百谷喻天下诸侯，众诸侯与周文王并没有高下之分，周文王的身份并没有改变，是天下诸侯自愿归于周文王及周武王麾下，即为"天下乐进"。曹操《短歌行》中"周公吐哺，天下归心"同此意。

需要注意的是，"圣人"对应江海，主体是"圣人"；"天下乐进而弗詀"对应百谷流注，主体是诸侯，指诸侯乐于归附，而不是去拥戴、推举。简本的"圣人"句和"天下"句的主体是不同的，而王弼本"是以天下乐推而不厌"的主体是"圣人"，与"圣人"句的主体是相同的。"詀"，《郭店楚墓竹简》释文为"厌"，王弼本写为"厌"，指厌恶，应以"詀"为是。《玉篇·言部》："詀，多言。"《集韵》："詀，言不正。""弗詀"，不发表反对意见。"天下乐进而弗詀"的意思是天下诸侯乐于归附而没有任何反对意见。如果按照"厌"字解释就不尽如人意了。

"以其不争也，故天下莫能与之争"，"争"是主观愿望和实力的兑现，"不争"是谦下的逊让，是为了让归附者没有卑下之感。许多人把不争之争看作是一种谋略，恐怕这不是老子的思想。从"百谷王"的含义讲，要实现不争而天下没有人能与之相争，第一，要有江海的体量，这个体量是一种身份，也是一种实力；第二，要有谦恭的雅量来容纳具有不同思想的进入者；第三，还要有众望所归的声望。三者缺一不可。从实施的角度看，这不是一日之功，计谋行得了一次，行不了百次；行得了一时，行不了一生。所以以不争实现争的现实案例是很少的，是一种假谋略。

纵观《道德经》，老子所有的思想都是基于创建国家政权的百年大计、千年大计，从没有一时一地的小计谋。本章所讲的前后、上下之论，是成大业者的胸襟。老子希望战国的终结者要像周文王一样是一个"圣人"，使天下诸侯争相来朝；而不是后来出现的，以残酷杀戮来征服列国的始皇嬴政。

【今译】

江海之所以能成为百川归附之地，是因为江海以低于百川的姿态接纳百川，所以能成为百川之王。

"圣人"能走在民众前面，是因为在利益上总是走在后面；他能够居于民众之上，是因为语言上比较谦下。

他在民众之上，民众却没有卑下的感觉；他立于民众之前，民众却没有感觉自己渺小。

天下之人乐于归附而没有非议，是因为他不争权力的缘故。所以天下没有谁能与之相争。

第六十七章　我恒有三葆（帛甲）

老子本章提出："我恒有三葆之：一曰慈，二曰检，三曰不敢为天下先。"这"三葆"是《道德经》中以"我"为主语提出来的做人原则；儒家则提倡以仁、义、礼、智、信"五常"为做人的道德准则。两者相较，显然"三葆"不如"五常"的境界高大。这是否说明老子的思想格局不如以孔子为代表的儒家思想格局大呢？答案是否定的，原因在于《道德经》各有论述主题，把这些主题铺展开，就形成一个宏大的政治架构，其体系远比儒家思想深广，而第六十七章只是围绕着其中的某一个节点论述的，如果我们不知道这个节点的出处，就难以理解"三葆"的具体指向是什么。

帛本和通行本在本章篇首都写有："天下皆谓我大，大而不宵。夫唯不宵，故能大。若肖久矣，其细也夫。"但此部分与后面的部分是没有关联的，而与第三十四章意义相同，有可能是从第三十四章错简于此，故本书对这部分不予解析。[①]

①　陈鼓应、饶尚宽皆有此论。

（天下皆谓我大，大而不宵。夫唯不宵，故能大。若肖久矣，其细也夫。）我恒有三葆之：一曰慈，二曰检，【三曰不敢为天下先。夫慈，故能勇；检，】故能广；不敢为天下先，故能为成事长。今舍其慈，且勇；（舍其检，且广），舍其后，且先，则必死矣！夫慈，以战则胜，以守则固。天将建之，如以慈垣之。（帛甲本）

本章对应《周易·节》卦。

【王弼本】天下皆谓我道大，似不肖。夫唯大，故似不肖。若肖，久矣其细也夫。我有三宝，持而保之。一曰慈，二曰俭，三曰不敢为天下先。慈，故能勇；俭，故能广；不敢为天下先，故能成器长。今舍慈且勇，舍俭且广，舍后且先，死矣！夫慈，以战则胜，以守则固，天将救之，以慈卫之。

◎我恒有三葆之：一曰慈，二曰检，三曰不敢为天下先。

本章的第一段"天下皆谓我大"句疑是从他章移植过来的，但这种移植也是有道理的，因为"我恒有三葆之"作为章首写得过于突兀，这就要求我们必须找到缘起才能确定这种疑问。

本章按顺序对应《周易·节》卦☵，卦象阴阳间隔有序，有竹节之象，"节"的意思就是做事要有节制、有次序、有规矩。故"节"是《节》卦的主题，也是本章的主题。那节制又是如何具体体现的呢？《节·象》："泽上有水，节。君子以制数度，议德行。""制数度"的意思是对自己的行为准则要有数字化的标准，就是要设定几项标准去严格遵守。"我恒有三葆之"，我一直有三项行为准则。所以，"三葆"数字的出处就在《节》卦的《象辞》中。"葆"，通"保"，保持。"葆之"，保持的行为准则。

王弼本为："我有三宝，持而保之。"帛乙本为："我恒有三琛，市而琛之"。"市而琛"似乎是对句子含义的补充，意思是与人交流所秉持的原则。

韩非《解老》有一句话："故欲成方圆而随其规矩，则万事之功形矣。而万物莫不有规矩。议言之士，计会规矩也。圣人尽随于万物之规矩，故曰：

'不敢为天下先。'"韩非解释本章反复使用"规矩"二字，如果是解释"不敢为天下先"，显得比较勉强，但既然把"规矩"作为核心概念来阐释，显然当时的学者是有共识的。我们也可以这样理解：《节》卦讲行事要有节制，即与人交往要懂规矩，要遵守规则，大家才能和谐共处。爻辞："初九不出户庭，无咎。九二不出门庭，凶。"初九和九二居于下位，是指不懂社会交往规矩之人，这种人只适合在家里做事，是不能到社会上与人共事的。"九五甘节吉，往有尚"，九五是懂礼节、守规矩之人，这种人出去做事就会获得成就。可见，"三葆之"是与人交往时应当保持的三个原则，如果长期坚持，就成了一种规矩。

"一曰慈，二曰检。""慈"，仁爱，指要有仁爱之心。"检"，王弼本为"俭"，节俭；本书以为，应当以帛本"检"为准。"检"，约束、限制、节制。"检"强调要善于节制自己的言行，符合《节》卦主题。

"三曰不敢为天下先"，似乎与上一章的"圣人之在民前也，以身后之"相关联，通常译为：不敢处于天下人的前面。但细究之下，这种解释有问题，只有"圣人"才可居于天下人的前面，本章没有"圣人"二字，与"圣人"无关；而且是"我恒有三宝"，"我"并不是"圣人"，有什么资格说"不敢为天下先"呢？所以说"我"处于天下人的前面是没道理的，不是敢不敢的问题，是这个说法根本就不存在。

从句子结构分析，我们一般理解的"不敢为天下先"，"为"是介词"在"的意思；"天下"是"先"的定语，指天下之人。组成短语的叠加顺序是：天下先——为天下先——不敢为天下先。如果我们把"为"的词性改变一下，理解成有为、经营，如第四十九章"为天下，浑心"，"为天下"也是指管理天下。这样句式就变成：为天下——为天下先——不敢为天下先。"为天下"指经营天下，是臣属辅佐国君管理天下。"为天下先"，借管理天下的权柄而独断专行，站在国君的前面，把国君变成了臣属的傀儡，从而超越了大臣的身份。"不敢为天下先"，不敢在为国君管理天下时独断专行。这样就顺理成章了，主语"我"是臣，在为君王管理天下时要节制自己的权欲，不让自己站在国君的前面，这样也符合《节》卦主题。

◎夫慈，故能勇；检，故能广；不敢为天下先，故能为成事长。

"慈"，帛乙本为"兹"，通"慈"，和善之义。"勇"，勇敢。和善不等于软弱，对待身边之人越是和善，在敌人面前往往是越勇敢。"检"，约束。"广"，广泛。能够约束自己言行的人，才能受到众人的信任。本句讲的是看上去很和善的人，作战时往往最勇敢；平时能约束自己言行的人，影响力就越广泛；那种谦逊待人、居功不傲的人，才能够受到大用。

帛乙本和王弼本为"故能成器长"，"器"，王弼解为"物"，现学界多解为"万物"。有人认为"器""事"异文，当以"器"为正解，译成成为万物的首长。只有"圣人"才可称为万物之长，但这种说法不符合本章主旨。我们可以从两方面分析：一是本章是对《节》卦的阐释，《节》卦通篇都是对普通人的行事要求，没有涉及国君；二是上一章写有"圣人之在民前也，以身后之"，有"圣人"二字，但本句没有写"圣人"，就不能以"圣人"解之。可本句有"天下"二字，又不能不与国君有关，这就是写"事长"的前提条件，即必须是为国君管理国家大事的官长。故应以帛甲本的"事"字为准。

"事"，官职之义。《书·立政》："任人、准夫、牧，作三事。"王引之《经义述闻·尚书上》："三事，三职也。为任人、准夫、牧夫之职，故曰'作三事'。""事长"应该是管理众官员的国相之职，统领众官员为国君做事。"不敢为天下先"，不敢在辅佐国君时唯我独尊，意思是有功而不自傲，有职而不专权。"故能为成事长"，所以能够成为有成就的百官之长。

◎今舍其慈，且勇；舍其后，且先，则必死矣！

王弼本："今舍慈且勇，舍检且广，舍后且先，死矣！"帛乙本为："今舍其慈，且勇；舍其检，且广；舍其后，且先，则死矣！"帛甲本则没有"舍其检，且广"句。前句写"夫慈，故能勇；检，故能广；不敢为天下先，故能为成事长"，按理说后句应该对应写"慈勇""检广""后先"，但"后""先"是反义词，"慈""勇"是相反的形象。而"检""广"并不是一对相反的词，故帛甲本不写"舍其检，且广"是有道理的。

"且"，王弼注："且，犹取也。"本句指现在用人的标准发生了变化，舍弃了人和善的一面，只强调勇狠；舍弃了谦逊的美德，只强调眼前的成就。如此急功近利，很难保持功业的长久，必然会走向死路。

◎夫慈，以战则胜，以守则固。

"慈"的表现，外为和善，内为仁爱。仁爱体恤下属，和善团结同事，故能同仇敌忾，"战则胜，守则固"。

◎天将建之，如以慈垣之。

王弼本为："天将救之，以慈卫之。"有灾才需救助，王弼本的"救之"没有照应，故有错改之嫌。

前面都是从竹节的角度做的阐释，本句作为收尾，把主题又提高了一个境界。"建之"是从整个竹子生长的角度来谈的，指竹节之间形成完整的生长建制。"天"是自然。"天将建之"，大自然让各个竹节连贯生长为一个完整的竹子。如果指做事，就是实现预设目标；如指做人，就是指有一个完善的结局。老子之所以不从笔墨上写明《周易》卦的"节"字，就在于其思路不被"节"所宥，而由此拓展出更深远的境界，但我们要是不明白竹节和竹子的背景题材，就不知道"天将建之"到底在说些什么。

《说文》："垣，墙也。"按照"墙"解，与通行本之"卫"义近。《释名》："垣，援也。""垣"又有援引之义。如果按"援引"讲，"垣"与"卫"的字义就不相近了。"如"，乃。"如以慈垣之"，乃以仁爱援引他生长。没有仁爱，就没有整体意识；没有援引，就没法逐节生长。

总之，本章围绕《周易·节》卦展开论述，下卦中的初九爻辞"不出户庭"，九二爻辞"不出门庭"，六三爻辞"不节若"，都是因没有"节"的意识而困顿于家中。如何摆脱这种困顿处境呢？老子在此提出要具备"三葆之"的思想，又由这个个体性进而升华到整体性的建设中去。所以，"我恒有三葆之"都是从"我"这个个体而言的，而个体只是整体中的一个环节，一个环节再好也难以独存，只有保持仁爱之心，才能延下援上，形成完整的事体，也才会有一个完美的结局，就如九五爻辞所言："甘节吉，往有尚。"

"三葆"作为《道德经》中唯一提出"我"的做人原则，与儒家的仁、义、礼、智、信"五常"道德准则是不同的，它体现得更为具体。"三葆"是六十四个主题（指《周易》六十四卦）中的一个，立足于竹节的"节"字，即"我"只是整体中的一个环节，如何保证个人事业成功，又能带动整体事业的成功，从而善始善终，是门大学问。坚持"慈""检""不为天下先"的原则，像管仲辅助齐桓公成为春秋五霸之首，晏婴辅助齐宣王中兴。他们皆为"天将建之"，善始善终。而像吴起、商鞅，为国家建立了显赫功勋，最后却被万箭穿身、车裂而死。还有一些乱臣贼子把持朝政，随意废立国君，为天下于君先，最终导致灭族之灾，此"则必死矣"。

【今译】

我一直有三项行为准则：一是要和善待人；二是要善于节制；三是不敢在为国君管理天下时独断专行。

看上去很和善的人，作战时往往最勇敢；平时能约束自己言行的人，影响力才会广泛；那种谦逊待人、居功不傲的人，才能够成为百官之长。

现在用人的标准发生了变化，舍弃了和善的一面，只强调勇狠；舍弃了谦逊的美德，只强调眼前的成就。如此急功近利，必然会走向死路。

和善对待下属，在攻战时才会获胜，在坚守时才能固若金汤。

上天要成全你的功业，就会以仁爱来援引你。

第六十八章　善为士者不武（帛甲）

善为士者不武；善战者不怒；善胜敌者不【与】；善用人者为之下。【是】谓不诤之德；是谓用人；是谓天。古之极也。（帛书甲本）

本章对应《周易·中孚》卦。

【王弼本】善为士者不武，善战者不怒，善胜敌者不与，善用人者为之下。是谓不争之德，是谓用人之力，是谓配天古之极。

◎**善为士者不武；善战者不怒；善胜敌者不与；善用人者为之下。**

在第十五章（简本甲组）有"古之善为士者"，第四十一章（简本乙组）"上士昏道"，"士"都是泛指具有一定才能的人士。本章之"士"，有的认为指统帅，如王弼："士，卒之帅也。"有的认为是士兵，如陈鼓应："士，士卒。"陈鼓应又认为"为"是治理义，"善为士"，善于统帅士卒。[①]但陈的说法还是有问题的，"士卒"应该是"卒"，而不能以"士"称。笔者认为，此"士"专指武士，如齐景公对有功武士贵以"五乘之宾"相待。田开疆、古冶子、公孙捷自号"齐邦三杰"。但他们挟功持勇，口出大言，凌铄乡里，简慢公卿，此为挟武乘勇之士，最终被国相晏婴"二桃杀三士"，仅用两个桃子就把三个士除掉。这三个人都可称为"士"。为什么断定"士"为武士呢？这就要从所对应的《周易》卦中找答案。

本章按顺序对应《周易·中孚》卦，《中孚》卦主要讲战士的战斗精神，六三爻辞："得敌，或鼓，或罢；或泣，或歌。"六三爻辞就是描写战士在战斗中不屈不挠的斗争精神，所以本章开篇即紧扣《中孚》卦主题，以武士言之。

本句用了四个"善"字，"善"就是好的、善于。前三个"善"句，都是围绕着武士逐步推进：第一个讲士的底蕴，真正好的武士不会耀武扬威，为"善为士者不武"；第二个能战者才为士，善战者总是冷静地面对敌人，而不会失去理智，为"善战者不怒"；第三个战则能胜，逢战必胜者讲究速战速决，不会和敌人长时间纠缠，为"善胜敌者不与"。"与"，相匹敌，纠缠在一起。

关于第四个"善"句，"善用人者为之下"，"用人"是武士被委以重任，统帅士兵的意思。此处应该是多抄了个"之"字。为将者令行禁止，上下分

① 陈鼓应：《老子注译及评介（修订增补本）》，中华书局，2009，第309页。

明，绝不可居士兵之下。"为下"则是指与士兵等同，同甘共苦。战国时鲁国任用吴起为大将，吴起在军中与士卒同衣食，卧不设席，行不骑乘，深得士卒爱戴，故能逢战必胜。吴起作为统帅身份的"士"，能够与士兵平起平坐，亲如兄弟，是"为下"的典范。如果是"为之下"，成了在士兵的下面，就没道理了。

◎是谓不诤之德。

"诤"字，帛乙本和其他传世版本皆为"争"，应以帛甲本之"诤"为是。"争"的适用范围比较广泛，容易引起误解。帛甲本的"诤"，限定在语言的争论上，指坚持己见的争论。识时务者为俊杰，冷静而不固执，是"不武""不怒""不与"的思想基础。

另外，本章有三个"是谓"，仔细分析的话，这三个"是谓"很难解释清楚，如果是从前面句子得出的结论，和"古之极也"又有什么关系呢？把个人的观点说成是古代的最高准则，显然是说不过去的。其实这三个"是谓"阐释的是《中孚》卦的内容，各自对应一句爻辞。

九五爻辞："有孚挛如，无咎。"帛书《易》写为："九五有复论如，无咎。"九五为将帅，"有复论如"可以理解为将帅与下属对作战方案加以讨论，就是讲集思广益，不固执己见。所以"是谓不诤"是在引征"有复论如"的说法。"不诤之德"，善于倾听别人意见的品德。第一个"是谓"句有"之德"，后面的两句则做了省略。

◎是谓用人。

王弼本为"是谓用人之力"，可以断定"之力"是后加的，此乃画蛇添足。"是谓用人"是针对《中孚》九二爻辞讲的，"九二鸣鹤在阴，其子和之。我有好爵，吾与尔靡之"。作为一个统帅，拿出好的酒具，与自己的兵卒一起喝到大醉，就是前面讲的"善用人者为下"，与下面的士兵同甘共苦，"士为知己者死"，整个队伍就会同仇敌忾、所向披靡，这是用人的最高境界。

◎是谓天。古之极也。

帛乙本为"是谓肥天，古之极也。"王弼本："是谓配天古之极。"陈鼓应对这段的译文为："这叫作合于天道，这是自古以来的最高准则。"①把"配天"理解为合乎"天道"，无论是"配"字还是"天"字，都难以成立。何况前文所言都是武士的思想作风问题，与"天道"也没有关系。再者，"古之极也"之"古"不包括自古以来，不能把时间后拉。应该以帛甲本为是。

前两句"是谓"都是对《中孚》卦爻辞的提炼，这一句也应该对应爻辞来理解。上九爻辞："翰音登于天，贞凶。""翰音"为家禽，本义讲家禽也想像大雁一样飞到天上去，这样会带来凶祸。帛甲本的"是谓天，古之极也"完全是按照上九爻辞写的，但思路有区别。"是谓天"指达到最高境界，作为一个士，能做到"为士者不武""战者不怒""胜敌者不与""用人者为下"，就实现了人生的大跨越。故"是谓天"为人生的最高境界，而"翰音登于天"是天空的高处。

"古"，周文王时代，实指《周易》卦爻辞。"极"，顶点、最高。《周易》卦象上六为正爻，上九为反爻，《中孚》卦上九爻的"翰音"妄动于天际，提示为"贞凶"；"古之极也"对爻辞中的"凶"字不置可否，但通过表示最高的"极"字提示了吉凶转化的可能性，关键在于掌握"功高"和"震主"之间的度。

本章三个"是谓"句对应《中孚》卦的爻辞为："是谓不诤之德"对应"九五有孚挛如，无咎"，"是谓用人"对应"九二鸣鹤在阴，其子和之。我有好爵，吾与尔靡之"，"是谓天。古之极也"对应"上九翰音登于天，贞凶"。只有找出句子写作的出处，才能知道其中真实的思想。

【今译】

善于作为武士的，不会耀武扬威。

善于作战的，不会被敌人激怒。

善于打胜仗的，不会与敌人长时间对峙。

---

① 陈鼓应：《老子注译及评介（修订增补本）》，中华书局，2009，第310页。

善于用兵的，往往与士兵同甘共苦。

这就是所说的集思广益，不固执己见。

这就是所说的用兵的最高境界。

这就是所说的作为士的最高境界，也是古人高至极点的吉凶转化之道。

第六十九章　用兵有言曰（帛甲）

用兵有言曰："吾不敢为主而为客。"吾不进寸而芮尺。是谓：行无行；襄无臂；执无兵。乃无敌矣。祸莫于于无适。无适近亡吾。吾葆矣。故称兵相若，则哀者胜矣。（帛甲本）

本章对应《周易·小过》卦。

【王弼本】用兵有言，吾不敢为主而为客，不敢进寸而退尺。是谓行无行，攘无臂，扔无敌，执无兵。祸莫大于轻敌，轻敌几丧吾宝。故抗兵相加，哀者胜矣。

◎用兵有言曰："吾不敢为主而为客。"

王弼本为"用兵有言"，没有"曰"字，可译为：用兵的曾说。后面自然就是用兵的原话了。按照帛甲本应该译为：按照用兵的理论说。再后面的句子就是老子的领悟之言了。由此看，有没有"曰"字区别是很大的。

注者皆以"兵"为士兵，"用兵"为统帅士兵的人。但笔者认为"兵"应该是兵器，"用兵"指使用兵器的人，即延续了上一章的主题，谈武士的问题。本章按顺序对应《周易·小过》卦，爻辞中几处提到武士，武士的行为举止就是本章的话题，所以开篇就写"用兵"二字。

"吾不敢为主而为客"，一般译为：我不敢进犯，而采取守势。这样解释是有问题的，战争是为了胜利，强者会攻城略地，弱者才被迫采取守势，"用兵"既没表示为强者，也没表示为弱者，怎么就先习惯性地把自己定性为弱者了呢？再者，从来是坐地户为主，来者为客，即便是主动进攻者也不能称为主。所以这种注释是错误的。

那么"主""客"是从哪里谈起的呢？是从《小过》卦的爻辞中来的："六二过其祖，遇其妣；不及其君，遇其臣。无咎。"六二爻辞说欲见祖父，却只见到了祖母；没有见到主人，只见到了家臣。"祖""君"都为主，欲见者为客，这个"主"是不敢乱当的。爻辞中也有人敢于反客为主，如"九三弗过，防之。从或戕之，凶"。这句话说反叛者勾结外部势力逆杀自己的国君，使自己成为国君或执政者，这样的悖逆之"主"自然正常人不敢做。所以"不敢为主"就是指不要心存这个意念。

那为何"吾"是客不是主呢？《小过》卦是小者超越，卦辞："小过亨，利贞。可小事不可大事。飞鸟遗之音，不宜上宜下，大吉。"这就为"吾"的身份定性了，作为小者，只是为国君效力的客，在君面前只可"小事"而不可"大事"，只"宜下"而不"宜上"。

总之，"吾不敢为主而为客"不是引用的原文，也不是老子的语言，而是对《小过》卦爻辞某一思想的总结。

◎**吾不进寸而芮尺。**

王弼本为："不敢进寸而退尺。"过去人们一直在揣摩老子这句话的意思，帛本出土后，学者们并没有从这古老的文本中得到感悟，依然沿用原有的思维，译为："用兵的曾说：我不敢进犯，而采取守势；不敢前进一寸，而要后退一尺。"[①]如此的高姿态，把国土拱手送给了敌人还振振有词！不管注者如何巧解，都难以自圆其说。

按照帛甲本"吾不进寸而芮尺"分析，这一句与上一句同样都有"吾"，说明两者不是一个连句，而是各有主体；上一句有"敢"，而本句没有，说明本句主题有所转换；上一句是对《小过》卦爻辞的总结，本句是老子由上句引申出的自己的思想。所以本句应该与上句分开来理解。至于帛乙本和王

---

① 陈鼓应：《老子注译及评介（修订增补本）》，中华书局，2009，第312页。

弼本所改的"不敢进寸而退尺"，无论从哪个角度解释，于情于理都是不通的。

关于"芮"字，李善注："《说文》曰：'芮，小貌。'""芮尺"，小看尺。十寸为一尺，尺是寸的十倍长。"进寸而芮尺"，多进了一寸就自认为有多大的成就，而小看尺。"吾不进寸而芮尺"，我不会犯"进寸而芮尺"的错误。这句话和前句话一样，都是对六二爻辞的阐释，六二有了小成就想到其祖、其君那里显摆，殊不知其祖、其君都出去干大事业了，其实六二的成就微不足道，只配和其妣、其臣相提并论。故老子说自己绝不会去犯这种得志便猖狂的低级错误。

◎**是谓：行无行；襄无臂；执无兵。乃无敌矣。**

王弼本为："是谓行无行，攘无臂，扔无敌，执无兵。"《小过》卦主题是小者要勇于超越，超越是好事，但爻辞却凶多吉少，卦辞也是以不上、不过为吉，为什么要这样讲呢？老子从三个方面谈凶险的原因所在。

"行无行"，前一个"行"指走、行进，后一个"行"是行进的方向。行进却找不到前行的方向，是说如果不能把握好行进的方向和尺度而误入歧途，很有可能这种超越会给自己带来凶险的后果。

"襄"，高。"襄无臂"，欲攀高却没有臂膀去实现，指有主观愿望却没有去实现的客观条件。不具备条件就想超越，就只能依靠投机钻营了，故有凶险。

"执无兵"，想要手执兵器却没有兵器可执，指要努力实现目标，而这个目标根本就不存在。这是没有结果的超越。

"乃无敌矣"，是因为没有与主观行为相对等的客体。"敌"，对等。这是一个十分重要的概念，我们不管做什么事，必须要有具体的、能够实现的合理目标，如果超越了某个界限，就会出现凶的结局。"乃无敌矣"是对"行无行；襄无臂；执无兵"的总结，不具备人生方向，不具备客观条件，没有客体存在，却要强行去做。这些错误主观意识的产生，是由于被社会上虚假风向所迷惑，而自己又缺乏正确的人生坐标及合理的奋斗目标所导致的。其实，这种人生的困惑在当下也是普遍存在的。

◎祸莫于于无适。

帛乙本为"祸莫大于无敌"，王弼本为"祸莫大于轻敌"。由帛甲、帛乙本再至王弼本修改的线路是很明晰的，帛乙本先是修改了"于（大）""适（適—敵）"，王弼本又进而修改了"无（轻）"字，至此，以假代真的任务完成了，对原本思想的改造也完成了。帛甲、帛乙本出自汉初同一个墓主，帛甲本为篆书，帛乙本为隶书，文字多有不同，帛甲本难以领悟，帛乙本易于理解但失去了本义。如果我们把战国简本——帛甲本——帛乙本——王弼本捋顺下来，会发现各本次第对文字进行了修改，主题思想也随之进行了转换，痕迹是一目了然的。我们尤其要重视帛甲本、帛乙本的区别，在刘邦称帝前和称帝后，短短几十年的时间，人们就对《道德经》的理解存在这么大的差异，是否算是秦汉朝代之间那段战争和文化浩劫后遗留下来的综合症呢！

上句有"乃无敌（敵）矣"，既然前面有"敌（敵）"字，本句之"敌（適）"就不可能是"敌（敵）"的错抄，应该按帛甲本之"适（適）"解为是。"适"，归从。"无适"，思想没有归属。"于"，跟从。"于无适"，跟从没有归属的思想潮流。两个"于"，一个字在词尾，一个在词首，意思是不一样的，"祸莫于"之"于"为"比"之义。"祸莫于"，祸患没有比得上。"祸莫于于无适"，祸患没有比得上去跟从没有根基的思想潮流严重的了。这句话与前面的句子是紧密相连的，指出盲从于脱离现实的思想会犯大错误。我们可以发现，王弼本的改动多倾向于经验性思想，较肤浅；而老子原文多探讨根本性问题，此句按现代的事例讲，照搬不符合自己国情的经验治国治军，几近亡国亡军，这是历史的教训。"祸莫于于无适"表述的是多么深刻的道理啊！

◎无适近亡吾。吾葆矣。

帛乙本为："无敌近亡吾宝矣。"王弼本："轻敌几丧吾宝。"高明："（甲本）'大'字误作'于'，并衍'吾'字。"[①]此说不确。帛甲本有两个"吾"字，分成了两个句子；帛乙本和王弼本去掉了一个"吾"，合成了一个句子。

---

① 高明：《帛书老子校注》，中华书局，1996，第171页。

帛乙本和王弼本如此写产生了一个问题，"丧吾宝"，何为"吾宝"？如果说第六十七章的"三宝"为"吾宝"的话，"一曰慈，二曰检，三曰不敢为天下先"与本章内容又没有什么必然联系，况且每章主题不同，前面章节的"三宝"未必是本章之"宝"，所以"吾宝"没有着落。可以说，王弼本删去词尾的"矣"字，对这段文字的错解产生了很大影响，有了"矣"，帛甲本的两个"吾"字就各有所属，能把道理讲清、讲透；删去"矣"字，就只能再删去一个"吾"才能成句。

"吾"，自我。"无适近亡吾"，没有原则地跟从别人几乎会丧失掉自我。

"葆"，珍惜。"吾葆矣"，我会牢牢地记住这个道理。

这句话讲的是我们做事不要脱离现实，不要盲从于众人的思维，应当保持自己的主见。

◎故称兵相若，则哀者胜矣。

本章都是围绕着《小过》卦爻辞思想论述的，篇首写"用兵"，讲使用兵器的武士凶险的问题，中间部分谈产生错误思想的根源，篇尾写"称兵"，"兵"字变成了士兵、军队，即由个体延伸到整体，由个体的超越行为进至集体的超越行为，完成了本章主题思想的升华，这是《道德经》文本普遍使用的思路。

中间写主体与客体要相称，这里的"称兵"便用相称之词。"称兵"就是地位相称、力量相称的两支军队，像大夫讨伐诸侯，诸侯讨伐周王，为以下犯上，不算是"称兵"，即便是胜了也不光彩，故这个"称"字具有春秋战国时期的特色。帛乙本将帛甲本的"称兵"改为"抗兵"，实在是低劣之笔，因为"相若"二字已经包含了"抗"的意思，帛乙本用一个多余的字替换了一个具有深刻意义的字。

"若"，表示选择。"相若"，两者中做出选择，即对决胜负。"称兵相若"，两支相等力量和级别的军队相对决。"哀"，悲伤。《小过·象》："山上有雷，小过。君子以行过乎恭，丧过乎哀，用过乎俭。""丧过乎哀"，丧失掉亲人后会表现得特别悲哀。古时打仗常常以家族为一个军队的基本建制，亲人牺牲了，便会化悲痛为力量，激起强烈的斗志，"故称兵相若，则哀者胜矣"，所以说相同力量的军队对决胜负，往往是有悲伤情绪的一方获得胜利。

　　本章帛乙本对帛甲本分别修改了"芮（退）""襄（攘）""矣（–）""于（大）""适（敌）""吾（–）""矣（–）""称（抗）"，改变了这些关键的字，文章确实好理解了，但原有的主题却没有了、转换了，那种激烈动荡的社会矛盾深处所蕴含的推动力也看不见了，这就是帛乙本乃至王弼本对文字修改带来的严重后果。

【今译】

　　按照武士的理论说："我不敢为主人，而只能作为客人来发挥作用。"

　　我也不会犯前进了一寸就鄙视一尺的错误。

　　这就叫要前进却没有前进的方向，欲攀高却没有臂膀去实现，要手握武器却没有兵器可拿。这是因为没有找到与自己相称的目标。

　　祸患没有比跟随不合现实的社会潮流更危险的了。

　　陷入不切实际的社会思潮中会丧失掉自我。我会牢记这一点。

　　所以力量相同的两军对决胜负，一定是悲哀的一方获胜。

第八十章　小邦寡民（帛甲）

　　前文注释了《道德经》第六十九章，本章按说应该连着注释第七十章，但因为通行本的顺序出现了问题，便进行了调整。《道德经》有两种章节顺序版本，一是以王弼本为代表的《道德经》，即《道经》在前、《德经》在后，有章节序号；二是帛甲、帛乙本的"德道经"，《德经》在前、《道经》在后，没有章节序号。经笔者论证，《道经》在前、《德经》在后，是正确的排列顺序；"德道经"是人为将《德经》排于《道经》之前，大概是抄写时置换了竹简之故，是错排顺序。很多人认为"德道经"从版本上早于《道德经》，应该更接近老子原文。为什么这里说"德道经"是错排？说其错排的理由，在于《道德经》是对《周易》卦的阐释，完全是对应《周易》卦写下来的，《道经》在前，对应《周易》上经；《德经》在后，对应《周易》下经。也就是说，《道经》和《德经》的顺序是由《周易》上经和下经来确定的，先后不能颠倒。"德道经"不符合《周易》上下经序列，就可以断定是错误的。《道德经》才符合原创主旨。

王弼本《道德经》排列总体上是正确的，但不意味着所有章的排列都是正确的，"企者不立"章列于第二十四章即为错排，而按照帛本的排列序列则是对的，正好对应《周易·蛊》卦。还有就是"小邦寡民"章和"信言不美"章，在王弼本中排在第八十章和第八十一章，即处在整部书的最后位置；在帛本中则是排在第六十七章和第六十八章（按王弼本序号），到底哪个版本是正确的呢？按照《周易》卦的标准顺序来说都不对。

郭店楚墓简本所摘抄的最后章节是第六十六章，韩非《解老》记载的最后章节是第六十七章的文字，并没有出现第七十一至第七十九章的文字，第七十一至七第十九章有可能是汉初增加上去的，因为它们不在《周易》卦的范围之内，故王弼本将"小国寡民"章和"信言不美"章排在第八十、第八十一章的顺序是完全错误的。

在帛本中，"小国寡民"章和"信言不美"章分别排在第六十七章和第六十八章的位置，处于后记章之前，可以确定是老子原文中的章节。由此说，这个顺序优于王弼本的排列，但对应《周易》卦序，帛本仍然前置了三个卦的位次。这里有两个问题。一是为什么这两个章同时前移？从版面看，"小国寡民"章的前面有个分章符，而"信言不美"章前面没有分章符，有可能当时把这两章作为一个整体部分前移。二是为什么移动到第六十六章后、第六十七章前的位置？从文字上推测，第六十六章最后写有"以其不争也，故天下莫能与之争"。"信言不美"章最后有"人之道，为弗不争"。两章有相近之语，改序者大概以为语义相近的应该放在一起才对，故而做了前移。

为什么王弼本又恰巧移动了这两章，并把它作为第八十章和第八十一章排到了最后？有可能改序者见过与前述两个版本不同的顺序，发现这两章是同时移动的，便也同时后移了这两章。问题是为何把这两章后移到了最后的位置？其实这也很好理解，是因为"信言不美"章的最后一句"天之道，利而不害；圣人之道，为而不争"（王弼本），认为《道德经》就是讲"天道"和"圣人之道"，把这一章看作是全书的总结而放到了最后。

《周易》最后几卦的排列顺序是：《中孚》《小过》《既济》《未济》。从内容看，《中孚》卦对应第六十八章"善为士者"；《小过》卦对应第六十九章"用兵有言"；《既济》卦对应第八十章"小国寡民"；《未济》卦对应第八十一章"信言不美"；第七十章为《后记》，《道德经》原本应该全书到此结束。这是正确的排列顺序。这些章所对应的《周易》卦内容即是各章的主题，老子在《后记》中称为"言有君，事有宗"，如果我们不知道这一点，就没法提纲挈领地领会每一个文字。

> 小邦寡民。使十百人，之器不用。使民重死而远送。有车周无所乘之。有甲兵无所陈【之。使民复结绳而】用之。甘其食；美其服；乐其俗，安其居。邻邦相望，鸡狗之声相闻。民【至老死不相往来】。（帛甲本）

本章对应《周易·既济》卦。

【王弼本】小国寡民，使有什伯之器而不用，使民重死而不远徙。虽有舟舆，无所乘之；虽有甲兵，无所陈之；使人复结绳而用之。甘其食，美其服，安其居，乐其俗。邻国相望，鸡犬之声相闻，民至老死不相往来。

◎ **小邦寡民。**

一般认为"小国寡民"是老子虚构的理想社会，其实这是误解，老子不会凭空提出一种社会形态，必有其写作缘由。本章对应《周易·既济》卦☵☲，卦象三阴三阳互相间隔，各居正位，阳与阳、阴与阴没有交接，是一种稳定、独立的社会形态。卦辞："既济亨。小利贞，初吉终乱。""既济亨"就是阴阳各安其位，社会安定有序。[1]"小利贞"是指有利于以小邦的形式出

---

[1] 见杨吉德：《周易说解》，齐鲁书社，2018，第214页。

现。所以老子说这是一种"小邦寡民"的社会形式，国家小，民众少，是《既济》卦写的，不是老子主张的，老子只是用语言描述卦象和卦辞的意境。

◎**使十百人，之器不用。**

王弼本为："使有什佰之器而不用。"应以帛甲本为是。这是对《既济》卦讲的小而稳定的描述。"百"，近似于单位数字，三百、五百、百家争鸣，都是以"百"为单位。"十百"，按数字说就是千，但不会用"十百"来表示千，应该是十个百人。"人"，一般作为概念来使用，不能作为一个人用。军队可以人计数，社会组织则以家为基本单位，而不是以人为单位，如《国语·齐语》所载管仲对国都的规划为："五家为轨，轨为之长。十轨为里，里有司。四里为连，连为之长。十连为乡，乡有良人焉。"句子中家是最小的组成单位，故本章之"人"实指家。"十百人"，十个百家。"使十百人"，百家为一个自治管理区域，以千家举例，可以分割为十个百家社会基层组织。

"之"，往。"之器"，出行工具。"之器不用"，出行工具概不使用。《既济》卦卦象阴被阳所间隔，阳被阴所间隔，都处在一个相对封闭独立的空间中，故有"之器不用"之说。"小邦寡民。使十百人，之器不用"，意思是根据卦象，应该将一个整体分割开来各自为政。

王弼本减去了"人"字，"使有什佰之器而不用"，一般释本解读帛本时依照王弼本之例也是连在一起读的，"使什百人之器不用"，应该在"人"后面加逗号分开来读为是。

◎**使民重死而远送。**

帛乙本为"使民重死而远徙"，相比帛甲本改了个"送"字。王弼本为"使民重死而不远徙"，进而又添了个"不"字，"远送"成了"不远徙"。王弼本可译为：使百姓重视死亡而不向远处迁徙。但从来没人讲清楚死亡与迁徙有什么关系，人们迁徙不正是为了更好地生存吗？

"送"，指送葬。《孝经·丧亲》："擗踊哭泣，哀以送之。""送"即指送葬。"远送"，指远离居住区择地而葬。"使民重死而远送"，让民众尊重死者选择善地而葬。此句是对应《既济》卦初九爻辞而谈的，"初九曳其轮，濡其尾，无咎”，“曳其轮”指用人力拉着车轮前行。平时可用人力拉车，也可用马、牛拉车，只有出殡时才会只用人力抬棺或拉车运棺，故本句是依初九爻辞而言的。丧礼和祭祀是古时社会活动中十分重要的事项，按《礼记》要求礼仪相当繁琐，还要守孝三年，但此句只用了"重死"二字，当简则简矣。帛乙本改成"远徙"，与送葬就没有了关系，与"重死"也没有了关系；王弼本又改成"不远徙"，与"重死"更没有关联。

需要注意的是，从本句往后读，每一段句子都在对应《既济》卦的一段爻辞，也就是说，本章首句"小邦寡民"并不是老子提出的社会理想，而是陈述《既济》卦的思想，而且其他文字也完全出自《既济》卦的内容。

◎ **有车周无所乘之。**

帛乙本改为："有周车无所乘之。"王弼本又改为："虽有舟舆，无所乘之。"

如果不知道"车周"的来历，用"舟舆"代之是最恰当的。其实"周"是不能解读为"舟"的。《既济》卦六二爻辞："妇丧其茀，勿逐，七日得。"孔颖达疏："茀，车蔽也。妇人乘车不露见，车之前后设障以自隐蔽谓之茀。"妇女乘车出行必须用茀围一周，以免被人看见，此即为"车周"。但"妇丧其茀"讲的是丢失了茀又怎么能出行呢？意为应待在家里切勿出行。"有车周无所乘之"则变了个说法：就是有车周也没有远行的目的地可去。为什么这样说呢？是因为卦象阴阳阻隔，无法出行。

◎ **有甲兵无所陈之。**

既然有铠甲兵器，就说明有战争准备，说"无所陈之"，你没有侵略别人之心，别人不一定没有侵犯你的心思，这样说岂不是一厢情愿？凡解"老"者对本章都多有感言，如陈鼓应："'小国寡民'乃是基于对现实的不满而在当时散落农村生活基础上所构幻出来的'桃花源'式的乌托邦。"[①] 其实这不是老子的原意。既然是"小邦"，就是一种国家形态，不会是乡村家园；既然有"车周"，就有贵贱之分；既然有"甲兵"，就有镇压防范之虑。所

---

① 陈鼓应：《老子注译及评介（修订增补本）》，中华书局，2009，第346页。

以认为这是老子在虚构理想社会的想法是不成立的。

为什么要"有甲兵"，是因为"邦"的体制需要武器，再小的邦国也需要有武装。"陈"是排列。为什么"无所陈之"？是因为小邦之上还有王，王要制约所有的小邦，避免邦国之间恃强凌弱。首句之所以写"小邦"而不写"国"，就是因为上面还有国的统辖。《既济》卦九三爻辞："高宗伐鬼方，三年克之。小人勿用。"鬼方作乱，背叛商王，攻伐其他方国，高宗派兵讨伐鬼方，保证社会秩序的稳定，也避免了邦国之间互相攻伐。这是一个中央大国辖制众多小邦的社会模式，老子陈述的就是这一爻辞内容。

◎**使民复结绳而用之。**

老子这么说是不是一种复古倒退的思想？这句话是很矛盾的，句子中有一个"复"字，是恢复之义，纵观整部《道德经》，老子从未提出过恢复原始生活状态的主张，所以不可贸然推断是老子的思想。本句似乎漏了一个字，敦煌庚本："使民复结绳而用之矣。"此本有个"矣"字，笔者觉得"矣"可能是"欤"字的错写，即这是一个疑问句：使民复结绳而用之欤？难道这是让民众恢复结绳记事的原始状态吗？老子对《既济》卦有疑问，并不赞同前述社会结构形式。当然这只是笔者本人的推断。

◎**甘其食；美其服；乐其俗，安其居。**

这是从《既济》卦六四爻辞而来："六四繻有衣袽，终日戒。"《说文》："繻，缯采色。从糸，需声。""繻"指华丽的衣服。《说文》："袽，败絮，破布。""袽"指破旧的衣服。此句也可以理解为把破旧的衣服看作是华丽的服装。老子把这种对恬静生活的感受做了更全面的描述。其实在一个封闭环境中生活，哪有什么甘食、美服，但他们安静地生活在一成不变的环境中，遵从着世代相传的风俗，由于没有与外界的对比，认为粗糙的食物那么香甜，破旧的衣服也非常美艳。

◎**邻邦相望，鸡狗之声相闻。**

《既济》卦九五爻辞："东邻杀牛，不如西邻之禴祭，实受其福。""东邻"

暗指商，"西邻"暗指周，原是周文王借祭祀的不同来影射商王不顾苍生求"鬼神"的自私行为，老子只撷取"邻"字，认为邦国就是这么小，相依为邻，没有攻伐，大家相安无事。

◎民至老死不相往来。

大家少交流就是了，为什么要说"老死不相往来"呢？按说这句话不合理，人们没有生活上的交往，难道不需要与外界通婚吗？其实是另有所指。《既济》卦九五爻辞："东邻杀牛，不如西邻之禴祭。""东邻"和"西邻"谓之道不同不相为谋，此为不相往来。上六爻辞："濡其首，厉。"水淹没了头顶，至死也不求人，此谓之"民至老死不相往来"。《既济》卦六爻阴阳间隔，为道不同，一个人要坚守自己的道德底线，不依傍强国，不惹是生非。《既济·象辞》曰："水在火上，既济。君子以思患而豫防之。"作为一个小邦国，要预防亡国之虞，只有在政治上与他国不相往来，保持中立才行，这是"小邦寡民"的立国之道。

从以上分析可以看出来，本章描写的是弱小邦国的生存之道。一些小邦国处在强国争霸的夹缝中，自身没有力量保守家园，谁来攻打就与谁结盟，朝三暮四；或与远邦结盟，而与邻近强国为敌，故饱受战乱之苦。老子借《既济》卦爻辞要点来表达自己的见解：你没有士兵，强国就没法借你的力量；你没有财富，强国就不会产生贪念；你坚守中立，强国就没有理由讨伐。作为一个小国还有什么更好的生存之道呢？至于前贤所认为的这是老子提出的理想社会，恐怕不能代表老子的原有思想。

【译文】

作为一个小的邦国和少量的民众，可以分割为十个百家自治组织，交往工具一概不用。

让民众尊重死者，在远离居住区择地而葬。

即便有用于远行的车帷，也没有可交往之处。

有用于战争的铠甲和兵器，却没有地方可以陈列。

这是不是让民众恢复用结绳记事的原始方法来生活呢？

让百姓认为自己的饮食甜美，穿着旧的衣服也感觉很漂亮，沉湎于自己的风俗，安心地居住在不变的环境中。

毗邻的邦国互相可以望见，对方鸡狗的叫声都能够听到。

但两国民众到老，甚至是死亡，都保持不互相往来。

第八十一章　信言不美（帛乙）

上一章探讨了《道德经》章节排序问题，本章不再赘言。帛甲本本章残损严重，帛乙本较完整，故依帛乙本注释。

> 信言不美，美言不信；知者不博，博者不知；善者不多，多者不善。圣人无积。既以为人，已愈有；既以予人矣，已愈多。故天之道，利而不害。人之道，为而弗争。（帛乙本）

本章对应《周易·未济》卦。

【王弼本】信言不美，美言不信；善者不辩，辩者不善；知者不博，博者不知。圣人不积，既以为人，己愈有；既以与人，己愈多。天之道，利而不害。圣人之道，为而不争。

◎**信言不美，美言不信；知者不博，博者不知；善者不多，多者不善。**

本章按顺序对应《周易·未济》卦 ䷿，可以从两个方面加以分析。第一，卦象三阴三阳，阴爻居阳位，阳爻居阴位，表明事物常常以反面的形态展现在人们面前。第二，《未济·象辞》："火在水上，未济。君子以慎辨物，居方。""辨物"就是辨别事物的真伪，"居方"就是选择正确的方向。本章前面部分讲怎样去辨别真伪，最后讲正确的处世原则。

"信言不美，美言不信"，人们在社会交往中很重要的课题是如何识别君子和小人，君子言出必行，说话必谨慎；小人面誉背毁，信口开河，承诺必不兑现。

"知"通智。"博"为广博。"知者不博，博者不知"，真正有智慧的人并不是样样精通。常言说"一招鲜吃遍天"，是讲要把一件事情做好做精，就是难得的人才了。人们常常把知识广博的人看作是智者，其实人的精力是有限的，不可能样样精通，即便是具有异常禀赋的人，一旦进入广种薄收的境界，说明他的思维已经模块化，不会有真正的创新，难以发现事物发展的真谛。很多高人用模块化的思维解释千姿百态的事物，主要依靠模棱两可的玄学神功来实现奇效，细较之下其实漏洞百出。所以人们顶礼膜拜的大师可能只是一尊假神。

"善者不多，多者不善"，王弼本为"善者不辩，辩者不善"，应以帛本为是。"善者"，根据本章主旨，应该理解为谙悉道理的人。"多"指多财，引申出下句"圣人无积"。人们总是崇尚位高权重、家财万贯的人，而往往总是这种人最先招致杀身之祸。这句话的意思是善于做人的不会积蓄太多的家产，家财万贯的人说明不善于做人。

◎**圣人无积。既以为人，己愈有；既以予人矣，己愈多。**

如果单纯指积累财富，就没有必要写"圣人"二字，即写"圣人"，必有出处。《未济》卦九四爻辞："贞吉，悔亡。震用伐鬼方，三年，有赏于大国。"讲的是商王武丁率诸侯讨伐鬼方，三年而获胜，把缴获的财物分赏给了有功的诸侯。故此"圣人"乃指商王武丁。"圣人无积"，"圣人"也没有积累财富，而是把财物分发给了有功之人。

"既以为人，己愈有"，你去帮助了别人，你会拥有更多。

"既以予人矣，己愈多"，你给予了别人财物，自己的财物会更多。

此句意在纠正人们常识性的错误，总认为财富放在家里才是真正的富有，其实帮助了别人，或是把财物赠予别人，会给自己带来更大的、更长远的利益。

◎故天之道，利而不害。人之道，为而弗争。

"天之道"是社会运行规律，本身并无对或错。第九章（简本）"功遂身退，天之道也"指臣子要采取符合创业规律的行为。创业之君成功后常常杀戮功臣，这是一种社会规律，凡规律总有它的合理性，如果功臣能够收敛自己的心态，明白自己的从属地位，即为符合"天之道"。本章的"天之道"也是一种社会规律，人们常说的"自己方便，与人方便""投桃报李""冤冤相报"，这些都是社会规律的展现。互惠互利即为"利"，即符合"天之道"；损害别人以成全自己即为"害"，因为这个"害"最终会反噬到自己身上，所以不符合"天之道"。本章是最后一章，故"天之道"并没有架起来空谈，而是落实在社会行为中，讲具有普世思想的概念。

"人之道，为而弗争。"王弼本此句为："圣人之道，为而不争。"在帛本出土前，无从怀疑这句话的对错，现在看起来以往为错解，都是拜王弼擅改所赐。归根到底，《道德经》是为社会之中的人写的，不是为逝去的"圣人"写的，全书的最后要为读者落实主体，"人之道"是确定无疑的。

帛本"为而弗争"，王弼本将"弗"改为"不"。本章有七个"不"字，这里写"弗"而不写"不"，含义自然有区别。《说文·丨部》："弗，矫也。"段玉裁注："弗之训矫也。今人矫、弗皆作拂，而用弗为不，其误盖亦久矣。《公羊传》曰：'弗者，不之深也。'固是矫义。凡经传言不者，其文直；言弗者，其文曲……弗与不不可互易。"做出了功绩而争功是人之常情，但这种人之常情往往带来人们不愿看到的各种矛盾，所以"弗争"在于纠正这种惯性思维，用"不"字则没有这层含义。

"天之道"是社会运行规律，"人之道"是人与人之间的交往规则。遵守"天之道"，社会就会安宁；遵守"人之道"，人与人之间就会和谐相处。如果做不到"利而不害"，就违逆了"天之道"；做不到"为而弗争"，就违背了"人之道"。从中我们也可以发现，无论是"天之道"还是"人之道"，都是有具体内容的，老子在本书的最后特意做了提示，我们应当以这两个"道"的精神去推导前面章节"道"的内容，而不要把"道"作为空虚的意念去天马行空地任意理解。

【今译】

真实的语言不华美，华美的语言不真实。有智慧的人不广博，无所不知的人不智慧。善于做人者不积累多的财富，家财万贯的人不会做人。

"圣人"不积累财富。如果凡事为别人着想，自己就会更加富有；如果凡事多给予别人，自己就会得到更多。

符合社会运行规律的行为，是利于人而不害人。符合人际交往规则的行为，是做出了成就而不争功、不争利。

第七十章　吾言甚易知也（帛甲）

参透本章的内容者甚少，饶尚宽所言很具代表性："老子坚持的清净无为之道，有根据，有主旨，易知易行。然而，天下无人知，无人行，甚至连老子本人也知之甚少，无人理解。尽管如此，作为圣人还是要披褐怀玉，坚持行道，顺应自然，守护三宝。"[①]有根据、有主旨之"道"就是清净无为之"道"？老子自称为"圣人"？这些都是说不过去的，我们单就这段总结的基本方向来分析，可以断定是错误的，其原因在于不知道本章的特殊性，前面的章节对《周易》的阐释已经结束，本章完全不同于之前章节的内容，而是老子为《道德经》写的后记，所以不能用前面章节的思路来推导本章主旨。从写后记的角度看，老子应该告诉世人整部书的缘起、结构、思想，老子也确实谈了，却只说了谜面，而把谜底留给了后人。如果《道德经》原著没有被修改，也许谜底早就被破解了，但历经几次改版后，老子的原著早已面目全非，致使两千多年来未见《道德经》真解。

吾言甚易知也、甚易行也。而人莫之能知也，而莫之能行也。

---

① 《老子》，饶尚宽译注，中华书局，2015，第152页。

言有君，事有宗。其唯无知也，是以不【我知。知者希，则】我贵矣。
是以圣人被褐而怀玉。（帛甲本）

【王弼本】吾言甚易知，甚易行，天下莫能知，莫能行。言有宗，事有君。夫唯无知，是以不我知。知我者希，则我者贵，是以圣人被褐怀玉。

◎**吾言甚易知也，甚易行也。而人莫之能知也，而莫之能行也。**

本章文字很明显，就是一种后记文体。"吾言"指的是前面章节所有文字，"甚易知也，甚易行也"，很容易知晓，很容易遵行。这句话很好理解，就是老子书中所讲的应该是很好知晓的。

"而人莫之能知也"，读这本书的人没有谁能够知晓。帛乙本和王弼本将"人"改为"天下"，帛乙本为"而天下莫之能知也"，显然是严重失误，一是只可能一部分人读到这本书，不可能天下之人都去读，用"天下"太过托大；二是《道德经》中凡言"天下"都与政治有关，指王治之天下，老子既不为王，也不为诸侯，何来"天下"之说？

老子在这里告诉人们，他说的话很容易懂。现在国学热，全民有文化，凡读过《道德经》的都感觉能看懂，这符合老子的说法。但老子又说其实没有谁能真正懂，就是说当时之人基本都看不懂，我们现在去看改过好几遍的假经又怎么能看懂呢？所以你认为的懂并非真懂。

◎**言有君，事有宗。其唯无知也，是以不我知。**

帛乙本此句改为："夫言有宗，事有君。"（王弼本没有"夫"字）帛乙本对这句话的错改导致差异很大。"言有君"之前的"夫"字是多余的，这一点毫无疑问。帛乙本将"君"和"宗"对调了一下，这样便把"言"和"事"的内容搞乱了，出了大问题。王弼注："宗，万物之宗也。君，万物之主也。""万物"和老子说的"言""事"没有任何关系，而且把老子仅有的一点提示也给掩盖了。

何为"君"，"君"就是文章的主题，提纲挈领之意；"言有君"，文章是围绕着主题展开的，也可以这样理解："君"是《道德经》所依据的《周易》

卦象和卦名，老子之"言"是臣，是学习所对应卦之"君"而产生的新思想。何为"宗"，宗就是根源；何为"事"，每个章节所论述的一个题材为一事，两个题材为二事；"事有宗"，每件事都有其缘起。这样我们就明白老子说的意思了：《道德经》每一章都是围绕某一个主题展开的。但"其唯无知也"，学习的人不会知道的。"是以不我知"，这样就不会知道我的真实思想。可见，老子提出了自己的文章是有主题、有缘起的，却又不愿意告诉读者缘起于何处，进而又担忧人们领悟不到他的真实思想。这种想法是很复杂的，如果告诉了读者每章缘起于《周易》之卦，囿于看懂《周易》的人很少，自己所阐述的思想就失去了深度和现实性；如果错解了《周易》，必然会连带着错解自己的思想；隐藏了这个秘密，读者又无从知悉每章的主题所在。

◎知者希，则我贵矣。

帛乙本为"知者希"，帛甲本此句缺失，王弼本为"知我者希，则我者贵"。王弼本比帛乙本增加了一个"我"，一个"者"，句子改变了，论述的主体也改变了。"希"，无或极少。"知我者希"，认识老子思想的人极少；"知者希"，知道"言有君，事有宗"的人极少。王弼本和帛本的不同在于，王弼本说的是老子的思想，帛本说的是写作的依据和主题所在。合理的写法应该是"知者希"。

"则"为效法。"我"指《道德经》中阐述的思想。"贵"为可贵。"则我贵矣"，能效法我阐述的思想很可贵。原句应该没有"者"字。"知者希"和"则我贵"是因果关系，只有知道了每章的主题，才能效法我倡导的思想。

◎是以圣人被褐而怀玉。

《道德经》中的"圣人"都是指有"道"之君，而非有"道"之人，包括老子本人也不敢自称"圣人"。话说回来了，即为国君都是美衣华服，谁还会穿粗布衣服？《孔子家语》："子路问于孔子曰：'有人于此，披褐而怀玉，何如？'子曰：'国无道，隐之可也；国有道，则衮冕而执玉。'"被褐为穿普通人的衣服而隐于世，衮冕为穿华服而坐庙堂，可见"被褐""怀玉"为形容之词。作为全书《后记》的最后一句话，应该是全书最重要的部分，与全书每一章都有关联，结合"圣人""被褐""怀玉"之句，只能归结为——周文王的《周易》。

周文王是"圣人"没有争议。周文王写的《周易》以卦书的形式传诸于世，其作用可以形容为"被褐"；以治国纲要内含其理，可以形容为"怀玉"。这是用"被褐"和"怀玉"来形容《周易》的一般认识和真实内涵。为什么"知者希"？《道德经》是从《周易》卦中引申出来的思想，而世人只知道《周易》是周文王写的卦书，只看到其外象之"褐"，难解其中精要，自然难以理解《道德经》各章的纲要思想了。为什么"则我贵"？老子看到了《周易》之玉，总结出了当时最全面深刻的治国强国要义，能够学到他的思想是难能可贵的。

这又引申出了另一个关键问题，为什么老子在每章首句已经点明了主题，却始终不言及缘起之卦？这就在于老子学习并重现了周文王《周易》之"被褐而怀玉"的精神。总之，世人学《周易》，见卦体而不见周文王的思想，为见其"褐"而不见其"玉"；学《道德经》，见老子精辟文句而不见主题思想，同样为见其"褐"而不见其"玉"。

【今译】

我说的话很容易明白，很容易去实践。其实学习的人没有谁能真正知道，也没有谁真正能应用于实践。

每一个章节都有主题思想，每一个话题都有源头。只是你们不知道这些，所以不明了我的思想。

知道主题思想和话题缘起的人极少，能效法我的思想做事则难能可贵。

这就如同周文王写的《周易》，简单的卦辞易知，而宏大的思想却难以参悟。

《老子》外篇

　　笔者在《绪论》中已经做了论述，《道德经》是老子对《周易》卦思想的学习心得和发展，每个章节都是按顺序对应《周易》六十四卦而写的，加上《前言》《后记》，能够确定老子所写的有六十九个章节，再加上简本丙组添加的三个章节，共七十二章，这应该是战国中前期的郭店楚墓墓主流传下来的版本。到了汉初帛书版本，又增加了第七十一至第七十九这九个章节（通行本序列），这九个章节既然不是老子所写，只能算作"《老子》外篇"。这是笔者的大胆提法，而非传统观点。

　　前面的第六十九章都是对应《周易》卦而写，每章首句体现出的主题思想，源自所对应卦的卦象或卦名，格式是固定的。而这九章没有明确的主题思想，只是重述和堆积前面一些章节的思想内容，仅以此就可断定不是老子原文。从发现的资料看，战国简本和韩非《解老》《喻老》都没有这些章节，应该是韩非之后，经师在传授时，将自己的重点认识又添加于正文之后形成的新章，以凑成九九之数。下面对这九章文意的来源依次做一下分析（文字使用帛甲本，帛甲本缺失的部分依他本补之，章节序号按照通行本标示）。

第七十一章

知不知，尚矣；不不知知，病矣。是以圣人之不病，以其【病病。是以不病】。

【评述】：

本章是对第七十章进行讲解的文字，但与其主旨不同。第七十章："吾言甚易知也，甚易行也。而人莫之能知也，而莫之能行也。言有君，事有宗。其唯无知也，是以不我知。""知"和"不知"是针对章节主题而言的，本章所说的"知"和"不知"探讨的是人的性情、修养。第七十章"是以圣人被褐而怀玉"之"圣人"指周文王，本章的"圣人"指的是明道之人，或指老子本人，亦有区别。

第七十二章

【民之不】畏畏，则大【畏将至】矣（一）。毋闸（狭）其所居，毋厌其所生。夫唯弗厌，是【以不厌（二）。是以圣人自知而不自见也，自爱】而不自贵也（三）。故去被（彼）取此（四）。

【评述】：

本章为四句话，分别引用了正文四个章节的内容：

（一）帛甲本第七十四章："若民恒且不畏死，奈何以杀惧之也。"

（二）帛甲本第六十六章："天下乐推而弗厌也，非以其无静（争）与，故天下莫能与静（争）。"

（三）帛甲本第二十二章："不自视，故明；不自见，故章；不自伐，故有功；弗矜，故能长。"

（四）帛甲、帛乙本第三十八章："大丈夫居其厚而不居其薄；居其实而不居其华。故去皮取此。"

由此看，本章主题比较杂乱，是引用的堆砌，也算不上是学习心得。

第七十三章

勇于敢者则杀，勇于不敢者则栝（活）。此两者或利或害，天之所恶，孰知其故（一）？天之道，不战而善胜，不言而善应，不召而自来，弹而善谋（二）。【天网恢恢，疏而不失】（三）。

【评述】：

本章有三层含义，分别取自正文四个章节。

（一）帛甲本第六十七章："今舍其慈，且勇；舍其后，且先，则必死矣！"

（二）帛乙本第九章："功遂身退，天之道也。"第八十一章："故天之道，利而不害。人之道，为而弗争。"

（三）帛甲本第三十六章："将欲拾之，必古（是以）张之。"本句指捕鸟或捕鱼用的网，与"天网恢恢"义近。

第七十四章

【若民恒且不畏死】，奈何以杀惧之也？若民恒是死，则而为者吾将得而杀之，夫孰敢矣。若民【恒且】必畏死，则恒有司杀者。夫伐（代）司杀者杀，是伐（代）大匠斫也。夫伐（代）大匠斫者，则【希】不伤其手矣。

【评述】：

本章与第七十二章"民之不畏畏"句相关联，变换了一个角度来探讨统治者和民众的对立关系。老子正文都是从社会结构的深层次角度探讨社会的表象问题，不会直接议论社会表象矛盾的是与非。老子议论国策通常站在两个背景下：一是列国间弱肉强食的大环境下，谈国策的得与失；二是站在创建新体制的背景下，探讨民心的向背。本章站在民众的角度直斥统治者，显然不是老子文笔。

第七十五章

人之饥也，以其取食说（税）之多也，是以饥。百姓之不治也，以其上有以为【也】，是以不治。民之轻死，以其求生之厚也，是以轻死。夫唯无以生为者，是贤贵生。

【评述】：

"民之轻死"延续上一章生死主题，只是变换了角度。

帛本三个句子分别用了"人""百姓""民"三种称谓，但没有严格区别，王弼本则统改为"民"，也未见不妥，说明作者对这些概念的把握尚欠火候。

帛甲本第六十五章有言"民之难治也，以其知也"，指出民众掌握了超出本身需要的知识，所以难以统治。这里写"百姓之不治也，以其上有以为也，是以不治"，认为百姓难以治理主要是统治者的横征暴敛所致。春秋战国时期，主要的社会问题是战争带来的流离失所，民众的生命安全没有保障，不是"上有以为"或"不以为"的问题。从时间上推断，这应当是秦亡以后对亡国之患的思考，与老子的《道德经》不是同一个时代。

这句话还出现了一个问题，"上有以为"是什么"为"？本章的写作者显然把"为"概念化，如陈鼓应解为："政令烦苛，强作妄为。"[1]在这里"有为"成了贬义词，其实"无为而治"是一统天下后产生的思想，希望统治者放弃战争思维，少些税赋，让民众得以休养生息，而不是春秋战国时期老子的思想，战国时期也不会产生这样的思想。故对于"有为"和"无为"的概念，学者应该站在时代的角度加以甄别，不可盲从。

第七十六章

人之生也柔弱，其死也筋仞贤（坚）强。万物草木之生也柔脆，其死也枯槁。故曰：坚强者死之徒也，柔弱微细生之徒也（一）。兵强则不胜，木强则恒。强大居下，柔弱微细居上（二）。

---

① 陈鼓应：《老子注译及评介（修订增补本）》，中华书局，2009，第327页。

【评述】：

（一）帛甲本第五十章有："出生，入死。生之徒，十有三。死之徒，十有三。"显然，本章是对生死之论的进一步发挥。

（二）帛甲本第三十章："以道佐人主，不以兵强于天下。"帛书甲本第四十三章："天下之至柔，驰骋于天下之致坚。"本章重述前面章节的概念，但有一个问题需要弄清楚，《道德经》正文都是由《周易》卦引申出的思想，如"天下之至柔，驰骋于天下之致坚"是从《晋》卦中感悟出的道理，而本章作者又把这种感悟出来的道理作为原始思想，进而推衍出"强大居下，柔弱微细居上"。这是将真理变谬误的典型案例。这种推衍在此不做详论，重要的是我们应该认识到，这种摆不到桌面的理论不是老子原文会出现的，不要把这种歪理算在老子身上。

第七十七章

天下【之道，犹张弓】者也。高者抑之，下者举之；有余者损之，不足者补之（一）。故天之道，损有【余而益不足。人之道则】不然，损【不足而】奉有余。孰能有余而有以取奉于天者乎？【唯有首者乎】（二）？【是以圣人为而弗有，成功而弗居也。若此其不欲】见贤也（三）。

【评述】：

（一）帛甲本第二章"长短之相刑（形）也，高下之相盈也"与本章有关联。"天之道"两现于正文，帛本第九章："功遂身退，天之道也。"帛乙本第八十一章："故天之道，利而不害。人之道，为而弗争。"本章作者大概觉得只有大道理才能算得上"天之道"，像"高者抑之，下者举之"属于万物平衡需遵循的道理，故帛甲本写为"天下之道"，再进而引申出"天之道"

的大道理。帛乙本却把"天下之道"改成了"天之道",改得实在没道理。

（二）帛乙本第四十八章："为学者日益,为道者日云（损）。云（损）之又云（损）,以至于无为。"是对《周易·损》卦的阐释,本章对损益理论从"天道"和"人道"分别加以阐释。

（三）帛甲本第二章："是以圣人居无为之事,行不言之教。万物作而弗始也。为而弗志（恃）,功成而弗居也。夫唯居,是以弗去。"与本章"圣人"句有源流关系。

本章围绕着"损""益"这个中心思想,又糅合进其他章节的句子组合为一章,思想杂而不纯,但没超出《道德经》范围。

第七十八章

天下莫柔【弱于水,而攻】坚强者莫之能【胜】也,以其无【以】易【之也（一）。水（柔）之胜刚,弱之】胜强,天【下莫不知也,而莫能】行也（二）。故圣人之言云,曰:"受邦之询（垢）,是谓社稷之主;受邦之不祥,是为天下之王。"正言若反（三）。

【评述】:

本章解释了三个概念,但这三个概念错误的后果很严重,读者一定要加以区分。

（一）"天下莫柔弱于水"是有道理的,但"攻坚强者莫之能胜"就不知所云了,为什么水可以"攻坚强者"? 此句由帛甲本第八章而来:"上善治水。水善利万物而有静。"既然水为"上善","上"在哪里? 这里的理解是:水虽柔弱,却可以攻克坚强。

（二）"水（柔）之胜刚,弱之胜强",此句没有实例说明"水"和"刚"的关系,到了王弼本则改为"柔之胜刚",再加上"弱之胜强",形成了一个完全错误的理论。其实弱者就是弱者，如果不能变成强者，就永远不会战胜原来的强者。本句源自帛甲本第三十六章"友弱胜强"，"友弱胜强"指出弱者联合起来可以战胜强者，帛乙本则改为"柔弱胜强"。看样子这种错误理解早在《老子》外篇写作之时就已形成。

"天下莫不知也，而莫能行"源自帛甲本第七十章："吾言甚易知也，甚易行也。而人莫之能知也，而莫之能行也。"但用"水（柔）之胜刚，弱之胜强"冒充真经欺骗后学者实在是无知之举。

（三）老子处在春秋战国列国争霸时代，他的著述是写给诸侯国国君看的，故帛甲本多写作"邦"，也有写"国"的例子，如帛甲本第二十五章："国中有四大，而王居一焉。"此"国"指周王之国，不可以"邦"名之。"受邦之不祥，是为天下之王"，"天下之王"即为国王，应该用"国"而不能用"邦"字，看样子写作者对"邦""国"概念不是很清晰。

正文中的"圣人"都是指有道国君。"圣人之言"，从内容看，应该是老子说的话，与正文之"圣人"主体完全不同，只有后学才会有如此笔法。从逻辑上看，"圣人之言"似乎与前面所讲的"弱之胜强"句没有关联，各说各的，思想是割裂的。

"正言若反"不管是对这一个句子的品评还是对整部《道德经》语言特色的品评，都属于读者的感受，不是老子所写。

第七十九章

和大怨，必有余怨，焉可以为善（一）？是以圣人右芥（契），而不以责于人。故有德司介（契），【无】德司彻（二）。夫天道无亲，恒与善人（三）。

【评述】：

从第七十一章到第七十八章的内容看，主要是围绕着统治者和民众之间的矛盾以及柔弱与刚强的辩证关系这两个主题来谈的，在文字上从《道德经》正文中抽取了许多与此有关的句子加以组合，本章是对以上主题提出了结论性观点。

（一）"和大怨，必有余怨"的说法趋于概念化，并没有提出具体内容。作为封建统治者，能够"和大怨"就很不错了，还期望再去根"绝余怨"吗？写作者在这个层面显得很幼稚。

（二）此"圣人"的身份不明确，可能是作者虚拟出来的大好人。"圣人右芥（契），而不以责于人"，说圣人拿着契约但不向欠债人讨还，这只是贫困之人的一厢情愿罢了，想必写作者是一个贫困的书生。

（三）帛甲本第五十六章："故不可得而亲，亦不可得而疏。"本章"天道无亲"从第五十六章得到启示，指出上天没有偏爱，但"恒与善人"却变成了一种教化思维，与老子思想完全背道而驰。

第七十一章到第七十九章是从西汉初期的帛甲本才出现的，不论是战国简本还是韩非的《解老》《喻老》，以及《周易》卦的顺序排列范围，这九个章节在原本都不可能存在。秦始皇焚书坑儒造成了一定程度的文化断档，由这九个后添加的章节内容可以看出，写作者不论是文化修养还是思考能力都相对较低，与老子的文笔和思想有天壤之别。老子以统一列国为中心点，探寻各种社会运行机制，思虑可谓深沉、广远；后九章面临秦或汉后的国家体制，企图集合老子的不同思想单元来解决新矛盾，结果是前言不搭后语。两千多年来人们一直将后九章作为老子作品的一部分解读，这样就对真实的老子思想造成了严重破坏，对老子原创思想的追溯也形成了阻碍。本书揭示这些文字的缺陷，意在告诉世人，不要把这些幼稚的思想堆砌在老子身上，老子思想的深度远远超出我们以往的理解，割去多余的部分，重新学习，才能接近真正的老子。

附　录

《道德经》校订本

道　经

第一章

道，可道也；非恒道也。名，可名也；非恒名也。无名，万物之始也；有名，万物之母也。【故】垣无欲也，以观其眇；恒有欲也，以观其所噭。两者同出异名，同谓玄之有玄，众眇之【门】。（帛甲本）

第二章

天下皆知美之为美也，恶已；皆知善，此其不善已。有，无之相生也；难，易之相成也。长，短之相形也；高，下之相呈也。音，声之相和也；先，后之相堕也。是以圣人居无为之事，行不言之教。万物作而弗怠也；为而弗志也，成而弗居。天唯弗居也，是以弗去也。（简本甲组第九章）。

第三章

不上贤，使民不争。不贵难得之货，使民不为盗；不见可欲，使民不乱。是以圣人之治也，虚其心，实其腹；弱其志，强其骨。恒使民无知无欲也。使夫知不敢，弗为而已，则无不治矣。（帛乙本）

第四章

【道冲，而用之有弗】盈也。潚呵，始万物之宗。锉其锐，解其纷。和其光，同【其尘。湛呵，似】或存。吾不知【其谁之】子也，象帝之先。（帛甲、帛乙本）

第五章

天地不仁，以万物为刍狗。圣人不仁，以百姓为刍狗。天地之间，其犹囚蘁（籥）与？虚而不屈，动而愈出。多闻数穷，不若守于中。（简本甲组第十二章、帛甲本）

第六章

谷（浴）神【不】死，是谓玄牝。玄牝之门，是谓【天】地之根。绵绵呵若存，用之不堇。（帛甲本）

第七章

天长，地久。天地之所以能【长】且久者，以其不自生也，故能长生。是以圣人芮其身而身先，外其身而身存。不以其无【私】舆（与）？故能成其【私】。（帛甲本）

第八章

上善治水。水善利万物而有静。居众之所，恶，故【几于道矣。居善地；】心善潚；予善信；正善治；事善能；蹱（动）善时。夫唯不静（争），故无尤。（帛甲本）

第九章

之而涅之，不不若已。湍而群之，不可长保也。金玉涅室，莫能守也。贵福乔，自遗咎也。功遂身退，天之道也。（简本甲组第十九章）

第十章

载营，柏抱一，能毋离乎？槫（专）气至柔，能婴儿乎？修（涤）除玄蓝，能毋疵乎？爱民栝（活）国，能毋以知（智）乎？天门开阖，能为雌乎？明白四达，能毋以知（智）乎？（生之畜之，生而不有，为而不恃，长而不宰，是谓玄德。）（帛甲、帛乙本）

第十一章

卅【楅共一毂，当】其无，【有车】之用【也】。然埏为器，当其无，有埏器【之用也。凿户牖，】当其无，有【室】之用。故有之以为利，无之以为用。（帛甲、帛乙本）

第十二章

五色令人目明，驰骋田猎，使人【心发狂】。难得之货，使人之行方。五味使人之口爽，五音使人之耳聋。是以圣人之治也，为腹不【为目】。故去罢取此。（帛甲本）

第十三章

人宠辱若缨；贵大患若身。何谓宠辱？宠为下也。得之若缨，遊之若缨，是谓宠辱若缨。何谓贵大患若身？虎所以有大患者，为虎有身。及虎无身，或何【患】？【故贵为身】为天下，若可以托天下矣。爱以身为天下，若可以去天下矣。（简本乙组第四章）

第十四章

视之而弗见，名之曰微。听之而弗闻，名之曰希。捪之而弗得，名之曰夷。三者不可至计，故束（囷）【而为一】。一者，其上不攸，其下不忽。寻寻呵，不可名也。复归于无物。是谓无状之状。无物之【象。是谓沕望。随而不见其后，迎】而不见其首。执今之道，以御今之有。以知古始，是谓【道纪】。（帛甲本）

第十五章

古之善为士者，必非溺，玄达，深不可志。是以为之颂："夜唬，奴冬涉川；犹唬，其奴畏四邻；敢唬，其奴客；瞵唬，其奴怿；屯唬，其奴朴；坉唬，其奴浊。"竺能浊以侇者，将舍清；竺能庀以迮者，将舍生。保此道者，不欲尚呈。（简本甲组第五章）

第十六章

至虚,恒也。狩中,箅也。万物方作,居,以须复也。天道员员,各复其堇。
(简本甲组第十二章)归堇【曰静】。静,是谓复命。复命,常也。知常,
明也;不知常,妄。妄作,凶。知常,容。容乃公;公乃王;王乃天;天乃道,
【道乃久,】汋身不怠。(帛甲本)

第十七章

太上,下知有之。其即新誉之;其既畏之;其即侮之。信不足安,有
不信。猷乎,其贵言也。成事遂功,而百姓曰:我自然也。(简本丙组第一章)

第十八章

古(故)大道废,安有仁义?六亲不和,安有孝慈?邦家昏乱,安有正臣?
(简本丙组第一章)

第十九章

绝智弃辩,民利百伓;绝攻弃利,盗贼无有;绝伪弃诈,民复季子。三
言以为史不足。或命之,或呼豆。视索保仆,少私须欲。(简本甲组第一章)

第二十章

绝学无忧。唯与可(阿),相去几可(何)?美与恶,相去可(何)若?
人之所,之所畏。亦不可以不畏。(简本乙组第三章)

第二十一章

孔德之容,唯道是从。道之物,唯望唯忽。【忽呵望】呵,中有象呵。
望呵忽呵,中有物呵。幽呵鸣呵,中有请吔。其请甚真,其中【有信】。自
今及古,其名不去,以顺众父。吾何以知众父之然,以此。(帛甲本)

第二十四章

炊者不立;自视不章。【自】见者不明;自伐者无功;自矜者不长。其

在道曰："余食、赘行、物或，恶之。"故有欲者【弗】居。（帛甲本）

第二十二章

曲则金，枉则定。洼则盈，敝则新，少则得，多则惑。是以声（圣）人执一，以为天下牧。不【自】视，故明；不自见，故章；不自伐，故有功；弗矜，故能长；夫唯不争，故莫能与之争。古【之所谓"曲全"者，几】语，才诚金归之。（帛甲本）

第二十三章

希言，自然。飘风不终朝，暴雨不终日。孰为此？天地【而弗能久有，又况】于人乎？故从事而道者，同于道；德者，同于德；者者，同于失。同于德【者】，道亦德之。同于【失】者，道亦失之。（帛甲本）

第二十五章

有物（㓇）蟲成，先天地生。敓缪，独立不亥，可以为天下母。未知其名，字之曰道。吾强为之，名曰大。大曰筮，筮曰远，远曰反。天大、地大、道大、王亦大。国中有四大安，王居一安。人法地，地法天，天法道，道法自然。（简本甲组十一章）

第二十六章

【重】为巠根，清为趮君。是以君子众，日行不离其甾重。唯有环官，燕处【则昭】若。若何万乘之王而以身巠于天下（此句应移于最后）。巠则失本，趮则失君。（帛甲本）

第二十七章

善行者，无彻迹；【善】言者，无瑕适；善数者，不以梼策；善闭者，无关键而不可启也；善结者，【无绳】约而不可解也。是以圣人恒善救人，而无弃人，物无弃财。是谓袭明。故善【人，善人】之师；不善人，善人之赍也。不贵其师，不爱其赍，唯智乎？大迷（眯），是谓眇要。（帛甲本）

第二十八章

知其雄，守其雌。为天下溪。为天下溪，恒德不雞。恒德不雞，复归婴儿。知其日，守其辱，为天下谷。为天下谷，恒德乃【足】（往）。恒德乃【足，复归于朴】。知其白（日），守其黑（纆），为天下式。为天下式，恒德不貣。恒德不貣，复归于无极。椢（扑）散【则为器，圣】人用则为官长。夫大制无割。（帛甲本）

第二十九章

为之者败之，执之者远之。是以圣人无为故无败，无执古（故）无失。临事之纪，訢冬如怡，此无败事矣。圣人欲不欲，不贵难得之货。井不井，复众之所，所化。是故圣人能专万物，之自然而弗能为。（此文字见于简本甲组第六章，亦见于简本丙组第四章，在通行本排于第六十四章下半段）

第三十章

以道佐人宝者，不欲以兵嗝于天下。善者果而已，不以取嗝。果而弗废；果而弗乔；果而弗矜。是谓果而不嗝，其事好长。（简本甲组第四章）

第三十一章

（夫兵者，不祥之器。物或恶之，故有道者不处。）君子居则贵左，用兵则贵右。古曰兵者【非君子之器，不】得已而用之，钻衣（恬淡）为上。弗衣（美）也，衣（美）之，是乐杀人。夫乐【杀，不可】以得志于天下。古吉事上左，丧事上右。是以偏将军居左，上将军居右，言以丧礼居之也。古杀【人众】则以哀悲位之；战胜，则以丧礼居之。（简本丙组）

第三十二章

道恒无名。仆、唯、妻，天地弗敢臣。侯王如能狩之，万物将自宾。天地相会也，以逾甘露。民莫之命，天（而）自均安。诒折有名，名亦既有，夫亦将知止，知止所以不诒。卑道之在天下也，犹小浴（谷）之与江海。（简

本甲组第十章）

第三十三章

知人者，智也；自知【者，明也。胜人】者，有力也；自胜者，【强也。知足者，富】也；强行者，有志也。不失其所者，久也。死不忘者，寿也。（帛甲本）

第三十四章

道【沨呵，其可左右也。成功】遂事而弗名有也。万物归焉，而弗为主，则恒无欲也，可名于小。万物归焉，【而弗】为主，可名于大。是【以】圣人之能成大也，以其不为大也，故能成大。（帛甲本）

第三十五章

执大象，天下往。往而不害，安、坪、大。乐与饵，过客止。古（故）道之出言，淡呵其无味也。视之，不足见；听之，不足闻；而不可既也。（简本丙组第二章）

第三十六章

将欲拾之，必古（是以）张之。将欲弱之，【必古】（是以）强之。将欲去之，必古（是以）与之。将欲夺之，必古（是以）予之。是谓微明，友弱胜强。鱼不可脱于瀟，邦利器，不可以视（间）人。（帛甲本）

第三十七章

道恒无为也。侯王能守之，而万物将自为。为而欲作，将贞之以。无名之朴，夫亦将智。智足以束（谛）。万物将自定。（简本甲组第七章）

德　经

第三十八章

上德不德，是以有德；下德不失德，是以无德。上德无为而无以为也，下德为之而有以为。上仁为之而无以为也；上义为之而有以为也；上礼为之而莫之以应也，则攘臂而仍之。故失道，而后德；失德，而后仁；失仁，而后义；失义，而后礼。夫礼者，忠信之薄也，而乱之首也。前识者，道之华也，而愚之首也。是以，大丈夫居其厚而不居其泊；居其实而不居其华。故去皮取此。（本章帛甲本残损较多，综合乙本及王弼本而成）

第三十九章

昔之得一者：天得一以清；地得一以宁；神得一以灵；谷（浴）得一以盈；侯王得一而以为天下正。其致之也。谓天毋已清将恐裂；谓地毋【已宁】将恐【发】；谓神毋已灵【将】恐歇；谓谷毋已盈将恐竭。谓侯王毋已贵【以高将恐欮】。故必贵而以贱为本，必高矣而以下为基。夫是以侯王自谓【孤】、寡、不谷。此其【贱之本与，非也？】故致数与无与（誉）。是故不欲【禄禄】若玉，硌【硌若石】。（帛甲本）

第四十章

返也者，道僮也。溺也者，道之用也。天下之物，生于有，生于无。（简本甲组第十八章）

第四十一章

上士昏道，堇能行于其中。中士昏道，若昏若亡。下士昏道，大笑之。弗大笑不足以为道矣。是以建言有之：明道如孛；迟道【如溃；进】道若退。上德如谷；大白如辱；往德如不足。建德如【偷；质】贞如愈。大方无禺；大器曼成；大音希声。天象无型；道【褒无名。夫唯道，善始且善成。】（简本乙组第五章）

第四十二章

【道生一，一生二，二生三，三生万物】。【万物负阴而抱阳，】中气以为和。天下之所恶，唯孤、寡、不谷，而王公以自名也。物或损之【而益，益】之而损。故人【之所】教，夕议而教人。（故强良者，不得死。我将以为学父。）（本章帛甲本缺损较多，根据帛乙本和王弼本补之。）

第四十三章

故强良者，不得死。我【将】以为学父。天下之至柔，【驰】骋于天下之致坚。无有入于无间，五是以知无为【之有】益也。不【言之】教，无为之益，【天】下希能及之矣。（帛甲本）

第四十四章

名与身箸新（孰亲）？身与货箸（孰）多？得与亡箸（孰）病？甚爱必大费，厚藏必多亡。古智（知）足不辱，智（知）止不怡（殆）。可以长旧（久）。（简本甲组第十七章）

第四十五章

大成若缺，其用不敝。大涅若中，其用不穷。大巧若仙，大成若诎，大植若屈。枲胜苍，青胜然。清清为，天下定。（简本乙组第七章）

第四十六章

天下有道，却走马以粪。天下无道，戎马生于郊。罪莫危乎甚欲；咎莫险乎谷得；化莫大乎不知足。知足之为足，此恒足矣！（"罪莫……足矣"部分见简本甲组第三章）

第四十七章

不出于户，以知天下；不规（窥）于牖，以知天道。其出也弥远，其【知弥少。是以圣人不行而知；不见而名；弗】为而【成】。（帛甲本）

第四十八章

学者日益，为道者日损。损之或损，以至无为也。无为，而无不为。（取天下，恒无事。及其有事，不足以取天下。）（简本乙组第二章）

第四十九章

圣人恒无心，以百姓之心为心。善者，善之；不善者，亦善之，德善也。信者，信之；不信者，亦信之。德信也。圣人之在天下，歙歙焉。为天下，浑心。百姓皆属耳目焉，圣人皆孩之。（帛甲、帛乙本皆有残损，结合王弼本补之）

第五十章

【出】生，【入死。生之徒，十】有【三。死之】徒，十有三。而民生生，动皆之死地之十有三。夫何故也？以其生生也。盖【闻善】执生者，陵行不【辟】矢虎；入军不被甲兵。矢无所椯其角；虎无所昔其蚤；兵无所容【其刃。夫】何故也？以其无死地焉。（帛甲本）

第五十一章

道生之，而德畜之。物刑之，而器成之。是以万物尊道而贵【德。道】之尊，德之贵也，夫莫之爵，而恒自然也。道生之，畜之，长之，遂之。亭之，毒之。【养之，复之。生而】弗有也；为而弗寺也；长而弗宰也。此之谓玄德。（帛甲本）

第五十二章

天下有始，以为天下母。既得其母，以知其【子】。复守其母，没身不殆。〔闭其门，赛其说，终身不㢝。启其说，赛其事，终身不来。〕【见】小曰【明】；守柔曰强。用其光，复归其明。毋道身殃，是为袭常。（据帛甲本，〔 〕内之句见简本乙组第六章）

第五十三章

使我挈有知也。【行于】大道，唯【他是畏。大道】甚夷，民甚好解。朝甚除，田甚芜，仓甚虚。服文采，带利【剑，厌】食货【财有余，是谓盗杅。盗杅，非道也】。（帛甲本、帛乙本）

第五十四章

善建者不拔。善休者不兑。子孙以祭祀不屯。攸之身，其德乃贞。攸之家，其德有余。攸之背，其德乃长；攸之邦，其德乃奉；攸之天【下，其德乃博。故以身观身；以家观】家；以背观背；以邦观邦；以天下观天下。吾何以智天【下然哉？以此】。（简本乙组第八章）

第五十五章

饮德之厚者，比于赤子。蝎虿虫蛇弗螫，攫鸟猛兽弗扣。骨溺堇柔而踊固。未知必戊之答，朘怒，精之至也。终日呼而不忧，和之至也。和曰常，知和曰明。益生曰祥，心使气曰强。物藏则老，是谓不道。（简本甲组第十六章）

第五十六章

知之者不言，言之者不知。闭其兑，赛其门。和其广，迥其尘。挫其锐，解其纷，是谓玄同。古（故）不可得天新（亲），亦不可得而足；不可得而利，亦不可得而割；不可得而贵，亦不可得而戋。古（故）为天下贵。（简本甲组第十四章）

第五十七章

以正之邦，以奇（裁）用兵，以无事取天下。吾何以知其然也？夫天多期韦，而民尔畔。民多利器，而邦滋昏。人多知天，奇（哦）物滋起。法物滋章，盗贼多有。是以圣人之言曰：我无事而民自富；我无为而民自化（蜕）；我好静而民自正；我欲不欲而民自朴。（简本甲组第十五章）

第五十八章

其正闷闷，其民屯屯。其正察察，其邦夬夬。祸兮，福之所倚；福兮，祸之所伏。孰知其极？其无正也。正复为奇，善复为妖。人之迷也，其日固久。是以方而不割；兼而不刺；直而不绁；光而不眺。（帛甲、帛乙本）

第五十九章

给人事天，莫若啬。夫唯啬，是以早，是以早备；是谓【重积德。重积德则无】不克。无不克，则莫知其恒。莫知其恒，可以有域。有域之母，可以长久。是谓深根固柢，长生久见之道。（简本乙组第一章）

第六十章

【治大国，若亨小鲜。以道立】天下，其鬼不神。非其鬼不神也，其神不伤人也。非其申（神）不伤人也，圣人亦不伤【也。夫两】不相【伤，故】德交归焉。（帛甲、帛乙本）

第六十一章

大邦者下流也。天下之牝，天下之郊也。牝恒以靓胜牡，为其靓（静）【也，故】宜为下。大邦【以】下小【邦】，则取小邦。小邦以下大邦，则取于大邦。故或下以取，或下而取。【故】大邦不过欲兼畜人，小邦不过欲入事人，夫皆得其欲。【故大者宜】为下。（帛甲本）

第六十二章

【道】者，万物之注也。善人之葆也；不善人之所葆也。美言可以市；尊行可以贺人。人之不善，何弃【之】有？故立天子，置三卿，虽（惟）有共之璧。以先四马，不善坐而进此。古之所以贵此者何？不谓：求【以】得，有罪以免与？故为天下贵。（帛书甲本）

第六十三章

为，无为；事，无事；未，无未。大，小之；多易必多难。是以圣人犹难之，

古（故）终无难。（简本甲组第八章）

第六十四章

其安也；易之也。其未兆也；易悔也。其丰也；易畔也。其几也；易践也。为之于其无有也。治之于其未乱。合【抱之木，生于毫】末。九城之台，甲【于蔂土】。【百千之高，始于】足下。（简本甲组第十三章）

第六十五章

故曰为道者，非以明民也，将以愚（娱）之也。民之难【治】也，以其知也。故以知知邦，邦之贼也。以不知知邦，【邦之】德也。恒知，此两者亦稽式也。恒知稽式，此谓玄德。玄德深矣，远矣，与物【反】矣，乃【至大顺】。（帛甲本）

第六十六章

江海所以能为百浴（谷）王，以其能为百浴（谷）下，是以能为百浴（谷）王。圣人之在民前也，以身后之；其在民上也，以言下之。其在民上也，民弗厚也；其在民前，民弗眇也。天下乐进而弗詬，以其不争也，故天下莫能与之争。（简本甲组第二章）

第六十七章

（天下皆谓我大，大而不宵。夫唯不宵，故能大。若肖久矣，其细也夫。）我恒有三葆之：一曰慈，二曰检，【三曰不敢为天下先。夫慈，故能勇；检，】故能广；不敢为天下先，故能为成事长。今舍其慈，且勇；（舍其检，且广），舍其后，且先，则必死矣！夫慈，以战则胜，以守则固。天将建之，如以慈垣之。（帛甲本）

第六十八章

善为士者不武；善战者不怒；善胜敌者不【与】；善用人者为之下。【是】谓不淨之德；是谓用人；是谓天。古之极也。（帛甲本）

第六十九章

用兵有言曰："吾不敢为主而为客。"吾不进寸而芮尺。是谓：行无行；襄无臂；执无兵。乃无敌矣。祸莫于于无适。无适近亡吾。吾葆矣。故称兵相若，则哀者胜矣。（帛甲本）

第八十章

小邦寡民。使十百人，之器不用。使民重死而远送。有车周无所乘之。有甲兵无所陈【之。使民复结绳而】用之。甘其食；美其服；乐其俗，安其居。邻邦相望，鸡狗之声相闻。民【至老死不相往来】。（帛甲本）

第八十一章

信言不美，美言不信；知者不博，博者不知；善者不多，多者不善。圣人无积。既以为人，己愈有；既以予人矣，己愈多。故天之道，利而不害。人之道，为而弗争。（帛乙本）

第七十章（后记）

吾言甚易知也，甚易行也。而人莫之能知也，而莫之能行也。言有君，事有宗。其唯无知也，是以不【我知。知者希，则】我贵矣。是以圣人被褐而怀玉。（帛甲本）

《老子》外篇

第七十一章

知不知，尚矣；不不知知，病矣。是以圣人之不病，以其【病病。是以不病】。（帛甲本）

第七十二章

【民之不】畏畏，则大【畏将至】矣。毋闸（狭）其所居，毋厌其所生。

夫唯弗厌，是【以不厌。是以圣人自知而不自见也，自爱】而不自贵也。故去被（彼）取此。（帛甲本）

第七十三章

勇于敢者【则杀，勇】于不敢者则栝（活）。【此两者或利或害，天之所恶，孰知其故？天之道，不战而善胜】，不言而善应，不召而自来，弹而善谋。【天网恢恢，疏而不失】。（帛甲本）

第七十四章

【若民恒且不畏死】，奈何以杀惧之也？若民恒是死，则而为者吾将得而杀之，夫孰敢矣。若民【恒且】必畏死，则恒有司杀者。夫伐（代）司杀者杀，是伐（代）大匠斫也。夫伐（代）大匠斫者，则【希】不伤其手矣。（帛甲本）

第七十五章

人之饥也，以其取食说（税）之多也，是以饥。百姓之不治也，以其上有以为【也】，是以不治。民之轻死，以其求生之厚也，是以轻死。夫唯无以生为者，是贤贵生。（帛甲本）

第七十六章

人之生也柔弱，其死也筋仞贤（坚）强。万物草木之生也柔脆，其死也枯槁。故曰：坚强者死之徒也，柔弱微细生之徒也。兵强则不胜，木强则恒。强大居下，柔弱微细居上。（帛甲本）

第七十七章

天下【之道，犹张弓】者也。高者抑之，下者举之；有余者损之，不足者补之。故天之道，损有【余而益不足。人之道则】不然，损【不足而】奉有余。孰能有余而有以取奉于天者乎？【唯有道者乎】？【是以圣人为而弗有，成功而弗居也。若此其不欲】见贤也。（帛甲本）

第七十八章

天下莫柔【弱于水，而攻】坚强者莫之能【胜】也，以其无【以】易【之也。水（柔）之胜刚，弱之】胜强，天【下莫不知也，而莫能】行也。故圣人之言云，曰："受邦之询（垢），是谓社稷之主；受邦之不祥，是为天下之王。"正言若反。（帛甲本）

第七十九章

和大怨，必有余怨，焉可以为善？是以圣右芥（契），而不以责于人。故有德司介（契），【无】德司彻。夫天道无亲，恒与善人。

《周易》经文①

上　经

乾，元亨，利贞。

初九，潜龙，勿用。

九二见龙在田，利见大人。

九三君子终日乾乾，夕惕若，厉，无咎。

九四或跃在渊，无咎。

九五飞龙在天。利见大人。

上九亢龙，有悔。

用九见群龙无首，吉。

象曰：天行健。君子以自强不息。

坤元亨。利牝马之贞，君子有攸往，先迷后得，主利。西南得朋，东北丧朋。
安，贞吉。

初六履霜，坚冰至。

六二直方，大。不习，无不利。

六三含章，可贞。或从王事，无成有终。

六四括囊。无咎，无誉。

六五黄裳元吉。

上六龙战于野，其血玄黄。

用六利永贞。

---

① 参见杨吉德：《周易说解》，齐鲁书社，2018。

象曰：地势坤。君子以厚德载物。

屯，元亨利贞。勿用有攸往。利建侯。

初九磐桓，利居贞。利建侯。

六二屯如，邅如。乘马班如，匪寇婚媾。女子贞，"不字，十年乃字。"

六三即鹿无虞。惟入于林中，君子几，不如舍，往吝。

六四乘马班如，求婚媾，往吉，无不利。

九五屯其膏，小贞吉，大贞凶。

上六乘马班如，泣血涟如。

象曰：云雷，屯。君子以经纶。

蒙亨。匪我求童蒙，童蒙求我。初筮告，再三渎，渎则不告。利贞。

初六发蒙。利用刑人，用说桎梏。以往吝。

九二包蒙吉。纳妇吉。子克家。

六三勿用取女，见金夫不有躬，无攸利。

六四困蒙吝。

六五童蒙吉。

上九击蒙，不利为寇，利御寇。

象曰：山下出泉，蒙。君子以果行育德。

需，有孚光亨，贞吉。利涉大川。

初九需于郊。利用恒，无咎。

九二需于沙，小有言，终吉。

九三需于泥，致寇至。

六四需于血，出自穴。

九五需于酒食，贞吉。

上六入于穴。有不速之客三人来，敬之，终吉。

象曰：云上于天，需。君子以饮食宴乐。

讼。有孚窒。惕，中吉，终凶。利见大人。不利涉大川。

初六不永所事，小有言。终吉。

九二不克讼，归而逋其邑人三百户，无眚。

六三食旧德，贞厉，终吉。或从王事，无成。

九四不克讼，复即命。渝安，贞吉。

九五讼，元吉。

上九或锡之鞶带，终朝三褫之。

象曰：天与水违行，讼。君子以作事谋始。

师，贞丈人吉。无咎。

初六师出以律。否臧，凶。

九二在师中，吉，无咎。王三锡命。

六三师或舆尸，凶。

六四师，左次无咎。

六五田有禽，利执言，无咎。长子帅师，弟子舆尸，贞凶。

上六大君有命，开国承家。小人勿用。

象曰：地中有水，师。君子以容民畜众。

比吉。原筮，元永贞，无咎。不宁，方来。后夫，凶。

初六有孚比之，无咎。有孚盈缶，终来有它，吉。

六二比之自内，贞吉。

六三比之匪人。

六四外比之，贞吉。

九五显比。王用三驱，失前禽，邑人不诫，吉。

上六比之，无首，凶。

象曰：地上有水，比。先王以建万国，亲诸侯。

小畜亨。密云不雨，自我西郊。

初九复自道，何其咎？吉。

九二牵复，吉。

九三舆说辐，夫妻反目。

六四有孚，血去惕出，无咎。

九五有孚挛如，富以其邻。

上九既雨既处，尚德载妇，贞厉。月几望，君子征凶。

象曰：风行天上，小畜。君子以懿文德。

履虎尾，不咥人亨。

初九素履往，无咎。

九二履道坦坦，幽人贞吉。

六三眇能视，跛能履。履虎尾，咥人凶。武人为于大君。

九四履虎尾，愬愬，终吉。

九五夬履，贞厉。

上九视履考祥，其旋元吉。

象曰：上天下泽，履。君子以辩上下，定民志。

泰，小往大来。吉，亨。

初九拔茅茹，以其汇，征吉。

九二包荒，用冯河，不遐遗朋，亡得，尚于中行。

九三无平不陂，无往不复，艰贞无咎。勿恤其孚，于食有福。

六四翩翩，不富以其邻，不戒以孚。

六五帝乙归妹以祉，元吉。

上六城复于隍。勿用师，自邑告命。贞吝。

象曰：天地交，泰。后以财成天地之道，辅相天地之宜，以左右民。

否之，匪人。不利君子贞，大往小来。

初六拔茅茹，以其汇。贞吉，亨。

六二包承小人吉，大人否亨。

六三包羞。

九四有命无咎，畴离祉。

九五休否，大人吉。其亡其亡，系于苞桑。

上九倾否，先否后喜。

象曰：天地不交，否。君子以俭德辟难，不可荣以禄。

同人于野亨。利涉大川，利君子贞。

初九同人于门，无咎。

六二同人于宗，吝。

九三伏戎于莽。升其高陵，三岁不兴。

九四乘其墉，弗克攻，吉。

九五同人，先号咷而后笑，大师克相遇。

上九同人于郊，无悔。

象曰：天与火，同人。君子以类族辨物。

大有元亨。

初九无交害，匪咎。艰则无咎。

九二大车以载，有攸往无咎。

九三公用亨于天子，小人弗克。

九四匪其彭，无咎。

六五厥孚，交如威如，吉。

上九自天祐之，吉，无不利。

象曰：火在天上，大有。君子以遏恶扬善，顺天休命。

谦亨，君子有终。

初六谦谦，君子用涉大川，吉．

六二鸣谦，贞吉。

九三劳谦，君子有终，吉。

六四无不利，㧑谦。

六五不富以其邻，利用侵伐，无不利。

上六鸣谦，利用行师征邑国。

象曰：地中有山，谦。君子以哀多益寡，称物平施。

豫，利建侯、行师。

初六鸣豫，凶。

六二介于石，不终日，贞吉。

六三盱豫，悔。迟有悔。

九四由豫，大有得。勿疑，朋盍簪。

六五贞疾。恒，不死。

上六冥豫，成有渝，无咎。

象曰：雷出地奋，豫。先王以作乐崇德，殷荐之上帝，以配祖考。

随，元亨利贞。无咎。

初九，官有渝，贞吉。出门交，有功。

六二系小子，失丈夫。

六三系丈夫，失小子，随有求得。利居贞。

九四随有获，贞凶。有孚在，道以明，何咎。

九五孚于嘉，吉。

上六拘系之乃从。维之，王用亨于西山。

象曰：泽中有雷，随。君子以向晦入宴息。

蛊，元亨。利涉大川，先甲三日，后甲三日。

初六干父之蛊，有子，考无咎。厉，终吉。

九二干母之蛊，不可贞。

九三干父之蛊，小有悔，无大咎。

六四裕父之蛊，往见吝。

六五干父之蛊，用誉。

上九不事王侯，高尚其事。

象曰：山下有风，蛊。君子以振民育德。

临，元亨利贞。至于八月有凶。

初九咸临，贞吉。

九二咸临吉，无不利。

六三甘临，无攸利。既忧之，无咎。

六四至临，无咎。

六五知临，大君之宜，吉。

上六敦临，吉，无咎。

象曰：泽上有地，临。君子以教思，无穷，容保民无疆。

观。盥而不荐，有孚颙若。

初六童观，小人无咎，君子吝。

六二窥观，利女贞。

六三观我生，进退。

六四观国之光，利用宾于王。

九五观我生，君子无咎。

上九观其生，君子无咎。

象曰：风行地上，观。先王以省方观，民设教。

噬嗑亨。利用狱。

初九屦校灭趾，无咎。

六二噬肤灭鼻，无咎。

六三噬腊肉，遇毒，小吝，无咎。

九四噬干胏，得金矢，利艰贞，吉。

六五噬干肉，得黄金，贞厉，无咎。

上九何校灭耳，凶。

象曰：雷电，噬嗑。先王以明罚敕法。

贲亨。小利有攸往。

初九贲其趾，舍车而徒。

六二贲其须。

九三贲如濡如，永贞吉。

六四贲如皤如，白马翰如。匪寇婚媾。

六五贲于丘园，束帛戋戋，吝，终吉。

上九白贲无咎。

象曰：山下有火，贲。君子以明庶政，无敢折狱。

剥，不利有攸往。

初六剥床以足蔑，贞凶。

六二剥床以辨蔑，贞凶。

六三剥之无咎。

六四剥床以肤，凶。

六五贯鱼，以宫人宠，无不利。

上九硕果不食，君子得舆，小人剥庐。

象曰：山附于地，剥。上以厚下安宅。

复亨。出入无疾，朋来无咎。反复其道，七日来复，利有攸往。

初九不远，复。无祗悔。元吉。

六二休复，吉。

六三频复，厉无咎。

六四中行独复。

六五敦复，无悔。

上六迷复，凶，有灾眚。用行师终有大败。以其国君凶。至于十年不克征。

象曰：雷在地中，复。先王以至日闭关，商旅不行。后不省方。

无妄，元亨利贞。其匪正，有眚，不利有攸往。

初九无妄，往吉。

六二不耕获，不菑畬。则利有攸往。

六三无妄之灾，或系之牛。行人得之，邑人之灾。

九四可贞，无咎。

九五无妄之疾，勿药有喜。

上九无妄行，有眚，无攸利。

象曰：天下雷行，物与无妄。先王以茂对时，育万物。

大畜利贞。不家食吉。利涉大川。

初九有厉，利已。

九二舆说輹。

九三良马逐，利艰贞。曰闲，舆卫。利有攸往。

六四童牛之牿。元吉。

六五豮豕之牙，吉。

上九何天之衢？亨。

象曰：天在山中，大畜。君子以多识前言，往行，以畜其德。

颐，贞吉。观颐，自求口实。

初九，舍尔灵龟，观我朵颐，凶。

六二颠颐。拂经。于丘颐，征凶。

六三拂颐，贞凶，十年勿用。无攸往。

六四颠颐，吉。虎视，眈眈，其欲逐逐，无咎。

六五拂经，居贞吉，不可涉大川。

上九由颐，厉，吉。利涉大川。

象曰：山下有雷，颐。君子以慎言语，节饮食。

大过栋桡，利有攸往，亨。

初六藉用白茅，无咎。

九二枯杨生稊，老夫得其女妻，无不利。

九三栋桡，凶。

九四栋隆，吉。有它吝。

九五枯杨生华，老妇得其士夫。无咎无誉。

上六过涉灭顶，凶，无咎。

象曰：泽灭木，大过。君子以独立不惧，遁世无闷。

习坎。有孚维心亨，行有尚。

初六习坎，入于坎窞，凶。

九二坎有险，求小得。

六三来之坎坎，险且枕，入于坎窞。勿用。

六四樽酒簋贰，用缶，纳约自牖。终无咎。

九五坎，不盈。祗，既平。无咎。

上六系用徽纆，寘于丛棘，三岁不得凶。

象曰：水洊至，习坎。君子以常德行、习教事。

离利贞，亨。畜牝牛吉。

初九履错然，敬之无咎。

六二黄离元吉。

九三日昃之离。不鼓，缶而歌，则大耋之嗟，凶。

九四突如，其来如，焚如，死如。弃如。

六五出。涕沱若，戚嗟若，吉。

上九王用出征，有嘉。折首，获。匪其丑，无咎。

象曰：明两作，离。大人以继明照于四方。

下　经

咸亨，利贞。取女吉。

初六咸其拇。

六二咸其腓，凶，居吉。

九三咸其股，执其随，往吝。

九四贞吉，悔亡。憧憧往来，朋从尔思。

九五咸其脢，无悔。

上六咸其辅、颊、舌。

象曰：山上有泽，咸。君子以虚受人。

恒亨，无咎，利贞。利有攸往。

初六浚恒，贞凶，无攸利。

九二悔亡。

九三不恒其德，或承之羞，贞吝。

九四田无禽。

六五恒其德，贞妇人吉，夫子凶。

上六振恒，凶。

象曰：雷风，恒。君子以立不易方。

遁亨。小利贞。

初六遁尾，厉。勿用有攸往。

六二执之用黄牛之革，莫之胜说。

九三系遁，有疾厉，畜臣妾吉。

九四好遁，君子吉，小人否。

九五嘉遁，贞吉。

上九肥遁，无不利。

象曰：天下有山，遁。君子以远小人，不恶而严。

大壮，利贞。

初九壮于趾，征凶，有孚。

九二贞吉。

九三小人用壮，君子用罔，贞厉。羝羊触藩，羸其角。

九四贞吉，悔亡。藩决，不羸，壮于大舆之輹。

六五丧羊于易，无悔。

上六，羝羊触藩，不能退，不能遂，无攸利。艰则吉。

象曰：雷在天上，大壮。君子以非礼弗履。

晋，康侯用锡马蕃庶，昼日三接。

初六晋如摧如，贞吉。罔孚，裕，无咎。

六二晋如愁如，贞吉。受兹介福，于其王母。

六三众允，悔亡。

九四晋如鼫鼠，贞厉。

六五悔亡。失得勿恤，往吉，无不利。

上九晋其角，维用伐邑。厉，吉。无咎。贞吝。

象曰：明出地上，晋。君子以自昭明德。

明夷，利艰贞。

初九明夷于飞，垂其翼。君子于行，三日不食。有攸往，主人有言。

六二明夷，夷于左股。用拯，马壮吉。

九三明夷，于南狩，得其大首。不可疾贞。

六四入于左腹，获明夷之心于出门庭。

六五箕子之明夷，利贞。

上六不明，晦。初登于天，后入于地。

象曰：明入地中，明夷。君子以莅众，用晦而明。

家人，利女贞。

初九闲有家，悔亡。

六二无攸遂，在中馈，贞吉。

九三家人嗃嗃，悔，厉，吉。妇子嘻嘻，终吝。

六四富家，大吉。

九五王假有家，勿恤，吉。

上九有孚威如，终吉。

象曰：风自火出，家人。君子以言有物而行有恒。

睽，小事吉。

初九悔亡。丧马勿逐，自复。见恶人无咎。

九二遇主于巷，无咎。

六三见舆曳其牛，掣其人，天且劓，无初有终。

九四睽孤，遇元夫，交孚。厉，无咎。

六五悔亡。厥宗噬肤，往何咎？

上九睽孤，见豕负涂，载鬼一车。先张之弧，后说之弧。匪寇婚媾。往，遇雨则吉。

象曰：上火下泽，睽。君子以同而异。

蹇，利西南，不利东北。利见大人，贞吉。

初六往蹇，来誉。

六二王臣蹇蹇，匪躬之故。

九三往蹇，来反。

六四往蹇，来连。

九五大蹇，朋来。

上六往蹇，来硕，吉。利见大人。

象曰：山上有水，蹇。君子以反身修德。

解，利西南。无所往，其来复吉。有攸往，夙吉。

初六无咎。

九二田获三狐，得黄矢，贞吉。

六三负且乘，致寇至，贞吝。

九四解而拇，朋至斯孚。

六五君子维有解，吉。有孚于小人。

上六公用射隼于高墉之上，获之，无不利。

象曰：雷雨作，解。君子以赦过宥罪。

损，有孚元吉。无咎可贞。利有攸往。曷之用？二簋可用享。

初九巳事遄往，无咎。酌损之。

九二利贞。征凶。弗损益之。

六三，三人行则损一人，一人行则得其友。

六四，损其疾。使遄有喜。无咎。

六五，或益之十朋之龟，弗克违，元吉。

上九，弗损益之，无咎，贞吉。利有攸往。得臣无家。

象曰：山下有泽，损。君子以惩忿窒欲。

益，利有攸往。利涉大川。

初九，利用为大作，元吉。无咎。

六二，或益之十朋之龟，弗克违，永贞吉。王用享于帝，吉。

六三，益之。用凶事无咎。有孚中行。告，公用圭。

六四中行，告，公从。利用为依，迁国。

九五有孚惠心，勿问元吉。有孚惠我德。

上九莫益之，或击之。立心勿恒，凶。

象曰：风雷，益。君子以见善则迁，有过则改。

夬，扬于王庭，孚号，有厉告自邑，不利即戎，利有攸往。

初九壮于前趾，往，不胜为咎。

九二惕号，莫夜有戎，勿恤。

九三壮于頄，有凶。君子夬夬独行，遇雨若濡，有愠无咎。

九四臀无肤，其行次且。牵羊悔亡，闻言不信。

九五苋陆夬夬，中行无咎。

上六无号，终有凶。

象曰：泽上于天，夬。君子以施禄及下，居德则忌。

姤，女壮，勿用取女。

初六系于金柅，贞吉。有攸往，见凶。羸豕孚蹢躅。

九二包有鱼，无咎。不利宾。

九三臀无肤，其行次且。厉，无大咎。

九四包无鱼，起凶。

九五以杞包瓜，含章，有陨自天。

上九姤其角，吝，无咎。

象曰：天下有风，姤。后以施，命诰四方。

萃亨。王假有庙。利见大人亨，利贞。用大牲吉。利有攸往。

初六有孚，不终。乃乱乃萃，若号，一握为笑。勿恤，往无咎。

六二引吉，无咎。孚，乃利用禴。

六三萃如嗟如，无攸利，往无咎，小吝。

九四大吉，无咎。

九五萃有位，无咎。匪孚，元永贞，悔亡。

上六赍咨，涕洟，无咎。

象曰：泽上于地，萃。君子以除戎器，戒不虞。

升元亨。用见大人，勿恤，南征吉。

初六允升，大吉。

九二孚，乃利用禴，无咎。

九三升虚邑。

六四王用亨于岐山，吉，无咎。

六五贞吉，升阶。

上六冥升，利于不息之贞。

象曰：地中生木，升。君子以顺德，积小以高大。

困亨，贞大人吉，无咎。有言不信。

初六臀困于株木，入于幽谷，三岁不觌。

九二困于酒食，朱绂方来。利用亨祀。征凶，无咎。

六三困，于石据，于蒺藜。入于其宫，不见其妻，凶。

九四来徐徐，困于金车，吝，有终。

九五劓刖。困于赤绂。乃徐有说，利用祭祀。

上六困，于葛藟，于臲卼，曰："动悔，有悔。"征吉。

象曰：泽天水，困。君子以致命遂志。

井，改邑不改井，无丧无得，往来井井。汔至亦未繘，井羸，其瓶凶。

初六井泥不食，旧井无禽。

九二井谷射鲋，瓮敝漏。

九三井渫不食，为我心恻。"可用汲"，王明，并受其福。

六四井甃，无咎。

九五井冽寒泉，食。

上六井收勿幕，有孚元吉。

象曰：木上有水，井。君子以劳民劝相。

革，巳日乃孚。元亨利贞。悔亡。

初九巩用黄牛之革。

六二巳日乃革之，征吉，无咎。

九三征凶，贞厉。革言三就，有孚。

九四悔亡。有孚改命吉。

九五大人虎变。未占有孚。

上六君子豹变，小人革面。征凶。居贞吉。

象曰：泽中有火，革。君子以治历明时。

鼎，元吉，亨。

初六鼎，颠，趾利，出否。得妾以其子，无咎。

九二鼎有实。我仇有疾，不我能即，吉。

九三鼎耳革，其行塞。雉膏不食，方雨。亏悔，终吉。

九四鼎折足，覆公𫗧，其形渥，凶。

六五鼎，黄耳，金铉，利贞。

上九鼎，玉铉，大吉。无不利。

象曰：木上有火，鼎。君子以正位凝命。

震亨。震来虩虩，笑言哑哑。震惊百里，不丧匕鬯。

初九震来虩虩，后，笑言哑哑，吉。

六二震来，厉亿。丧贝，跻于九陵。勿逐，七日得。

六三震苏苏，震行无眚。

九四震遂泥。

六五震往来，厉亿，无丧。有事。

上六震索索，视矍矍，征凶。震不于其躬，于其邻，无咎。婚媾有言。

象曰：洊雷，震。君子以恐惧修省。

艮其背，不获其身。行其庭，不见其人。无咎。

初六艮其趾，无咎。利永贞。

六二艮其腓，不拯其随，其心不快。

九三艮其限。列其夤，厉，薰心。

六四艮其身，无咎。

六五艮其辅，言有序，悔亡。

上九敦艮，吉。

象曰：兼山，艮。君子以思不出其位。

渐。女归吉，利贞。

初六鸿渐于干。小子厉，有言。无咎。

六二鸿渐于磐。饮食衎衎，吉。

九三鸿渐于陆。夫征不复，妇孕不育，凶。利御寇。

六四鸿渐于木，或得其桷，无咎。

九五鸿渐于陵，妇三岁不孕。终莫之胜，吉。

上九鸿渐于陆，其羽可用为仪，吉。

象曰：山上有木，渐。君子以居贤德，善俗。

归妹。征凶，无攸利。

初九归妹以娣，跛能履。征吉。

九二眇能视。利幽人之贞。

六三归妹，以须，反归以娣。

九四归妹愆期，迟归有时。

六五帝乙归妹。其君之袂，不如其娣之袂良。月几望，吉。

上六女承筐无实，士刲羊无血。无攸利。

象曰：泽上有雷，归妹。君子以永终知敝。

丰亨。王假之。勿忧。宜日中。

初九遇其配主，虽旬无咎，往有尚。

六二丰其蔀，日中见斗。往得疑疾，有孚发若吉。

九三丰其沛，日中见沫。折其右肱，无咎。

九四丰其蔀，日中见斗。遇其夷主吉。

六五来章，有庆誉，吉。

上六丰其屋，蔀其家。窥其户，阒其无人。三岁不觌，凶。

象曰：雷电皆至，丰。君子以折狱致刑。

旅，小亨，旅贞吉。

初六旅琐琐，斯其所，取灾。

六二旅即次，怀其资，得童仆贞。

九三旅焚其次，丧其童仆，贞厉。

九四旅于处，得其资斧，我心不快。

六五射雉，一矢，亡。终以誉命。

上九鸟焚其巢，旅人先笑后号咷，丧牛于易，凶。

象曰：山上有火，旅。君子以明，慎用刑而不留狱。

巽，小亨。利有攸往，利见大人。

初六进退，利武人之贞。

九二巽在床下，用史巫纷若，吉，无咎。

九三频巽，吝。

六四悔亡。田获三品。

九五贞吉，悔亡，无不利。无初有终，先庚三日，后庚三日，吉。

上九巽在床下，丧其资斧，贞凶。

象曰：随风，巽。君子以申命行事。

兑亨，利贞。

初九和兑，吉。

九二孚兑，吉，悔亡。

六三来兑，凶。

九四商兑，未宁，介疾有喜。

九五孚于剥，有厉。

上六引兑。

象曰：丽泽，兑。君子以朋友讲习。

涣亨。王假有庙。利涉大川，利贞。

初六用拯，马壮吉。

九二涣奔其机，悔亡。

六三涣，其躬，无悔。

六四涣，其群元吉。涣有丘，匪夷所思。

九五涣汗，其大号涣。王居无咎。

上九涣，其血去逖出，无咎。

象曰：风行水上，涣。先王以享于帝，立庙。

节亨。苦节，不可贞。

初九不出户庭，无咎。

九二不出门庭，凶。

六三不节若，则嗟若，无咎。

六四安节亨。

九五甘节吉，往有尚。

上六苦节，贞凶，悔亡。

象曰：泽上有水，节。君子以制数度，议德行。

中孚，豚鱼吉。利涉大川，利贞。

初九虞吉，有它不燕。

九二鸣鹤在阴，其子和之。我有好爵，吾与尔靡之。

六三得敌，或鼓，或罢；或泣，或歌。

六四月几望，马匹亡，无咎。

九五有孚挛如，无咎。

上九翰音登于天，贞凶。

象曰：泽上有风，中孚。君子以议狱缓死。

小过亨，利贞。可小事不可大事。飞鸟遗之音，不宜上宜下，大吉。

初六飞鸟以凶。

六二过其祖，遇其妣；不及其君，遇其臣。无咎。

九三弗过，防之。从或戕之，凶。

九四无咎，弗过。遇之，往厉，必戒。勿用，永贞。

六五密云不雨，自我西郊。公弋取，彼在穴。

上六弗遇过之。飞鸟离之，凶，是谓灾眚。

象曰：山上有雷，小过。君子以行过乎恭，丧过乎哀，用过乎俭。

既济亨。小利贞，初吉终乱。

初九曳其轮，濡其尾，无咎。

六二妇丧其茀，勿逐，七日得。

九三高宗伐鬼方，三年克之。小人勿用。

六四繻有衣袽，终日戒。

九五东邻杀牛，不如西邻之禴祭，实受其福。

上六濡其首，厉。

象曰：水在火上，既济。君子以思患而豫防之。

未济亨。小狐汔济，濡其尾，无攸利。

初六濡其尾，吝。

九二曳其轮，贞吉。

六三未济，征凶。利涉大川。

九四贞吉，悔亡。震用伐鬼方，三年，有赏于大国。

六五贞吉，无悔。君子之光，有孚吉。

上九有孚于饮酒，无咎。濡其首，有孚失是。

象曰：火在水上，未济。君子以慎辨物，居方。

主要参考书目

陈鼓应：《老子注译及评介（修订增补本）》，中华书局，2009。

丁四新：《郭店楚竹书〈老子〉校注》，武汉大学出版社，2010。

高明：《帛书老子校注》，中华书局，1996。

《郭店楚简〈老子〉校读》，彭浩校编，湖北人民出版社，2000。

《郭店楚墓竹简·老子甲》，荆门市博物馆编，文物出版社，2020。

《郭店楚墓竹简·老子乙、丙》，荆门市博物馆编，文物出版社，2020。

《汉语大字典（缩印本）》，汉语大字典编辑委员会编，湖北辞书出版社、四川辞书出版社，1992。

《老子》，饶尚宽译注，中华书局，2015。

《老子道德经注》，王弼注，楼宇烈校释，中华书局，2011。

廖名春：《郭店楚简老子校释》，清华大学出版社，2003。

刘大钧：《今、帛、竹书〈周易〉综考》，上海古籍出版社，2005。

刘信芳：《荆门郭店竹简老子解诂》，艺文印书馆，1999。

严遵：《老子指归译注》，王德有译注，商务印书馆，2014。

杨吉德：《周易卦象与本义统解》，齐鲁书社，2004。

杨吉德：《周易说解》，齐鲁书社，2018。

《周易》，朱熹注，上海古籍出版社，1987。